国土空间规划丛书

战略性新兴领域"十四五"高等教育教材

教育部战略性新兴领域"十四五"高等教育教材体系建设团队编写

丛书主编　吴志强

国土空间生态规划

ECOLOGICAL PLANNING AND MANAGEMENT OF
TERRITORIAL SPACE

干　靓　颜文涛　主编

同济大学出版社
TONGJI UNIVERSITY PRESS
·上海·

图书在版编目（CIP）数据

国土空间生态规划 / 干靓，颜文涛主编． -- 上海：同济大学出版社，2024.8． -- （国土空间规划丛书 / 吴志强主编）（战略性新兴领域"十四五"高等教育教材）． ISBN 978-7-5765-1309-7

Ⅰ．F129.9

中国国家版本馆CIP数据核字第2024B82F12号

战略性新兴领域"十四五"高等教育教材
国土空间规划丛书

丛书主编　吴志强

国土空间生态规划

干　靓　颜文涛　主编

策划编辑：吕　炜　｜　责任编辑：朱笑黎　｜　责任校对：徐春莲　｜　封面设计：完　颖

出版发行	同济大学出版社 www.tongjipress.com.cn
	（地址：上海市四平路1239号 邮编：200092 电话：021-65985622）
经　销	全国各地新华书店、建筑书店、网络书店
印　刷	上海安枫印务有限公司
开　本	787mm×1092mm　1/16
印　张	18.25
字　数	336 000
版　次	2024年8月第1版
印　次	2024年8月第1次印刷
书　号	ISBN 978-7-5765-1309-7
定　价	80.00元

本品若有印装质量问题，请向本社发行部调换　　版权所有　侵权必究

《国土空间生态规划》编委会

主　编

干　靓　颜文涛

编委（按姓氏拼音排序）

陈雪初　邓　泓　干　靓　冷　红　刘贵利　孙彦伟
王　伟　颜文涛

参编人员（按姓氏拼音排序）

陈　卉　陈丽华　付　青　郭光普　黄莹莹　刘　晓
栾佳艺　孟　陈　祁婧昕　王　沫　闫玉玉　叶　林
张丝语　赵晓伟　周燕妮

总　序

"智人"（*Homo sapiens*）之所以在动物界中脱颖而出超越动物本能，是因为其具有谋划共同愿景、在共同目标下创造复杂工具技术、展开语言沟通交流及大规模集体协同行动的能力。其中包含三种关键能力：

（1）具有想象愿景的能力。可通过协商想象，制定出一个共同认同的、尚未现实存在的愿景目标（visioning）。

（2）具有为实现目标设置路径的能力。对大规模个体进行系统分工，分头分段推进计划（approaching）。

（3）具有语言沟通、协同调整的能力。在实施愿景的过程中，对于没有发生的场景进行过程沟通，不断优化目标、优化途径、优化分工，直到实现愿景，甚至实现超出原本愿景的目标（coordinating）。

这三种能力是人类区别于其他动物的本质能力，也是规划的三大核心要素：目标愿景、实施路径、沟通协调。因此，只要理解人类与动物能力的本质区别，就可以理解人类为什么一定会进行规划。

土地是人类生存的根本基础，也是动植物的生存基础。人类在现代文明之前，几乎所有的生存、生活和生产活动都在土地上发生。因此，人类在进入现代文明之前，各种族之间的竞争几乎都可以理解为对生存土地及土地之上的生产、生活资料的竞争。马克思主义诞生以前，西方对于财富的认识一般为：土地是财富之母，劳动是财富之父。马克思主义诞生以后，资本主义产生财富的依托要素被扩展至除土地、劳动之外的资本等其他要素。

空间比土地的含义更多，也更复杂。空间之所以比土地复杂，可以从以下三个方面来认识：

（1）从空间维度上，空间有地下、地面、地上、空中的深度和高度。

（2）从生产维度上，除了包含第一产业之外，更重要的是第二产业和第三产业，以及更高维度的生产组织和生产关系。

（3）从构成要素维度上，除了自然物质空间和人造物质空间外，还有社会空间，以及正在诞生的数字智能空间的多要素空间复合。

因此，我们现在一般称空间是复合的，空间进入了三度空间：物质空间、社会空间和数字空间。而三度空间在某个时段中又是一体化运行推进的，这也说明人类文明正进入更高的维度，空间的规划也变得更加多维、更加系统、更加复合，要求更高的文明来规划和治理。

空间规划是文明的产物，不同的文明阶段也对应了不同的空间规划。进入工业文明后，随着城市空间的立体化和城市财富要素的高速流动，大城市的规划成为一种职业，也是现代空间规划的起源。现代空间规划从大城市区域的空间规划，逐步发展到中小城市的规划，并延续到农业地区的规划，使得空间规划包含了城市和乡村地区人类居住空间的整体规划。

当前，我们这套"国土空间规划丛书"第1期共有22个分册，包括《国土空间规划原理》《数字国土空间》《国土空间规划概论》《国土空间规划理论与方法》《国土空间治理学（上册）》《国土空间治理学（下册）》《国土空间规划实施与治理》《国土空间使用与管理（上册）》《国土空间使用与管理（下册）》《国土空间总体规划编制》《国土空间详细规划编制》《乡镇域国土空间规划》《村域国土空间规划》《国土空间专项规划编制》《国土空间健康规划》《国土空间遗产保护与复兴规划》《国土空间产业规划》《国土空间生态规划》《国土空间规划与空间形态设计》《国土空间规划相关知识：自然卷》《国土空间规划相关知识：人文卷》《国土空间规划相关知识：陆海统筹》，基本涵盖了空间规划的维度和层级。

这套丛书汇聚了清华大学、北京大学、东南大学、天津大学、同济大学、华中科技大学、中国人民大学等众多高水平教学团队的智慧和经验，除完成系统整理和传播国土空间规划领域的知识、厘清学科脉络这一书籍的历史使命之外，我们还期望这套丛书在指导实际规划工作中的决策和操作、推介最新技术和方法、了解和适应国土空间规划行业变化、扩展跨学科和国际视野方面能提供实际的帮助。

"国土空间规划丛书"作为开放体系，随着科技进步和城市规划理论的发展而不断更新和完善，可能会增加更多探讨新兴技术和方法的分册、更新前沿的实际案例研究。我们也希望这套丛书能够成为国土空间规划领域的一个开放平台，吸引更多的学者和实践者参与进来，激发更多关于构建更加智能、可持续和公平的城市的讨论和探索，共同推动国土空间规划学科的发展。

"国土空间规划丛书"总主编
中国工程院院士
教育部建筑类专业教学指导委员会副主任、城乡规划学分指导委员会主任

序

生态文明建设是新时期国土空间规划建构的纲领性指导思想。生态文明不仅是植树造林、加强绿化，更是一种新的文明形态，是天、地、人共同形成的文明体系，是所有生态文化总和的文明整体。生态文明下的国土空间规划要求把人类建造的环境和自然母亲赋予我们的生态环境进行融合，并把生态系统的整体和谐、健康与永续作为国土空间规划安排的置顶原则，严守生态底线，修复生态空间，保障生态安全，并落实到山水林田湖草等各种空间，贯穿于空间的规划保护与建设、实施与管理等各个过程，融入公民行为和社会文化的各个方面，并为其生态文明活动提供空间支撑。

国土空间规划中的生态专项规划应具备系统性思维，支撑整个生命共同体的生命力和持续力。应尊重自然系统的内在依存关系、尊重人民的需求、尊重文明的历史遗产基因传承、尊重时代社会经济的创新发展，维护自然与人类之间的和谐关系，保持生命共同体内共生互动、互为前提的各子系统和全要素之间的平衡。

国土空间生态规划的理论知识涉及多个交叉学科，包括城乡规划、生态学、生物学、风景园林、自然地理、土地利用规划等，因此要求规划工作者具有多个学科的知识和技能，结合特定的行业知识来寻找综合性的最优解决方案。本教材编写团队由城乡规划、生态学、地理学、土地管理等专业的跨学科专家组成，其中既有来自同济大学、华东师范大学、哈尔滨工业大学、重庆大学、中央财经大学、北京联合大学等高校长期致力于生态规划领域教学科研的学者，也有长期从事一线实践工作的规划师和管理者。多学科产教融合的编写团队保证了本书理论与实践的有机结合，也体现了国土空间生态规划的综合性特征。作者们对国土空间生态规划的基础理论和基本方法进行了系统梳理，结合丰富的案例和线上资源，构建国土空间生态规划的跨学科知识体系，帮助学生建立人与自然和谐共生的国土空间规划基本价值观，培养从事国土空间生态规划研究和实践的基本能力。

在国土空间规划改革的背景下，本书可以作为城乡规划、风景园林、自然地理、土地管理、生态学、环境科学等国土空间规划相关专业学生的课程教材，也可以为空间规划相关的规划设计单位和政府管理部门的相关从业人员提供学习导引，为相关规划实践提供重要借鉴和参考。

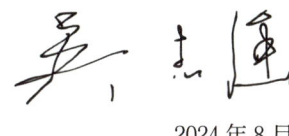

2024 年 8 月

前　言

国土空间规划是国家可持续发展的空间蓝图。随着经济、社会的快速发展与生态环境压力的日益增大，如何有效平衡保护与发展的关系，实现经济社会发展和生态环境保护协同推进，成为生态文明和美丽中国建设背景下国土空间规划的重要议题。

本书响应国土空间规划体系改革要求，系统论述国土空间生态规划的内涵与定位，重点讲解生态空间专项规划、生态修复专项规划、生物多样性保护专项规划、气候适应性专项规划等国土空间生态类专项规划的编制逻辑和技术要点，以及生态环境分区管治制度的基础理论和基本方法。本书主要面向城乡规划、风景园林、自然地理、土地管理、生态学、环境科学等相关专业学生，可配合在线资源，帮助学生构建国土空间生态规划的跨学科知识体系，培养未来从事国土空间生态规划研究与实践的基本能力；也可作为政府管理部门相关从业人员了解国土空间生态规划前沿知识和方法的自学导引。

全书一共分为6章。第1章论述我国国土空间治理所面临的典型生态环境问题和挑战，明确国土空间生态规划的基本概念、涉及的专项规划类型以及各层级国土空间生态规划的重点任务和传导内容。第2章到第5章，结合丰富的实践案例，分别介绍生态空间专项规划、生态修复专项规划、生物多样性保护专项规划、气候适应性专项规划的重要内涵、基础理论、相关政策、编制逻辑以及关键环节的编制内容与技术方法。第6章介绍生态环境分区管治制度的基础理论、策略、保障机制及其与国土空间规划的协同。

本书采用纸质教材附带数字资源的出版方式，除了纸质版教材，还将依托线上平台，提供核心课程、实践课程和知识图谱，更好地帮助读者理解和掌握知识点。

本书编写团队由城乡规划、生态学、地理学、公共管理等专业的跨学科专家组成，其中既有来自同济大学、华东师范大学、哈尔滨工业大学、重庆大学、中央财经大学、北京联合大学等高校长期从事生态规划和生态修复教学科研工作的专业教师，也有来自上海市建设用地和土地整理事务中心、上海同济城市规划设计研究院有限公司等管理部门和设计单位长期从事生态规划和生态修复实践工作的一线管理者和规划师。本书由干靓、颜文涛担任主编，具体编写分工如下：第1章"国土空间生态规划的背景与定位"由干靓编写；第2章"生态空间专项规划"由颜文涛、陈卉、叶林编写；第3章"生态修复专项规划"由孙彦伟、陈雪初、邓泓、黄莹莹、孟陈、闫玉玉编写；第4章"生物多样性保护专项规划"由干靓、郭光普、付青、王沫、刘晓、周燕妮编写；第5章"气候适应性专项规划"由冷红、栾佳艺、祁婧昕编写；第6章"生态环境分区管治制度"由王伟、刘贵利编写。赵晓伟、陈丽华、张丝语在知识图谱、核心课程、实践课程等线上资源的建设中作出了积极贡献。也特别感谢自然资源部大都市区国土空间生态修复工程技术创新中心的大力支持以及上海地矿工程勘察（集团）有限公司副总经理陈敏、上海市城市规划设计研究院乡村规划设计分院院长陈琳、北京清华同衡规划设计研究院有限公司生态环境研究所副所长毛磊等专家提供的实践课程案例。跨学科产教融合的编写团队保证了理论与实践的有机结合，并以涵盖中国不同地域的鲜活案例，为读者生动展现了国土空间生态规划编制的前沿知识和方法。

中国工程院吴志强院士对本书的编写进行了全方位的指导；上海市生态学学会理事长、国务院学位委员会生态学科评议组成员、西安建筑科技大学干旱半干旱区生态科学与工程研究院院长达良俊教授，中国城市规划学会城市生态规划专业委员会副主任委员、《城市规划学刊》副主编、同济大学沈清基教授，自然资源部中国国土勘测规划院技术总师、中国城市规划学会规划实施分会委员杨冀红研究员为本书提供了宝贵的意见和建议；同济大学出版社吕炜、由爱华、朱笑黎等编辑老师为本书的顺利出版付出了大量的时间和精力；在此致以诚挚的感谢！

相信随着国土空间规划体系改革的不断推进，作者团队对于国土空间生态规划的认识和理解将不断完善，本书的内容也将不断扩展与优化。期待各位读者对本书内容提出宝贵的意见和建议，共同推动人与自然和谐共生的国土空间可持续发展。

干　靓
2024年8月

目 录

总　序		V
序		VII
前　言		IX

第 1 章　国土空间生态规划的背景与定位　001
　　1.1　国土空间治理面临的典型生态环境问题和挑战　001
　　1.2　国土空间生态规划的内涵定位　005
　　参考文献　010

第 2 章　生态空间专项规划　011
　　2.1　生态空间的概念内涵　011
　　2.2　生态空间规划的编制逻辑　018
　　2.3　生态空间现状分析及评估　029
　　2.4　生态空间布局及功能组织　033
　　2.5　生态空间规划控制及传导　046
　　参考文献　053

第 3 章　生态修复专项规划　054
　　3.1　生态修复规划的概念内涵　054
　　3.2　生态调查与问题识别　058
　　3.3　生态修复格局　072
　　3.4　分区生态修复策略　090
　　3.5　生态修复工程部署　096
　　3.6　生态修复监测评价　102
　　参考文献　110

第 4 章　生物多样性保护专项规划　　113

- 4.1　生物多样性保护的基础理论　　113
- 4.2　生物多样性保护的全球议程与中国保护现状　　126
- 4.3　生物多样性保护规划的编制要求　　133
- 4.4　生物多样性现状分析　　143
- 4.5　生物多样性保护空间格局构建　　148
- 4.6　生物多样性保护空间管控　　154
- 参考文献　　164

第 5 章　气候适应性专项规划　　166

- 5.1　气候适应性规划基本概念　　166
- 5.2　气候适应性规划基础理论与相关政策　　173
- 5.3　气候适应性规划主要内容　　177
- 5.4　气候适应性规划的空间治理　　208
- 参考文献　　216

第 6 章　生态环境分区管治制度　　220

- 6.1　生态环境分区管治的概念内涵和基础理论　　220
- 6.2　生态环境分区管治制度演进　　228
- 6.3　生态环境分区管治制度框架及其与国土空间规划的协同　　249
- 6.4　生态环境分区管治策略　　260
- 6.5　生态环境分区管治实施保障机制　　265
- 参考文献　　276

案例索引　　277

第 1 章

国土空间生态规划的背景与定位

■ 导语

国土是生态文明建设的空间载体。"生态文明建设优先"是国土空间规划体系构建的核心价值观与工作的基点,治理生态病、推动人与自然和谐共生是生态文明时代国土空间规划的核心作用[1,2]。作为开篇首章,本章将论述我国国土空间治理所面临的自然生态系统基础薄弱、快速城镇化加重生态负荷、全球气候变化导致极端气候灾害频发、美丽中国建设亟待绿色发展转型等典型生态环境问题和挑战,明确国土空间生态规划的基本概念、涉及的专项规划类型以及各层级国土空间生态规划的重点任务和传导内容,为后续章节详细解读各项国土空间生态类专项规划的基本理念、编制逻辑和技术要点奠定基础。

1.1 国土空间治理面临的典型生态环境问题和挑战

我国地域辽阔,自然环境复杂多样。受资源禀赋、历史原因和发展阶段等限制,自然生态系统总体较为脆弱,对人类活动的干扰十分敏感。巨大的人口数量和高速的经济发展催生的高强度资源开发,对自然生态系统造成了巨大影响[3],导致了一系列国土空间治理面临的典型生态环境问题。其主要体现在以下四个方面。

---

1. 庄少勤. 新时代的空间规划逻辑 [J]. 中国土地, 2019 (1): 4-8.
2. 杨保军, 陈鹏, 董珂, 等. 生态文明背景下的国土空间规划体系构建 [J]. 城市规划学刊, 2019 (4): 16-23.
3. 欧阳志云. 我国生态系统面临的问题及变化趋势 [N]. 中国科学报, 2017-07-24 (7).

1.1.1 自然生态系统基础薄弱

1. 山地比例高，自然基础薄弱

我国是多山的国家。如果按照广义山地计算，山地、高原和丘陵面积占我国全国土地面积的 69.27%。我国不仅山地面积比例高，而且地势高峻，高山比例超过其他人口众多的大国。山地虽然在资源多样性利用、发展立体农业等方面具有一定优势，但因其地势起伏大，地面坡度大，土层薄，海拔高，气温低，灾害频发，导致自然基础薄弱，生态系统制约因素多[1]。

2. 干旱面积大，生态系统脆弱

我国是世界上主要的干旱国家之一，干旱区的面积约为 280 万平方公里，半干旱和半湿润易旱区的面积约为 213 万平方公里。全国有沙漠戈壁 11 600 万公顷，占全国土地面积的 12.08%。石漠山地 4 600 万公顷，占全国土地面积的 4.80%[1]。由于缺水，干旱生态系统受到较强的水分胁迫，非常脆弱，对极端气候事件和人类活动干扰更为敏感。

3. 生态脆弱区面积大、脆弱生态类型多

生态脆弱区也称为生态交错区（Ecotone），是指两种不同类型生态系统交界过渡区域。这些交界过渡区域的生态环境条件与两个不同生态系统核心区域有明显的区别，是生态环境变化明显的区域，也是生态保护的重要领域。我国是世界上生态脆弱区分布面积最大、脆弱生态类型最多、生态脆弱性表现最明显的国家之一。生态脆弱区类型包括东北林草交错生态脆弱区、北方农牧交错生态脆弱区、西北荒漠绿洲交接生态脆弱区、南方红壤丘陵山地生态脆弱区、西南岩溶山地石漠化生态脆弱区、西南山地农牧交错生态脆弱区、青藏高原复合侵蚀生态脆弱区、沿海水陆交接带生态脆弱区。这些生态脆弱区大多位于生态过渡区和植被交错区，处于农牧、林牧、农林等复合交错带，这些地区是我国目前生态问题突出、经济相对落后和人民生活贫困区，同时也是我国环境监管的薄弱地区[2]。

---

1. 吴次芳，肖武，曹宇，等.国土空间生态修复[M].北京：地质出版社，2019.
2. 环境保护部.环境保护部关于印发《全国生态脆弱区保护规划纲要》的通知（环发〔2008〕92 号）[EB/OL]．(2008-09-27) [2024-06-10].https://www.gov.cn/gongbao/content/2009/content_1250928.htm.

1.1.2 快速城镇化加重生态负荷

1. 快速城镇化突破资源环境承载力

改革开放以来，工业化和城镇化快速推进，助推我国从传统农业国家向现代化工业国家转型，国民经济和社会发展达到了空前水平。经济总量位居全球第二。但长期高投入、高消耗和高污染的发展模式，导致资源环境代价巨大，生态问题越来越多。尤其是很多城市都经历了土地粗放利用、空间无序扩张的过程，资源环境承载能力已经超载。根据中国科学院地理科学与资源研究所的研究，1950—2010年间，我国城镇化水平每提高1%，人均生态足迹增加0.08公顷，生态足迹强度降低1.15公顷/元，生态超载增加2.234%，生态环境质量综合指数下降0.0083；如果按照原有的城市化发展模式，2010—2050年间的生态超载将更加严重，生态环境质量将持续恶化，即城镇化水平每提高1%，人均生态足迹将增加0.11公顷，生态足迹强度将下降0.06公顷/元，生态超载将增加5.68%，生态环境质量综合指数将下降0.0064。因此，改变原有的城市发展模式、构建合理的产业结构、建立集约的资源利用体系、积极寻找替代资源缓解资源压力、改善生态环境是中国城镇化进程所面临的严峻任务[1]。

2. 高密度人类活动对生物多样性的破坏

全球人类活动所造成的物种灭绝速度，是自然条件下的1 000倍[2]。在人类活动中，工业化和城市化的影响最为严峻——无序蔓延的城市开发造成许多野生动植物栖息地日趋萎缩；铁路和公路等区域基础设施建设导致野生动植物栖息环境破碎化，直接威胁种群繁衍；水利设施尤其是水闸堤坝的修筑造成江河与湖泊的隔断，堵塞了鱼类洄游与种群交流的通道；农业生产中农药和化肥的大量施用，以及工业废物和生活垃圾的无序排放，改变了生物物种的生理特征及栖息环境，导致许多种类灭绝或种群数量大大减少。目前我国受威胁物种比例较高，其中哺乳动物约占评估物种总数的26.4%，鸟类占10.6%，爬行动物占29.7%，两栖动物受威胁最严重，占评估物种总数的43.1%，内陆鱼类占20.4%，植物占10.8%。部分高濒危等级的脊椎动物物种日趋丧失，鸟类高濒危等级物种的丧失速率加快[3,4]。

---

1. 方创琳，方嘉雯. 解析城镇化进程中的资源环境瓶颈[J]. 中国国情国力，2013（4）：33-34.
2. 联合国环境规划署，生物多样性公约秘书处. 全球生物多样性展望[R]. 3版. 2010.
3. 生态环境部. 中国生物多样性保护战略与行动计划（2023—2030年）[EB/OL].（2024-01-18）[2024-03-20]. https://www.mee.gov.cn/ywdt/hjywnews/202401/W020240118377427497957.pdf.
4. 吕植. 中国生物多样性保护与"3030目标"[J]. 学术前沿，2022（2）：24-34.

3. 高强度土地过度利用导致生态系统服务功能退化

由于对森林、草原、湿地等资源掠夺式的开发利用，导致生态系统服务功能退化，重要生态系统质量总体欠优，主要表现在：一是森林生态系统稳定性不高，乔木林质量指数为 0.62，处于中等水平，纯林占乔木林总面积一半以上。二是草原生态系统整体仍较脆弱，中度和重度退化面积仍占 1/3 以上。三是部分河道、湿地、湖泊生态功能降低或丧失。四是沙化土地面积多达 1.7 亿公顷，水土流失面积多达 2.7 亿公顷，问题依然严峻。五是近岸海域生态系统整体形势不容乐观，红树林面积与 20 世纪 50 年代相比减少了 40%，珊瑚礁覆盖率下降、海草床盖度降低等问题较为突出，自然岸线缩减现象依然普遍，防灾减灾功能退化[1]。

1.1.3 全球气候变化导致极端气候灾害频发

受人类活动与自然变化的共同影响，全球气候正在发生以极端天气和气候事件频发为主要特征的显著变化，给人类的生产、生活乃至城市的可持续发展造成了严重威胁，并且这种影响的频率和强度有增加的趋势[2]。与全球其他国家一样，我国近年来也呈现出极端天气气候事件增加的趋势，极端天气发生次数多、影响区域广、强度增加，创历史纪录、无前兆突发性事件增多。区域性极端强降水、大范围极端高温热浪、持续性极端骤旱、高影响极端寒潮等事件发生频率增加。如 2023 年初夏，华北、黄淮地区连续遭遇 5 轮高温热浪过程，累计有 22 个国家级气象站最高气温突破历史极值，北京、天津超 70% 以上面积出现 40℃以上高温。7 月 29 日至 8 月 1 日，受"杜苏芮"残余环流与地形抬升等共同影响，京津冀地区出现历史罕见极端暴雨，河北临城县累计雨量最高达 1 003 毫米，相当于当地两年的降雨量。2000—2021 年因气象灾害及其引发的次生地质灾害年均造成全国 3 亿人次受灾，直接经济损失达 2 897 亿元。

全球顶尖综合性医学期刊《柳叶刀》杂志所发布的《气候变化与健康 2030 倒计时》中指出，气候变化不仅意味着发生对生态系统产生损害的高温热浪、洪涝、干旱等极端气候事件，还会对慢性病患者、婴幼儿等脆弱人群产生巨大影响，同时也会威胁到经济社会的发展。

---

1. 国家发展和改革委员会. "十四五"规划《纲要》解读文章之 25| 提升生态系统质量和稳定性 [EB/OL]. (2021-12-25) [2024-06-10]. https://www.ndrc.gov.cn/fggz/fzzlgh/gjfzgh/202112/t20211225_1309713.html.
2. 中国国家发展和改革委员会. 中国应对气候变化国家方案 [EB/OL]. (2007-06-04) [2024-06-10]. https://www.ndrc.gov.cn/xwdt/xwfb/200706/t20070604_957690_ext.html.

1.1.4　美丽中国建设亟待绿色发展转型

美丽中国是社会主义新时代生态文明建设的新目标愿景，满足人民群众对美好生活向往的现实需求。当前我国经济社会已进入加快绿色化、低碳化的高质量发展阶段，但生态文明建设仍处于压力叠加、负重前行的关键期，生态环境保护结构性、根源性、趋势性压力尚未根本缓解，经济社会发展绿色转型内生动力不足，生态环境质量稳中向好的基础还不牢固，部分区域生态系统退化趋势尚未根本扭转，美丽中国建设任务依然艰巨，亟待通过系统性统筹各类要素的空间格局，重构绿色发展新秩序[1]。

1.2　国土空间生态规划的内涵定位

1.2.1　国土空间生态规划的基本概念

1. 国土空间

"国土"是指覆盖国家全域的领土；"空间"是指承载"生态、生产和生活"的土地及其上下的空间各个层级[2]。国土空间的完整概念是指由国家疆界范围所构成的包括领土、领空、领海在内的整体空间，包括了已利用和未利用的陆地表面和水面以上、以下的空间[3]。在国家治理视域下，国土空间还是一个具有多样性、交互性和复杂性构成要素的全要素系统空间[4]。

2. 生态规划

生态规划是实现城市可持续发展的重要工具之一。地理学家认为：生态规划是运用生态学原理，通过对土地利用现状和生态适宜度的分析，制定出一个符合生态学要求的土地利用规划[5]；或指运用生态学的原理，从宏观角度参与国家和区域发展战略中长期发展规划的研究和决策，并提出合理开发战略和开发层次，以

---

1. 中共中央，国务院. 中共中央 国务院关于全面推进美丽中国建设的意见［EB/OL］（2023-12-27）[2024-06-10］. https://www.gov.cn/zhengce/202401/content_6925406.htm.
2. 吴志强. 国土空间规划的五个哲学问题［J］. 城市规划学刊，2020（6）：7-10.
3. 孙施文. 国土空间规划的知识基础及其结构［J］. 城市规划学刊，2020（6）：11–18.
4. 冯广京，王睿，谢莹. 国家治理视域下国土空间概念内涵［J］. 中国土地科学，2021（5）：8-16.
5. 刘天齐. 环境管理［M］. 北京：中国环境科学出版社，1990.

及相应的土地及资源利用、生态建设和环境保护措施[1]。生态学家认为：生态规划的实质是运用生态学原理与生态经济学知识调控复合生态系统中各亚系统及其组分间的生态关系，协调资源开发及其他人类活动与自然环境、资源性能的关系，实现城市、农村及区域社会经济的持续发展[2]。随着学科交叉的不断加强，生态规划的内涵已经从最初的土地资源的生态化利用，逐步演化出基于地理学与生态学交叉的"土地生态规划"，基于环境科学与生态学、城市规划学与生态学交叉的"城市生态规划"和"生态城市规划"，基于景观生态学与生态学、地理学交叉的"景观生态规划"。这些概念都起源于"生态规划"，各概念之间既相互联系又各有侧重。因此，有学者认为生态规划与其说是一个概念，不如说是一个概念范畴[3]。

3. 国土空间生态规划

本书所指的"国土空间生态规划"也是一个概念范畴，指针对国土空间治理的典型生态环境问题，运用生态学原理，通过对空间资源的科学合理配置，调节各种复杂生态系统关系，以实现资源节约、环境友好、人与自然和谐共生为目标的一类规划。简而言之，即国土空间生态类专项规划。

1.2.2 国土空间生态规划涉及的专项规划类型

国土空间生态规划涉及的专项规划类型依据国土空间规划各相关部门的主管事权，可分为三大类。

1. 自然资源管理部门主导编制的生态类专项规划

自然资源管理部门会同生态环境管理等部门组织编制的生态类专项规划主要包括生态空间专项规划、生态（保护）修复专项规划、自然保护地专项规划等。

2. 生态环境管理部门主导编制的生态类专项规划

生态环境管理部门会同自然资源管理部门组织编制的生态类专项规划主要包括生物多样性保护专项规划、气候适应性专项规划等。

---

1. 陈涛，张永斌，陈玮. 试论生态建设与生态建设规划 [J]. 环境保护科学，1990（4）：1-4.
2. 欧阳志云，王如松. 区域生态规划理论与方法 [M]. 北京：化学工业出版社，2005.
3. 何璇，毛惠萍，牛冬杰，等. 生态规划及其相关概念演变和关系辨析 [J]. 应用生态学报，2013，24（8）：2360-2368.

3. 其他部门主导编制的生态类专项规划

其他部门主导编制的生态类专项规划主要包括园林绿化主管部门主导编制的绿地系统专项规划、住建部门主导编制的绿色建筑专项规划等。

4. 生态环境保护与社会经济发展协同的专项规划

除此之外，还有一些专项规划中涉及生态环境保护与社会经济发展的协同，如海岸带保护与利用专项规划涉及海岸带生态保护修复及可持续利用用途管制，林业草原保护与利用专项规划涉及林草资源生态保护修复及可持续利用用途管制，水资源专项规划涉及水资源保护与可持续利用。

考虑到当前迫切的实践需求以及与本丛书其他分册内容的区分，本书重点聚焦前两类国土空间生态类专项规划，即第2章生态空间专项规划、第3章生态修复专项规划、第4章生物多样性保护专项规划、第5章气候适应性专项规划，并在第6章生态环境分区管治制度中重点讨论生态环境主管部门主导的生态环境分区管治制度及其与国土空间规划的衔接。在自然资源部门主导编制的生态类专项规划中，自然保护地专项规划通常包含自然保护地体系规划和单个自然保护地规划，两者都已有较为明确的工作方案和规划编制技术规程，因此在本书中暂不做讨论。

1.2.3 各层级国土空间生态规划的重点任务

2019年发布的《中共中央 国务院关于建立国土空间规划体系并监督实施的若干意见》，明确了在国家、省、市县、乡镇分级分类建立国土空间规划的要求。根据各级国土空间规划的编制要求，各层级国土空间生态规划应分级落实相应的重点任务。

1. 国家

遵循《全国主体功能区规划》《全国生态功能区划（修编版）》《全国重要生态系统保护和修复重大工程总体规划（2021—2035年）》《中国生物多样性保护战略与行动计划（2023—2030年）》等全国性生态环境保护规划的要求，明确全国性的生态功能极重要区域和生态极脆弱区域，识别全国性的生态保护优先区。

2. 省级

衔接省级主体功能区规划、省级生态系统保护修复重要工程要求、生物多样性保护战略与行动计划等省域生态环境保护规划的要求，明确省域内生态功能极重要区域和生态极脆弱区域，识别省域内的生态保护优先区，构建区域性的重要生态廊道系统及保护空间网络。

3. 市县级

衔接区域和地方主体功能区规划、生态系统保护修复重要工程要求、生物多样性保护战略与行动计划或其他生态保护文件，明确市县生态保护修复的空间区划、空间管控等要求，构建生态空间格局，落实蓝绿基础设施体系，部署生态修复工程项目。

4. 乡镇级

在上位规划的基础上，落实乡镇级蓝绿基础设施布局，细化生态修复工程项目布局，提出生态保护修复措施，缓解人类活动对生态系统的干扰。

考虑到与本丛书其他分册的内容有所区分，本书的第 2—6 章重点聚焦市县级国土空间生态规划。其他层级国土空间生态规划的内容将融入其他相关分册。

1.2.4　国土空间生态规划的传导

参考布局传导、控制线传导、指标传导、名录传导四种国土空间规划传导方式[1]，国土空间生态规划的传导可以通过生态资源名录传导、生态控制线传导、生态空间布局传导和生态指标分解传导四种方式实现。

1. 生态资源名录传导

名录传导是落实上位规划的针对性要求，将生态资源（如自然保护地、重要野生动物栖息地、重要湿地等）以名录的形式对名称、面积、分布、责任主体等予以细化、明确表达的传导方式。名录传导内容清晰、直接，能够有效指导下位规划的编制，对于空间上难以直接表达的内容具有重要的传导作用。

---

1. 梅耀林，胡海波，张杰，等．"五大方式"系统构建规划传导体系［EB/OL］．(2020-11-24)［2024-06-10］．https://zrzyt.xinjiang.gov.cn/xjgtzy/gzdt/202011/9e314e7243624a119fbcf094e47016c1.shtml.

2. 生态控制线传导

控制线传导是落实上位规划确定的各类自然生态空间和要素的底线要求，以刚性的控制线对面积、分布、边界等予以精确表达并传导的方式。控制线传导内容清晰准确，配合"一张图"形成上下联动的监督实施系统，能够直接指导下位规划的编制，对于守住生态安全底线、贯彻开发保护格局具有重要意义，还可以作为各类生态空间用途管制和空间权许可的依据。

3. 生态空间布局传导

布局传导是将上级规划的战略意图和本级规划的发展思路转化为空间投影，以空间布局的形式明确表达，并形成若干图纸用于指导下位规划。布局传导简明扼要，配套相应实施政策和考核机制，能确保区域发展战略、国土空间格局的有效落实，逐步实现"将每一寸土地都规划清楚"。

4. 生态指标分解传导

指标传导是落实上位规划确定的量化要求，以总量、人均、地均、目标等量化形式在本级规划中予以明确并分配至下级规划的传导方式。指标传导涉及方面广、传导方式灵活，对总体及人均标准、上下限等都能作出明确要求，便于分解落实，是衔接上下级规划的重要方式。指标具有一定的预期性和调配性，与其他传导方式相配合，与相关专项规划、下位规划充分衔接，可有效落实上位规划各类约束性和预期性的相关要求。国土空间生态规划的指标传导主要为资源环境约束指标，即依据上位规划要求和自身资源环境容量，传导各类生态用地以及资源消耗总量等控制指标。

关键术语

国土空间，生态规划，国土空间生态规划

思考题

1. 我国国土空间治理面临哪些生态环境问题和挑战？
2. 国土空间生态规划涉及哪些内容？各层级规划有哪些重点任务？如何传导？

参考文献

[1] 陈涛,张永斌,陈玮.试论生态建设与生态建设规划[J].环境保护科学,1990(4):1-4.
[2] 方创琳,方嘉雯.解析城镇化进程中的资源环境瓶颈[J].中国国情国力,2013(4):33-34.
[3] 冯广京,王睿,谢莹.国家治理视域下国土空间概念内涵[J].中国土地科学,2021(5):8-16.
[4] 国家发展和改革委员会."十四五"规划《纲要》解读文章之25|提升生态系统质量和稳定性[EB/OL].(2021-12-25)[2024-06-10].https://www.ndrc.gov.cn/fggz/fzzlgh/gjfzgh/202112/t20211225_1309713.html.
[5] 何璇,毛惠萍,牛冬杰,等.生态规划及其相关概念演变和关系辨析[J].应用生态学报,2013,24(8):2360-2368.
[6] 环境保护部.环境保护部关于印发《全国生态脆弱区保护规划纲要》的通知[EB/OL].(2008-09-27)[2024-06-10].https://www.gov.cn/gongbao/content/2009/content_1250928.htm.
[7] 联合国环境规划署,生物多样性公约秘书处.全球生物多样性展望[R].3版.2010.
[8] 刘天齐.环境管理[M].北京:中国环境科学出版社,1990.
[9] 吕植.中国生物多样性保护与"3030目标"[J].学术前沿,2022(2):24-34.
[10] 梅耀林,胡海波,张杰,等."五大方式"系统构建规划传导体系[EB/OL].(2020-11-24)[2024-06-10].https://zrzyt.xinjiang.gov.cn/xjgtzy/gzdt/202011/9e314e7243624a119fbcf094e47016c1.shtml.
[11] 欧阳志云,王如松.区域生态规划理论与方法[M].北京:化学工业出版社,2005.
[12] 欧阳志云.我国生态系统面临的问题及变化趋势[N].中国科学报,2017-07-24(7).
[13] 生态环境部.中国生物多样性保护战略与行动计划(2023—2030年)[EB/OL].(2024-01-18)[2024-03-20].https://www.mee.gov.cn/ywdt/hjywnews/202401/W020240118377427497957.pdf.
[14] 孙施文.国土空间规划的知识基础及其结构[J].城市规划学刊,2020(6):11-18.
[15] 吴次芳,肖武,曹宇,等.国土空间生态修复[M].北京:地质出版社,2019.
[16] 吴志强.国土空间规划的五个哲学问题[J].城市规划学刊,2020(6):7-10.
[17] 杨保军,陈鹏,董珂,等.生态文明背景下的国土空间规划体系构建[J].城市规划学刊,2019(4):16-23.
[18] 中共中央,国务院.中共中央 国务院关于全面推进美丽中国建设的意见[EB/OL].(2023-12-27)[2024-06-10].https://www.gov.cn/zhengce/202401/content_6925406.htm.
[19] 中国国家发展和改革委员会.中国应对气候变化国家方案[EB/OL].(2007-06-04)[2024-06-10].https://www.ndrc.gov.cn/xwdt/xwfb/200706/t20070604_957690_ext.html.
[20] 庄少勤.新时代的空间规划逻辑[J].中国土地,2019(1):4-8.

第 2 章

生态空间专项规划

■ 导语

作为支撑国土空间高质量发展和推动生态文明建设的关键途径，生态空间专项规划旨在应对城市化进程中凸显的核心生态问题，提升区域可持续发展韧性与居民福祉。本章首先阐明生态空间的基本概念，探讨专项规划的编制逻辑，进而重点介绍生态空间现状的分析与评估、合理布局与功能组织，以及规划的控制措施和传导机制。通过对上述内容的系统梳理，全面理解生态空间专项规划在空间布局引导、生态功能提升和管控底线约束等方面对促进生态保护与可持续发展起到的重要作用。

2.1 生态空间的概念内涵

2.1.1 生态空间的概念内涵阐释

当前，国内外学界对"生态空间"的概念界定存在多种视角，尚未达成一致。国内对生态空间的概念界定主要基于两种视角：生态功能论和生态要素论。第一种视角强调生态空间是以提供生态系统服务为主的土地利用类型所占有的空间，包括城市绿地、林地、园地、耕地、滩涂苇地、坑塘养殖水面和未利用土地等类型，是与覆盖有建/构筑物和硬化铺装路面的城乡建设空间相对的空间。其中，是否将农地视为生态空间仍存在一定的争议。有学者提出农业生产用地（如耕地、养殖水面）以经济产出为核心目的，不宜纳入生态空间范畴。我国政策文件中的生态空间，是指具有自然属性、以提供生态产品或生态服务为主导功能的国土空间，涵盖需要保护和合理利用的森林、草原、湿地、河流、湖泊、滩涂、岸线、海洋、荒地、荒漠、戈壁、冰川、高山冻原、无居民海岛等[1,2]。第二种视角是基于生态要素，将生态空间定义为"城市生态系统中城市土壤、水体、动植物等自然因子的空间载体"[3]。对这一概念认识的分歧主要集中在下垫面的要素。例如，生态空间应该排除农业大棚覆盖区，因为农膜覆盖改变了自然下垫面。上述两种概念界定的内涵，实质上并没有区别，争议主要聚焦在范围上。因此，在研究中可根据实际情况界定生态空间范围，地表有植被覆盖的土地利用类型均可以考虑纳入生态空间的范围，如一些实证研究就将耕地纳入生态空间范围。

国外对生态空间的定义主要有三种观点：第一种观点侧重绿色空间，认为生态空间内涵包含了所有绿色植被覆盖的土地类型（含农地等）[4]。第二种观点强调开放性，将生态空间定义为有植被覆盖的具有自然、享乐功能的绿色开敞空间[5]。第三种观点将自然环境分为"绿色空间"和"蓝色空间"，前者包括由植被覆盖的开敞区域（如公园、体育场）和保护地（如森林），以及庭院、花园、农场或任何其他以植被覆盖为主导的空间；而后者是指主要由水体占有的空间（如湖泊、海洋、河流等），很少包括人造特性的构筑物（如水喷泉和雕塑）。尽管私人庭院是城市的重要生态基底，但国外实证研究一般关注公众可获得的绿色开放性空间。

借鉴以上概念，**本书将生态空间界定为：由自然、半自然或人工的植被及水体（森林、草地、绿地、湿地等）等生态单元所占据的提供生态系统服务的空间，包括城市公园绿地、森林、农用地、未利用地、水域、湿地和海洋等需要保护和合理利用的多种空间类型**。这一定义与绿色空间、蓝绿空间和城市生态空间等相近概念既存在区别，又具有联系，相较之下，生态空间具有三个明显的特征：一是广义地涵盖人工、半人工所有具有自然属性和提供生态系统服务功能的空间，无论是在城市开发边界内或外，因此，生态空间是自然、人工和半人工生态单元的集合；二是生态空间的功能不仅要保护和发展城市自然生态系统，还要充当绿色基础设施，保障城市居民的生活质量，促进其身心健康，因此，生态空间需具有生态、经济与社会文化等多维功能；三是地域系统是生态空间与生产、生活空间的复合系统，生态

---

1. 国土资源部. 自然生态空间用途管制办法（试行）[EB/OL].（2017-03-24）[2024-04-20].https://g.mnr.gov.cn/201704/t20170425_1499678.html.
2. 自然资源部办公厅. 省级国土空间规划编制指南（试行）[EB/OL].（2020-01-17）[2024-04-20].https://gi.mnr.gov.cn/202001/t20200120_2498397.html.
3. 王甫园, 王开泳, 陈田, 等. 城市生态空间研究进展与展望[J]. 地理科学进展, 2017, 36（2）：207-218.
4. NEUENSCHWANDER N, HAVEK U W, GRÊT-REGAMEY A. 2014. Integrating an urban green space typology into procedural 3Dvisualization for collaborative planning [J]. Computers, Environment and Urban Systems, 2014, 48（6）：99–110.
5. NGOM R, GOSSELIN P, BLAIS C. Reduction of disparities in access to green spaces: Their geographic insertion and recreational functions matter [J]. Applied Geography, 2016, 66: 35–51.

空间研究与规划需要高度重视与生产、生活空间的融合发展。在国土空间规划背景下，生态规划正经历着由生态保护红线划定向全域全要素综合管控的演进过程。生态规划的主要内容包括自然资源保护与利用、生态系统服务提升、生态保护与修复，以及生态空间用途管控等，旨在通过空间规划工具实现生态目标，确保时空公平正义，从而促进城市建设与生态保护协同的可持续发展。

2.1.2 生态空间的影响要素

生态空间作为国土空间生态规划中的重要组成部分，其影响要素复杂多样，包括自然环境要素、生物要素和人文社会要素等。这些要素不仅决定了生态空间的生态功能和生态服务能力，还直接影响到生态系统的健康与稳定。总体上，可从自然环境要素、生物要素和人文社会要素三方面[1]，深入探讨生态空间的影响要素及其相互作用机制。

1. 自然环境要素

自然环境要素是生态空间的基础，主要包括地形地貌、水文特征、气候条件和土壤类型等。这些要素共同决定了生态空间的物理结构和生态特性。

1）地形地貌

地形地貌是指地球表面的形态特征，包括山脉、平原、丘陵和盆地等。不同的地形地貌类型对生态空间的生态功能具有重要影响。例如，山区地形多样，垂直变化显著，生物多样性丰富；而平原地区地势平坦，适合农业生产和人类居住。地形地貌的多样性不仅提供了多种生境类型，还影响了水文过程、土壤类型和气候条件。

2）水文特征

水文特征是指生态空间内的水体分布、流动和循环特征，包括河流、湖泊、湿地和地下水等。水是生命之源，水文特征对生态系统的健康和生物多样性具有关键作用。例如，湿地生态系统在水文调节、污染物净化和生物栖息地提供等方面发挥着重要作用。河流和湖泊不仅提供水资源，还在水生生态系统中维持生物多样性和生态平衡。

3）气候条件

气候条件是指一个地区长期的气象特征，包括温度、降水、风速和湿度等。气

---

1. 福尔曼 R，戈德罗恩 M. 景观生态学 [M]. 肖笃宁，张启德，赵羿，等译. 北京：科学出版社，1990.

候条件决定了生态系统的基本格局和生态过程。例如，热带雨林气候高温多雨，生物多样性极高；而干旱半干旱气候条件下，生态系统相对脆弱，植被稀疏。气候变化对生态空间的影响尤为显著，可能导致生态系统结构和功能的显著变化。

4）土壤类型

不同土壤类型具有不同的土壤特征，具体表现在土壤质地、肥力、酸碱度和有机质含量等方面。土壤是植物生长的基础，不同类型的土壤适合不同的植物群落。例如，黑土富含有机质和养分，适合农业生产；沙质土壤透水性好，适合耐旱植物生长。土壤类型不仅影响植物生长和分布，还对生态系统的水文过程和养分循环产生重要影响。

2. 生物要素

生物要素是生态空间的生命基石，包括植物、动物和微生物等生物群落。生物要素通过相互作用，形成复杂的生态网络，维持生态系统的健康和稳定。

1）植物

植物是生态系统的主要生产者，通过光合作用将太阳能转化为化学能，为其他生物提供能量和营养。植物群落的组成和结构对生态空间的功能和服务能力具有重要影响。例如：森林生态系统中，乔木、灌木和草本植物层层叠叠，形成复杂的生态结构，提供多种生态系统服务；草原生态系统中，草本植物为牧畜和野生动物提供食物和栖息地。植物还通过根系稳定土壤，防止水土流失，改善土壤肥力。

2）动物

动物是生态系统的重要组成部分，通过食物链和食物网与植物和其他生物紧密相连。动物在生态系统中的作用多种多样。例如：食草动物通过取食植物，调节植物群落结构；食肉动物通过捕食调控食草动物种群数量，维持生态平衡。动物的活动还促进了植物的传粉和种子传播，维持生态系统的动态平衡。

3）微生物

微生物是生态系统中的隐形力量，包括细菌、真菌和原生动物等。微生物在分解有机物、养分循环和土壤形成等过程中发挥着关键作用。例如：细菌和真菌通过分解动植物遗骸，释放养分供植物利用；根瘤菌与豆科植物共生，固氮作用提高了土壤肥力；土壤微生物群落的多样性和活性直接影响土壤健康和生态系统的生产力。微生物还通过与植物根系共生，促进植物生长，提高植物对环境压力的适应能力。

3. 人文社会要素

人文社会要素是指人类活动对生态空间的影响和改造，包括土地利用、城市化、农业和工业生产活动等。人类活动可能对生态空间产生正面影响，也可能带来负面效应。

1）土地利用

土地利用是指人类对土地资源的开发和利用方式，包括农业用地、林地、草地和海域等。不同的土地利用方式对生态空间的影响各异。例如，农业活动通过开垦耕地、灌溉和施肥，改变了自然生态系统的结构和功能。合理的土地利用规划和管理，可以减少人类活动对生态空间的负面影响，实现土地资源的可持续利用。

2）城市化

城市化是农村人口向城市转移，第二、第三产业向城市集中，同时伴随着城市物质文明、生产方式、生活方式向农村扩散的过程。城市化对生态空间的影响复杂而深远，包括土地资源的过度开发、自然栖息地的破坏和生态系统服务的减少等。城市公园绿地和生态廊道等生态空间的建设，可以缓解城市化带来的生态压力，提升城市环境质量和居民生活水平。

3）农业和工业生产活动

农业和工业生产活动是现代社会经济发展的重要驱动力，但也给生态空间带来了显著压力。例如：农业生产中的化肥和农药使用，可能导致土壤和水体污染；工业生产活动中的废气、废水和固体废弃物排放，可能造成大气、水体和土壤污染。通过推广生态农业和清洁生产技术，可以减少农业和工业生产活动对生态空间的负面影响，促进生态环境保护和资源的可持续利用。

综上，生态空间的影响要素复杂多样，自然环境要素、生物要素和人文社会要素共同决定了生态空间的结构和功能。自然环境要素提供了生态空间的物理基础，生物要素通过相互作用维持生态系统的健康和稳定，人文社会要素则通过人类活动影响和改造生态空间。在国土空间生态规划中，应全面考虑这些要素，科学规划和管理生态空间，实现生态系统服务的持续提供，推动生态文明建设和可持续发展。

2.1.3　生态空间的功能结构

生态空间是国土空间生态规划中的核心概念，其功能结构复杂而多样。生态空间的功能结构是指其内部各组成部分之间的相互关系及其对生态系统整体功能的贡献。这一结构不仅涵盖了生态系统提供的各种服务，还涉及生态系统内部的能量流动、物质循环和生物交互作用。总体上，可从生态系统服务、生态过程和生态系统稳定性三个方面深入探讨生态空间的功能结构及其重要性。

1. 生态系统服务

生态系统服务是生态空间的核心功能，指的是人类从自然生态系统中获得的各种福祉和惠益。根据《千年生态系统评估》的分类，生态系统服务通常分为四类：供给服务、调节服务、文化服务和支持服务。

1）供给服务

供给服务是指生态系统直接提供的物质资源，包括食物、水、木材、纤维和药用植物等。这些资源是人类生产生活的基础。例如，森林生态系统提供木材和纸浆，农业生态系统提供粮食和纤维，淡水生态系统提供饮用水和灌溉水源。供给服务的质量和数量直接影响到人类社会的生存和发展，因此在生态空间的功能结构中占据重要地位。

2）调节服务

调节服务是指生态系统通过调节环境条件，维持生态平衡和支持人类活动的功能，主要包括气候调节、水文调节、空气质量维护、病虫害控制和水土保持等。例如：森林和湿地通过吸收和存储二氧化碳，调节全球气候；河流和湿地通过调节径流和过滤污染物，维护水质和减少洪涝灾害；植被通过覆盖和根系固土，防止土壤侵蚀。调节服务的有效性直接关系到生态系统的健康和人类社会的稳定。

3）文化服务

文化服务是指生态系统为人类提供的非物质的精神、文化和审美价值，包括休闲娱乐、生态旅游、文化遗产和教育科研等。例如，国家公园和自然保护区为公众提供了旅游和休闲的场所，同时也为科学研究和环境教育提供了重要基地。文化服务提升了人们的生活质量，增强了社会凝聚力和文化认同，是生态空间功能结构中不可忽视的组成部分。

4）支持服务

支持服务是指为其他生态系统服务提供基础的生态过程，包括土壤形成、养分循环、水循环和生物多样性维持等。例如：微生物通过分解有机物质，释放养分供植物利用；植物通过光合作用固定太阳能，支持食物链的运行；湿地通过水循环维持水体的动态平衡。支持服务是生态系统正常运行和提供其他服务的基础，因此在生态空间的功能结构中具有基础性作用。

2. 生态过程

生态过程是生态空间功能结构的动态方面，涉及能量流动、物质循环和生物交互作用。这些过程不仅维持了生态系统的基本功能，还决定了生态系统的健康和稳定。

1）能量流动

能量流动是指太阳能通过光合作用转化为化学能，在生态系统中沿着食物链和食物网逐级传递的过程。植物作为初级生产者，通过光合作用固定太阳能，生产有机物；初级消费者（如食草动物）取食植物，获得能量；次级消费者（如食肉动物）通过捕食初级消费者获得能量；最终分解者（如细菌和真菌）分解动植物遗骸，释放养分和能量，重新进入生态循环。能量流动是生态系统维持生命活动和生态功能的基本动力。

2）物质循环

物质循环是指生态系统中物质的循环流动和转化过程，包括碳循环、氮循环、水循环和磷循环等。例如：碳循环通过光合作用和呼吸作用，在大气、植物、动物和土壤之间进行；氮循环通过固氮、硝化、反硝化和氨化等过程，在大气、土壤和生物体内进行；水循环通过蒸发、降水、渗透和径流等过程，在大气、水体和陆地之间进行。物质循环保证了生态系统内养分和物质的持续供应，是生态系统健康运行的基础。

3）生物交互作用

生物交互作用是指生态系统中不同生物种群之间的相互作用，包括竞争、捕食、共生和寄生等。例如：捕食关系通过调控种群数量，维持生态平衡；竞争关系通过资源的分配和利用，促进物种的多样性和适应性；共生关系通过不同生物之间的互惠互利，增强生态系统的稳定性和生产力。生物交互作用是生态系统结构和功能的体现，对生态系统的动态平衡和适应性具有重要意义。

3. 生态系统稳定性

生态系统稳定性是生态空间功能结构的重要特征，指生态系统抵御干扰、恢复和维持其结构和功能的能力。生态系统稳定性包括抗干扰能力（抵抗力）和恢复能力（恢复力）。

1）抗干扰能力

抗干扰能力是指生态系统抵御外界干扰（如自然灾害、人类活动）的能力。例如：森林生态系统通过多样化的植被和复杂的生态结构，增强了对风灾、火灾和病虫害的抵御能力；湿地生态系统通过水文调节并得益于生物多样性，增强了对洪涝和污染的抵御能力。抗干扰能力是生态系统保持稳定和健康的重要保障。

2）恢复能力

恢复能力是指生态系统在受到干扰后恢复到原有状态的能力。例如：草原生态系统在受到过度放牧或遭受火灾后，通过植物的再生和土壤的恢复，重新建立起植被和生态功能；河流生态系统在受到污染后，通过水体自净和生态修复，恢复水质和生物多样性。恢复能力是生态系统自我调节和适应环境变化的重要特征。

综上，生态空间的功能结构是一个复杂且多维的系统，涵盖了生态系统服务、生态过程和生态系统稳定性等多个方面。供给服务、调节服务、文化服务和支持服务共同构成了生态空间的功能框架；能量流动、物质循环和生物交互作用是生态空间的动态过程；抗干扰能力和恢复能力则保障了生态系统的稳定性和健康。在国土空间生态规划中，理解和维护生态空间的功能结构，是实现生态系统可持续利用和生态文明建设的重要基础。科学规划和有效管理，可以确保生态系统功能的持续提供，推动社会经济与自然环境的协调发展。

2.2 生态空间规划的编制逻辑

2.2.1 生态空间治理的逻辑转型

随着全球环境问题日益突出，传统的生态空间治理方式已经无法适应现代社会的需求。传统治理模式往往侧重于单一目标和短期效益，忽视了生态系统的复杂性和长期可持续性。面对生态环境的严峻挑战，生态空间治理亟须从单一、静态的治理逻辑向综合、动态的治理逻辑转型。生态空间治理的逻辑转型，包括治理理念的变革、治理主体的多元化以及治理工具的创新。

1. 治理理念的变革

1）从"控制"到"适应"

传统的生态空间治理主要采取"控制"的方式，通过强制性手段限制人类活动，以减少对生态环境的破坏。然而，这种方式往往忽视了生态系统的复杂性和动态变化特性。现代生态空间治理强调"适应"，即在认识生态系统内在规律的基础上，通过灵活的治理措施，实现人与自然的和谐共处。例如，应对气候变化，强调通过生态恢复和适应性管理，提高生态系统和人类社会的应对能力，而不仅仅是采取单一的减排措施。

2）从"单一目标"到"多目标综合治理"

传统治理模式通常以单一目标为导向，如防治污染或保护某一特定物种。现代生态空间治理强调多目标综合治理，既要保护生态环境，又要兼顾经济发展和社会公平。例如，在流域管理中，不仅要关注水质和生物多样性，还要考虑上下游区域的经济发展和居民生活质量。通过多目标综合治理，可以实现生态、经济和社会的协同发展。

2. 治理主体的多元化

1）从"政府主导"到"多方参与"

传统的生态空间治理往往以政府为主导，缺乏公众和其他利益相关者的参与。现代治理模式强调多方参与，充分调动政府、企业、非政府组织、社区和公众的积极性和创造性。通过多方合作，可以形成治理合力，提升治理效率和效果。例如，在自然保护区的管理中，通过引入社区共管模式，鼓励当地居民参与生态保护和资源管理，既提升了保护效果，又促进了社区发展。

2）从"自上而下"到"自下而上"

传统治理模式通常采取自上而下的方式，由中央或地方政府制定政策和措施，并强制执行。这种方式在一些情况下可能效果显著，但往往忽视了基层的实际需求和地方的独特性。现代生态空间治理强调自下而上的参与和决策，即通过基层组织和地方社区的积极参与，制定和实施适合本地实际情况的治理措施。例如，在农村生态环境治理中，通过村民自治和合作社组织，推动生态农业和绿色产业的发展，取得了显著成效。

3. 治理工具的创新

1）从"硬措施"到"软措施"

传统治理模式往往依赖于硬措施，如法律法规和行政命令等，而忽视了软措施的作用。现代治理模式强调硬措施与软措施相结合，通过教育宣传、经济激励和社会规范等软措施，增强公众的环境意识和行为自觉。例如：通过环境教育，提高公众对生态保护的认识；通过经济激励措施，如生态补偿和绿色金融，鼓励企业和个人参与生态保护和修复。

2）从"单一手段"到"综合手段"

传统治理模式常采用单一手段，如单纯依赖法律制裁或行政干预。现代治理模式强调综合手段，既包括法律手段、行政手段，也包括经济手段、技术手段和社会手段。例如，在大气污染治理中，通过法律法规限制排放标准，通过技术创新推广清洁能源，通过经济手段鼓励企业减排，通过社会手段提高公众参与度，实现多管齐下的综合治理。

生态空间治理的逻辑转型，是适应现代社会发展和应对生态环境挑战的必然选择。这一转型不仅是治理理念的更新，更是治理主体和治理工具的全面变革。通过从"控制"到"适应"、从"单一目标"到"多目标综合治理"的理念转变，推进从"政府主导"到"多方参与"、从"自上而下"到"自下而上"的主体多元化，采用从"硬措施"到"软措施"、从"单一手段"到"综合手段"的工具创新，可以构建更加科学、高效和可持续的生态空间治理体系，实现人与自然和谐共生的美好愿景。

2.2.2 生态空间规划的编制路径

生态空间规划作为国土空间规划的重要组成部分，旨在科学合理地保护和利用生态资源，实现生态效益、经济效益和社会效益的协调发展。编制生态空间规划的逻辑涉及对生态系统的全面认识、综合评估和科学决策，以确保规划的可行性和可持续性。生态空间规划的编制逻辑，包含规划目标设定、现状评估、规划策略、公众参与和实施管理五个方面。

1. 目标设定

1）总体目标设定的多维视角

生态空间规划的总体目标是实现生态系统的可持续管理，在结构方面，保护山水格局，优化国土生态空间与城镇空间格局；在功能方面，维护和提升生态系统服务能力，促进生态、经济和社会的协调发展。总体目标应包括保护生物多样性、维护生态系统稳定性、提升生态系统服务功能、促进资源的可持续利用和改善人居环境等。这些目标的设定应符合国家和地方的生态环境政策和发展战略。

2）设定具体目标需要回应地方需求

在总体目标的指导下，设定具体目标需要结合当地实际情况，包括突出的城市生态风险问题、生态环境现状、资源分布、社会经济条件和发展需求等。例如，对于一个城市生态系统，可以设定增加人均绿地面积、提高森林覆盖率、提高重点生物物种有效保护率、提升河湖水面率、改善空气质量和提升居民游憩可达性等具体目标。具体目标的设定应明确、可量化，并具有时间节点，以便于评估和实施。

2. 现状评估

1）生态系统现状调查

现状评估是编制生态空间规划的基础，首先需要对生态系统进行全面调查。调查内容应包括生态系统类型、分布、结构和功能等方面。例如：森林生态系统的调查应包括森林类型、植被覆盖、物种组成和健康状况；湿地生态系统的调查应包括水体类型、水质、植被和动物群落等。通过现状调查，掌握生态系统的基本情况和存在的问题，为规划设计提供科学依据。

2）资源环境承载能力和国土空间开发适宜性评价

资源环境承载能力和国土空间开发适宜性评价（以下简称"双评价"）中，资源环境承载能力评价是基于一定发展阶段、经济技术水平和生产生活方式，分析区域资源环境禀赋条件，评估一定地域范围内资源环境要素能够支撑的农业生产、城镇建设等人类活动的最大规模；国土空间开发适宜性评价是在维系生态系统健康前提下，综合考虑资源环境要素和区位条件，评估特定国土空间进行农业生产、城镇建设等人类活动的适宜程度。"双评价"旨在研判国土空间开发利用问题和风险，识别生态系统服务功能极重要和生态极敏感空间，明确农业生产、城镇建设的最大合理规模和适宜空间，为完善主体功能区布局、划定"三区三线"[1]提供技术支撑。

生态系统服务评估是"双评价"的重要内容，量化和评价生态系统提供的各种服务功能。评估内容应包括供给服务（如水资源、食物、木材等）、调节服务（如气候调节、水文调节、空气质量维护等）、文化服务（如旅游、休闲、文化遗产等）和支持服务（如土壤形成、养分循环、生物多样性维持等）。通过生态系统服务评估，了解生态系统的价值和功能，为规划生态空间构建提供决策支持。

3）环境风险评估

在现状调查的基础上，需要评估生态系统面临的环境压力。环境风险主要来自自然因素和人为因素，包括气候变化、自然灾害、污染排放、土地利用变化和生物入侵等。例如：评估一个流域生态系统时，需要分析上游的污染排放、下游的土地

---

1. "三区三线"是指根据城镇空间、农业空间、生态空间三种类型空间，分别对应划定城镇开发边界、永久基本农田、生态保护红线三条控制线。

开发和流域内的水资源利用情况；评估一个城市生态系统时，需要分析城市扩张、工业污染和交通排放等对生态环境的影响。环境风险评估有助于识别生态系统的脆弱环节和关键问题。

3. 规划策略

生态空间规划的核心是合理构建生态空间格局，优化生态功能。格局构建应遵循生态优先、空间均衡、功能优化的原则，综合考虑生态系统类型、环境压力和服务功能等因素。例如：对于一个流域生态空间单元，可以根据水文过程和生态需求，规划上游的森林保护区、中游的农业生态区和下游的湿地恢复区；对于一个城市生态空间，可以根据居民生活需求和生态功能，规划城市公园绿地系统、生态源地和生态廊道等。合理的生态空间格局有助于提高生态系统的连通性和稳定性。

按照"目标—指标—空间—策略"的逻辑框架，建立与目标理念相对应的空间体系与发展策略，并通过指标监测来评估目标的实现度。例如，上海市生态空间专项规划（图2-1），立足上海高密度人居环境特点，将上海韧性生态之城的总目标进行分解，形成公园城市、森林城市、湿地城市三个分目标，全面深化面向全球

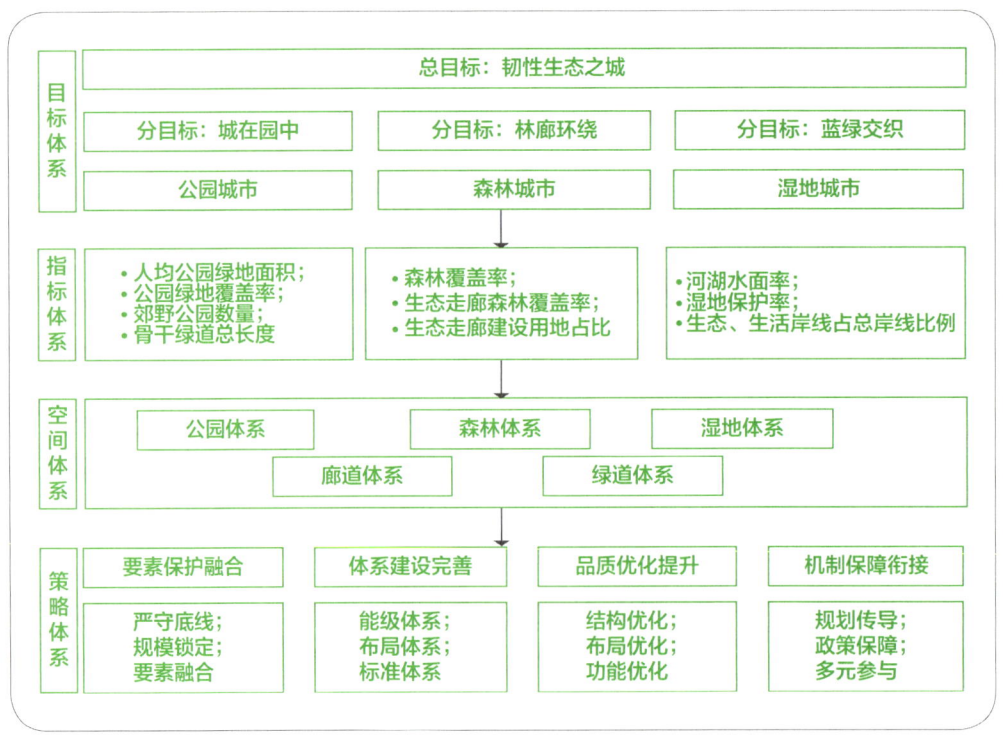

图2-1 生态空间规划"目标—指标—空间—策略"的逻辑框架
资料来源：王彬，金忠民，陈圆圆."上海2035"总规指引下上海市生态空间专项规划编制研究[J].上海城市规划，2023（2）：52-59.

城市的生态建设内涵,细化规模、体系、品质和机制四个方面的策略要点,建立从目标到策略的逻辑关系,并在空间上形成响应。同时,将三大目标愿景转化为可感知、易测度的 3 类 17 项核心指标,强调从绿地指标向绿色体验、从见到向感受、从单一向多样的价值转变。

4. 公众参与

公众参与是生态空间规划的重要环节,有助于提高规划的科学性和可行性,进而切实提升居民生活福祉。首先,应通过多种渠道宣传和动员公众参与规划过程。例如,通过媒体报道、公众讲座和社区活动等,宣传生态空间规划的重要性和意义,激发公众的参与热情和环保意识。

在规划编制过程中,应通过社会调查和咨询,广泛收集公众的意见和建议。例如,可以通过问卷调查、座谈会和访谈等方式,了解公众对生态环境现状、问题和需求的看法,吸纳公众的智慧和创意,丰富规划内容和提高规划质量。

在规划决策过程中,应充分考虑公众的意见和建议,保障公众的参与权和知情权。例如,在规划方案制定和评审阶段,可以邀请公众代表、专家和利益相关者参与讨论和评审,听取多方意见,完善规划方案,确保规划决策的民主性和科学性。

5. 实施管理

1)规划编制纵向分级传导与横向协同管理

依托国土空间规划体系明确纵向逐级传导是保障规划有效实施的核心。在生态空间规划战略引领的基础上,划分生态空间单元,为总体规划向详细规划的纵向传导提供重要指引。实施主体的行政边界与生态功能单元结合,一般划定"区级/县级—街道/镇级—生态空间单元"的编制层级(图 2-2)。在区级/县级,主要落实市级生态空间结构的统筹引导,保障生态保护红线边界和生态安全规模底线;在街道/镇级,明确主导生态功能定位,深化生态功能、农业生产功能和必要基础设施等指标控制要求;在生态空间单元层级,落实国土空间用途和分解开发建设指标[1,2,3]。以"保护优先、功能引导、指标控制"为原则,满足城市生态空间结构与区域社会经济的协同发展需求。

---

1. 伍超,程世丹.国土空间规划下生态控制区的规划传导问题与对策研究——以武汉汤逊湖地区控规编制为例[J].城市规划学刊,2023(5):79-85.
2. 邹兵,唐豪.市级国土空间生态修复规划编制逻辑与深圳实践[J].规划师,2023(9):89-97.
3. 朱志兵,刘奇志,徐放,等.市级国土空间生态修复规划编制体系构建与传导机制探索——以武汉市为例[J].城市规划学刊,2023(5):62-70.

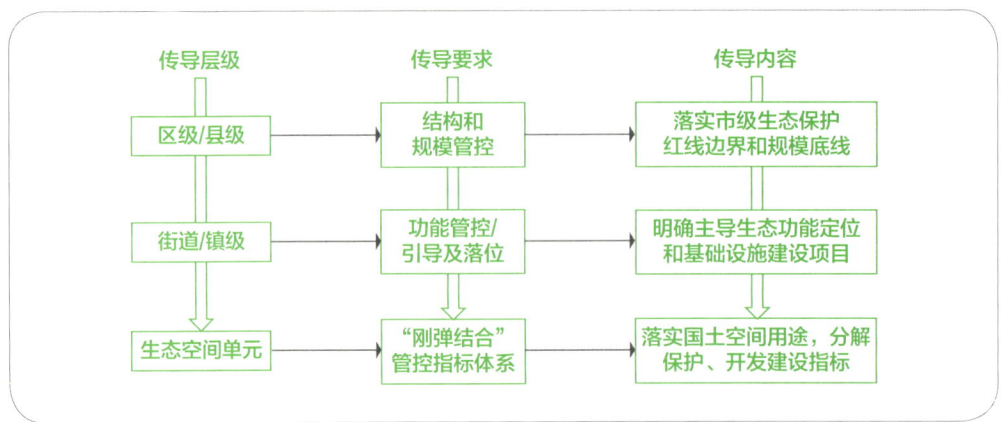

图 2-2　生态空间规划纵向分级传导
资料来源：改绘自伍超，程世丹.国土空间规划下生态控制区的规划传导问题与对策研究——以武汉汤逊湖地区控规编制为例[J].城市规划学刊，2023（5）：79-85.

依据主导生态功能分类明确多部门横向协同管理是促进事权划分明晰的关键。以"用途统一、权责传导"为原则，依据生态空间主导生态功能的复合类型，对接国土空间规划用地用途分类，明确所主导生态功能涉及的林业、农业、水利、环保和海洋等管理部门的事权。构成多元主体参与国土空间治理事权的"一张蓝图"，避免"多头冲突、政出多门、权责不清而导致规划编制与管控的传导脱节"；"既关注空间管控，又将规划落到实处，推进规划编制管控权责纵向和横向传导"。[1]

2）制定实施计划

生态空间规划的实施需要制定详细的实施方案，明确运行阶段及其重点项目、实施主体和资金来源等内容（图 2-3）。首先，应以近期行动计划为指导，按年度编制详细的生态空间规划实施方案。其次，明确年度具体的生态规划建设项目，确保

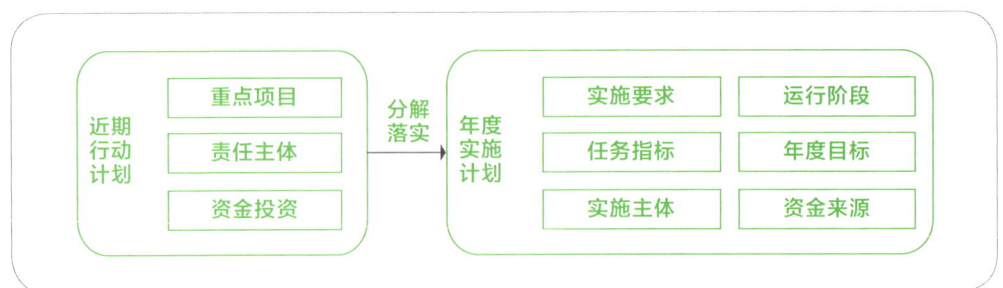

图 2-3　生态空间规划实施计划内容
资料来源：改绘自邹兵，唐豪.市级国土空间生态修复规划编制逻辑与深圳实践[J].规划师，2023（9）：89-97.

1.伍超，程世丹.国土空间规划下生态控制区的规划传导问题与对策研究——以武汉汤逊湖地区控规编制为例[J].城市规划学刊，2023（5）：79-85.

和协调各实施主体能够依据规划目标有序推进生态空间规划工作。最后，通过建立这一机制，有效监测和评估项目进展，及时发现并解决问题，从而保障生态空间规划的顺利进行。

3）动态监测评估与反馈

在规划实施过程中，需要建立动态监测与评估机制，及时跟踪和评估实施效果。例如，通过定期监测和评估生态系统的健康状况、环境压力和服务功能，及时发现问题并调整措施，确保规划目标的实现。实施评估不仅是对规划效果的检验，也是对规划过程的反馈和调整。例如，根据监测和评估结果，及时调整规划方案和实施措施，优化治理策略和资源配置，提高规划的适应性和可持续性。

综上，生态空间规划的编制逻辑是一个系统而复杂的过程，涉及目标设定、现状评估、规划设计、公众参与和实施评估等多个环节。遵循科学合理的编制逻辑，可以实现生态系统的可持续管理，维护和提升生态系统服务能力，促进生态、经济和社会的协调发展。生态空间规划的编制不仅需要科学的技术和方法，还需要广泛的公众参与和多方合作，以确保规划的可行性和可持续性。

2.2.3 生态空间规划的编制内容

生态空间规划是国家和地方政府为实现可持续发展目标，合理布局和管理土地资源，以保护生态环境、提升生态系统服务功能为核心而进行的一项重要工作。其体系架构是确保规划科学性、系统性和可操作性的关键。生态空间规划包括规划目标、规划原则、主要内容、规划分析方法和实施保障机制五个方面。

1. 规划目标和原则

1）规划目标

规划目标是生态空间规划的出发点和归宿。它通常包括以下四个方面。

生态保护目标：旨在保护和恢复自然生态系统，提高生物多样性，维护生态平衡。

资源利用目标：合理配置土地、水、森林等自然资源，提高资源利用效率，减少资源浪费和破坏。

环境质量目标：控制和减少污染物排放，提高环境质量，保障人民健康。

社会经济目标：促进经济社会的协调发展，实现经济效益、社会效益和生态效益的统一。

2）规划原则

规划原则是指导生态空间规划全过程的基本准则。主要包括以下四个方面。

生态优先原则：在规划中优先考虑生态保护和修复，确保生态系统的稳定性和持续性。

科学性原则：以科学研究为基础，采用先进的技术和方法，确保规划的科学性和可行性。

公众参与原则：广泛听取公众意见，充分考虑各利益相关方的需求，增强规划的民主性和公正性。

综合协调原则：综合考虑生态、经济、社会等多方面因素，协调各类用地需求，优化空间布局。

规划内容与规划方法两部分将在后续两个小节内作详尽展开。

2. 主要内容

生态空间规划的主要内容可以分为以下四个方面。

1）生态空间分类

对生态空间进行分类是生态空间规划的基础。通常根据生态系统的类型、功能和价值等，将生态空间分为以下四类。

生态保护区：包括自然保护区、风景名胜区、森林公园等。

生态恢复区：包括退化土地、沙化土地、矿山修复区等。

生态服务区：包括农业区、林业区、水源涵养区等。

生态敏感区：包括洪水易发区、滑坡易发区、地震带等。

2）生态保护红线划定

生态保护红线是生态空间规划中的重要概念，是指在生态保护中必须严格保护、不可逾越的边界。划定生态保护红线的目的是确保重要生态功能区不被破坏，维护生态安全。生态保护红线的划定通常包括以下三个步骤。

生态功能评估：评估各区域的生态功能及其重要性。

红线范围确定：根据评估结果，确定需要严格保护的生态功能区范围。

管理措施制定：制定具体的管理措施，确保生态保护红线内的区域得到有效保护。

3）生态功能区划

根据不同区域的生态功能和特点，生态空间可划分为不同的功能区，并制定相应的保护和利用措施。生态功能区划通常包括以下三个方面。

水源涵养区划：保护水源地，确保水资源安全。

生物多样性保护区划：保护珍稀动植物及其栖息地，维护生物多样性。

生态屏障区划：建设生态屏障，防止生态退化和沙漠化。

4）规划成果体系

成果体系应体现战略引领与实施落地。第一，制定起总领性作用的生态空间规划作为顶层设计，旨在体现公共价值导向与刚性管控要求，通过政策传导凝聚发展共识，发挥其在战略、结构及系统层面的关键作用。该规划明确国土空间规划中有关生态空间的发展愿景、空间布局、体系框架及具体指标，在不同尺度层次划定生态空间格局，并详细提出生态空间的保护、建设与管控标准。第二，面向实施落地制定若干个子专项规划，以多个要素体系和网络体系为规划对象，与国土空间规划、生态空间规划的总量控制和空间布局要求相衔接，通过分解各系统特征指标，明确和传导管控要求，推动传统"蓝图式"生态规划向综合治理规划转型，探索以战略为引领的治理型行动规划新范式。

案例 2.1　上海市生态空间专项规划（2018—2035）

上海市遵循山水林田湖草沙生命共同体理念，生态空间专项计划提出综合统筹生态要素、空间要素、城乡要素的思路，在编制初期就确立了"1+7"两个层面的成果体系（图 2-4），构建全域、全要素生态资源的综合统筹计划体系。其中，"1"作为生态规划的总纲领是顶层设计，融合了公共价值导向与刚性管控机制，传导国土空间规划的政策意图，展现战略引领、结构优化与系统整合的作用。该规划明确生态空间的发展图景、空间架构、体系蓝图及量化指标，分层次（区域、市域和主城区）划定生态空间格局，并详尽制定生态空间的保护策略、建设指引及管控措施。"7"是实施导向的子专项规划系列，涵盖城乡公园、森林、湿地、野生动物栖息地、古树名木、生态廊道、绿道等具体领域。该规划系列强调子专项管控与落地，与国土空间规划、生态空间规划的总量控制和空间布局要求相衔接，并针对各系统特性细化指标，确立清晰的建设标准与管控细则。

资料来源：作者整理。

图 2-4　生态空间规划成果体系
资料来源：王彬，金忠民，陈圆圆."上海 2035"总规指引下上海市生态空间专项规划编制研究［J］.上海城市规划，2023（2）：52-59.

3. 分析方法

为了实现生态空间规划的目标，需要采用科学的规划方法。主要包括：

1）**数据收集与分析**

利用遥感、地理信息系统（GIS）、全球定位系统（GPS）等技术，收集和分析生态环境数据，建立生态空间数据库。这些数据是制定科学规划的重要基础。

2）**模型模拟与预测**

利用生态模型对不同规划方案进行模拟和预测，评估其对生态环境的影响，选择最优方案。常用的模型包括生态足迹模型、生态系统服务模型等。

3）**多目标优化**

生态空间规划涉及生态、经济、社会等多方面目标，需要采用多目标优化方法，平衡各方面利益，实现整体最优。常用的方法有层次分析法（AHP）、多目标规划法等。

4. 实施保障机制

为了确保生态空间规划的顺利实施，需要建立健全的保障机制，主要包括：

1）**法律保障**

制定和完善相关法律法规，为生态空间规划提供法律依据和保障，如《环境保护法》《土地管理法》等。

2）机构保障

建立专门的生态空间规划机构，负责规划的编制、实施和监督管理，确保规划工作顺利进行。

3）资金保障

通过财政预算、专项基金等多渠道筹集资金，保障生态空间规划的实施所需的资金。

4）公众参与

建立公众参与机制，广泛宣传和动员公众参与生态空间规划，提高公众的环保意识，形成全社会共同参与、共同保护生态环境的良好氛围。

生态空间规划的体系架构是一个复杂而系统的工程，需要科学的规划目标、合理的规划原则、全面的规划内容和有效的规划方法，同时还需要健全的实施保障机制。只有这样，才能实现生态空间的有效保护和合理利用，推动经济社会的可持续发展。

2.3 生态空间现状分析及评估

2.3.1 生态保护重要性评价

"双评价"将资源环境承载能力和国土空间开发适宜性作为有机整体，主要围绕水资源、土地资源、气候、生态、环境、灾害等要素，针对生态保护、农业生产（种植、畜牧、渔业）、城镇建设三大核心功能开展本底评价。这为科学合理地进行国土空间规划提供了重要依据，有助于在生态保护与经济发展之间找到平衡点。具体评价包括生态保护重要性评价、农业生产适宜性评价和城镇建设适宜性评价。其中，生态保护重要性评价分为省级和市县评价。

省级评价从区域生态安全底线出发，在陆海全域评价水源涵养、水土保持、生物多样性维护、防风固沙、海岸防护等生态系统服务功能的重要性，以及水土流失、石漠化、土地沙化、海岸侵蚀及沙源流失等生态脆弱性，综合研判并划分生态保护极重要区和重要区。

市县评价在省级评价结果基础上，根据更高精度数据分析和实地调查进行边界校核。从生态空间完整性、系统性、连通性出发，结合重要地下水补给、洪水调蓄、河（湖）岸防护、自然遗迹、自然景观等进行补充评价和修正。

生态系统服务功能重要性评价在"双评价"中扮演着至关重要的角色，它涵盖了生态系统为人类社会和经济发展提供的各种生态服务，其中包括水源涵养、水土保持、生物多样性维护、防风固沙以及海岸防护等功能。这些生态系统服务不仅直接影响着人类的生存和发展，而且在生态系统的稳定性和健康性方面发挥着至关重要的作用。

《资源环境承载能力和国土空间开发适宜性评价指南（试行）》中主要评价以下5项生态系统服务对生态保护的重要性[1,2]：

1. 水源涵养

水源涵养是生态系统服务功能中的重要一环，指的是生态系统对水资源的储存和调节功能。各类生态系统（如森林、湿地和草原等）都能够通过植被覆盖和土壤保持，有效地保持水分，减少水土流失，维护地下水和河流水源的稳定性。水源涵养功能的重要性评价需要考虑区域的降水量、植被覆盖率、土地利用结构等因素，以确定其对供水系统和生态系统的重要性。

2. 水土保持

水土保持是生态系统服务功能中的关键环节，指的是生态系统通过植被覆盖、土壤结构维护等方式，减少水土流失和土壤侵蚀的能力。良好的水土保持功能不仅有助于维护土地的肥沃性和生产力，还可以减少水资源污染和自然灾害发生的风险。水土保持功能的重要性评价需要综合考虑地形地貌、土地利用方式、降水情况等因素，以确定其对农业生产和生态系统健康的重要性。

3. 生物多样性维护

生物多样性维护是生态系统服务功能中的重要组成部分，指的是生态系统对物种多样性的维护和保护能力。各类生态系统中的植物、动物和微生物都构成了生物多样性的重要组成部分，对维持生态系统的稳定性和功能有着重要作用。评价生物多样性维护功能的重要性需要考虑到物种丰富度、生物圈结构稳定性以及生态系统中关键物种存在与否，以确定其对生态平衡和人类利益的重要性。

---

1. 自然资源部. 资源环境承载能力和国土空间开发适宜性评价指南（试行）[EB/OL]. (2020-1-19)[2024-04-20]. https://gi.mnr.gov.cn/202001/t20200121_2498502.html.
2. 环境保护部, 国家发展改革委. 生态保护红线划定指南[EB/OL]. (2017-07-20)[2024-04-20]. https://www.mee.gov.cn/gkml/hbb/bgt/201707/W020170728397753220005.pdf.

4. 防风固沙

防风固沙是生态系统服务功能中的一项重要功能，指的是生态系统对风沙侵蚀的抵抗能力和固定沙地的能力。沙漠、荒漠和海岸等生态系统都能够通过植被覆盖和地表结构保持，减少沙尘暴和沙漠化的发生，维护土地的稳定性和可持续性。防风固沙功能的重要性评价需要考虑到区域的风速、植被覆盖率、土地利用结构等因素，以确定其对防灾减灾和生态安全的重要性。

5. 海岸防护功能

海岸防护功能是生态系统服务功能中的关键环节，指的是生态系统对海岸线的保护和维护能力。海岸带生态系统如沙滩、红树林和海草床等能够通过植被覆盖和海岸地貌保持，减少海岸侵蚀和海啸灾害的发生，维护海岸线的稳定性和生态安全。海岸防护功能的重要性评价需要考虑到海岸地形、植被覆盖率、海洋环流等因素，以确定其对海洋资源保护和生态系统恢复的重要性。

2.3.2 重要生态源地的识别

重要生态源地的识别在国土空间生态规划中具有重要意义，它是保护和合理利用生态资源的关键步骤之一。重要生态源地是指对维护生态系统健康、保护生物多样性、维护生态系统服务功能等方面具有特殊重要性的斑块。在识别重要生态源地时，需要综合考虑生态系统的结构、功能、敏感性以及社会经济需求等多个方面因素。

1. 生态系统结构的考量

重要生态源地的识别首先需要考虑生态系统的结构。生态系统的结构包括植被类型、土地利用、水系分布等因素[1]。不同类型的生态系统在生物多样性、生态服务功能等方面有着不同的贡献。例如，森林生态系统对生物多样性维护和水源涵养功能具有重要作用，湿地生态系统为水质净化和生物栖息地提供关键支持。因此，通过对生态系统结构的分析和评估，可以确定哪些区域具有重要的生态价值，应当予以特别保护和管理。

---

1. 许峰，尹海伟，孔繁花，等．基于MSPA与最小路径方法的巴中西部新城生态网络构建[J]．生态学报，2015，35（19）：6425-6434．

2. 生态系统功能的综合评价

识别重要生态源地需要综合考虑生态系统的功能。生态系统的功能包括水源涵养、洪涝调节、游憩服务、生物多样性维护、防风固沙、海岸防护等方面[1]。这些功能直接影响着生态系统的稳定性和健康性，对维护地区生态环境具有重要意义。例如，水源涵养功能对于保障地区的饮用水安全至关重要，而水土保持功能则可以减少土地侵蚀和水土流失的风险，维护土地的肥沃性和可持续利用性。通过对生态系统功能的综合评价，可以确定哪些区域的生态功能具有特别重要的地位，应当得到重点保护和管理。

3. 生态系统敏感性的考虑

重要生态源地的识别还需要考虑生态系统的敏感性。生态系统的敏感性指的是其对外界干扰的响应程度。一些生态系统对人类活动和自然灾害的适应能力较弱，容易受到损害。因此，在识别重要生态源地时，需要综合考虑生态系统的抗干扰能力、自然灾害风险等因素，确定其对生态保护的重要性[2]。例如，生态系统对于海岸防护功能的重要性在于其对于风暴潮和海啸的抵御能力，而对于防风固沙功能的重要性则在于其对于沙漠化和风蚀的抵御能力。综合评价生态系统的敏感性，可以更加全面地认识其对于生态环境保护的价值。

4. 生态源地识别技术方法

初步提取生态源地，即识别多项生态保护重要性指标的综合高值区（多为水体、林地、绿地、农田等重要自然生态空间）。首先，应通过分位数分级、自然间断点分级或热点分析等空间统计方法识别各项指标的高值区；其次，将所有指标的高值区进行空间叠置，高值区属性越多的空间的生态保护优先级越高；最后，可根据规划需求提取特定分级范围内的生态保护极重要区（含生态系统服务功能极重要区和生态极脆弱区），同时校验落实国家级和省级生态保护政策区作为初始生态源地。生态源地的优化关键在于设定最小面积阈值以筛除冗余生态源地，进而提高景观连接度并降低保护成本。可通过形态学空间格局分析与基于图论的景观连接度分析，从结构连接度和功能连接度两个维度逐步确定生态源地的最佳面积阈值，以合理筛除小型初始生态源地。

---

1. CHEN H, YAN W, LI Z, et al. A framework for integrating ecosystem service provision and connectivity in ecological spatial networks: A case study of the Shanghai metropolitan area [J]. Sustainable Cities and Society, 2024, 100: 105018.
2. SHEN Z, WU W, TIAN S, et al. A multi-scale analysis framework of different methods used in establishing ecological networks [J]. Landscape and Urban Planning, 2022, 228: 104579.

2.3.3 现状问题分析及诊断

现状问题分析是对生态空间现状存在的主要问题进行分析。例如，生态系统的结构和功能受损，以及生态空间破碎化、河湖湿地萎缩、草原退化和森林覆盖率下降等结构问题，可能导致生物多样性、水源涵养、水土保持和防风固沙等功能减弱。

现状问题成因主要分为两种。一是人为因素，人类对生态资源的过度开采和利用，生态空间占用、矿产开采、森林砍伐和水资源过度抽取，以及工业、农业和生活污染物排放，都会对生物生存及生态系统健康产生影响；此外，（人为导致的）外来物种入侵也会对本土物种造成威胁。二是自然因素，极端天气事件频发，如干旱、洪涝、台风等，对生态系统造成直接冲击，影响物种生存和生态平衡；地震、火山爆发等自然灾害破坏地表植被和土壤结构，导致生态系统受损，恢复周期长；长期的地质活动，如板块运动、地壳抬升等，改变地形地貌，影响生物栖息地和生态系统稳定性。

2.4 生态空间布局及功能组织

2.4.1 生态安全格局构建

1. 生态源地识别

1）面向结构的方法

基于具有生态保护重要性的生态空间类型直接识别，多为林地、水体、绿地、湿地等重要的自然生态空间。形态学空间格局分析MSPA方法强调了不同斑块之间的结构连通性，并且已被广泛用于绘制生态源地[1, 2]。MSPA方法是基于栅格层面的土地利用图，首先将森林、水体和湿地等生态空间的土地利用类型作为前景，其他空间的用地类型为背景；其次，在Guidos软件中，依据八邻域规则，通过空间拓扑关系分析栅格地图上空间格局的几何和连通性，将前景分为七类：核心区、孤岛、孔隙、边缘区、环道、桥接区和支线（图2-5）。核心区被确定为结构性生态源地。

---

1. VOGT P, FERRARI J R, LOOKINGBILL T R, et al. Mapping functional connectivity [J]. Ecological Indicators, 2009, 9（1）: 64-71.
2. 许峰, 尹海伟, 孔繁花, 等. 基于MSPA与最小路径方法的巴中西部新城生态网络构建 [J]. 生态学报, 2015, 35（19）: 6425-6434.

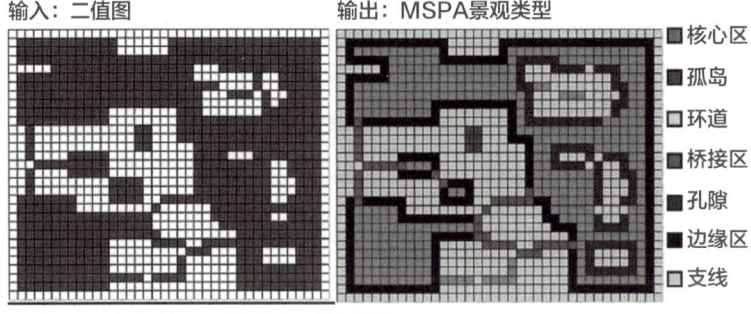

图 2-5 MSPA 法输入与输出分析结果
资料来源：改绘自邱瑶，常青，王静. 基于 MSPA 的城市绿色基础设施网络规划：以深圳市为例 [J]. 中国园林，2013（5）：104-108.

2）面向功能的方法

在空间上，生态重要性和敏感性的评估通常用于确定包括生态源地在内的优先保护区域。基于评价指标的具体含义，该方法通常侧重于斑块的内部功能，有助于识别与周围景观矩阵相区别的高生态意义区域。通常选取若干个生态重要性指标和生态敏感性指标来识别功能性生态源地，这些指标均被普遍用于生态系统评价。

基于生态系统服务的方法，采用 InVEST 模型等测度生境质量、碳储量和产水量等生态系统服务是常用方法，以空间表征生态功能重要性。为了量化生态重要性的综合水平，在 ArcGIS 平台中分别通过模糊隶属度和栅格计算器工具实现了基于归一化和等权重的分配过程，对生成的生境质量、碳储量和产水量地图进行了空间重叠。随后，通过自然断点法等将生态重要性值分为极重要、中等重要、稍重要和一般重要多个等级。

在生态敏感性评估中，建立指标评估系统的方法已被普遍用于确定对环境变化影响敏感的地区。通常选取了人为干扰、水源保护、景观基础、地形和植被，构建了生态敏感性评价指标体系。每个指标在次要水平上被分为几个因子，每个因子被分配一个 1—9 的值。值越高，生态敏感度越高。采用基于专家评分的层次分析法来确定每个指标的权重。因此，ArcGIS 平台中的空间分析工具可以模拟生态敏感性评估的空间结果，并且通过自然断点法将生成的生态敏感性栅格算法值分为不敏感、轻微敏感、中等敏感和高灵敏四个等级。

2. 生态廊道构建

生态廊道作为区域内源地斑块间物质流与能量流的连通载体，是生态安全格局的重要组成部分之一，可以为物种迁徙提供重要通道，具有生态、社会、文化等多种功能。识别关键廊道并对其加以保护是维护区域生态要素流动的重要保障；而对现有廊道进行优化，重点改进廊道布局，有助于增强生态系统功能的完整性。近几十年来，生态廊道的构建方法经历了从定性分析到定量分析、向空间分析的转变[1]。生态廊道的构建方法主要分为以下四类。

1）**经验判断法**

经验判断法主要用于定性识别区域或城市生态廊道，是我国城市规划、生态空间专项规划中广泛应用的方法。该方法的有效性依赖于规划师和决策者的经验和专业知识，需要由其对自然生态环境要素作出类型学等定性分析，如山、河、绿地等线性景观要素的空间分布。例如，采用主观经验判断法，基于城市的自然要素，构建"环、楔、绿道和节点"的生态廊道规划。虽然经验判断法易于操作且不需要大量的定量或空间数据，但其缺点明显，即过分依赖主观经验，无法明确生态廊道的数量、宽度和位置。

2）**适宜性/敏感性分析**

适宜性/敏感性分析是生态廊道构建的定量方法，主要基于区域自然生态特征，选取多个具有代表性的因子，对生态廊道的适宜性或敏感性进行定量评价，从而识别城市生态廊道的位置。常用的评价因子包括景观类型、地形、与道路距离、地势高程、土壤适宜性和生境斑块大小等。适宜性/敏感性分析方法的系统性、全面性高，对数据要求低，方法学原理简单易懂。然而，所选择的评价因素之间往往存在高度的相关性，也尚未形成一个高度认可的体系；同时，适宜或不适宜、敏感或不敏感的阈值很难明确，导致无法指导廊道数量和规模等量化标准。

3）**网络分析法**

网络分析法基于图论，将景观抽象为点、线和面组成的网络结构，利用景观指标量化网络的有效性和连通性。通常利用点线率、连通性指标、闭合度、斑块数量、斑块大小、斑块密度、景观集聚度等指标对网络的有效性和连通性进行量化，进而选择最优解确定生态廊道。网络分析的优点是避免了主观假设，提高了生态廊道建设的有效性。然而，其缺点在于忽略了各生态斑块之间的功能差异，尤其是生态系统服务的供应水平；此外，网络分析只能量化斑块的空间连通性和邻接关系，无法全面考虑生态过程和功能。

---

1. PENG J, ZHAO H, LIU Y. Urban ecological corridors construction: A review[J]. Acta Ecologica Sinica, 2017, 37(1): 23-30.

4）最小累积阻力法

最小累积阻力法（或最小成本模型）是最广泛使用的生态廊道构建定量方法，通过模拟物种在不同生态空间组分中水平移动所面临的阻力，来表征两点之间空间迁移的难度。基于生态源地之间的最小累积阻力，可以识别出最有效的运动路径，也被认为是可能性很大的生态廊道。该方法结合了自然环境与生物行为，建立了景观格局与生态功能的关联，具有较高的可操作性和实用性。然而，在阻力系数的选择和确定上仍存在主观性问题；虽然实地调查可以提高其精确性，但由于成本高，不适用于大规模应用。

对比经验判断法、适宜性/敏感性分析、网络分析法和最小累积阻力法，随着从定性向定量转变，再到空间格局分析的融合，生态廊道构建的方法有效性不断提高。经验判断法简单易操作，但缺乏客观性和精确性；适宜性/敏感性分析方法系统性高，但缺乏统一的评价指标和权重；网络分析法提高了连通性量化的客观性，但忽略了生态系统服务的差异性；最小累积阻力分析法结合自然环境与生物行为，尽管存在主观性问题，但在实际应用中最为广泛。

案例 2.2　川西北省级次区域的生态安全格局规划

以川西北省级次区域为例，明确落实川西北地区生物多样性保护和水源涵养功能的国家生态战略目标，构建支撑生物多样性维护、水源涵养、土壤保持等关键生态系统服务的省级次区域生态空间结构，同时应对该区域人类活动和自然灾害导致水土流失和生态退化问题进行科学分析，形成"两轴—四廊—七核"的区域生态空间格局结构与规划（图2-6至2-7）。在国家对川西北生态保护战略定位基础上，同时基于生态保护红线的生物多样性保护、水源涵养、土壤保持的分区结果，结合川西北双评价中的生物多样性保护、水源涵养、土壤保持的重要性评价结果，构建川西北区域生态安全格局。由阿坝—甘孜三江源区和岷山—邛崃山超区域生态廊道形成两条区域性生态轴。由四条超区域水生动物生态廊道构成四条区域性生态廊。由若尔盖草原湿地重点生态功能区、阿坝黄河源生物多样性重点生态功能区、岷山—邛崃山生物多样性保护重点生态功能区、长沙贡玛高原湿地重点生态功能区、大雪山生物多样性保护重点生态功能区等七个重点生态功能区构成七大生态核。

资料来源：作者整理。

扫码读图

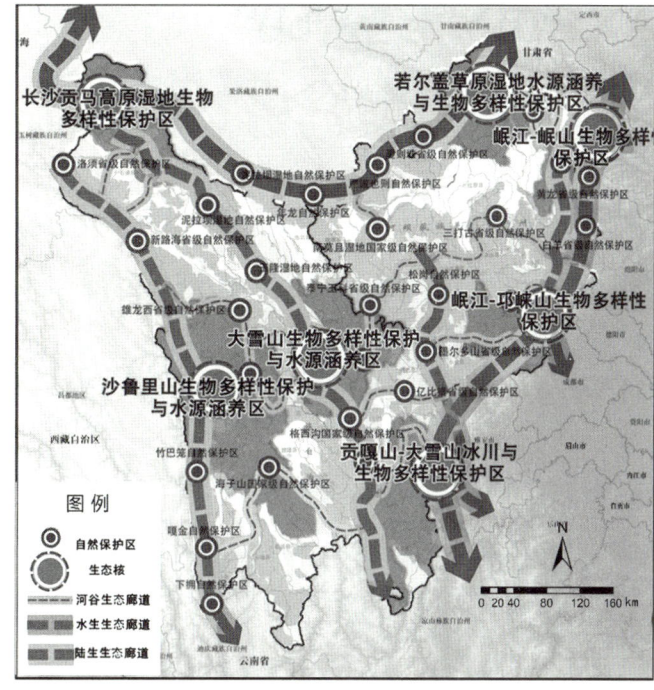

图 2-6　川西北生态安全格局示意图
资料来源：颜文涛，陈卉，万山霖，等. 省级次区域国土生态空间格局构建与管控政策——以川西北生态示范区为例[J]. 上海城市规划，2021（3）：8-17.

扫码读图

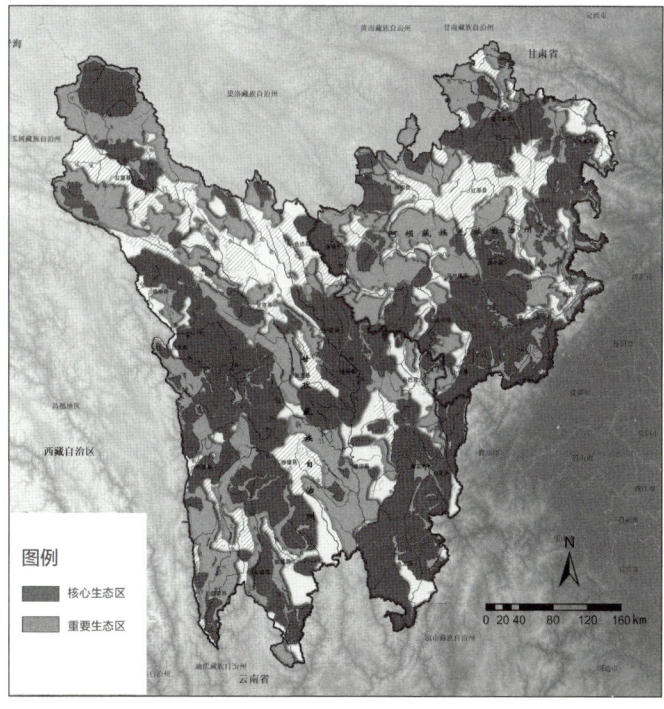

图 2-7　川西北生态安全格局规划图
资料来源：颜文涛，陈卉，万山霖，等. 省级次区域国土生态空间格局构建与管控政策——以川西北生态示范区为例[J]. 上海城市规划，2021（3）：8-17.

3. 生态战略要求的一致性检验

对构建的生态安全格局，与上位规划进行生态战略要求的一致性检验，包括与国家主体功能区划、国家生态功能区划、国家生物多样性保护优先区域和省域生态保护红线的一致性检验和协调性分析。

> **案例 2.3** 川西北省级次区域生态安全格局的生态战略一致性检验

川西北省级次区域的生态安全格局的生态战略一致性检验有以下四方面主要内容：①在省域生态保护红线的一致性分析中（图2-8a），生态空间格局的优先区几乎全覆盖生态保护红线区域，且在中北部分的大峡谷自然公园区域、南部九龙溪古自然公园及周边区域进行了增加和修正。②除了包含3个国家生物多样性保护优先区域以外（图2-8b），生态空间格局还划入了中部的沙鲁里

扫码读图

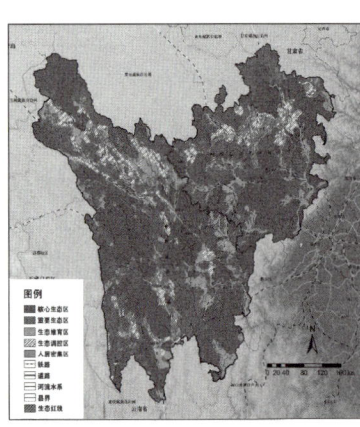

a 与省域生态保护红线一致性分析

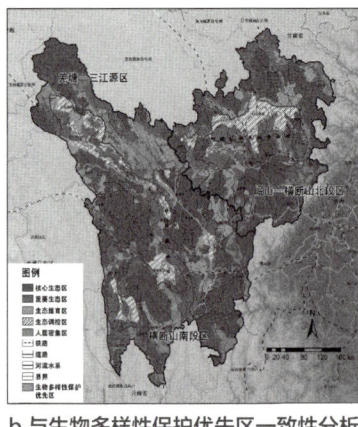

b 与生物多样性保护优先区一致性分析

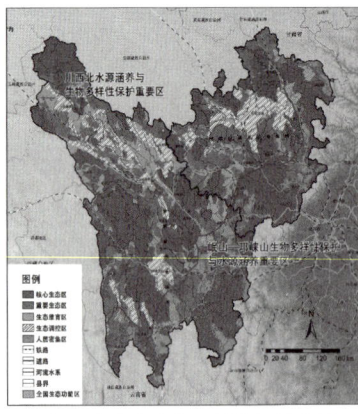

c 与国家生态功能区划协调性分析

d 与国家主体功能区划协调性分析

图 2-8 川西北地区生态空间格局一致性检验
资料来源：颜文涛，陈卉，万山霖，等. 省级次区域国土生态空间格局构建与管控政策——以川西北生态示范区为例 [J]. 上海城市规划，2021（3）：8-17.

山自然公园、泰宁玉科省级自然保护区及其周边自然保护区，一同组成生态空间格局中生物多样性维育区部分，加强了对川西北地区生物多样性保护力度。③通过与国家生态功能区划的协调性分析（图2-8c），生态空间格局及其生态系统服务（Ecosystem Services，简称ESs）重要性综合评价与国家生态功能区划全部重合，且川西北地区西北部以水源涵养为主，东南部主要以生物多样性保护为主。④与国家主体功能区划的协调性分析（图2-8d），除与国家重点生态功能区重合外，增加了川西北中北部的自然保护区以加强水源涵养功能；划入了东南部的贡嘎山部分区域，加强对生物多样性和多种珍稀动植物基因库的保护。

资料来源：作者整理。

2.4.2 生态空间布局规划

国土空间生态规划是以生态为核心，科学合理地规划和布局国土空间资源，促进生态环境保护和可持续发展的重要手段。其中，生态空间布局规划与方法是国土空间生态规划的关键内容，它涉及生态资源的合理配置、生态环境的保护与修复，以及生态系统的稳定运行。生态空间布局规划主要包括概念解析、布局方法等方面。

1. 概念解析

生态空间布局规划是指根据生态系统的空间特征和功能需求，科学合理地规划和布局国土空间资源，形成具有生态优势的空间格局。其核心任务是确定和划定生态保护区、生态修复区、生态缓冲区和生态合理利用区等不同类型的生态功能区，形成有机衔接、相互补充的生态空间网络，实现生态系统的整体保护和稳定运行。

2. 布局方法

1）结构导向的布局规划方法

结构导向方法侧重于识别和提取关键生态空间要素，构建生态空间网络，确保各个生态空间要素之间的联系。这一方法强调明确各类生态空间的功能，以优化生态空间布局结构，从而有效支持区域城镇空间和生态空间的协同与可持续发展。

2）功能导向的布局规划方法

功能导向方法则侧重于分析和识别生态保护重要区与生态脆弱区，并识别关键的生态源地和生态廊道，以规划生态空间布局。这一方法有助于明确生态空间的具体用途，如保护物种栖息地、生物迁徙廊道、水源涵养区和生态涵养廊道等，进而为制定精细化的用途管制策略提供科学依据。

3) 空间规划与布局

制定国土空间生态规划，确定生态保护区、生态修复区、生态缓冲区和生态合理利用区等不同类型的生态功能区，合理布局生态资源，构建生态空间网络。

案例2.4 成都市市域生态空间用地布局

成都市在2004年，已基于现状各类生态空间评价、农村居民点、生存用地和生态问题评价，进行生态空间规划。在市域生态空间布局方面，外环高速外围七星以组团式发展、相对独立成片；组团内开辟横向及纵向绿带与其周围绿化空间交织（图2-9）。对中心城区以外市区范围非建设用地分为以农田耕地为主的生产

扫码读图

图2-9 成都市市域生态空间用地布局
资料来源：中科院建设部山地城镇与区域环境研究中心，重庆大学城市规划与设计研究院，成都市规划管理局.成都市非建设用地规划[Z].2004.

绿地、以林木园圃为主的生态景观绿地、作为防护隔离作用的防护绿地，以及诸如龙泉山以观光旅游为主的山体作为风景区绿地和城市及组团内的公共绿地。

在中心城区生态空间布局方面，以中心城范围内空间领域相对完整、生态服务功能较强的自然或半自然生态功能单元为基础，以自然水系、基本农田和城市通风廊道为依托，按照"斑块—廊道"基本模式建构分形的开放性网络型系统空间结构，形成"两环、八斑、十四廊"的结构。规划由以往的点、线、面发展到与网、楔、圈结合，建构"蓝脉绿网、五圈八片"。在府南河整治和三环路绿化工程的基础上，充分利用发达的河流水系，以城市重点景观河道为主体形成城市的水网蓝脉；同时沿河流和主要城市道路设置绿化带，形成绿网，从而建立起城市生态网络结构，为城市可持续发展提供保障。结合水系疏浚的整治和风景区、公园等公共绿地建设，营造城市绿肺，形成完整的绿化体系（图2-10）。

资料来源：作者整理。

扫码读图

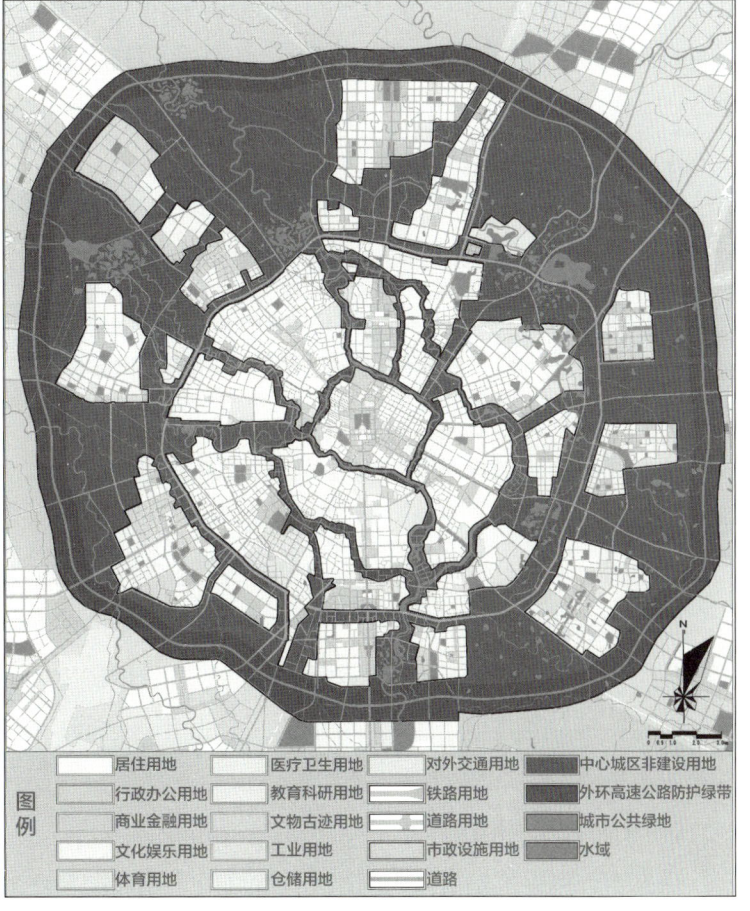

图2-10　成都市中心城区生态空间用地布局结构
资料来源：中科院建设部山地城镇与区域环境研究中心，重庆大学城市规划与设计研究院，成都市规划管理局.成都市非建设用地规划［Z］.2004.

4）政策和法律法规支持

制定相关政策和法律法规，加强对生态空间布局规划的政策支持和法律保障，引导各类主体参与生态保护和修复工作，形成合力推进生态空间布局的实施。

综上，生态空间布局规划与方法是国土空间生态规划的核心内容，它直接关系到生态环境的保护与修复、资源的合理利用以及生态系统的稳定运行。因此，在国土空间生态规划中，应充分重视生态空间布局的制定和实施，采取科学合理的方法和措施，促进生态空间布局的优化和协调，实现生态保护与可持续发展的良性循环。

2.4.3 生态空间功能组织

生态空间功能组织是国土空间生态规划的重要组成部分，旨在合理划分和组织国土空间的生态功能区，以实现生态系统的整体保护、修复和可持续利用，促进生态环境的健康发展。本节将从内容和方法两个方面对生态空间功能组织进行详细阐述。

1. 空间功能组织的内容

1）生态保护区

生态保护区是指对珍稀物种、重要生态系统和自然景观进行保护的区域。这些区域通常包括自然保护区、野生动植物保护区、水源涵养区等。生态保护区的设立旨在保持生态系统的完整性和稳定性，防止人为干扰和破坏，维护生物多样性和生态系统的健康运行。

2）生态修复区

生态修复区是指对已经受到破坏的生态系统进行恢复和重建的区域。这些区域通常包括退化的森林、湿地、草原等。通过采取植被恢复、水体治理、土壤修复等措施，加强对生态系统的修复和重建，提高生态系统的稳定性和复原能力。

3）生态缓冲区

生态缓冲区是指用于调节人类活动对生态系统的影响，减轻人为干扰和压力的区域。这些区域通常位于生态保护区和生态利用区之间，起到过渡和缓冲的作用，保护生态系统不受外界干扰和污染。

4）生态合理利用区

生态合理利用区是指合理利用生态资源，实现人与自然的和谐共生的区域。这些区域通常包括农田、林地、草地、水域等，通过科学规划和管理，实现资源的可持续利用和生态环境的持续改善。

2. 空间功能组织的方法

生态空间功能组织的方法主要包括以下四个方面。

1）生态评价与识别

首先，需要进行生态评价和识别，通过考虑地形地貌、植被覆盖、水文情况、土壤质地等因素，确定潜在的生态功能区候选区。这一过程可以借助地理信息系统（GIS）和遥感技术，结合实地调查和专家评估，综合分析区域的生态环境状况，确定生态功能区的位置和范围。

2）生态功能区划

在确定生态功能区后，需要将其划分为不同类型的生态功能区，包括生态保护区、生态修复区、生态缓冲区和生态合理利用区等。划分生态功能区需要充分考虑区域的生态环境特征、生态系统结构和功能需求，确保不同类型生态功能区之间的协调和衔接。

3）组织原则的制定

制定生态空间功能组织的组织原则，包括科学性原则、综合性原则、可持续性原则和因地制宜原则。在组织生态空间功能时，需要充分考虑生态系统的特点和需求，结合实际情况制定合理的组织原则，保障生态系统的完整性和稳定性。

4）规划编制与实施

制定国土空间生态规划，确定生态保护区、生态修复区、生态缓冲区和生态合理利用区等不同类型的生态功能区，制定相关政策和措施，推动生态空间功能组织的实施。在规划编制和实施过程中，需要加强与相关部门和利益相关者的沟通与合作，形成合力推动生态空间功能组织的实施。

案例 2.5　成都市域生态空间功能组织

成都市域生态空间功能组织根据现状地理条件、植被条件等进行总体区划（图 2-11）。将成都市外环高速以外的周围近郊地区划分为近郊生态景观绿地，其外顺次为远郊生产绿地、远郊林地和山体景观绿带。加强成都市上游水源地保护，尤其是都江堰至成都市地段的合理保护，防止水源污染，同时增强水源的自身净化能力。此外，加强风的导向性，在城市的主导风向上有意识地开辟几条风廊，改善城市环境的同时降低城市热岛效应。

成都市中心城区生态空间功能组织对于"两环、八斑、十四廊"的布局结构，明确各自的主导生态系统服务和结构引导作用。两环之中，一是绕城高速两侧各 500 米生态环廊，是防止中心城区无序蔓延的重要生态隔离带，也是维

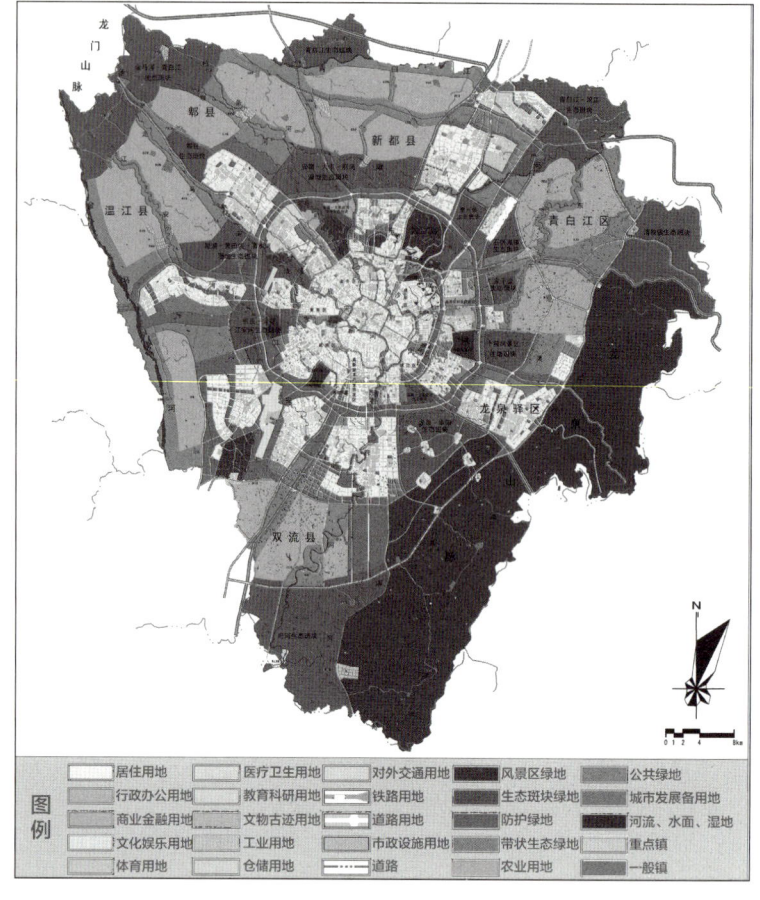

图 2-11 成都市域生态空间功能组织
资料来源：中科院建设部山地城镇与区域环境研究中心，重庆大学城市规划与设计研究院，成都市规划管理局.成都市非建设用地规划［Z］.2004.

护生物多样性的重要廊道；二是三环路景观绿带及轨道交通环线防护绿带，是维护生物多样性的重要廊道。八斑根据主导生态功能可分为3类（图2-12）：①水质净化主导功能的斑块，包括安靖—大丰府河湿地生态斑块和犀浦—黄田坝清水河湿地生态斑块，地处中心城上水方向，也是中心城的水源保护地，通过大型人工生态湿地的建设，对进入城市的水源进行两次生态处理，从而保障城市水质；犀浦—黄田坝清水河湿地生态斑块还与武侯祠、杜甫草堂、青羊宫等历史文化遗迹连成一体，具有重要的文化服务功能。②降噪、防尘、休闲主导功能的斑块，包括机投—金花生态斑块、太平寺生态斑块、琉璃—三圣南河生态斑块、十陵风景区生态斑块和龙潭农林生态斑块，是中心城的重要的休闲、游憩基地，也是氧源基地；同时亦具有降噪、防尘等一般性生态功能。③热岛调节主导功能的斑块，为凤凰山—斧头山生态斑块，处于城市的上风向和主导风向通廊中，通过整合水塘为大型湖面等充裕的水资源，有助于城市来风与提供新鲜空气。十四条廊道，由四条通风廊道和两渠八河组成的十条水系廊道相互贯通，将城市建成区固有的自然斑块和历史文化斑块连成一体的网络交织，并在此网络上严格控制城市的建设，尽力在拥挤城市中创造具有均好性的环境。

资料来源：作者整理。

扫码读图

图 2-12 成都中心城区生态空间功能组织
资料来源：中科院建设部山地城镇与区域环境研究中心，重庆大学城市规划与设计研究院，成都市规划管理局．成都市非建设用地规划［Z］．2004．

综上，生态空间功能组织是国土空间生态规划的重要组成部分，是实现生态保护、修复和可持续利用的重要手段。通过合理划分和组织国土空间的生态功能区，可以实现生态系统的整体保护和稳定运行，促进生态环境的健康发展。因此，在国土空间生态规划中，应充分重视生态空间功能组织的制定和实施，采取科学合理的方法和措施，推动生态空间功能组织工作的深入开展。

2.5 生态空间规划控制及传导

2.5.1 生态空间的分级分类管控

1. 分类管控模式

生态空间是一个复杂的系统，应依据主导生态功能和生态环境现状，对其进行分类的用途管制。例如，生态保护红线内包含林地、草地、湿地、陆地水域等，生态生产空间涉及林地、草地及复合性用地等。因此，针对生态空间多元的保护和利用需求，需要结合地块单元，形成不同层级的管制分区。

生态空间规划的管控可以按照"管制分区—用途单元—地块图斑"逐级细化生态空间，实现生态空间的全域覆盖与精准管控。首先，可以根据生态空间的主体生态功能和现状生态情况划分为若干大类。其次，在大类生态空间的基础上，根据其内部空间的差异及保护程度与特点，进一步细分为生态保护红线、一般生态空间、治理性生态空间、生态储蓄空间、生态生产空间、生态配套空间，同国土空间规划划定的"三区三线"形成有效衔接。再次，依据空间内部的具体用途，划分为多类用途单元，实现一定区域范围内针对性的结构管控与用途管制[1]，以便有效平衡生态空间的保护和利用。最后，根据土地类型差异与地块边界落线要求，将多类用途单元精准匹配到具体类型的地块图斑。对空间逐级细分，不同的空间尺度对应不同层级管控要求，形成全域覆盖与精准管控，有利于高效实现对生态空间的保护利用。

此外，在生态保护红线与一般生态空间的区分中，按地类划分无法精准匹配，这时需要在地块图斑的基础上进行评价再划定，如生态保护红线内的乔木林地按林种还可划分为防林地、特种用途林。

案例 2.6　成都中心城区生态空间保护策略

成都中心城区生态空间采用 3 类保护策略（图 2-13）。一类保护控制区指现状生态环境状况很好，具有很强的生态服务功能，目前处于未开发状态的非建设用地。二类保护控制区指现状生态环境状况良好，有一定的生态服务，但

---

1. 陈卉, 颜文涛, 李子豪, 等. 面向生态系统服务供需协同的大都市区生态空间网络构建——以上海市为例[J]. 中国园林, 2023, 39（6）: 70-76.

已有一定的开发利用的非建设用地。三类保护控制区指现状生态环境状况较好，但已有相当的开发利用的非建设用地。

资料来源：作者整理。

扫码读图

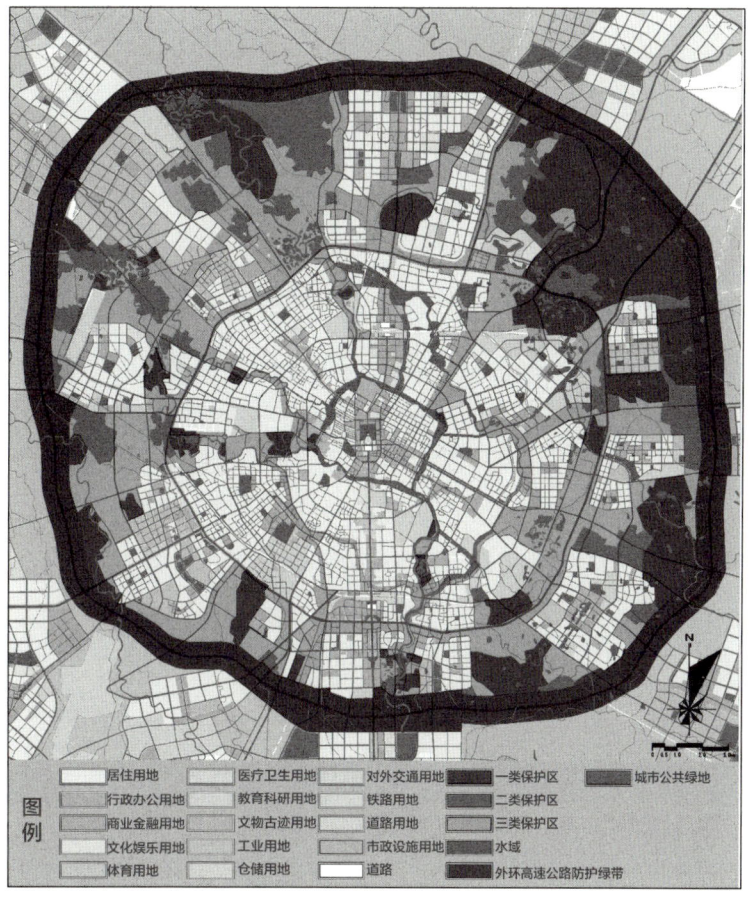

图2-13 成都中心城区生态空间分类管控
资料来源：中科院建设部山地城镇与区域环境研究中心，重庆大学城市规划与设计研究院，成都市规划管理局. 成都市非建设用地规划［Z］. 2004.

2. 分级管控模式

分级管控通常依据生态空间对于提供生态系统服务和空间结构引导作用的重要性，对其进行分级控制，以应对生态空间规划管控内容复杂多样、各层级管控重点不明确、在衔接上不协调等问题。此外，依据对国土空间规划的总体框架要求，主要从宏观、中观、微观上把握生态空间规划的管控内容，结合不同空间尺度来协调各级政府事权，形成纵向衔接、横向协调、高效利用的生态空间管控指引。在纵向上，按不同空间尺度建立"区域管控—分区管控—单元管控—要素管控"的管控逻辑，逐级落实具体管控内容；在横向上，协调部门事权形成统一的管控重点，达到生态空间规划与国土空间融合的目的，强化其落地性。

1）宏观层面：强调战略性，构建生态空间保护格局

在宏观层面，从整体上考虑制定区域生态空间发展战略，以宏观调控协调区域生态发展，将政策目标分解到区域，构建整体生态空间保护格局。宏观层面仅从区域整体层面考虑生态空间发展管控，把具体空间落界、管控指标传导至下一级，避免与下一级规划的事权冲突。

为构建宏观层面的生态空间保护格局，需要制定区域生态空间发展战略、进行区域宏观调控与政策目标分解。首先，在空间结构方面，根据主导功能可划分为基本生态空间、后备生态空间与复合生态空间3类生态主体空间，并制定对应的生态空间发展战略；其次，在区域宏观调控方面，结合社会经济发展目标、各类专项规划协调3类生态主体空间功能布局；最后，在政策目标分解方面，与部门政策目标相协调并传导至3类生态主体空间。

2）中观层面：注重结构性，强化管控分区与单元布局

在中观层面，主要衔接区域与地块进行分区管控和单元管控。分区管控即落实上位规划的发展战略、主体功能与政策目标要求，在一定范围内形成生态空间基础结构。首先，在协调"三区三线"中生态空间的基础上划分功能分区，确定各分区生态保护、生态储蓄、生态利用的主导功能；其次，对接"三区三线"的空间边界，根据"双评价"与各保护地设立需求，确定生态保护红线及各保护地的空间边界，再确定生态储蓄与生态利用的空间边界；最后，确定生态保护、生态储蓄、生态复合利用的规模总量，具体指标分解到下一级规划。

单元管控是对分区管控的进一步分解，是中观层面与微观层面的衔接。首先，单元管控在所属分区范围内进一步划分用途单元，形成具体的管控平台。其次，根据生态资源禀赋和保护利用差异，细分单元用途与布局。在基本生态单元中，生态保护红线内按保护程度分为核心保护区与保护控制区，一般生态空间内按保护类别分为一般林地、一般草地、一般湿地、一般水域，治理性生态单元按治理方式分为保全治理区和修复治理区。最后，进一步将分区的用地规模分解到单元中，再依据社会经济发展与当地需求明确单元承载指标。

案例2.7 成都中心城区生态空间分级管控

成都中心城区生态空间划分三级控制区进行保护（图2—14）。一级控制区，是对形成非建设用地系统空间结构和维护城市生态系统良性运转具有重要

意义的关键地域。二级控制区，是对形成非建设用地系统空间结构和提高城市生态系统良性运转效率具有特殊意义的关键地域。三级控制区，是对形成非建设用地系统空间结构和维护城市生态系统良性运转具有比较重要意义的关键地域。

资料来源：作者整理。

扫码读图

图 2-14　成都中心城区生态空间分级管控
资料来源：中科院建设部山地城镇与区域环境研究中心，重庆大学城市规划与设计研究院，成都市规划管理局. 成都市非建设用地规划［Z］. 2004.

3）微观层面：侧重实施性，落实生态地块要素管控

在微观层面，把侧重实施性作为直接指导具体实施管控的环节，需要将上位规划确定的管控分区和管控单元细化落实到具体地块，同时结合生态保育、景观风貌、休闲游憩等生态服务供给的需求，进一步细化精度划分为地块图斑，提高生态质量、提升生态效益。空间尺度缩小到微观尺度，一方面需要引导土地生态用途转

换，对地块边界进行精准落位和动态更新；另一方面需要结合保障生态效益的空间需求，优化用地布局和完善控制指标。例如，在生态旅游服务区中，可以确定合适的建设量，以此规定容积率、建筑密度等，并且通过限制土地用途转换来保证生态用地，这些操作要在微观层面结合具体项目确定。

2.5.2 生态空间的用途管制

生态空间用途管制依据生态空间的分类与分级管控模式划定相应的管制分区，具体涵盖以下六项工作内容。

1. 开展调查评价

要在土地、森林、草原、湿地、水域、岸线、海洋和生态环境等调查标准基础上，建立调查评价标准，以全国土地调查、自然资源专项调查和地理国情普查成果为基础，确定各类自然生态空间的用途、权属和分布等情况，建立数据共享机制，为自然生态空间的规划布局、确权登记和用途管制奠定基础。

2. 划定保护范围

按照生态保护红线划定技术规范，科学划定生态保护红线。以生态保护红线、永久基本农田和城市开发边界为依据和主要内容，综合考虑主体功能定位、空间开发需求、资源环境承载能力和粮食安全，编制空间规划，明确本辖区内自然生态空间保护要求，统筹确定自然生态空间的保护目标与布局。

3. 制定准入条件

按照生态主导功能和生态保护类型，分类制定生态功能类型区的区域准入条件，开展资源环境承载力评价，确定允许的开发强度，明确允许、限制、禁止的产业和项目类型清单，提出城乡建设、工农业生产、矿产开发、旅游康体等活动的规模、强度、布局和环境保护等方面的限额要求。

4. 落实空间用途

根据保护需要和开发利用要求，依据空间规划确定的自然生态空间保护目标与布局，确定用途管制要求，落实到地块，并予以公告。

5. 制定转用规则

整合现有各类用途转用制度，分别针对生态空间向城镇空间、农业空间的转变，生态空间内建设用地、农业用地管控，以及生态空间内部用途之间的相互转换，区分生态保护红线内外，制定差别化转用审批流程，探索建立用途转用许可制度。

6. 创新管护模式

依托自然资源统一确权登记，建立归属清晰、权责明确、监管有效的自然资源资产产权制度。探索土地征收和协议管护等管理模式，探索建立生态保护补偿长效机制和多渠道增加生态建设投入机制。在分类管理基础上，探索建立部门协同管理机制。

2.5.3 生态空间的管控要素体系

生态空间的管控要素体系是国土空间生态规划中的核心内容之一，它涵盖了生态空间用途管制分区的管控内容、要素和指标，旨在保护和管理生态资源，促进生态系统的健康发展。本节将对生态空间用途管制分区的管控要素体系进行阐述。

1. 管控内容

生态空间用途管制分区的管控内容主要包括以下四个方面。

1）用地性质管制

生态空间用途管制分区首先考虑的是不同用地性质的管制。根据生态空间的生态环境特点和功能需求，对不同用地性质制定相应的管制政策。例如，将生态保护区划分为自然保护区、野生动植物保护区、水源涵养区等，对各类保护区内的用地性质实行严格管制，限制非生态用途的开发和利用。

2）开发强度管制

在生态空间的用途管制分区内，需要对开发强度进行管制。针对不同生态空间的生态特征和功能需求，制定相应的开发强度管制政策。例如，对生态修复区和生态缓冲区内的开发强度进行限制，控制土地利用密度和建设规模，确保生态系统的稳定运行和生态环境的改善。

3）生态保护措施

生态空间用途管制分区需要采取一系列生态保护措施，加强对生态系统的保护和修复。这些措施包括加强对生物多样性和自然景观的保护、推动生态修复区内的植被恢复和水体治理、确保生态空间的生态功能得到有效保护和恢复。

4）监管与执法

生态空间用途管制分区需要建立健全的监管与执法机制，加强对管制措施的监管和执法力度。通过加强巡查和监测，及时发现和处理违法行为，保障生态空间管制措施的有效实施，维护生态系统的完整性和稳定性。

2. 管控要素与指标

生态空间用途管制分区的管控要素和指标主要包括以下三个方面。

1）生态环境质量

生态环境质量是衡量生态空间用途管制分区的重要指标之一，包括水质、空气质量、土壤质量等。通过对生态环境质量的监测和评估，可以及时发现生态环境问题，制定相应的管制措施，保护和改善生态环境质量。

2）生物多样性

生物多样性是生态系统的重要特征之一，也是生态空间用途管制分区的重要考量因素。通过对生物多样性的监测和评估，可以了解生态系统的健康状况，制定相应的保护措施，维护生物多样性的稳定性和丰富性。

3）生态系统服务

生态系统功能是生态空间用途管制分区的重要指标之一，包括水源涵养、土壤保持、气候调节、景观美化等功能。通过对生态系统功能的评估，可以确定生态空间的管制范围和强度，保护和提升生态系统的功能性。

综上，生态空间的管控要素体系涵盖了生态空间用途管制分区的管控内容、要素和指标等，是实现生态空间的合理利用和保护的重要手段。在国土空间生态规划中，应充分考虑生态空间的管控要素体系，采取科学合理的方法和措施，推动生态空间用途管制分区工作的深入开展。

关键术语

生态空间，生态系统服务，生态过程，生态空间规划，"双评价"，生态空间格局，生态保护红线，生态功能区划，生态源地，生态廊道，生态空间功能组织，生态空间分级管控，生态空间分类管控

思考题

1. 生态空间规划与城市发展有何关系？
2. 生态空间规划有哪些重要内容和程序，各重要内容的规划方法有哪些？

参考文献

[1] CHEN H, YAN W, LI Z, et al. A framework for integrating ecosystem service provision and connectivity in ecological spatial networks: A case study of the Shanghai metropolitan area [J]. Sustainable Cities and Society, 2024, 100: 105018.

[2] NEUENSCHWANDER N, HAVEK U W, GRÊT-REGAMEY A. Integrating an urban green space typology into procedural 3Dvisualization for collaborative planning [J]. Computers, Environment and Urban Systems, 2014, 48 (6): 99-110.

[3] NGOM R, GOSSELIN P, BLAIS C. Reduction of disparities in access to green spaces: Their geographic insertion and recreational functions matter [J]. Applied Geography, 2016, 66: 35-51.

[4] PENG J, ZHAO H, LIU Y. Urban ecological corridors construction: A review [J]. Acta Ecologica Sinica, 2017, 37 (1): 23-30.

[5] 福尔曼R，戈德罗恩M. 景观生态学 [M]. 肖笃宁，张启德，赵羿，译. 北京：科学出版社，1990.

[6] SHEN Z, WU W, TIAN S, et al. A multi-scale analysis framework of different methods used in establishing ecological networks [J]. Landscape and Urban Planning, 2022, 228: 104579.

[7] 邱瑶，常青，王静. 基于MSPA的城市绿色基础设施网络规划：以深圳市为例 [J]. 中国园林，2013（5）：104-108.

[8] VOGT P, FERRARI J R, LOOKINGBILL T R, et al. Mapping functional connectivity [J]. Ecological Indicators, 2009, 9 (1): 64-71.

[9] 陈卉，颜文涛，李子豪，等. 面向生态系统服务供需协同的大都市区生态空间网络构建——以上海市为例 [J]. 中国园林，2023，39（6）：70-76.

[10] 国土资源部. 自然生态空间用途管制办法（试行）[EB/OL]. (2017-03-24) [2024-04-20]. https://g.mnr.gov.cn/201704/t20170425_1499678.html.

[11] 环境保护部，国家发展改革委. 生态保护红线划定指南 [EB/OL]. (2017-07-20) [2024-04-20]. https://www.mee.gov.cn/gkml/hbb/bgt/201707/W020170728397753220005.pdf.

[12] 王彬，金忠民，陈圆圆. "上海2035"总规指引下上海市生态空间专项规划编制研究 [J]. 上海城市规划，2023（2）：52-59.

[13] 王甫园，王开泳，陈田，等. 城市生态空间研究进展与展望 [J]. 地理科学进展，2017，36（2）：207-218.

[14] 伍超，程世丹. 国土空间规划下生态控制区的规划传导问题与对策研究——以武汉汤逊湖地区控规编制为例 [J]. 城市规划学刊，2023（5）：79-85.

[15] 许峰，尹海伟，孔繁花，等. 基于MSPA与最小路径方法的巴中西部新城生态网络构建 [J]. 生态学报，2015，35（19）：6425-6434.

[16] 颜文涛，陈卉，万山霖，等. 省级次区域国土生态空间格局构建与管控政策——以川西北生态示范区为例 [J]. 上海城市规划，2021（3）：8-17.

[17] 中科院建设部山地城镇与区域环境研究中心，重庆大学城市规划与设计研究院，成都市规划管理局. 成都市非建设用地规划 [R]. 2004.

[18] 朱志兵，刘奇志，徐放，等. 市级国土空间生态修复规划编制体系构建与传导机制探索——以武汉市为例 [J]. 城市规划学刊，2023（5）：62-70.

[19] 自然资源部. 资源环境承载能力和国土空间开发适宜性评价指南（试行）[EB/OL]. (2020-1-19) [2024-04-20]. https://gi.mnr.gov.cn/202001/t20200121_2498502.html.

[20] 自然资源部办公厅. 省级国土空间规划编制指南（试行）[EB/OL]. (2020-01-17) [2024-04-20]. https://gi.mnr.gov.cn/202001/t20200120_2498397.html.

[21] 邹兵，唐豪. 市级国土空间生态修复规划编制逻辑与深圳实践 [J]. 规划师，2023（9）：89-97.

第 3 章 生态修复专项规划

> **导语**
>
> 生态修复专项规划是扭转国土空间开发利用过程中生态退化趋势、改善生态功能、提升生态价值,并促进人地和谐的系统性、战略性手段。本章首先阐明生态修复规划相关的基本概念,系统解读国土空间生态修复专项规划各重要编制环节的内容和方法,重点介绍修复前生态调查技术方法、生态修复分区与重点区划定、分区生态修复策略选择、生态修复工程部署,以及生态修复监测与成效评价等内容。本章内容有助于理解"问题导向—格局塑造—区类调控—工程牵引—监测评价"的国土空间生态修复专项规划编制和运作逻辑,明确国土空间生态修复专项规划相较于其他空间类规划的工程性、实施性和政策性特征。

3.1 生态修复规划的概念内涵

3.1.1 生态修复的相关概念

1. 生态系统

生态系统是由生物或生物群落及栖居的自然环境构成,各组分相互依赖、相互作用,按照特定机制组织在一起的具有特定结构、功能和稳定性的动态平衡系统。

2. 生态修复

生态修复主要针对受人类活动或外部干扰而退化、受损的生态系统,通过采取适当的人工干预措施降低人类活动干扰并修复生态系统结构，在此基础上恢复生态功能，促使生态系统回归其正常发展方向和自然演化轨迹，进一步提升生态系统服务，增强生态系统稳定性和可持续性。生态修复包括了一系列有益于生态系统长期健康和生物多样性保护的人类活动[1,2]。

3. 国土空间生态修复

国土空间生态修复是在"山水林田湖草沙生命共同体"等理论指导下开展的全域性生态修复，主要在国土要素的空间结构调整与优化基础上，通过人工干预与自然恢复相结合，科学实施生态修复工程措施，减轻人类活动对生态系统的负面影响，扭转生态系统退化趋势，整体提升全域国土空间生态系统服务和人类福祉。在这一过程中，主要依靠生态系统的自我调节和自组织能力，或辅以实施大型生态工程等系统性修复措施，以恢复生态系统的健康、保障国土空间生态安全，并推动区域的可持续发展[2]。

作为地表自然资源的载体，各类国土要素的保护、治理或者修复都需建立在地域空间之上，空间尺度无论是小到几个平方公里还是大到成千上万平方公里范围，均可归属"生态区域"范畴，即以生态介质为纽带形成的具有相对完整生态结构、生态过程和生态功能的地域综合体。过去的生态修复研究大多聚焦于单点（局地）、单要素（如水、土等单一生态要素）、单过程（如水土流失等自然过程）。国土空间生态修复对象虽然关注的是各类型生态系统，但同传统意义上的生态修复相比，中、大尺度国土空间生态修复逻辑涉及多尺度、多层次的修复[3]，且其更多地关注中宏观层面上基于原生生态系统下的所有国土要素的空间结构优化、修整和生态功能的抚育、恢复，而非仅强调修复的技术和手段，其与地域空间上的土地利用结构调整和空间格局优化密不可分。国土空间生态修复也可以理解为是全域性的生态修复，即以生态空间修复为核心内容的全域生态系统保护与恢复。

人类社会、自然和环境之间相互影响、相互作用，区域生态环境健康与人类可持续发展进程密不可分。国土空间生态修复的对象不仅仅是自然生态系统，亦涵盖整个社会经济生态系统，包括人员、技术、资金等诸多要素的支撑和保障。因此，与传统生态修复相比，国土空间生态修复更强调全域性，更加注重生态系统的整体性、系统性和内在规律，将修复对象扩展到人地复合系统，面向"山水林田湖草沙

---

1. 傅伯杰. 国土空间生态修复亟待把握的几个要点[J]. 中国科学院院刊，2021, 36 (1): 64-69.
2. 曹宇, 王嘉怡, 李国煜. 国土空间生态修复: 概念思辨与理论认知[J]. 中国土地科学，2019, 33 (7): 1-10.
3. 马克明, 傅伯杰, 黎晓亚, 等. 区域生态安全格局: 概念与理论基础[J]. 生态学报，2004, (4): 761-768.

生命共同体"[1]，在更大的时空尺度上进行系统保护修复。此外，国土空间生态修复与地域空间的土地利用结构调整和空间格局优化密切相关[2]。它需要多学科交叉融合、多领域专家合作，运用生态学理论和整体性思维解决发展与保护之间的矛盾。这一概念体现了新时期国土空间管理的新理念和新要求，旨在实现生态系统服务与人类福祉的整体提升，同时处理人类社会与区域生态环境的协调性问题，确保生态、经济、社会系统的和谐统一[3]。

国土空间生态修复是在"山水林田湖草沙生命共同体"理论指导下的国土综合整治和生态修复的有机融合，国土空间生态修复与传统的生态修复在内涵、性质、研究对象和修复重点等方面都产生了根本区别。从内涵上，国土空间生态修复是建立在人与自然和谐共生的理论框架下；在研究对象上，国土空间生态修复拓展了传统生态修复的研究领域，从自然生态系统延展为包含了自然生态系统和城乡人文生态系统的全域国土空间生态系统[4]，注重自然要素与社会要素的协同发展，目标是提升生态系统服务，促进人与自然和谐共生，强调生态安全和民生福祉。我国国土空间生态修复也在不断吸收国外先进经验，如开始关注公众参与度和与利益相关方的协作，将生物多样性保护作为重要议题纳入技术体系框架等[5,6]。

3.1.2 国土空间生态修复规划概念辨析

1. 国土空间生态修复规划的内涵

2018年3月，在国务院机构改革中新组建的自然资源部被赋予"统一行使所有国土空间用途管制和生态保护修复职责"，同年8月施行的《自然资源部职能配置、内设机构和人员编制规定》明确该部的一项重要职能为"负责统筹国土空间生态修复"，其中的重要内容就是"牵头组织编制国土空间生态修复规划并实施有关生态修复重大工程"。国土空间生态修复规划自此成为我国（国土空间）规划体系中的一种规划类型，并因国家日益重视国土空间生态修复工作而逐渐为社会各界所认知[7]。

---

1. 彭建，李冰，董建权，等.论国土空间生态修复基本逻辑[J].中国土地科学，2020，34（5）：18-26.
2. 李永洁，王鹏，肖荣波.国土空间生态修复国际经验借鉴与广东省实施路径[J].生态学报，2021，41（19）：7637-7647.
3. 郭丽华.国土空间生态修复工程的技术创新研究[J].城市建设理论研究（电子版），2023（26）：59-61.
4. 宫清华，张虹鸥，叶玉瑶，等.人地系统耦合框架下国土空间生态修复规划策略——以粤港澳大湾区为例[J].地理研究，2020，39（9）：2176-2188.
5. 付战勇，马一丁，罗明，等.生态保护与修复理论和技术国外研究进展[J].生态学报，2019，39（23）：9008-9021.
6. 张瑶瑶，鲍海君，余振国.国外生态修复研究进展评述[J].中国土地科学，2020，34（7）：106-114.
7. 唐秀美.国土空间生态修复规划的理论认知与实践指导——《国土空间生态修复规划概论》评介[J].中国土地科学，2023，37（12）：139-143.

国土空间生态修复规划是对一定时期特定区域（流域）生态修复工作的统筹谋划和总体设计，是开展生态修复活动的指导性、纲领性文件，是致力于解决生态问题、改善生态功能、提升生态价值、促进人地和谐的国土空间类专项规划[1]。其核心是通过研究编制规划，统筹设计国土空间生态修复活动的实施范围、预期目标、工程内容、技术要求、投资计划和实施路径，以有效保障和综合提升国土空间生态修复活动的生态效益、社会效益、经济效益[2]。

2. 国土空间生态修复规划与传统生态修复规划的差异

传统的生态修复规划以自然生态系统为主要对象，以单一的矿区治理、水污染修复、退化湿地修复等单要素的修复为主，存在着将整体问题局部化、复杂问题简单化的局限。新时期国土空间生态修复规划对象由自然生态系统延展为社会—经济—自然复合系统[3]，规划要素从单要素到全要素，系统考虑全域国土空间生态要素的关系及生态保护修复与社会经济发展，以及生态保护修复与人的生态需求的关系。因此规划对象从单一局部的保护修复向全域全要素的方向转变。

3. 国土空间生态修复规划的尺度

国土空间生态修复规划的尺度问题是一个复杂而多维的议题，涉及不同地理和行政级别。区域/流域尺度的生态修复规划关注整个区域或流域的生态系统结构、生态系统质量和生态系统服务，通常需要依赖遥感技术来获取数据，并考虑生态系统的整体性和连通性[4]。市域尺度的生态修复规划更侧重于城市生态系统的修复，包括城市绿地、水体和城市周边的自然环境。这种尺度的规划更侧重于城市居民的生活质量和城市生态功能的恢复。市级国土空间总体规划中的生态修复规划路径强调全域统筹、全要素修复、全系统治理，并推动生态产品价值的实现[5]。镇域尺度的生态修复规划则更侧重于小范围的生态问题，如小流域的治理、乡镇周边的生态环境改善等。这种尺度的规划可能更注重地方特色和社区参与，以及小规模工程技术措施的实施情况。基于小流域和土地利用格局的国土空间生态修复分区，是在县域、

---

1. 刘新卫, 孔凡婕, 胡业翠, 等. 国土空间生态修复规划概论 [M]. 北京: 中国大地出版社, 2023.
2. 王夏晖, 张箫, 牟雪洁, 等. 国土空间生态修复规划编制方法探析 [J]. 环境保护, 2019, 47（5）: 36-38.
3. 杨锐, 曹越. "再野化": 山水林田湖草生态保护修复的新思路 [J]. 生态学报, 2019, 39（23）: 8763-8770.
4. 肖武, 阮琳琳, 岳文泽, 等. 面向国土空间生态保护修复的多尺度成效评估体系构建 [J]. 应用生态学报, 2023, 34（9）: 2566-2574.
5. 刘涛, 赵明, 公云龙. 市级国土空间总体规划中生态修复规划路径探讨——以徐州市为例 [J]. 规划师, 2021, 37（15）: 30-35.

镇域尺度开展生态修复的前提基础[1]。

4. 国土空间生态修复规划与国土空间生态修复的关系

国土空间生态修复规划是指导和实施生态修复项目的科学蓝图，明确了修复的目标、策略和行动计划，而国土空间生态修复则是这些规划的具体执行的体现，涵盖了为恢复和改善生态系统采取的措施和活动。两者相互依存，规划为修复提供方向和框架，修复成果则为规划的评估和调整提供实践反馈，两者共同促进生态系统的可持续性和人与自然的和谐共生。

3.2 生态调查与问题识别

3.2.1 生态调查的目的、原则和要求

1. 生态调查的目的

生态调查是生态修复方案编制、项目可行性研究和规划设计的重要组成部分，包括查清生态修复项目区域的自然地理与社会经济条件、土地利用与基础设施状况，摸清项目实施前的生态系统格局、生态系统质量、生态系统服务、生态系统环境及胁迫因素等生态本底状况，以及各利益相关方的参与意愿。在此基础上识别区域生态环境质量现状，综合分析并诊断存在的主要生态问题，为生态修复项目选址、规划设计、预算编制等提供基础数据。

2. 生态调查的原则

1）**系统性原则**

从国土空间整体审视修复区域生态功能定位和保护修复目标，从景观尺度调查解析区域生态结构、格局和功能以明确生态保护修复关键区域，从群落/栖息地尺度调查解析区域生态质量和生物多样性水平，从生态胁迫视角调查解析影响生态系统稳定性和持续性的自然环境要素和人类干扰因素。

---

1. 付扬军，师学义. 基于小流域尺度的县域国土空间生态修复分区——以山西汾河上游为例［J］. 自然资源学报，2023，38（5）：1225-1239.

2）针对性原则

应基于调查区域自然经济社会条件，以景观格局调查总体框定调查区域景观组分、生态安全格局，并针对生态源地、生态廊道、生态夹点以及生态障碍点等重要区域开展生物要素和环境要素调查。

3）经济性原则

应广泛收集自然经济社会资料，特别是针对性收集政府各部门现有各类资料，如气象监测资料、土壤（水）环境普查资料和详查资料、农业生产统计资料、农村生活统计资料、林业（含湿地）资源普查资料等。资料应当具有时效性，当资料缺失或超过一定年限（如超过5年）时建议进行实地调查。

3. 生态调查的要求

1）**以生态系统科学理论为指导**

生态调查应以生态系统科学理论为指导，突出"山水林田湖草沙生命共同体"理念，重点关注生态环境敏感区、人类活动强烈地区、自然灾害易发多发区以及历史上形成的生态破坏或环境损害较严重的区域。

2）**广泛收集已有资料**

生态调查应广泛收集已有资料，并注重资料的二次开发。根据区域特征和实际需要充分应用遥感、无人机探测等现代技术，合理采用资料收集、地面调查、分析测试等调查方法。

3）**采用多种调查方法**

充分搜集和利用已有资料，在已有资料较丰富、研究程度较高的地区，可采取补充调查、编测结合的方法开展调查。

4）**注重参照国家和行业标准**

提高生态调查的工作效率和成果质量。生态调查内容已有国家和行业标准的，应参照相关规范执行。

3.2.2　生态调查的内容

生态调查首先应调查项目区域自然地理格局，包括自然经济社会条件、景观格局、生物要素、环境要素及风险、生态系统服务等方面；然后根据生态空间、农业空间和城镇空间三类国土空间的生态环境特征明确具体的调查指标；最后基于调查结果综合分析存在的生态系统结构受损、功能退化、空间格局失衡，以及自然资源开发利用不合理等方面的具体问题，形成翔实的调查报告和数据成果。

1. 自然经济社会条件

自然经济社会条件调查应通过资料收集与调查初步分析区域自然地理格局、自然灾害风险，了解区域土地利用现状、区域人文风貌以及经济概况，农业农村发展情况以及现存的生态问题等。调查范围应以相关区域所在的自然地理边界（主要为水域或交通道路自然阻隔）为界限，除调查外，也要注意收集调查区域所在区、镇的资料。

1）**自然地理调查**

应收集区域地形地貌、地质、地表水系、气象与历年灾害以及绿化林业资源等相关资料。其中地形地貌数据包括地貌类型、地形特征、地面高程、坡向坡度等。地质及土壤数据包括地层、地质构造、含水层（浅部）、地下水埋深、土层渗透性、土壤类型、土壤肥力、土壤环境质量、耕地质量等级。地表水系情况包括径流深、洪水位、常水位（潮位）、除涝最高控制水位、枯水位、水质特征等。气象资料与历年灾害情况包括区域气候类型、多年平均气温、年平均气压、年蒸发量、年平均相对湿度、年降雨量、平均风速与主导风向等，应重点关注当地涝灾、旱灾等极端气候条件。自然生态资源数据包括绿地、林地、湿地和草原、海域海岛等生态资源概况统计、图斑分布，主要资源生态系统服务价值评估等，可以从相关科研机构、科学野外台站开展的野生动植物调查、林业调查等成果中获得。

2）**经济社会调查**

经济社会调查包括生态功能定位、人文风貌、社会经济现状和农业农村生产生活状况。在生态功能定位方面，需要收集相关空间规划和生态指标，明确区域的生态区划和生态修复政策。人文风貌调查则关注历史文化遗产和乡村特色，包括人文景观和民族特色建筑。社会经济调查涉及人口、劳动力、就业、收入和产业发展情况，以及各类项目的建设情况。农业农村调查则关注农业种植、养殖、土地流转和农业科技发展，以及农药化肥使用和有机废弃物处理等环境问题。这些调查有助于全面了解区域的社会、文化、经济和产业状况，为国土空间生态修复提供决策依据。

2. 景观格局

景观格局即景观的空间格局，是大小和形状各异的景观要素在空间上的排列和组合，包括景观组成单元的类型、数目及空间分布与配置，对维护区域生态安全和生态系统质量具有基础支撑作用。通过景观格局分析可明确区域景观组分现状特征，分析景观格局连通性、生态安全质量，鉴定识别其影响因素及其存在的主要问题等。

1）景观组分

景观组分是地球表面相对同质的生态要素或单元，包括三种基本类型：斑块（生态系统）、廊道和基质。区域景观组分调查内容应包括生态系统类型、植被覆盖及不透水面覆盖等。

2）生态安全格局

生态安全格局是依据景观格局与过程的互馈作用，以生态过程为主导，综合考虑区域内各类生态要素的整体性与协调性，判定和构建对维护区域生态系统结构和过程完整性、维持正常生态功能起关键作用的景观格局，即在一定空间范围内对维护区域生态安全具有重要作用的生态系统斑块、基质和廊道等要素时空配置形成的镶嵌格局。生态安全格局分析需要识别出生态源地、生态廊道、生态夹点和生态障碍点等（表 3-1）。

表 3-1　景观格局分析中各指标的内涵

一级指标	二级指标	指标定义
景观组分	土地利用现状	以一定行政区域或自然区域（或流域）为单位，查清区内各种土地利用类型面积、分布和利用状况
	植被覆盖现状	区域内绿地、林地、湿地、农田等生态基底斑块内的分类分级的植被状况
	不透水面	由不透水材料覆盖的地表
生态安全格局	生态源地	在维持生态功能及生态过程中起重要意义的斑块
	生态廊道	在生态环境中呈线性或带状布局、能够沟通连接空间分布上较为孤立和分散的生态单元的生态系统空间类型
	生态夹点	廊道中电流密度较大、承载较高景观连通性的区域，代表了影响整个景观连接度的"瓶颈"地区，对维持整个网络的连接性非常重要，有着重要的生态保护价值
	生态障碍点	物种在生境斑块间运动受到阻碍的区域

资料来源：《国土空间生态修复基底调查技术标准》（DG/TJ 08-2448—2024）

3. 生物要素

生物要素调查目的是掌握修复区内主要生物类群的物种多样性现状及其生境质量，以识别生物多样性保护或保育方面存在的问题，包括物种多样性调查、重要物种调查和典型生物群落调查。通常来说，陆生维管植物、水生维管束植物、鸟类、两栖类和大型底栖动物是指示陆域和水体生态环境质量的重要物种，应作为调查的必选项，而昆虫、大中型土壤动物、鱼类、浮游植物、浮游动物可视项目区特点适当开展调查。例如，两栖爬行类是农田生态系统中的关键生物类群，农田生态系统中的生境丧失和破碎化是该类生物种群衰退和灭绝的主要原因。由于两栖爬行类特殊的生活史需要在水、陆生境间迁移扩散，不合理的道路、沟渠等均会对其生存和活动造成阻碍，在进行农田、湿地生态修复的区域应对其生境连通性开展调查。表3-2列出了不同生态区建议调查的重点生物类群。

表3-2 各生态区建议重点调查的生物类群

调查生物类群		东北生态区	黄河重点生态区	长江及川滇重点生态区	东南生态区	青藏高原生态区	西北生态区
植物	陆生维管植物	√	√	√	√	√	√
	水生维管束植物	√		√	√		
动物	鸟类	√	√	√	√	√	√
	两栖爬行类		√	√	√		√
	哺乳动物	√				√	√
	昆虫	√	√			√	√
	蚯蚓	√	√	√			
	鱼类	√	√	√	√		
	大型底栖动物	√	√	√	√		

1）重要物种

珍稀濒危生物、国家保护生物、外来入侵物种以及古树名木对生态系统结构稳定性和生态系统服务功能可持续性具有决定性作用，应作为重要物种开展调查。调查内容包括重要物种的种类、数量和分布，通过分析个体数量、种群结构和空间分布特征了解影响其生存状态的生境特征（如光温水土等环境因子和相关的生物因子），并绘制重要物种空间分布图（包括地理位置、数量、保护等级或入侵危害等信息）。

2）典型生物群落

调查区域内具有特定外貌和物种组成、反映区域自然环境和人为生产活动的生态系统，如湿地、森林、农田等，应选取典型生物群落开展进一步调查。典型生物群落调查应依据生物群落特点确定样方大小和重复数量，记录样方内物种组成、群落结构、生境特征以及地理位置等信息，并绘制典型生物群落分布图。

4. 环境要素及风险

环境要素包括土壤、地表水、地下水的理化性质和环境质量，环境风险包括农业面源污染、农村废水（生活污水）风险和工业源风险。调查内容包括土壤、地表水和地下水等自然环境本底条件及其污染环境状况。

1）地表水环境调查

地表水环境调查，包括调查水功能区划、保护目标及各功能区水质达标情况；主要水污染因子和特征污染因子、水环境控制单元主要污染物排放现状、环境质量改善目标要求；地表水控制断面位置及达标情况、主要水污染源分布和污染贡献率（包括工业、农业、生活污染源和移动源）、单位国内生产总值废水及主要水污染物排放量等。

2）地下水环境调查

地下水环境调查，包括含（隔）水层结构及分布特征、地下水补径排条件等，地下水利用现状、地下水水质达标情况、主要污染因子和特征污染因子等。

3）土壤环境调查

土壤环境调查，包括调查土壤主要理化特征、主要土壤污染因子和特征污染因子、土壤中污染物含量、土壤污染风险防控区及防控目标、河流沉积物质量达标情况。

4）环境风险调查

环境风险调查，包括调查农业生产面源风险、农村生活污水排放风险及工业源风险。其中农业生产面源风险可着重调查氮肥和磷肥的使用量及污染源输出负荷，生活污水风险调查污水产生量、排放量、纳管情况及污水处理措施；工业源风险则调查区域内独立设置的工厂、车间、生产基地、工业区、工业园区的地理位置信息、面积、污染物种类、排放数量、治理措施，以及相关审批手续情况、历史沿革及是否发生过安全生产、威胁环境质量等事件。

5. 生态系统服务

生态系统服务是人类从森林、湿地、农田、草原、河流、湖泊等自然生态系统中获得的各种福祉和惠益。联合国千年评估报告中指出，人类对生态系统服务的利用正在快速增长，大约60%的服务正处于退化或者不可持续利用的状态，已经给人类福祉造成了显著的损害。

生态系统服务具体分为四类：一是供给服务，主要是指生态系统为人类提供的食物、淡水、木材和纤维、燃料、牧草等服务；二是调节服务，主要是指生态系统为人类提供的调节气候、调节洪水、调控疾病、净化水质等服务；三是支持服务，主要是指生态系统为人类提供的养分循环、土壤形成、初级生产等服务；四是文化服务，主要是指生态系统为人类提供的美学价值、文化艺术价值、科学与教育功能和娱乐功能等。衡量国土空间生态修复效益的重要标准就是生态系统的各类服务价值是否得到提升，可以用实物量进行衡量，也可以换算成货币价值进行比较。鉴于生态系统服务的具体内容因区域所处的地理位置和主要生态系统类型而异，实践中建议因地制宜，选择主要的服务类型进行调查和估算（表3-3）。

表3-3 各生态区建议重点调查的生态系统服务类别及指标

生态系统服务类型		东北生态区	黄河重点生态区	长江及川滇重点生态区	东南生态区	青藏高原生态区	西北生态区
供给服务	农产品提供	√	√	√	√	√	√
	林产品提供	√			√		
调节服务	水源涵养	√	√	√	√	√	√
	防风固沙	√	√			√	√
	洪水调蓄	√		√			
	固碳	√	√	√	√	√	
支持服务	生物多样性维护	√	√	√	√	√	√
	土壤保持	√	√	√	√	√	√
文化服务	休闲游憩服务	√	√	√	√	√	√

3.2.3 生态调查的常用方法

生态调查根据调查方式可分为全面调查、重点调查和抽样调查；根据数据来源可分为文献资料收集、现场调查及"3S"技术调查等。

1. 文献资料收集

文献资料收集通常是生态调查的首选方法，是获取特定区域背景信息最经济有效的手段。通过网站门户或走访规划主管部门、相关业务部门、地方政府等渠道，收集地方志、地图、社会经济统计年鉴、政府工作报告、政策法规、专题规划、各类研究报告和总结等资料。这些资料可以提供规划区域的历史、自然、社会、经济等方面的信息，为生态调查提供基础数据和背景知识。

2. 现场调查

为获取第一手的现场资料和实时数据，通常采用现场调查法，包括实地考察、现场观测和采样分析等方法。实地考察是获取生态修复区域信息的关键步骤，可以根据需要选择概查、普查、详查、专题调查或补充调查等不同详细程度的方法[1]。实地考察使调查者能够直接观察和记录生态环境的现状，是理解生态系统结构和功能的重要手段。当需要收集的资料具有一定的专业性，特别是要获取当地精确的生态环境信息数据时，可由专业人员利用相关设备进行现场观测，如大气环境质量、土壤剖面特征和物理特性、水文水质、地质结构、植被类型、动植物群落结构及物种多样性等。如果调查区周边有相关定位观测站，最好能收集和利用这些野外台站的长期观测数据。地表水、土壤、大气和生物的诸多数据如化学组成、营养盐浓度、养分含量、污染物含量、农药残留量、浮游生物种类及密度、微生物数量及多样性等指标通常不能在观测现场即时获得，这时候可以按规范采集环境和生物样品，带回实验室进行准确的分析、测试和鉴定。现场调查法能提供准确的生态环境数据，对识别特定生态系统的特点和生态问题具有重要的作用，但每次调查的范围有限，且需要专业设备和技术人员，成本较高。

3. "3S"技术调查

全球定位系统（GPS）、遥感技术（RS）、地理信息系统（GIS）被统称为"3S"技术，是现代生态调查的重要手段。GPS技术提供了高精度的定点能力，方便野外考察时精准定位。RS图像能有效识别自然景观和土地覆盖类型，其中卫星遥感图像可以获取大面积的生态环境信息，如植被覆盖、土地利用、水体分布等，航空遥感（飞机或无人机）图像则有利于获取高分辨率的地物信息，包括植被类型、地形地貌、土壤质地等。前者覆盖范围广、时效性强、成本低，但分辨率相对较低；后者分辨率高、灵活性强，尤其是无人机能随时根据需要收集地表信息，但成本也相对更高。GIS技术由于强大的数据集成和空间分析能力，在开展生态调查数据管理、空间查询、可视化展示、时序分析、评价预测及图件制作方面发挥着重要作用。"3S"技术具有经济、节约、高效等诸多优点，已经成为土地利用分析、自然植被解译、景观格局分析和生态系统质量评估的标准技术。

3.2.4　生态问题分析及识别

生态问题识别是确定国土空间生态修复目标的前提，基于生态调查提供的信息和数据进行综合分析，摸清区域主要生态问题的类型、位置及发生程度，有助于

---

1. 章家恩，叶延琼. 生态规划的方法与案例［M］. 北京：中国环境科学出版社，2012.

确定生态修复实施的方向和力度。生态问题可以分为系统性生态问题、生态安全格局、生物多样性及其生境质量问题、生态胁迫问题及生态系统服务质量问题。

1. 系统性生态问题

系统性生态问题包括地质灾害、地表破坏、水土流失、土地荒漠化、石漠化、盐碱化、植被（森林、湿地、草原）退化、泛洪及内涝等。系统性生态问题识别，可以基于遥感监测技术解译获取的土地利用、水土保持措施、植被覆盖等信息通过有关模型计算获得，在此基础上识别生态退化的空间范围、强度等级并制图。例如，采用多频段、多参数的"天空一地"一体化观测和立体影像技术，判读地质灾害孕灾背景、灾害特征、变形速率和发展趋势等信息，结合土壤流失方程，计算土壤侵蚀模数、评价区域水土流失强度及其空间分异。例如，基于立体测绘技术与淹没分析，能够准确提取洪水淹没范围和淹没区水深分布，识别城市易涝重点区和消落区范围。

2. 生态安全格局分析

生态安全格局是能够维持生态系统结构和生态过程的完整性、能够保护和恢复生物多样性，并且可以有效控制和持续改善区域生态环境的景观格局。目前学界已基本形成统一的构建生态安全格局的分析范式，即"识别源地—构建廊道—提取节点—形成网络"。生态源地的识别是构建生态安全格局的基础，可以通过生态系统服务价值核算、生境质量评价、生态风险分析等多种方式选取，属于对景观垂直过程的分析。生态廊道一般通过在水平面上模拟物种迁移扩散过程进行识别，常采用最小累计阻力模型、电路理论等进行提取。在生态源地和生态廊道的基础上识别区域内的重要区位，从而提取出对于生态保护修复具有关键意义的生态节点。在此基础上综合分析构建生态安全格局，并用于优化区域内生态系统的空间结构，连通孤立的景观要素，确保区域内自然资源的合理配置，有效推进生态修复工作。生态安全格局构建主要基于指标数值的计算，具有高低划分，可作为指导安排生态保护修复工程优先次序的依据。但在指标数值计算过程中，权重赋值往往依靠相关专家的经验和知识，构建过程具有一定的主观性。

3. 生物多样性及生境质量问题

基于生物要素调查，根据典型植物群落类型、物种多样性指数、本土物种比例、外来入侵物种的入侵程度等要素评价区域生物多样性质量，识别珍稀濒危生物、国家保护生物、古树名木是否受到生存威胁，并识别威胁因素。对重要的物种可以开展生境质量评价，基于生境质量分析识别出重要生境或生境热点区域，评估不同生境间的连通性。

4. 生态胁迫问题

基于土壤环境监测、地下水水质监测、地表水水质分布、地表水监测断面分布图等图件，分析区域内水土质量现状，结合国内相关分析标准，评价水土质量等级。根据区域内工农业生产生活污染来源与废水排放情况，计算农业面源污染风险指数、等级及输出负荷，形成农业面源污染风险识别图、农村废水（生活污水）风险识别图和工业源风险识别图等图件。

5. 生态系统服务质量问题

关注分析各国土空间类型的供给服务实物量（农产品及其他产品年产量）、调节服务实物量（包括调节水量、净化水质、固碳、释氧、调温与增湿等年度总量与幅度），并计算支持服务价值量（生物多样性维持服务价值量）和文化服务价值量（休闲旅游服务价值量），形成水源涵养服务功能、固碳释氧服务功能、气候调节服务功能、生物多样性维持服务功能等的空间分布现状，分析供给—需求的匹配程度。

基于调查区域自然经济社会条件和典型生态问题，分析生态环境胁迫要素，识别重要生态区域，评估生态系统受损、结构与功能紊乱或遭受生态风险的程度。根据识别出的生态与环境问题，提出环境污染及风险治理修复、生境营建、群落构建、种群复壮等国土空间生态保护修复工程的规划设计建议，根据不同类型的生态修复项目（如全域土地综合整治、山水林田湖草沙一体化保护和修复工程项目、郊野公园建设项目、低效建设用地减量化项目）的不同特点，提出针对性修复方案、工程措施、跟踪监测等措施建议。

> **案例 3.1** 上海市金山区廊下镇全域土地整治试点生态本底调查

金山区廊下镇近十年来持续开展土地整治工作，经过连续两期的市级土地整治，有效促进了生产、生活、生态空间的融合，区域生态环境得到极大的改善，重塑乡村社区空间的同时，推动现代农业产业发展。2022 年开始试点全域土地综合整治，为了更精准识别区域生态问题，在综合整治实施之前，开展了系统的生态调查，以摸清项目区域内景观生态格局、生物要素以及人居环境要素及风险，分析存在的乡村耕地碎片化、空间布局无序化、资源利用低效化、生态质量退化等方面的具体问题，充分掌握国土空间生态修复项目区域生态环境状况，科学评估生态问题，为精准科学指导金山廊下全域土地综合整治规划设计与实施提供合理依据（图 3-1）。

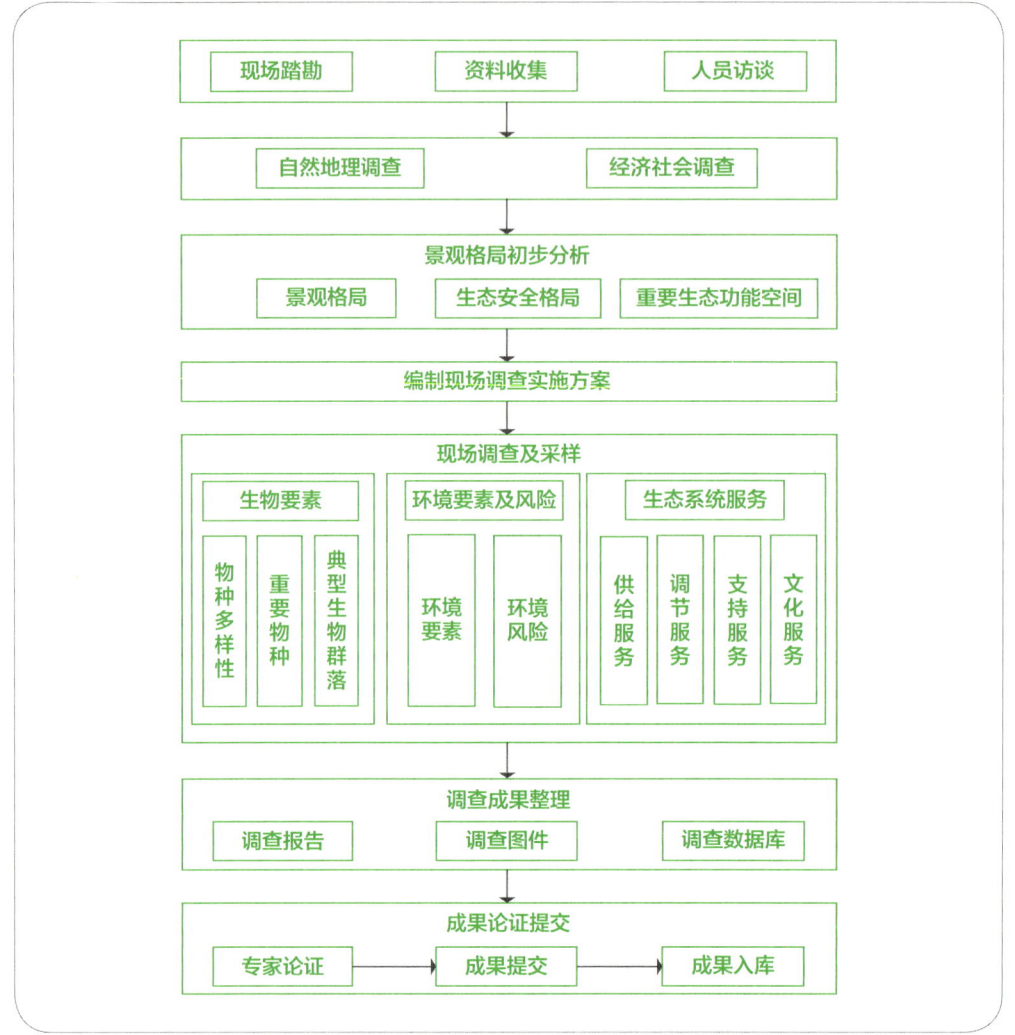

图 3-1 上海市金山区廊下镇全域土地整治生态调查的工作流程
资料来源：上海市建设用地和土地整理事务中心．上海市金山区廊下镇全域土地综合整治生态基底调查［R］．2023．

项目区涵盖三类国土空间类型，其中生态空间包括种植园生境、森林生境、草地生境、水域生境和其他生境，农业空间包括农田生境，城镇空间则包括人工建成环境。依据国土空间类型的不同，选择了不同的调查指标（表3-4）。

调查点线面相结合，优先采用普查的资料收集与分析方式，必要时补充现场调查。现场调查采用踏勘普查、重点区域详查、抽样调查等多种方法相结合的方式开展。区域尺度主要以收集资料为主，梳理自然、经济和社会条件，确定项目区的生态功能定位，通过自然经济社会条件调查，初步识别区域自然地理格局、自然灾害风险，了解区域土地利用现状、区域社会风貌以及经济概况，农业农村发展情况以及现存的生态问题等。

表 3-4　金山廊下全域土地综合整治项目开展的生态调查指标

目标层	指标层		生态空间	农业空间	城镇空间
	一级指标	二级指标			
自然社会经济条件	自然条件	自然地理	▲	▲	▲
		自然灾害	△	▲	△
	社会条件	生态功能定位	▲	▲	▲
		社会风貌	△	▲	▲
	经济条件	社会经济概况	△	▲	▲
		农业农村	/	▲	/
景观格局	景观组分	景观生态单元类型	▲	▲	▲
		植被覆盖率	▲	▲	▲
		不透水面覆盖率	△	△	△
	景观生态安全格局	生态源地	▲	▲	△
		生态廊道	▲	▲	△
		生态夹点	▲	▲	△
		生态障碍点	▲	▲	△
	重要生境调查	生境热点	▲	▲	▲
		两栖爬行类生境连通性	▲	▲	▲
生物要素	物种多样性调查	物种名录表	▲	▲	△
	重要物种调查	重要物种分布图	▲	▲	△
		外来入侵物种	▲	▲	▲
	生物群落调查	典型生物群落分布图			
环境要素调查及风险识别	水土环境质量	土壤环境质量	△	▲	△
		地下水环境质量	△	△	△
		地表水环境质量	△	▲	△
	环境风险	农业面源污染风险	△	▲	△
		农村废水（生活污水）风险	△	▲	△
		工业源风险	△	△	▲
生态系统服务调查评价	供给服务	原材料供给	△	▲	△
	调节服务	水源涵养	▲	▲	▲
		固碳释氧	▲	▲	▲
		气候调节	▲	▲	▲
	支持服务	生物多样性维持	▲	▲	▲
	文化服务	休闲旅游	▲	▲	▲

注：▲表示必选；△表示可选；/表示不调查。

资料来源：上海市建设用地和土地整理事务中心．上海市金山区廊下镇全域土地综合整治生态基底调查［R］．2023．

基于生态安全格局分析，提出了构建"一带两廊三心"的空间格局（图3-2至图3-5）。其中，"一带"指项目区包含一条区级生态走廊，为山塘河等重要沿路沿河廊道；"两廊"指两条镇级生态走廊；"三心"指三个生态"绿心"。线性廊道宽度控制在200米以上，强调景观和生物多样性，适度融入游憩活动，森林覆盖率达到40%以上，控制建设用地比重，规划建设用地占比控制在10%以下。"绿心"周边区级生态走廊宽度控制在100米以上，以生态涵养为基础，结合农田景观，森林覆盖率达到40%以上，规划建设用地占比控制在15%以下。

调查中发现草地存在大量外来入侵植物，应实施外来入侵植物专项整治项

图3-2 项目区及其所在区域识别出的生态源地
资料来源：上海市建设用地和土地整理事务中心. 上海市金山区廊下镇全域土地综合整治生态基底调查［R］. 2023.

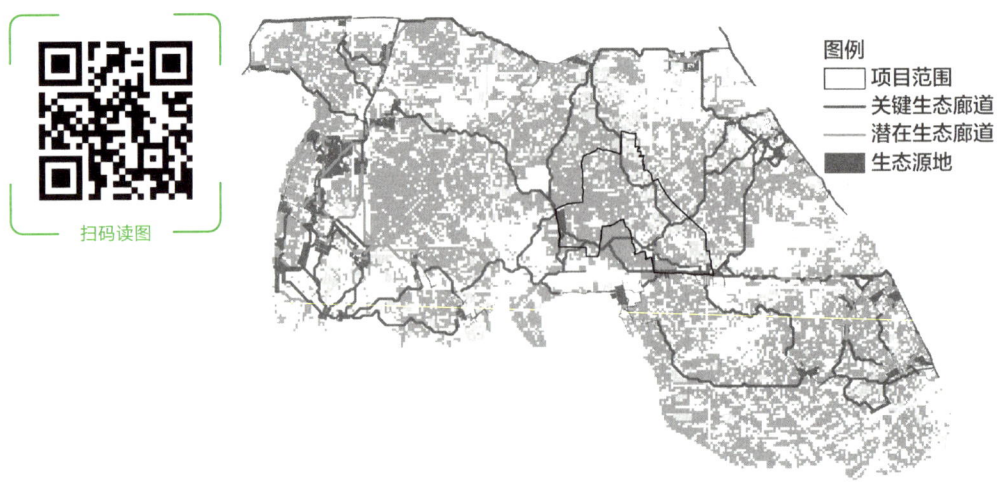

图3-3 项目区及其所在区域识别出的生态廊道
资料来源：上海市建设用地和土地整理事务中心. 上海市金山区廊下镇全域土地综合整治生态基底调查［R］. 2023.

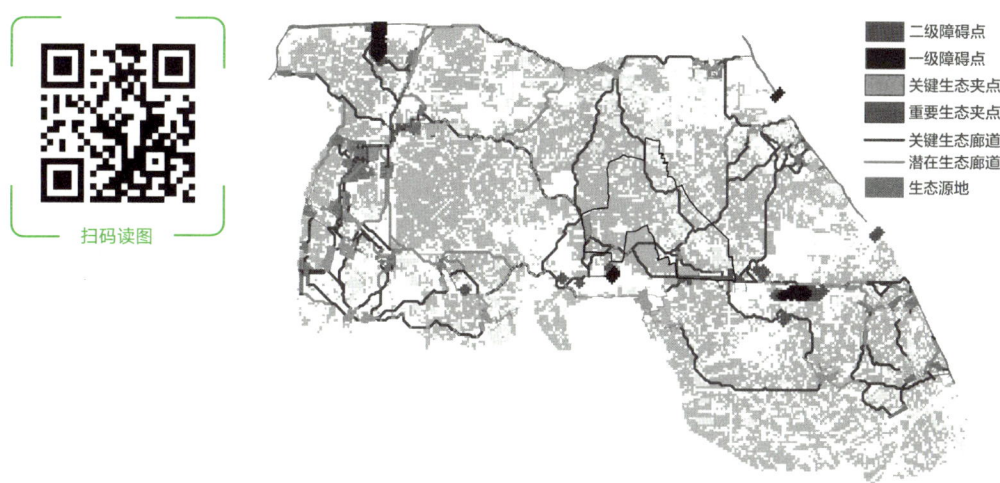

图 3-4 生态夹点和生态障碍点空间分布
资料来源：上海市建设用地和土地整理事务中心. 上海市金山区廊下镇全域土地综合整治生态基底调查［R］.2023.

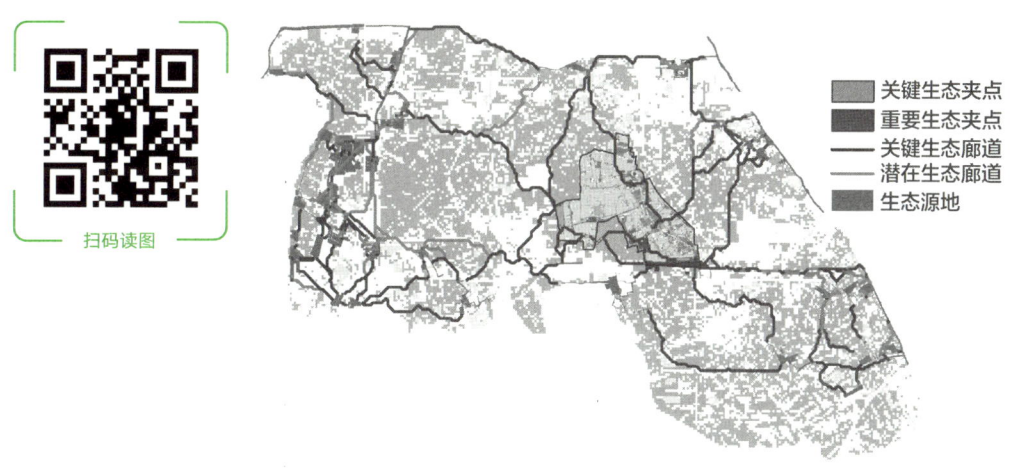

图 3-5 基于生态安全格局分析的空间格局图
资料来源：上海市建设用地和土地整理事务中心. 上海市金山区廊下镇全域土地综合整治生态基底调查［R］.2023.

目开展全面生态治理，人工去除入侵植物，绿化种植尽量使用本土物种，营造不适宜外来入侵种的生境，增加植物群落演替（图 3-6）。

项目区地表水环境质量以Ⅳ和Ⅴ类水为主，主要是农田面源和养殖污水排放造成的水体富营养化，综合整治中应加强农业、养殖业的污水治理，引导农业生产方式升级，推广低碳农业模式，减少化学农药和化肥的使用，合理布设农业圩区，进行农业面源污染防治与末端治理。

资料来源：作者整理。

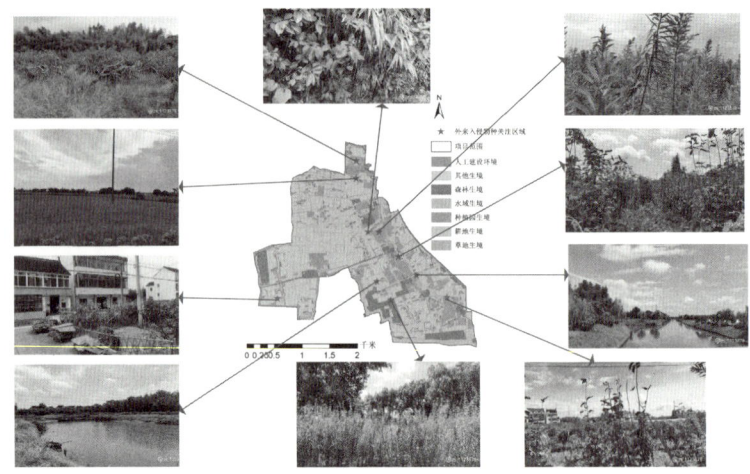

图 3-6 需重点关注的外来物种入侵区域
资料来源：上海市建设用地和土地整理事务中心.上海市金山区廊下镇全域土地综合整治生态基底调查［R］.2023.

3.3 生态修复格局

3.3.1 生态修复分区

生态修复分区是编制国土空间生态修复方案、落实各类生态修复工程的空间规制与实施差异化空间治理的重要前提。科学合理的分区方案能够提高生态修复工作的针对性与精准性，进而提高生态修复效率，保障修复目标的实现。

生态修复分区是在上位国土空间规划和生态修复规划确定的生态修复分区及生态修复布局的基础上，综合考虑市县区域自然本底条件、主导生态系统服务功能及主要生态胁迫问题，划定的国土空间生态修复实施单元。生态修复分区的方法主要有以下四种：一是基于生态安全格局构建的生态修复分区，利用"源地—阻力面—廊道"研究范式与生态系统服务供给时空变化，综合识别区域生态本底，考虑生态要素特征、生态过程难易程度等因素进行划分；二是基于生态系统服务供需匹配的生态修复分区，以生态修复单元量化区域生态系统服务供给量和需求量，通过构建各单元供需匹配与协调关系，从而划定生态修复分区；三是基于生态系统健康的修复分区，构建区域性生态系统健康评价指标体系，从每个生态修复单元的生态系统健康值判定是否需要修复以及修复的程度和方向，并通过聚类方法形成国土空间生态修复的分区；四是综合性生态修复分区，整合生态安全格局识别、生态系统服务效能评测、土地利用变化模拟等研究方法，构建国土空间生态修复关键区识别技术框架，设定不同修复情景，综合修复效能，划分生态修复分区。

1. 基于生态安全格局构建的生态修复分区

近年来，在城市发展和生态保护的双重压力之下，生态安全格局构建研究开始受到重视，其构建方法也在不断完善（图3-7）。生态安全格局构建范式主要有两种：一种是"格局—过程"范式。该范式主要通过叠加单一景观过程的安全格局，来识别区域的综合生态安全格局。如俞孔坚等对水土保持、水源涵养、沙漠化防治、生物多样性保护等5种单一生态过程展开分析，通过加权叠加构建形成国土尺度的生态安全格局[1]。该方法充分考虑了区域重要生态系统服务功能的影响，可为区域生态系统服务及其可持续性管理提供决策支持，但在综合生态安全格局构建过程中对各类生态系统

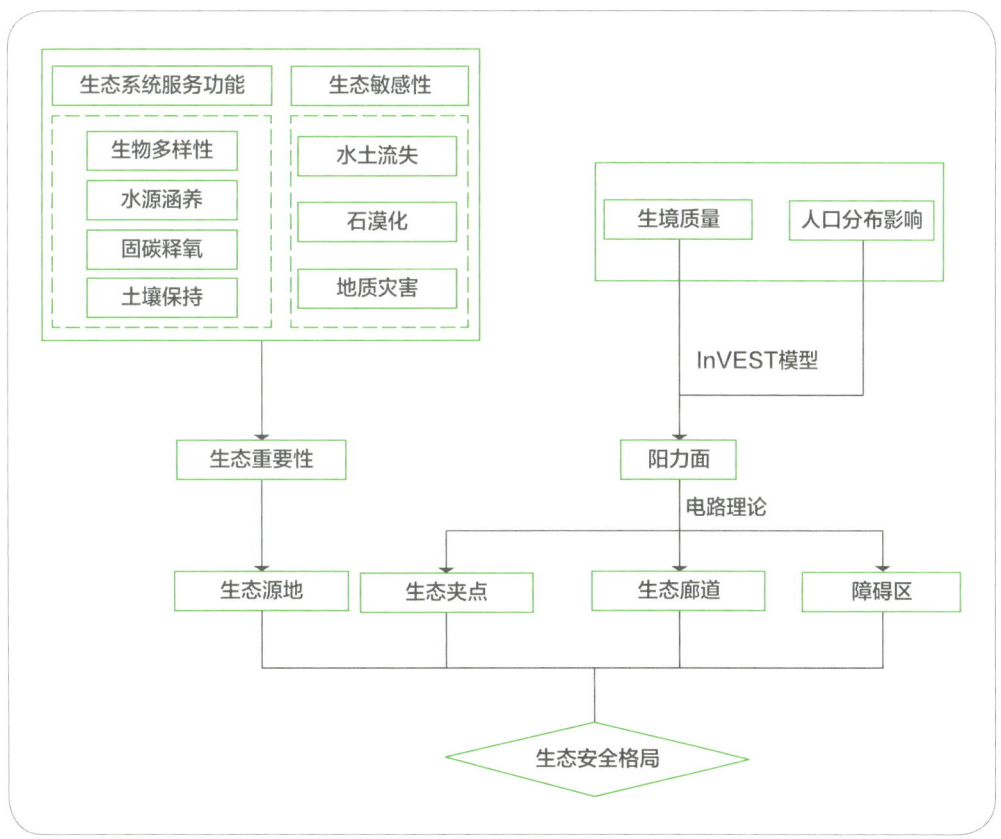

图3-7 生态安全格局构建的逻辑范式
资料来源：GAO MW, HU Y C, BAI Y P. Construction of ecological security pattern in national land space from the perspective of the community of lie in mountain, water, forest, field, lake and grass: A case study in Guangxi Hechi, China [J]. Ecological Indicators, 2022 (139): 108867.

---

1. 俞孔坚，王思思，李迪华，等. 北京城市扩张的生态底线——基本生态系统服务及其安全格局 [J]. 城市规划，2010, 34 (2): 19-24.

服务影响程度的评判较为主观，且过程较为繁复。另一种是"源地—廊道"范式，该范式是基于景观生态学"斑块—廊道—基底"的研究模式发展而来，核心步骤包括源地识别、阻力面构建和廊道提取[1,2]。近年来，越来越多研究采用"源地—廊道"范式来构建生态安全格局，该范式已成为生态安全格局构建的基本范式，而随着生态安全格局研究的不断深入，基于生态安全格局的生态修复分区已成为主流方式[3]。

生态源地是构建生态安全格局的基础，其识别方法主要包括直接识别法和构建综合评价指标体系。直接识别法即直接选取生态价值高或斑块较大的森林、水体以及自然保护区、风景名胜区的核心区等作为生态源地。这一方法具有很高的便捷性，但忽略了斑块内部生态环境质量的差异性，且主观性较强。通过构建综合评价指标体系识别生态源地的方法主要包括生态敏感性分析、生态系统服务重要性评价、景观连通性分析等，该方法更注重生态系统功能的量化，对景观空间格局考虑不足，且注重强调空间异质性而非保护的重要性或优先性。近年来，也不少学者创新性地将形态空间格局分析（MSPA）和 InVEST 模型应用于生态网络和生态安全格局构建中[4]。MSPA 是一种基于数学形态学原理对栅格图像的空间格局进行度量、识别和分割的图像处理方法，能精确分辨景观的类型和结构。InVEST 模型作为一款生态系统服务评估工具，可定量评估生态系统的生境质量等服务功能，实现基于景观功能属性的生态源地识别，将两者结合运用可充分考虑景观空间结构和服务功能两方面属性，更具综合性。此外，相关研究表明，可能连通性指数（PC）以及斑块重要性指数（dPC）能够反映景观连通性及景观中各个斑块对保持连通的重要性，是衡量景观格局与功能的重要指标，基于此对生态源地进行优先级划分，可进一步明确生态保护修复的重点及优先级。

生态阻力面可从自然因素和人类影响两方面衡量。早期研究往往采用景观类型赋值的方式构建阻力面，可能会忽视景观内部异质性，难以准确反映生态阻力的空间分异，且掩盖了人类活动对生态阻力系数的影响。近年来，引入不透水表面指数和夜间灯光数据对不同景观类型生态阻力系数进行修正的方法越发得到重视，有效提升了阻力面构建的准确性与合理性。不透水表面指数可以定量表征自然生态流在城市景观中的可流通性，与城市地表生态过程紧密相关，能够有效度量城市生态/建设格局，而夜间灯光数据能够基于栅格连续表征地表受人类干扰的空间分布特征，是城市化水平、经济状况、人口密度等人类活动强度的综合表达，可体现同

---

1. 彭建，赵会娟，刘焱序，等.区域生态安全格局构建研究进展与展望[J].地理研究，2017，36（3）：407-419.
2. 彭建，吕丹娜，董建权，等.过程耦合与空间集成：国土空间生态修复的景观生态学认知[J].自然资源学报，2020，35（1）：3-13.
3. 屠越，刘敏，高婵婵，等.大都市区生态源地识别体系构建及国土空间生态修复关键区诊断[J].生态学报，2022，42（17）：7056-7067.
4. 闫玉玉，孙彦伟，刘敏.基于生态安全格局的上海国土空间生态修复关键区域识别与修复策略[J].应用生态学报，2022，33（12）：3369-3378.

一用地类型内部受人类影响水平的差异。

生态廊道提取多采用最小累积阻力模型和电路理论。最小累积阻力模型通过寻找源地间最小耗费路径构建生态廊道，是基于现状的生态安全格局，但是其未能进一步表征识别出廊道的属性，而在实际开展廊道的建设规划工作进程中，受生态成本制约，对所有廊道采取统一措施是不现实的。电路理论利用电子在电路中随机游走的特性来模拟物种在某一景观面中的迁移扩散过程，通过计算廊道中电流的大小判别廊道的重要性，识别潜在的生态廊道。同时，电路理论的优势还在于其能够较准确地识别出景观中的关键区域，即能根据电流密度识别"生态夹点"，通过某一区域移除前后的电流变化情况识别生态障碍点，能够较好地满足国土空间生态修复研究对于识别保护修复关键区域的需求，受到越来越多学者的关注。

生态夹点是生态流密度较高且承载着重要景观连通性功能的斑块。障碍区是指某些阻碍生态流传递的斑块，对此类区域进行修复会极大改善重要生态斑块之间的连通状况。

生态安全格局具有尺度依赖性。从空间尺度上看，现有生态安全格局的构建涵盖了从镇级、县级、城市级、城市群级、区域级/流域级，甚至国家级的多个尺度（图3-8至图3-10），为不同等级/层次的国土空间规划和生态修复工作提供了重要参考。但是，生态过程和格局转化本质上具有跨尺度的连续性，区域生态安全问题的应对与解决也理应是在一个跨尺度、多等级的系统中，小尺度上的局部生态问题可能造成大尺度上的区域性损害，而大尺度上出现的生态问题又可能集中爆发于某一小尺度的区域上。当前多数研究仅以单个尺度的封闭系统为对象，可能忽视了格局—过程互馈的域外效应，缺乏针对同一区域多尺度生态安全格局构建的研究，更难注意到对多尺度生态安全格局间嵌套格局特征、尺度转换规律、交互作用关系的挖掘。未来，确立区域生态安全格局应有效耦合不同尺度生态安全格局，形成多层次、跨尺度、全方位的格局构建方案，解析生态安全格局中生态源地、生态廊道、生态夹点和生态障碍点的多尺度效应，使得下尺度生态安全格局能更好地支撑上尺度生态安全格局的结构和功能，揭示生态安全格局整体—局部的互动关系，这是值得探索的问题。

基于生态安全格局的区划有助于明确不同分区的保护目标和恢复重点，兼顾整体保护和差异化恢复。在分析不同区域社会经济条件和生态系统特征的基础上，根据网络要素建设需要和生态系统恢复需要，提出不同区域生态系统保护与恢复的策略和建议。

2. 基于生态系统服务供需匹配的生态修复分区

国土空间生态修复不仅是以增加生态系统服务供给或潜在供给为最终目标，而且要通过改善生态系统的结构来提升人类福祉。生态系统服务及其供需权衡协同是人类活动与生态系统相互作用响应的结果，生态系统空间结构—格局—过程—功能—人类惠益（服务）相互关联作用的理论能为国土生态修复提供理论支撑[1]。生态系统与人类福祉的人

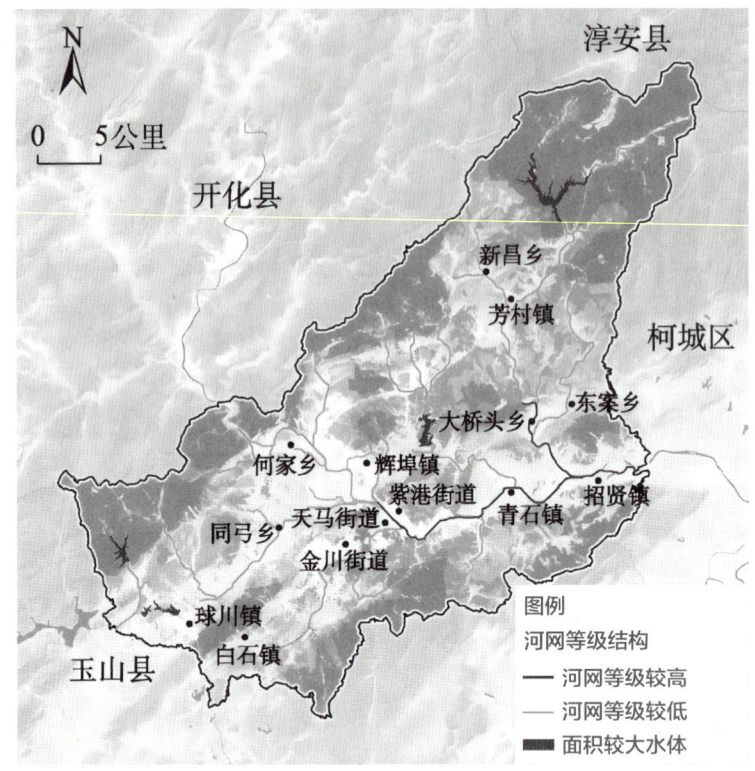

图 3-8　常山县 2019 年生态格局（县级尺度）
资料来源：韩俊宇，余美瑛.全域全要素统筹背景下生态安全格局识别与优化建议——以衢州市常山县为例[J].地理研究，2021，40（4）：1078-1095.

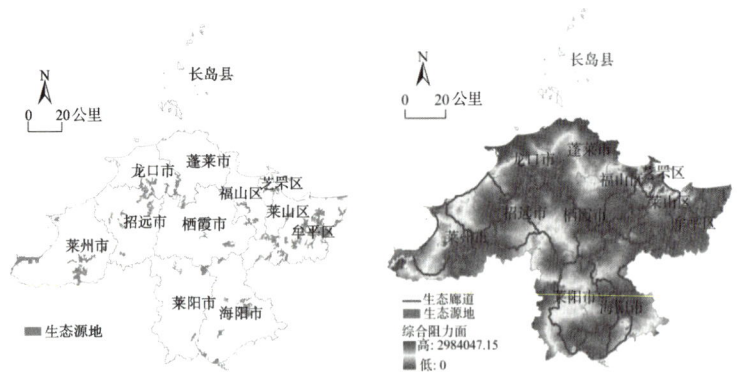

图 3-9　烟台市生态源地空间分布及烟台市基础生态安全格局空间分布（城市级尺度）
资料来源：方莹，王静，黄隆杨，等.基于生态安全格局的国土空间生态保护修复关键区域诊断与识别——以烟台市为例[J].自然资源学报，2020，35（1）：190-203.

---

1. 刘新卫，黎明，吴悠，等.国土空间生态修复规划：内涵体系、编制逻辑与实施路径[J].中国土地科学，2023，37（3）：11-19.

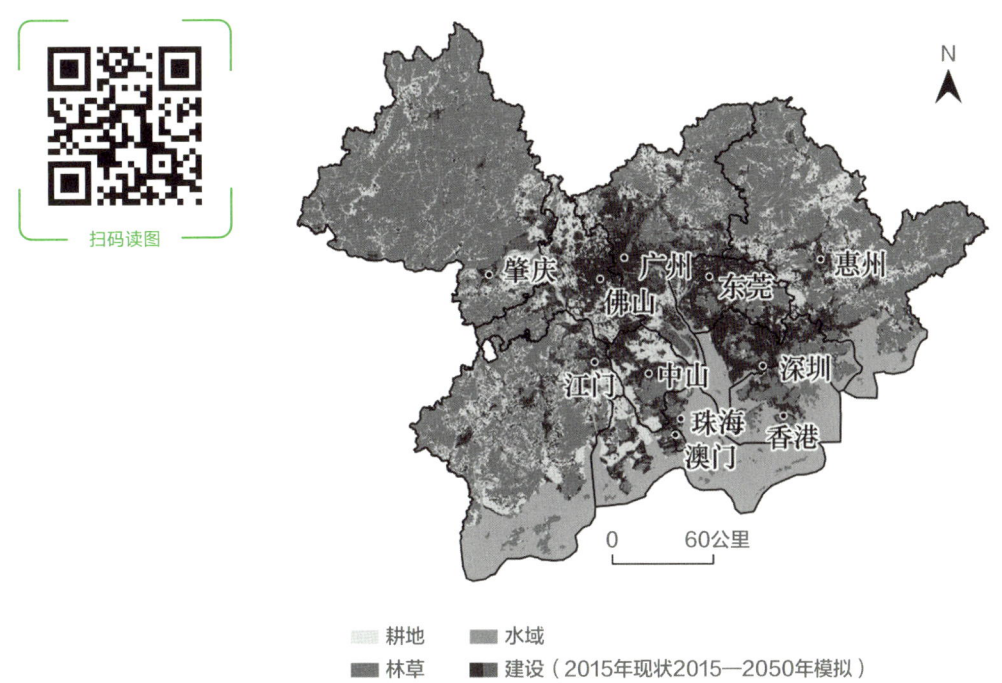

图 3-10 粤港澳大湾区生态安全格局及生态修复分区方案（城市群级尺度）
资料来源：马世发，劳春华，江海燕. 基于生态安全格局理论的国土空间生态修复分区模拟——以粤港澳大湾区为例 [J]. 生态学报，2021，41（9）：3441-3448.

地关系具象表现在生态系统服务的供给与人类需求之间，若要实现国土空间生态修复的目标，则需协调好两者之间的关系（图3-11）[1]。将生态系统服务的供需关系、空间匹配情况等要素融入国土空间生态修复分区研究中，对每个分区实施差异化的生态修复策略，有利于解决不平衡的人地关系问题，促进社会—生态协同发展，提升人类福祉。

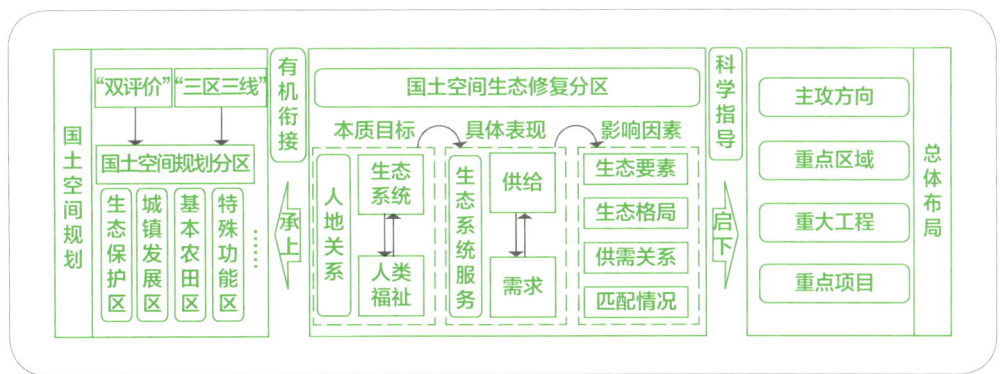

图 3-11 国土空间生态修复分区的作用及其与生态系统服务的关系
资料来源：周汝波，林媚珍，吴卓. 生态系统服务供需视角下粤港澳大湾区国土空间生态修复分区研究 [J]. 热带地理，2023.43（3）：417-428.

1. 谢余初，张素欣，林冰，等. 基于生态系统服务供需关系的广西县域国土生态修复空间分区 [J]. 自然资源学报，2020，35（1）：217-229.

在当前"山水林田湖草沙生命共同体"的生态文明建设理念下，从生态系统服务角度开展国土生态修复空间分区工作，应在系统工程学、景观生态学、恢复生态学和人地关系理论指导下，分析和厘清生态系统服务空间分异特征、供需匹配及其分区，明确国土空间生态修复与生态系统服务之间相互作用机制，进而提出基于生态系统服务的国土生态修复模式及实施策略与措施，实现生态系统服务提升和区域可持续发展。首先，要了解区域环境本底信息，选择合适的生态系统服务类型，定量分析和评价生态系统服务供给和需求状况，明晰其空间格局与分异特征。其次，以空间化的视角分析和识别生态系统服务供需匹配与空间关联特征，并分析和探讨其影响因子与作用机制。最后，根据国土生态修复的时空维度与修复目标、内容和手段，将区域国土空间划分为高供给低需求区（生态保育区）、低供给低需求区（生态综合提升区）、低供给高需求区（生态重点修复区）、高供给高需求区（生态预防治理区），并提出各分区国土生态修复主导方向、修复策略及管控措施。

基于生态系统服务供需匹配的分区方法需要注意两个关键问题：一是基于区域地形、气候、植被、土壤等地理差异特征，综合分析确定生态系统服务类型和指标；二是区域选择及其多尺度协同问题，如何结合国土空间规划层次选择适合的分析区域，如何选择合适的分区单元以明晰分区结果对于修复工程的落地指导。

3. 基于生态系统健康的生态修复分区

生态系统健康是指一个生态系统所具有的稳定性和可持续性，即在时间上具有维持其组织结构、自我调节和对胁迫的恢复能力[1]。它可以通过活力、组织结构和恢复力三个特征进行定义。评价生态系统健康需要基于功能过程来确定指标，特别是评价其受干扰后的恢复能力，包括其完整性、适应性和效率。

国土空间生态修复作为优化区域生态系统格局、提升区域生态系统质量的空间政策表达，已成为新时代我国推进生态文明建设、强化生态系统健康和安全的重要途径。面向保障区域生态系统健康和安全开展整体性、系统性的国土空间生态修复分区，有助于推动自然生态系统和社会经济系统的整体保护与协同治理，对贯彻落实生态文明建设战略具有较强的理论和实践参考价值[2]。

当前，将"生态系统活力—生态系统组织力—生态系统弹性—生态系统服务力"（VORS）模型与跨行政区边界整合性分区理念相结合，测算和分析城市群级别

---

1. 刘焱序，彭建，汪安，等. 生态系统健康研究进展 [J]. 生态学报，2015，35（18）：5920-5930.
2. 欧维新，张伦嘉，陶宇，等. 基于土地利用变化的长三角生态系统健康时空动态研究 [J]. 中国人口·资源与环境，2018，28（5）：84-92.

的生态系统健康状况，从而划定国土空间生态修复分区，成为国土空间生态修复分区的新思路和新方法，其中生态系统健康评价体系构建成为核心要义。

案例3.2 长江中游城市群基于生态系统健康的国土空间生态修复分区

构建包含生态系统活力、生态系统组织力、生态系统弹性、生态系统服务力四方面的生态系统健康评价指标体系。生态系统活力是维持系统本身生命力不被削弱的能力。生态系统组织力反映生态系统结构的复杂性，其变化与生态系统健康密切相关。生态系统弹性指生态系统克服胁迫压力，恢复其原有结构和功能的能力，常用"生态弹性度"计算。生态系统服务力体现了生态系统为人类社会提供商品和服务的能力（表3-5，图3-12至图3-13）。

资料来源：作者整理。

表3-5 生态系统健康评价指标体系

目标层	准则层	指标层	说明
生态系统健康评价	生态系统活力	NDVI	$NDVI \in [-1, 1]$。归一化植被指数，可以准确反映地表植被覆盖状况
		SHDI	$SHDI \geqslant 0$。香农多样性指数，反映景观异质性。在一个景观系统中，土地利用越丰富，破碎化程度越高，计算出的$SHDI$值就越高
		AI	$AI \in (0, 100]$。聚集度指数，反映景观要素的聚集程度。值越小，表明景观越离散
	生态系统组织力	IJI	$IJI \in (0, 100]$。散布与并列指数，描述景观空间格局的最重要指标之一。值越大，表明不同斑块交替出现的规律越明显
		CONTAG	$CONTAG \in (0, 100]$。蔓延度指数，可以反映斑块类型间的连通性。值越大，表明景观中的某种优势拼块类型形成了良好连接
		PAFRAC	$PAFRAC \in [1, 2]$。周长—面积分形维数，用于测量不同空间尺度性状的复杂性。值越接近1，表示斑块形状越规律，受人为干扰程度越大
	生态系统弹性	生态弹性度	用不同土地利用类型的占比及其被赋予的不同级别的生态弹性值综合计算区域生态系统恢复力
	生态系统服务力	供给服务价值	人类从生态系统中直接或间接获得的食物、水等供给类功能价值
		调节服务价值	人类从生态系统中直接或间接享受的气候调节、水文调节等功能价值
		文化服务价值	人类从生态系统中直接或间接享受的文化娱乐、景观美学、自然遗产等文化服务类功能价值

资料来源：曾晨，程轶皎，吕天宇.基于生态系统健康的国土空间生态修复分区——以长江中游城市群为例[J].自然资源学报，2022, 37（12）：3118-3135.

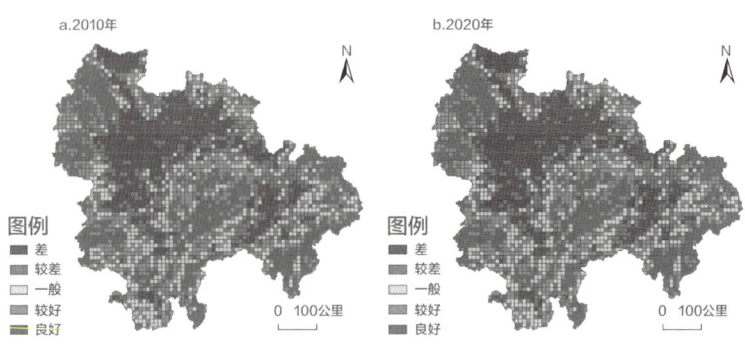

图 3-12　2010 年、2020 年长江中游城市群生态系统健康
资料来源：曾晨，程轶皎，吕天宇.基于生态系统健康的国土空间生态修复分区——以长江中游城市群为例[J].自然资源学报，2022，37（12）：3118-3135.

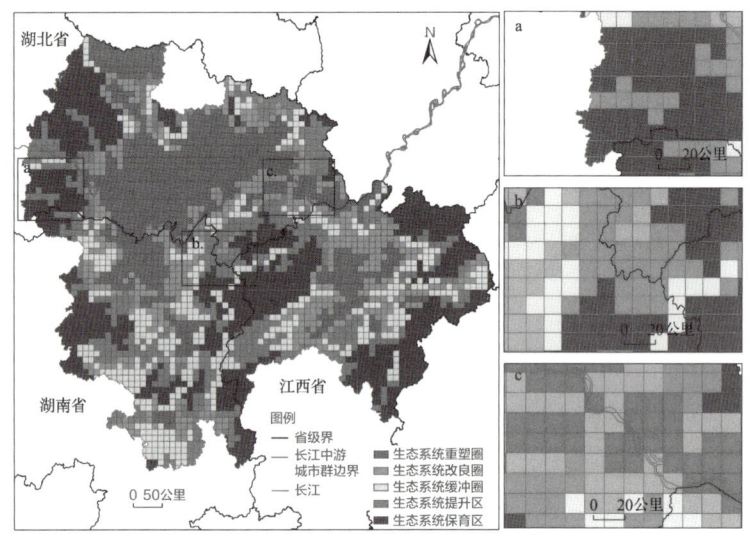

图 3-13　国土空间生态修复区域
资料来源：曾晨，程轶皎，吕天宇.基于生态系统健康的国土空间生态修复分区——以长江中游城市群为例[J].自然资源学报，2022，37（12）：3118-3135.

4. 基于综合性评价的生态修复分区

从城市生态学角度，人类社会是一类以人的行为为主导、自然环境为依托、资源流动为命脉、社会文化为经络的社会—经济—自然复合生态系统。在城市尺度，社会子系统、经济子系统和自然子系统是相互作用、相辅相成的，三个子系统之间在时间、空间、数量、结构、秩序方面的生态耦合关系和相互作用机制决定了复合生态系统的发展与演替方向。国土空间生态修复具有综合性高、探索性强的特点，十分注重生态系统的整体性、系统性及其内在规律性，且有明显的地域性[1]。国土空间生态修复不仅要考虑各类生态功能空间的生态质量提升，还应关注与社会子系统和经济子系统的耦合解析，注意生态修复成本的控制，实现经济效益与生态效益的双赢。探索综合性生态分区方法，为国土空间规划综合决策提供参考，成为研究重点。

案例3.3　澳门特别行政区国土空间生态修复关键区域识别

王佳煜和陈天（2021）以澳门特别行政区为例，整合传统生态安全格局识别、生态系统服务效能评测、土地利用变化模拟等研究方法，构建国土空间生态修复关键区识别技术框架，通过设定生态系统服务（ecosystem services，简称ESs）优先、生态修复成本（cost of ecological restoration，简称CER）优先以及ESs-CER协同3类修复情景，并采用元胞自动机（CA）动态模拟土地利用扩张趋势，利用InVEST生境质量模块与景观格局指数量化并评测综合修复效能，以此确定国土空间生态修复分区[2]。该研究发现，ESs-CER协同修复情景能够兼容生态系统保护与城市发展效益，有助于定量划定澳门特别行政区国土空间生态修复关键区域。

该研究提出了基于ESs的国土空间修复关键区识别方法：①明确ESs价值当量，以Pearson相关分析确定ESs的协同权衡关系；②确定生态廊道连通性并合理推测CER；③生成ESs优先、CER优先、ESs-CER协同3类情景下的城市空间自组织发展模拟结果。研究发现：ESs-CER协同情景下的用地扩张呈较明显的城区外拓趋势，符合澳门土地利用规划对建设用地类型划定规律。该研究通过澳门的实例证明，ESs-CER协同修复情景有助于促进生态效益与社会效益系统发展双赢，并可由此划定生态修复关键区与城市集中建设区，利于发挥优质生境抵抗城市扩张压力的潜质，实现打造集约高效生产空间、宜居舒适生活空间与智慧韧性生态空间的规划目标。相较于以往研究，将ESs与CER耦合研究弥补了原有空间识别技术对ESs多样要素的研究局限，实现了生产、生活空间的科学调控和生态空间的增值提效（图3-14至图3-16）。

资料来源：作者整理。

---

1. 夏杰.土地综合整治区域生态基底调查的探索与思考［J］.中国土地，2023，（7）：48-51.
2. 王佳煜，陈天.沿海高密度城市国土空间生态修复关键区域识别方法——以澳门特别行政区为例［J］.风景园林，2021，28（12）:16-22.

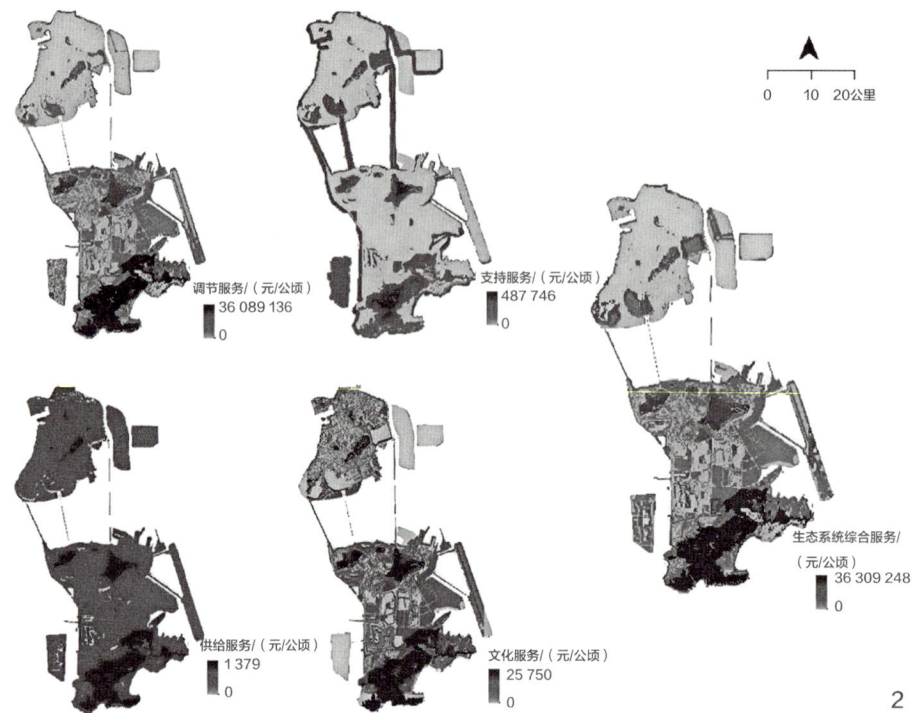

图 3-14　ES 价值评价及空间制图结果
资料来源：王佳煜，陈天.沿海高密度城市国土空间生态修复关键区域识别方法——以澳门特别行政区为例［J］.风景园林，2021，28（12）：16-22.

扫码读图

图 3-15　生态廊道识别与生态修复成本预测
资料来源：王佳煜，陈天.沿海高密度城市国土空间生态修复关键区域识别方法——以澳门特别行政区为例［J］.风景园林，2021，28（12）：16-22.

扫码读图

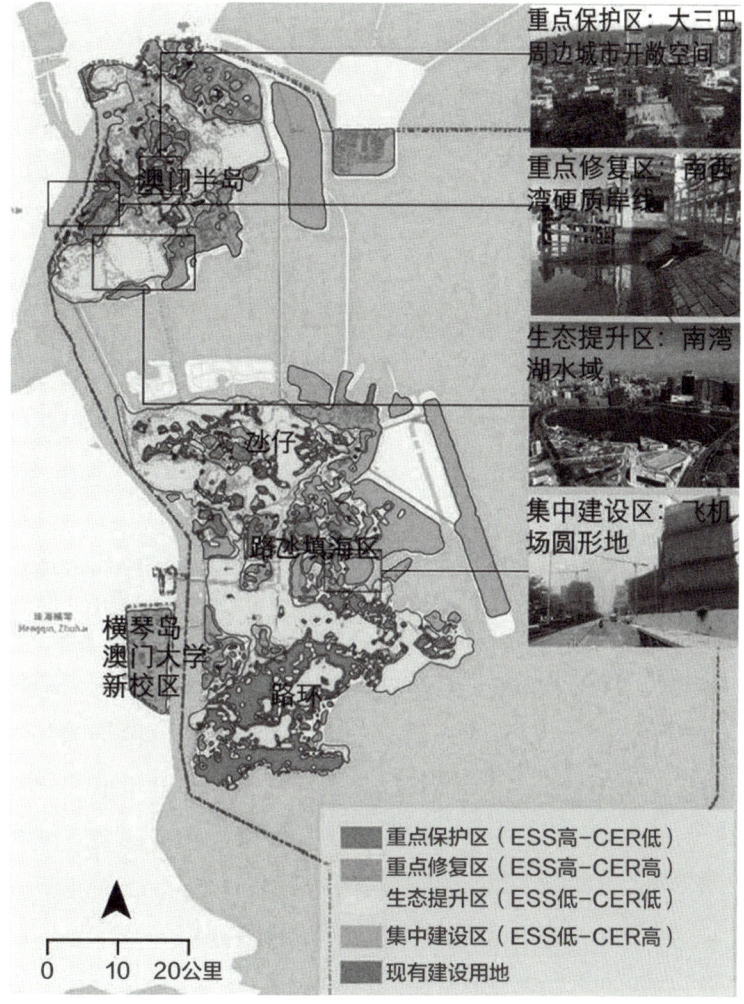

图 3-16 澳门空间生态修复关键区域划定结果
资料来源：王佳煜，陈天. 沿海高密度城市国土空间生态修复关键区域识别方法——以澳门特别行政区为例［J］. 风景园林，2021，28（12）：16-22.

3.3.2 生态修复重点区

精准识别生态修复重点区域是科学制定国土空间生态修复规划的关键所在。生态修复重点区域应充分衔接上位国土空间生态修复规划和本行政区国土空间规划确定的生态修复重点区域，以生态修复分区为基础，依据主要生态胁迫问题诊断类型，识别生态系统中生态系统服务价值核心区和生态问题受损区，主要包括对研究区生态安全有重大影响的关键地区（如重要山脉、河流、湖泊、河口、海域等）、跨行政边界的生态系统服务低值区和生态胁迫问题突出区（如破碎源地、重要生态廊道、关键连通性节点、生态障碍点等）。此外，在边界模糊、交叉的区域，按照主要生态胁迫问题的空间分布和重大战略发展导向划定跨空间修复重点区域。识别生态修复重点区域并加强生态保护提升生态系统服务整体功能，是当前国土空间生态保护修复系统工程面临的严峻挑战，对系统维护国家生态安全具有重要意义。

1. 基于生态网络的重点区域诊断方法

生态网络作为一种被动适应的、底线式的生态系统管理方式，通过对关键生态要素空间位置和范围的提取来识别待修复关键区域，具有系统性和生态学价值，同时也为国土空间系统性和针对性修复提供重要的决策参考[1,2,3]。近年来，学者们将生态网络构建、生态连通性修复识别方法引入国土空间生态修复领域，分别开展了烟台市、遵化市、徐州市贾汪区等地区的生态修复重点区域识别，为国土空间生态修复规划和管理提供了一种新的方法。生态网络是对区域生态空间进行国土空间格局优化的空间配置方案，对维护景观格局整体性及区域生态安全具有重要意义。景观生态恢复与重建是构建生态网络的关键，故基于生态网络识别国土空间待修复关键区域更具系统性和生态学价值[4]。生态廊道、生态断裂点、生态障碍点均是国土空间生态保护与修复的关键区域（图3-17）[5]。

2. 以生态胁迫问题为导向的诊断方法

关于修复分区中的生态胁迫问题空间评价识别的研究，主要针对水源涵养、水土保持、生物多样性重要生态功能下降和石漠化、水土流失、土壤风蚀荒化、农业和城镇空间品质受损等重大生态问题，开展生态功能重要性评价、生态环境敏感性评价[6]和空间品质评价，依据结果确定评价空间的生态功能重要等级、生态环境敏感等级、风貌空间品质等级。根据生态系统本身生态过程对人类生存所需自然条件的

---

1. 李波，贺萌，李欣宇. 基于源地–廊道法的生态网络构建研究进展［J］. 中国城市林业，2023，21（2）：145-151.
2. 朱捷，苏杰，尹海伟，等. 基于源地综合识别与多尺度嵌套的徐州生态网络构建［J］. 自然资源学报，2020，35（8）：1986-2001.
3. 丁成呈，张敏，束平超，等. 多尺度的城市生态网络构建方法——以合肥市主城区生态网络规划为例［J］. 规划师，2021，37（3）：35-43.
4. 彭建，吕丹娜，董建权，等. 过程耦合与空间集成：国土空间生态修复的景观生态学认知［J］. 自然资源学报，2020，35（1）：3-13.
5. 王秀明，赵鹏，龙颖贤，等. 基于生态安全格局的粤港澳地区陆域空间生态保护修复重点区域识别［J］. 生态学报，2022，42（2）：450-461.
6. 熊善高，秦昌波，于雷，等. 基于生态系统服务功能和生态敏感性的生态空间划定研究——以南宁市为例［J］. 生态学报，2018，38（22）：7899-7911.

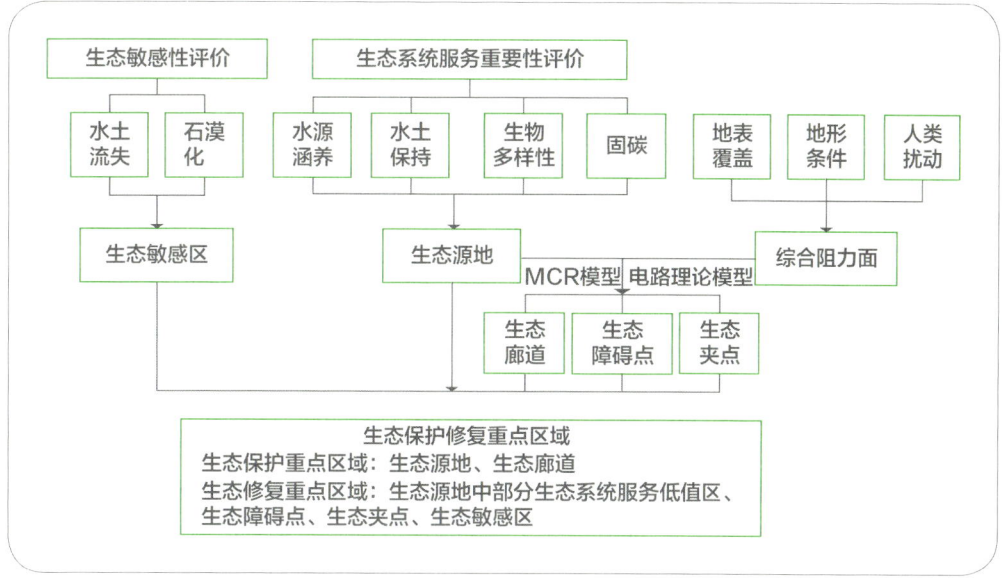

图 3-17 基于生态网络的重点区域诊断技术流程
资料来源：王秀明，赵鹏，龙颖贤，等.基于生态安全格局的粤港澳地区陆域空间生态保护修复重点区域识别[J].生态学报，2022，42（2）：450-461.

维持功能及效用，生态系统服务可细分为供给调节、支持、文化服务等[1]。评价生态系统服务功能是分析外界胁迫干扰对生态空间发挥服务能力的影响，目前评价内容分为综合评价和单项评价两类。综合评价是评估生态类型直接或间接对自然、经济社会、文化产生的服务价值，单项评价集中于生物多样性保护、重要生态因子等单一价值的评估。基于特定的自然环境背景，系统识别人类扰动和生态敏感问题作用下的生态胁迫空间是辨识生态修复重点区域的有效途径。

案例 3.4　北京市国土空间生态修复分区

北京市依据全市三大空间（生态空间、农业空间、城镇空间）自然本底和生态问题差异，以 5 类主导功能类型（水源涵养、水土保持、生物多样性维护、农业生产与人居环境建设）为基础，划定 5 个一级生态修复分区。进一步结合自然资源类型、生态系统受损退化程度及生态保护修复目标的差异等，细化为 18 个二级生态修复分区。通过区块为主、条块结合的方式，统筹生态修复分区内山水林田湖草沙等各类生态要素的整体保护、系统修复和综合治理（图 3-18）。
资料来源：作者整理。

---

1. TOMAN M.Why not to calculate the value of the world's ecosystem services and natural capital [J]. Ecological Economics，1998，25（1）：57-60.

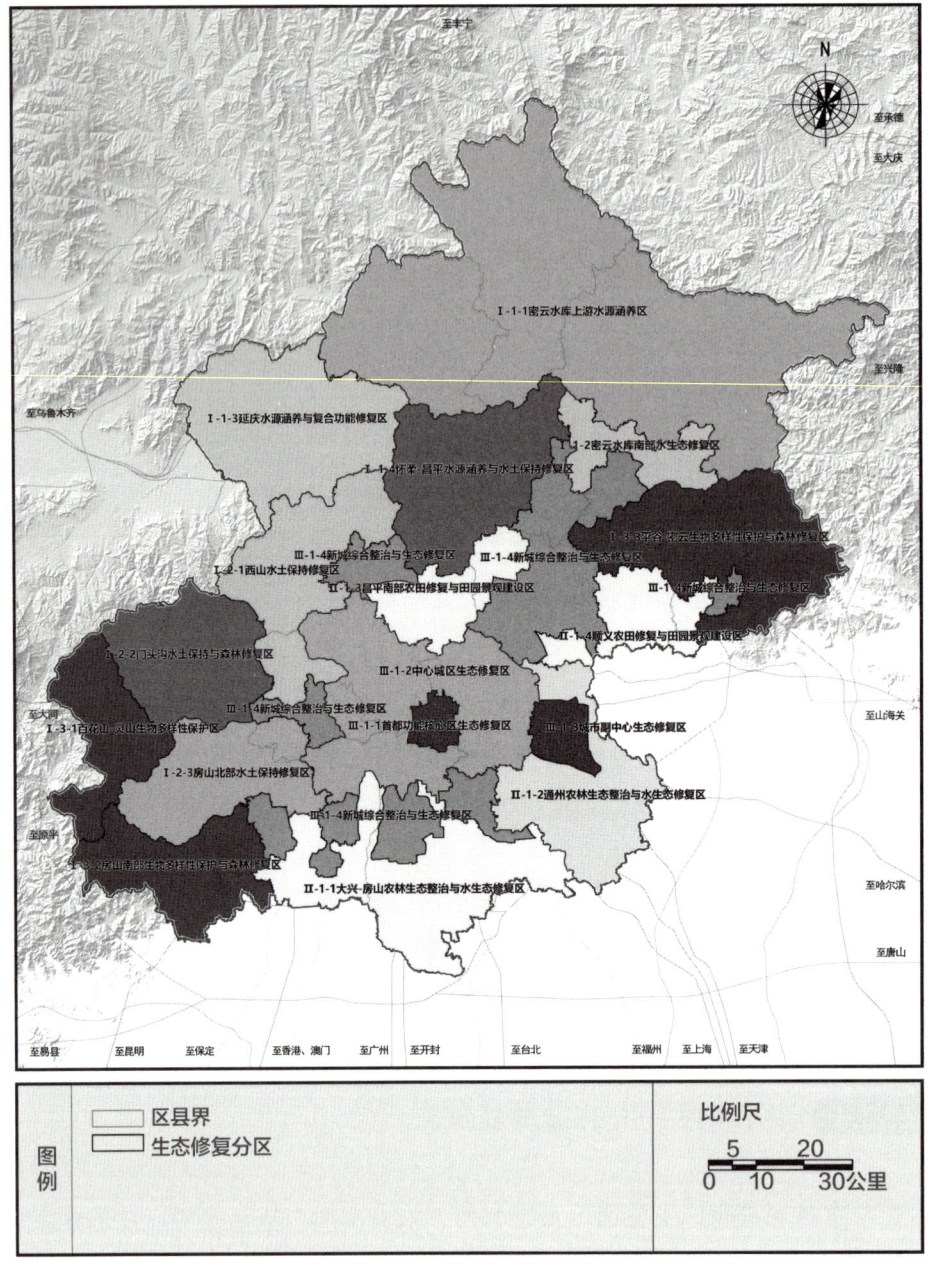

图 3-18　北京市国土空间生态修复分区
资料来源：北京市人民政府. 北京市国土空间生态修复规划（2021 年—2035 年）[EB/OL]. （2022-06-02）[2024-05-20]. https://www.beijing.gov.cn/zhengce/gfxwj/sj/202206/W020220602627614477147.pdf.

案例 3.5　上海市国土空间生态修复分区

围绕目标引领、便于传导、更加精细的管理要求，突出战略引领、因地制宜、统筹衔接理念，基于问题导向，立足上海自然特点，探索适应特大城市精细化治理要求的生态修复分区技术方法，强化目标导向下的修复分区空间响应。通过识别上海自然地理与生态系统特征，评估风险挑战与现状问题，对标规划目标，因地制宜地明确生态修复空间分区与修复方向，指导相应任务开展与指标管控（图3-19）。

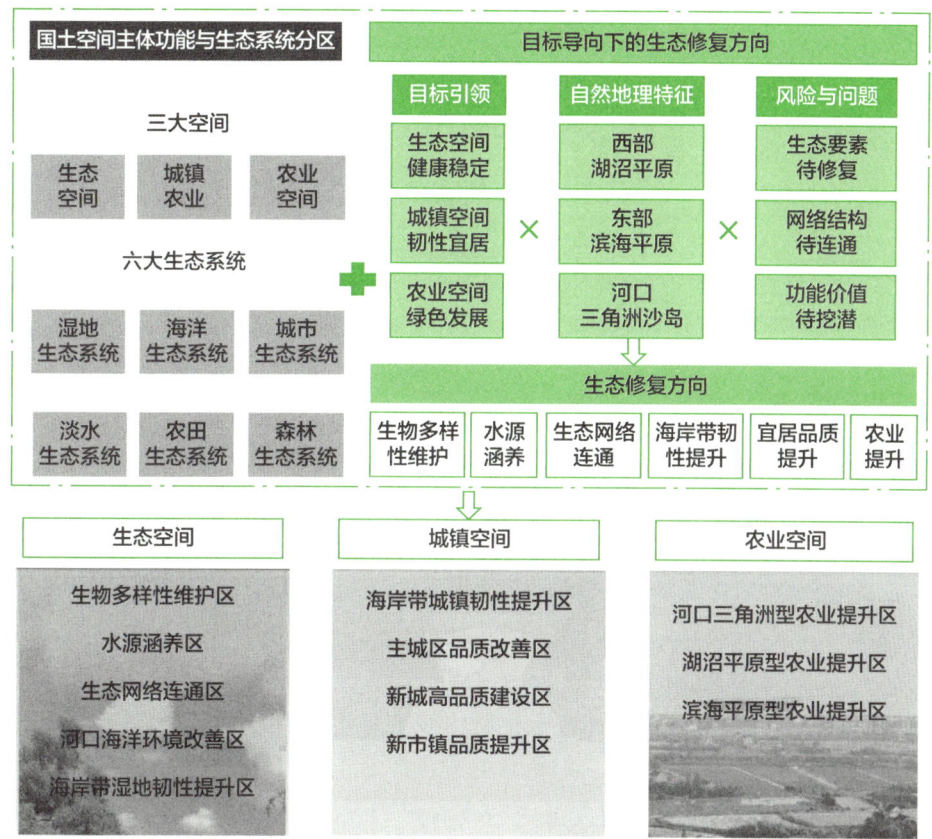

图3-19 上海市生态修复分区框架图
资料来源：上海市规划和自然资源局.上海市国土空间生态修复专项规划（2021—2035年）[EB/OL]．（2023-01-19）[2024-05-20].https://ghzyj.sh.gov.cn/cmsres/73/732bd60b2fdf46758d3ab09207f2e379/3a3c958665e587e0a0642a7bcef936e5.pdf.

基于"一带、双环、九廊、十区"国土空间生态空间格局，根据生态、城镇、农业三大空间类型与六大生态系统特征，以行政区划为基础单元，突出上海三大地貌分区，形成开发边界内以街镇为单元、开发边界外以村为单元的陆海全域3类一级分区和12个二级分区（图3-20），做到全覆盖、不交叉、不重叠。

一级分区以主体功能分区、生态格局、生态系统分类为基础，二级分区突出目标、本底、问题叠合导向下的修复方向精准匹配，形成适应上海特大城市特征需求的修复分区。

资料来源：作者整理。

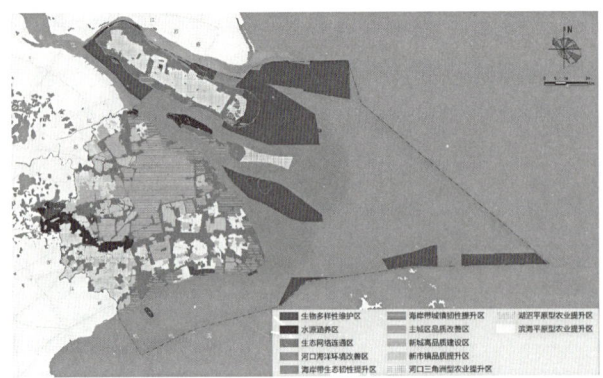

图 3-20　上海市生态修复分区图
资料来源：上海市规划和自然资源局. 上海市国土空间生态修复专项规划（2021—2035 年）[EB/OL].（2023-01-19）[2024-05-20]. https://ghzyj.sh.gov.cn/cmsres/73/732bd60b2fdf46758d3ab09207f2e379/3a3c958665e587e0a0642a7bcef936e5.pdf.

案例 3.6　重庆市国土空间生态修复分区

重庆市着眼筑牢长江上游重要生态屏障和建设山清水秀美丽之地的总体目标，立足"三带四屏多廊多点"的生态安全总体格局，以三峡库区土壤保持重要区、秦岭—大巴山生物多样性保护与水源涵养重要区、武陵山区生物多样性保护与水源涵养重要区、大娄山区水源涵养与生物多样性保护重要区四个国家重要生态功能区为重点，结合"一区两群"生态现状、生态功能、生态需求、生态价值，考虑生态系统的原真性和整体性，综合划定三峡库区核心区生态涵养区以及大巴山生态屏障区、武陵山生态屏障区、大娄山生态屏障区和丘陵谷地生态品质提升区"一核四片"生态修复分区（图 3-21）。

资料来源：作者整理。

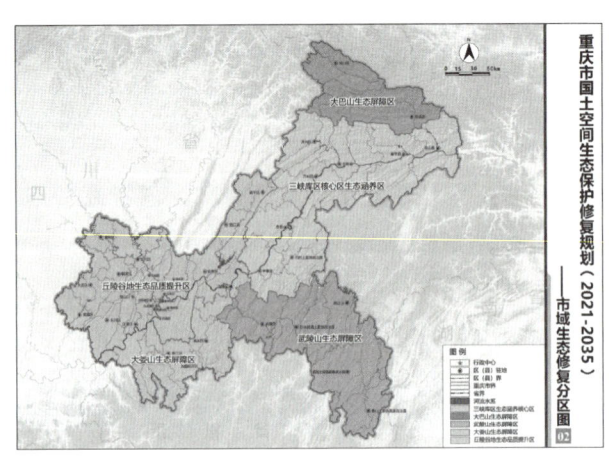

图 3-21　重庆市域国土空间生态修复分区图

案例 3.7　河池市国土空间生态修复分区

河池市是广西壮族自治区辖地级市，地处广西北部、云贵高原南麓，区域内地形多样，结构复杂。《河池市国土空间生态修复规划（2021—2035年）》充分衔接广西国土空间生态修复规划确定的生态修复分区、河池市生态修复总体布局，基于区域自然本底条件、主导生态系统服务功能及面临的主要生态胁迫问题，综合考虑生态系统的完整性、地理单元的连续性以及生态功能区划、流域单元分区等，进行河池市生态修复分区划定。全市共划分为 15 个生态修复分区（图 3-22）。

资料来源：作者整理。

扫码读图

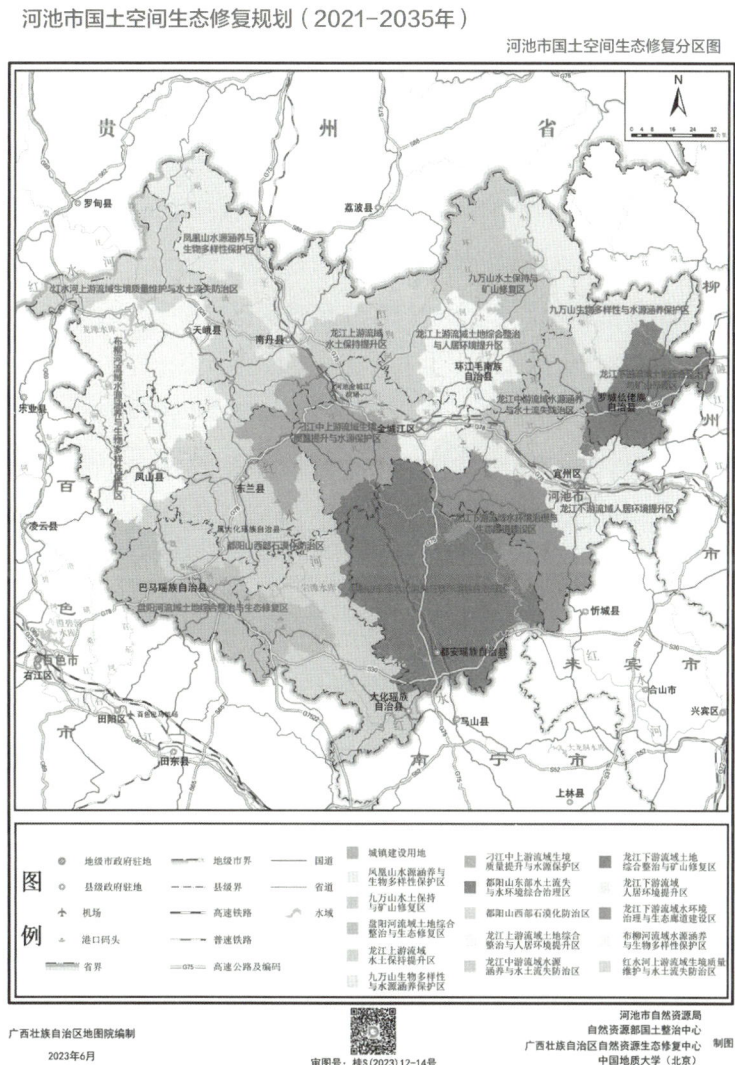

图 3-22　河池市国土空间生态修复分区图
资料来源：河池市人民政府. 河池市国土空间生态修复规划（2021—2035年）[EB/OL].（2023-09-26）[2024-05-20]. http://www.hechi.gov.cn/xxgk/zfwj/hzbf/t17384008.shtml.

3.4 分区生态修复策略

3.4.1 全域生态修复总体策略

城市复合生态系统是人与自然高度复合的复杂巨系统，由于不同人类干扰强度而呈现非连续性及复杂的梯度表现，沿着城镇—乡村—自然顺序形成梯度。城乡自然梯度在城市生态系统中普遍存在，造成了城市生态系统的高度空间异质性，成为城市生态功能空间分类和保护修复的重要考量。基于国土空间规划体系，将城市市域国土空间中的生态要素进一步划分为城镇生态功能空间、农业生态功能空间和自然生态功能空间三种类型，范围上分别对应国土空间规划的城镇空间、农业空间和生态空间，既强调城市生态系统的整体性和完整性，亦突出三类国土空间中生态要素的主体生态功能差异性，这对整体统筹城市全域生态要素、分区分类开展精细化生态保护和精准修复具有重要价值。

城市生态功能空间保护修复立足城乡自然梯度下的差异性生态功能空间特征，在城市市域整体上确保城市生态系统的多样性、稳定性和持续性，在空间分型上实行差异化保护修复策略（图3-23）。自然生态功能空间的主导功能是生态保育，但需适度导入亲自然科普教育和文化休闲等辅助功能，以提升文化服务功能，增进市民生态福祉。农业生态功能空间的主导功能是农业生产，但对于维护区域生态安全底线的重要栖息地等区域需要降低人类干扰强度，可通过建立重要物种保护生态源地、修建生态廊道以及生态缓冲带等措施开展近自然生态修复，以保持农业生态系统健康可持续，缓解

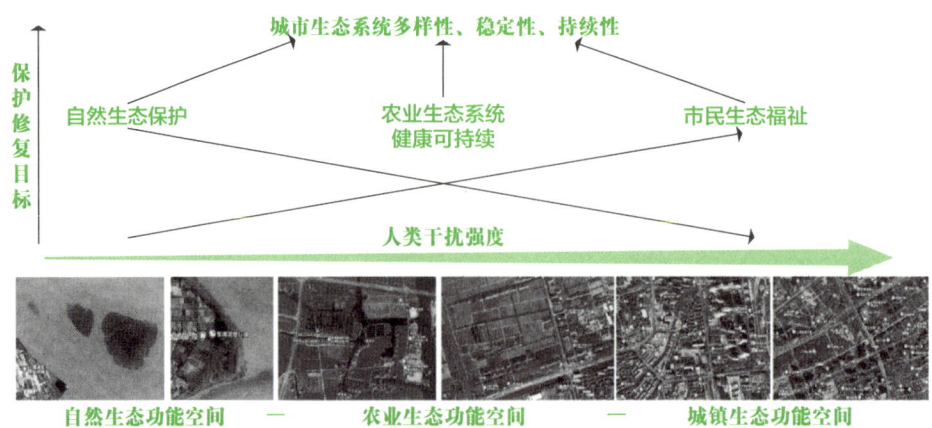

图3-23 城乡自然梯度下生态功能空间保护修复目标
资料来源：作者自绘

景观破碎化。城镇生态功能空间在保障市民生态福祉主导功能提升的同时，可通过构建生境链、营造微生境等措施适度激发生态要素的生物多样性维持、气候调节等辅助功能，以提升人与自然的亲合度。

3.4.2 城镇空间修复策略

城镇空间中主要生态要素包括绿地、水体、植被、立体绿化等，具有景观破碎化、生境孤岛化、群落人工化的生态系统结构特征，主导生态功能包括景观美学、气候调节、洪水调蓄、生物多样性维持、固碳释氧等，主要生态过程是物种被动运动—水分和养分迁移的高度人工化调节—能量汇聚地—群落更替人工化。

围绕市民生态福祉的提升，城镇空间生态修复策略主要着眼于以下几个方面：按照市域自然地理格局，统筹城镇内外河湖水系山体，完善蓝绿交织的生态网络，构建连接城市内的园林绿地与城市间的自然生态绿地的绿地网络体系，加强大型生态源地间的生物迁徙廊道的恢复；构建以水为脉的蓝色生态网络体系，重塑城市健康自然的河岸、湖岸等，缓解水陆生境破碎化问题；优化城镇生态空间布局，强化竖向设计，减少城市内涝及热岛效应，提升城市韧性；激活城市绿色开敞空间和人文资源，修复提升城市景观风貌，提升生态品质和文化内涵；研究加强城镇生态功能空间各类生态要素的生物多样性承载能力，将老旧小区更新营绿、口袋公园、锲形绿地、城市公园等施行近自然保护修复，纳入市域生物多样性保护网络，提升生态品质；推进受损弃置地生态修复，针对遗留的工业棕地以及废弃的港口码头、垃圾填埋场、露天采矿场、排土场、尾矿场、塌陷区等，在消除污染隐患的基础上，采取破硬增绿、立体绿化、乡土树种应用等方式，开展生态重建，在确保生态安全的前提下，合理利用修复效果好的土地，建设遗址公园、植物园等，实现综合价值提升；[1] 促进水利、市政工程生态化，开展重大交通、电力、通信等基础设施周边生态修复和生态廊道建设；对市中心城区生态修复任务做出具体安排，对其他城区识别生态修复主攻方向提出方向性和政策性指导。

3.4.3 农业空间修复策略

农业空间中主要生态要素包括农田、林地、园地、草地、农村居住用地等，具

---

1. 吴次芳，等 . 国土空间生态修复［M］. 北京：地质出版社，2019.

有景观单一化、生境同质化、群落人工化的生态系统结构特征，主导生态功能包括农产品供给、洪水调蓄、景观美学、生物多样性维持、气候调节、固碳释氧等，主要生态过程是物种半被动运动—水分和养分迁移的人工化调节—能量输出地—群落演替半自然化。

农业空间生态保护修复要聚焦生态系统退化、水土环境污染、生态空间受损与功能下降等多方面问题，采取综合性保护修复措施，注重基于自然的解决方案（NbS）以及其他有效的区域保护措施（OECMs）等理念的综合运用。围绕农业生态系统健康可持续，农业空间生态修复策略主要着眼于以下几个方面：科学开展耕地质量提升和农田基础设施生态化建设，构建农用地周边缓冲带、生态廊道，改善农田及周边生境，恢复田间生物群落和生态链，维护提升农用地生态功能；遵循宜耕则耕、宜园则园、宜林则林、宜草则草原则，实施不稳定耕地退耕，合理开展耕地休耕轮作；修复农田及村庄周边历史遗留矿山；挖掘特色自然资源，提供特色农产品，提升农业空间生态价值；尊重乡村的自然机理，保护乡村自然景观，传承乡村自然和文化景观特色；提升乡村建设用地集约节约水平和乡村发展活力，提升农业空间生态品质，促进乡村国土空间格局优化。

3.4.4　生态空间修复策略

生态空间中主要生态要素包括林地、草地、湿地、水域等，具有景观多样化、生境异质化、群落自然化的生态系统结构特征，主体生态功能包括生物多样性维持、洪水调蓄、气候调节、固碳释氧、景观美学等，主要生态过程是物种主动运动—水分和养分迁移的自然化—能量自平衡—群落演替自然化。

围绕自然生态保护，生态空间修复主要着眼于以下几个方面：根据生态系统损害或退化程度对生态修复的分类，生态修复模式与措施可分为生态保育、自然恢复、辅助修复和生态重建四类。其中，生态保育是指以国家公园建设和自然保护地建设为抓手，对代表性自然生态系统和珍稀濒危野生动植物物种及其栖息地，采取建立自然保护地、去除胁迫因素、建设生态廊道、就地和迁地保护及繁育珍稀濒危生物物种等途径，保护生态系统完整性，提高生态系统质量，保护生物多样性，维护原住民文化与传统生活习惯；自然恢复针对轻度受损、恢复力强的生态系统，主要采取切断污染源、禁止不当放牧和过度猎捕、封山育林、保证生态流量等消除胁迫因子的方式，加强保护措施，促进生态系统自然恢复；辅助修复针对中度受损的生态系统，结合自然恢复，在消除胁迫因子的基础上，采取改善物理环境，参照本地生态系统引入适宜物种，移除导致生态系统退化的物种等中小强度的人工辅助措施，引导和促进生态系统逐步恢复；生态重建针对严重受损的生态系统，要在消除胁迫因子的基础上，围绕地貌重塑、生境重构、恢复植被和动物区系、生物多样性重组等方面开展生态重建。

案例3.8 《北京市国土空间生态修复规划（2021—2035年）》修复策略

总体策略。非建设空间与建设空间互为图底，相互交织、相互影响，共同构成城市复合生态系统有机体。厘清国土空间的底数、底图、底线和底盘，优化国土空间开发保护格局是生态修复的重要基础。通过建立和完善生态保护体系，有序统筹非建设空间与建设空间之间的共轭关系，实现"绿韵"和"红脉"有机融合。构建环首都—市域—平原区—中心城区多尺度镶嵌融合的生态网络体系，实现点、线、面、网立体式修复的叠加效益。

城镇空间生态修复策略。以非首都功能疏解为契机，强化蓝绿空间的保护和修复，疏浚畅通活化水脉，提高城市绿地的质量和功能，优化生态空间格局，有效缓解城市内涝和热岛效应，提高城市韧性和人居生态品质，推进自然与城市融合共生。以结构性绿色空间、河湖水系、重要廊道、热岛和内涝高风险区作为生态修复的重点区域，聚焦理水、融绿、通廊、治病等方面部署生态保护修复的重点任务。

农业空间生态修复策略。加强耕地数量、质量、生态"三位一体"保护，保障首都粮食安全。推进耕地保护与修复，实现首都耕地质量不断提高、功能不断提升、格局不断优化，并充分挖掘大都市区耕地在城市应急保障、生态屏障、动物栖息等方面的多元功能。以大兴区、通州区、顺义区、昌平区、房山区等区永久基本农田集中连片区作为生态修复的重点区域，围绕保田、提质、转型等方面部署生态保护修复的重点任务。

生态空间生态修复策略。坚持生态保护和自然恢复为主，统筹山水林田湖草沙系统修复，全面提高生态系统质量和功能，促进生态产品价值实现与转化，推动生态涵养区生态保护和绿色发展，保障首都生态安全。以浅山区、密云水库、怀柔水库和官厅水库及其上游水源涵养区作为生态修复的重点区域，聚焦护林、保水和生物多样性提升等方面部署生态保护修复的重点任务。

资料来源：北京市人民政府.北京市国土空间生态修复规划（2021年—2035年）[EB/OL].（2022-06-02）[2024-05-20].https://www.beijing.gov.cn/zhengce/gfxwj/sj/202206/W020220602627614477147.pdf.

案例 3.9 《上海市国土空间生态修复专项规划（2021—2035）》修复策略

总体策略。 构筑"一带、双环、九廊、十区"多层次、成网络、功能复合的陆海一体生态空间体系。

一带：陆海协同发展带。构建陆海统筹的生态格局，维护河口海洋城市海岸带生态安全，锚固海岸带各类生境资源，积极保护和培育滨海湿地，增强城市韧性，提升海岸带应对气候变化及极端天气的韧性。

双环：外环绿带和近郊绿环。以外环绿带为纽带，向内连接楔形绿地、向外连通生态间隔带，共同形成环城生态公园带（主城区），构筑主城区生态空间骨架；近郊绿环通过滨河沿路林带和集中片林建设，强化主城区及周边地区与郊区新城之间的间隔。近郊绿环建设用地占比控制在 20% 以下，森林覆盖水平达到 50% 以上。

九廊：以近郊绿环为纽带，向外衔接嘉宝、嘉青、青松、黄浦江、大治河、金奉、浦奉、金汇港、崇明 9 条市级生态走廊，宽度按照 1000 米以上控制。共筑重要森林空间，形成环廊森林片区，成为市域绿色基底、韧性载体。至 2035 年，市级生态走廊内森林覆盖率达到 50% 以上，建设用地占比控制在 11% 以下。对分项生态走廊的建设提出具体的建设用地占比以及森林覆盖率的要求，建设用地类型兼容旷地型商办文旅设施、市政交通、特殊用地等类型，控制建设高度、色彩、形态，协调地区整体风貌。

十区：生态保育区以大面积的农田集中区为主，是全市基底性生态空间。主要分布在黄浦江上游—青西、崇明三岛及黄浦江—大治河以南地区，包括宝山、嘉定、青浦、黄浦江上游、金山、奉贤西、奉贤东、奉贤—临港、浦东、崇明 10 片。生态保育区以耕地整理为主，促进农林水一体化，划定土地整备引导区，实施土地综合整治，优化市域耕地保护总体布局，加强耕地质量和高标准农田建设，促进农田集中连片建设。构建田园化的都市农业空间，加强农田景观风貌引导，鼓励结合全域土地综合整治，有效整合利用一般农用地，因地制宜发展特色农业，强化农业的基地化和设施化建设，促进生态高效特色农业快速发展。依托市级、区级生态走廊，打造新城的环城森林生态公园带，锚固新城独立综合节点城市发展边界，构建韧性生态基底，形成集中森林空间，构筑生态屏障。结合嘉定、青浦、松江、奉贤、南汇五个新城自然本底特色，建设绿道、郊野公园等休闲空间。

城镇空间生态修复策略。 强化城镇空间修复，提升安全韧性宜居水平。一是，构筑蓝网绿脉，提升城区宜居环境品质。践行人民城市理念，构建人与自然和谐共生的城市蓝绿生态网络，增加和优化公共生态产品供给，满足人民对优美生态环境的需求，促进生态系统与社会、经济系统的整合，提升综合效益，建设与卓越全球城市相匹配的生态宜居城区。二是，推动棕地修复，促进更新空间活力再造。通过对棕地开展生态修复与全生命周期管理，推进城市土地更新，促进环境污染地块安全再利用，强化更新空间的环境改善、品质提升与功能再造，重塑地区活力，增强城市魅力，推动城市高质量发展。三是，防治生态地质风险，保障城市安全韧性。秉持安全发展理念，精准防控生态地质风险，确保城市稳定运行，增强抵御极端自然灾害能力，同时提升城市生态品质，打造安全韧性发展新范式，让人民生活得更安全、更放心、更舒心。四是，构建城市通风廊道，调节城市微气候。以健康城市建设为导向，助力城市低碳可持续发展，积极改善城市通风环境，调节城市微气候，缓解城市热岛效应与大气污染，营造清新舒适的人居环境，发挥蓝绿空间气候调节作用，缓解超大城市高密度建成环境的热岛效应，建设一座"会呼吸的城市"。

农业空间生态修复策略。推进农业空间修复，实现美丽田园多元价值。一是，严格保护耕地，优化农业布局。坚守耕地保护底线，坚决制止耕地"非农化"、防止耕地"非粮化"，保障耕地规模，落实好农田生态保护和修复。优化空间格局，不断提升耕地集中连片规模，加强耕地质量和高标准农田建设。充分发挥耕地和永久基本农田在保障现代都市农业发展、提升田园风貌品质、实施乡村振兴战略中的空间保障功能。二是，加强农田生境保护，促进农业绿色发展。落实耕地"数量、质量、生态、景观、文化"五位一体管护要求，在坚持"保护耕地、农地农用"的基本前提下，充分发挥耕地在保障农产品供给、锚固生态基底、提升城乡景观、丰富文化建设等方面的多元功能，将农业空间建设成为保障城市供应安全、生态安全及提升城市魅力的重要空间载体。深入推进生态循环农业发展，提高农业综合效益和竞争力，推进农业高质量发展。三是，推进全域土地综合整治，提高资源利用水平。聚焦生态文明和乡村振兴战略实施，统筹推进农用地整治、低效建设用地整治、生态保护修复等各类行动，部署开展全域土地综合整治以及山水林田湖草沙一体化保护修复等工程项目，持续优化国土空间用地布局、提高资源利用价值，推动建成永久基本农田集中连片、生态品质全面提升、乡村产业融合发展、国土空间治理有效、土地利用节约集约的具有江南田园风貌特征和超大城市特点的美丽乡村。

生态空间生态修复策略。统筹全域生态空间，促进人与自然和谐共生。一是，促进陆海统筹，强化海岸带功能。坚持陆海统筹发展，聚焦河口海岸带，以安全韧性为前提，以岸线和滨海湿地为主要承载对象，以提升生物多样性为导向，通过重要节点（点）—河口海岸线（线）—滨海湿地（面）成体系的生态修复，全面提升河口海岸带生态功能。二是，锚固生态格局，连通生态廊道。统筹陆海空间，构建"源地—廊道—斑块"多层次、成网络的全域生态格局。应对生境斑块质量较低、连通性尚待提高等结构性生态问题，在保护和维持现有生态基底和格局基础上，着力保护生态源地，建设多尺度生态廊道，改善陆海之间、流域水系之间、重要生态系统之间的连通性，完善全域生态系统格局。三是，织补水系网络，修复水生态系统。完善市域水系生态空间格局，促进与长三角区域和流域的水生态系统平衡。落实"水陆统筹、水岸联动、水绿交融、水田交错"基本原则，加强对河湖水域及沿线陆域空间的生态保育、修复和拓展，提升以河湖为依托的城市生态基底。四是，提升栖息地质量，维护生物多样性。牢固树立尊重自然、顺应自然、保护自然的生态文明理念，对重要生态系统、生物物种和生物遗传资源实施有效保护，保障生态安全。持续优化生物多样性保护空间格局，构建完备的生物多样性保护监测体系，着力提升生物安全管理水平，共建万物和谐的美丽家园。

资料来源：上海市规划和自然资源局.上海市国土空间生态修复专项规划（2021—2035年）[EB/OL].（2023-01-19）[2024-05-20].https://ghzyj.sh.gov.cn/cmsres/73/732bd60b2fdf46758d3ab09207f2e379/3a3c958665e587e0a0642a7bcef936e5.pdf.

3.5 生态修复工程部署

3.5.1 工程体系与类型

1. 生态修复工程体系

国土空间的重要特性是具有尺度性。国土空间生态修复常见的空间尺度有国家尺度、地区尺度、地块尺度等，是一个有序的等级阶梯，随着空间尺度的变化，国土空间生态修复的工程技术、政策措施和管理方式也随之发生改变。因此，国土空间生态修复工程同样具有尺度性，由此形成了工程体系。

不同层级的国土空间生态修复规划，对应不同尺度的生态修复工程。《全国重要生态系统保护和修复重大工程总体规划（2021—2035年）》（以下简称"双重"规划）部署了重大工程－重点工程的工程体系，"双重"规划的专项建设规划部署了重点工程－重点项目的工程体系。重大工程和重点工程并不是项目实体的概念，而是地域单元内各类治理任务的系统性综合性集成，是跨部门、跨行业、跨领域的综合性工程，其具体实施由若干个重点项目组成。"双重"专项建设规划涵盖相关领域，协调有关部门，研究重点项目的组织建设管理方式，细化各重点项目的实施区域、目标任务、具体举措、投资估算、建设年限、实施主体等，明确项目组织、审批、建设、监管、运行等各个环节的责任主体，为项目的实施提供切实保障。

在省—市—县级国土空间生态修复规划体系中，生态修复工程也存在尺度差异。省级国土空间生态修复规划，部署重点工程－重点项目工程体系，其中，重点项目落到县级尺度；市级规划部署重点项目－项目工程体系，其中，项目落到乡镇尺度；县级规划部署项目－子项目工程体系，其中，子项目落到村尺度。同样，一级工程（项目）是地域单元内各类治理任务的系统性综合性集成，其具体实施由若干子工程（项目）组成。

2. 生态修复工程类型

针对生态功能重要区域、生态环境敏感脆弱区域和人为干扰较为强烈的区域，根据不同保护修复对象和主要目标，生态修复工程类型可分为森林、草原、湖泊、湿地等重要生态系统保护修复、流域水生态保护修复、荒漠化土地保护修复、矿山生态修复、海域海岸带和海岛生态保护修复，以及农村、城镇地区生态保护修复。虽然生态修复工程分为多种类型，但各重大工程、重点工程、重点项目的实施应遵循"山水林田湖草沙生命共同体"理念，采用部门协作、协同推进、分类实施的模式，进行系统性的生态修复。

1）森林生态系统保护修复

重点针对森林生态系统退化、覆盖率降低、林地破碎化或结构单一、生境被破坏、生物多样性降低，以及气候调节、水源涵养、土壤保持等生态功能降低等问题，采取自然恢复（封山育林）或森林抚育、林分改造等生态工程措施，改善森林群落结构和健康水平，提升栖息地生境质量以及固碳释氧、水源涵养、生物多样性保护、土壤保持等综合服务功能。

2）草原生态系统保护修复

重点针对草原生态系统植被盖度降低、生产力和生态系统服务功能下降以及鼠虫害等生物灾害频发等问题，遵循以水而定、量水而行原则，考虑不同区域草原类型及土壤、气候等环境条件，实行禁牧封育或休牧、轮牧等合理放牧制度，禁止开垦和大规模造林等各类破坏草原行为，针对性实施退牧还草及其他有效改良措施，同时适度发展人工草地建设，强化有害生物及外来物种防治等，促进草原生态系统实现良性循环，稳步提升草原生态质量。

3）湖泊生态系统保护修复

重点针对湖泊流域水面面积萎缩、种植业污染量大面广、湖泊水质恶化、底泥内源污染累积、湖滨缓冲带生境破坏、生态系统服务功能退化以及监管能力薄弱等问题，采取严控外源污染、修复湖滨缓冲带、净化湖水及入湖河流水质、控制底泥污染、调控水力和水生态、强化风险预警等工程措施，增强湖泊调蓄能力及其水源供给、生物多样性维护等服务功能，从而恢复美丽湖泊。

4）湿地生态系统保护修复

重点针对天然湿地面积减少、水质下降、功能退化等问题，坚持自然恢复为主、人工恢复为辅的方针，系统实施围网拆除、自然岸线恢复、河湖水系连通、水生植物恢复与重建、面源污染治理、有害生物防治、监测网络完善等手段，逐步恢复湿地生态系统平衡、增强湿地生态功能、维护湿地生物多样性，实现湿地生态系统长期稳定健康运行。

5）流域水生态保护修复

重点针对流域水资源不平衡、水系不连通、清水产流机制被破坏、水生态功能退化等问题，坚持整体性、系统性观念，统筹流域上下游、左右岸、山上山下、地上地下，通过实施污染源头防控、水源地保护、水源涵养、生态补水、水质净化、河湖连通、岸坡治理等措施，统筹推进流域整体水资源保护、水生态修复与水环境治理，重塑自然健康的河岸环境，提升重要水源地和江河湖泊生态功能。

6）荒漠化土地保护修复

重点针对水土流失、石漠化、土地沙化及盐碱化等荒漠化问题，开展国土绿化行动，通过综合实施土壤改良、植被恢复、封山育林、退耕还林还草以及保护性耕种等措施，修复退化土地，恢复自然生态系统，促进土地资源安全可持续利用。

7）矿山生态保护修复

重点针对矿产资源开发造成的地质环境破坏、占用和损毁土地、生态破坏等问题，通过地形地貌和土壤结构重塑、地上植被重建、整体景观重现以及生物多样性重组等综合措施，稳定矿山地质环境，整体恢复和改善矿区生态功能，因地制宜地推动资源循环可持续利用。

8）海域海岸带和海岛生态保护修复

重点针对海洋水动力不足、滨海湿地减少、自然岸线人工破坏或侵蚀严重、珊瑚礁和海草床等海洋生态栖息地被破坏等问题，综合开展岸线岸滩修复。通过实施退围还海、退养还滩、疏通潮沟、滨海湿地植被恢复、外来入侵物种清理、生态海堤和海岸带廊道建设等措施，逐步恢复海洋水动力条件和海陆自然生态过程，保护和修复候鸟迁徙路径栖息地，提升海岸带生态系统结构完整性和功能稳定性，提高海洋生物多样性，增强岸滩稳定性和防灾减灾功能，实现陆海一体化保护修复和可持续发展。

9）农村土地整治与生态保护修复

重点针对农村地区自然风貌被破坏、生境质量退化、土地利用低效化、破碎化和无序化等问题，强化乡村自然景观保护，通过土地综合整治整体推进农用地整理、建设用地整理和乡村生态保护修复，改善农田及周边生境，提升农田生态系统生物多样性，提高农村土地利用效率和节约化水平，结合生态移民搬迁和退耕还林还草还湿等，打造形成耕、林、草、湿、居等规模适度集中的乡村国土空间用地布局，推动乡村绿色发展和整体生态环境改善。

10）城镇地区生态保护修复

重点针对城镇地区生态空间被挤占、自然环境和地形地貌被破坏、土地被损毁、河湖水系被阻断等问题，依托现有山水格局脉络，通过绿色基础设施建设、山体整治修复、废弃地修复利用、水体治理和修复等措施，恢复河湖岸线，连通原有河湖水系，构建绿地生态系统，完善蓝绿交织、亲近自然的生态网络，提高城市安全韧性，恢复城市生态系统健康。

11）相关支撑工程

生态修复工程还可包括生态保护和修复相关支撑工程，如构建生态廊道和生态网络，建设野外保护站点，构建工程监测监控点和监管平台，开展生态保护修复过程监测、效果评价和适应性管理，实施海洋生态预警监测，建设生物多样性保护管理监测信息平台等。

上述工程类型是一种大致的划分，每一种工程都有更专业化的细分及其相应的技术特点。例如矿山生态修复工程，还可以细分为稀土矿山、煤炭矿山、金属矿山、建材矿山、化工矿山、油气矿山生态修复工程。

3.5.2 工程布局与建设时序

国土空间生态修复工程部署应落实上位规划安排，根据自然地理状况、生态环境问题以及生态修复目标、主要任务，结合生态修复分区及重点区域划定结果，分区分类分时安排，包括明确工程空间布局、安排工程建设时序。

1. 工程空间布局

在落实国家和区域重大战略、上位规划的工程安排的前提下，在生态修复分区和重点区域的基础上，统筹各部门各类型工程项目，布局生态修复工程。工程布局按照生态问题—重点区域工程、修复分区—系统性部署两条主线，遵循山水林田湖草沙一体化保护和系统治理原则，以分区为系统治理的空间单元，生态修复工程是单元内各类治理任务的系统性集成，下设若干子工程具体实施；以重点区域为子工程落地的空间指引，以需解决的主要问题为子工程类型和内容的确定依据，部署各类子工程。省级生态修复规划中工程范围的精度应落到县级行政单元，市级规划中工程精度应落到乡镇，县级规划中工程精度应落到村或地块。

2. 工程建设时序

坚持远近结合，按照轻重缓急合理安排工程时序。一是按照保证生态安全、提升生态功能、兼顾景观的优先级次序，优先安排生态问题严重、对群众生产生活威胁大或生态功能重要性高的区域的工程；二是衔接相关部门规划的部署，结合当地财政能力，有序安排生态修复工程；三是结合生态系统恢复力水平，充分发挥生态系统自我恢复能力，重点考虑人工修复程度高的工程。

3.5.3 工程投资估算

工程投资概算是在对工程的技术措施、建设方案、施工工艺、设备材料等规划方案进行研究并确定的基础上，计算工程计划投入的总资金并对建设期内分阶段工程投资进行测算。工程投资概算可以全面、客观地反映实现工程任务所需要的资金额度，并通过对各种方案进行成本－效益分析，帮助选取实现建设目标的最佳途径。生态修复工程投资概算应该坚持一地一策，根据生态修复工程的目标、内容、措施、范围、期限进行资金概算。一般采用概算定额法，按照相关部门的工作定额、测算依据和标准进行测算。根据生态修复方案设计的工程内容，计算出工程量，按照概算定额单价（基价）和有关计费标准进行计算汇总，得出总投资费用。在缺少相关标准的情况下，也可以对照本地类似已实施项目，采用案例类比法进行测算。

延伸阅读 3.1　国家各部门投资概算依据

林草主管部门印发的相关标准指南有《自然保护区工程项目建设标准》（建标 195—2018）、《国家湿地公园建设规范》（LY/T 1755—2008）、《森林公园总体设计规范》（LY/T 5132—1995）、《防护林造林工程投资估算指标》、《林木种苗工程项目建设标准（2014）》、《重点区域生态保护和修复工程建设投资估算指南（试行）》等。

水利主管部门的相关标准指南有《水利工程设计概（估）算编制规定》《水土保持工程概算定额》《开发建设项目水土保持工程概（估）算编制规定》《水土保持重点工程农民投劳管理暂行规定》《水污染防治专项资金管理办法》等。

住建主管部门印发的相关标准指南有各地《园林绿化工程预算定额》、《城市污水处理工程项目建设标准》（建标198—2022）、《分地区农村生活污水处理技术指南的通知》、《建筑安装工程费用项目组成》、《全国统一建筑工程基础定额应用手册（2002）》、《实用建筑工程预算手册（1999）》、《市政工程投资估算编制办法》、《上海市海绵城市建设工程投资估算指标》（SHZ0—12—2018）等。

自然资源主管部门印发的相关标准指南有《土地开发整理项目预算定额标准》《土地整治项目工程量计算规则》（TD/T 1039—2013）、各地《土地开发整理项目预算补充定额标准》、《土地复垦方案编制规程第1部分：通则》（TD/T 1031.1—2011）、《矿山地质环境保护与土地复垦方案编制指南》、《海洋生态损害评估技术指南（试行）》等。

资料来源：作者整理。

3.6 生态修复监测评价

3.6.1 生态质量长期监测

1. 生态质量长期监测的意义

国土空间生态修复工程实施后,生态系统逐发生次生演替,其生态环境效应显现需要较长时间。通过长期监测,可以全面评估国土空间生态修复工程的生态环境效应,监测数据和分析结果也可为区域生态环境变化与综合治理提供重要基础,以更好地理解和应对生态系统的动态变化,优化国土空间生态修复策略,提高修复工程的科学性和有效性。

2. 生态质量长期监测的主要内容

针对一般监测区域,主要开展气象因子、水量与水质变化、自然植被生长状况、生物多样性变化(蛙类、鸟类、底栖动物、昆虫等)、土壤碳储量、湿地碳汇能力、无人机航测影像等监测;针对农田区域,主要监测农田土壤质量、水稻产量与品质、尾水水量与水质等。

1)**气象因子**

常规气象因子以及空气质量,包括温湿度、降雨量、风速等、$PM_{2.5}$、PM_{10}、臭氧、二氧化硫等。

2)**水质与水生态**

营养盐、化学需氧量(COD)、重金属、有机污染物、叶绿素a、浮游生物、水生植物和大型底栖动物多样性等。

3)**陆生植被群落**

调查陆生植物种类、典型乔灌木群落组成,根据用地类型选择开展样方调查,分析近自然林的群落结构特征变化。

4)**生物多样性监测**

在空间网格化分析的基础上,监测区域内的重要生物类群如鸟类、两栖类、昆虫等,评估生物多样性变化。

5)**碳汇能力**

结合调查区域内植被群落分布特征,监测土壤有机碳含量、容重及碳储量的垂直分布，监测区域内重要湿地温室气体 CO_2 及 CH_4 通量，定量评估碳汇能力的变化。

6）生态及景观格局

通过无人机获取正射影像、倾斜摄影三维地形、植被空间分布、植物冠层 NDVI 等信息，结合遥感地理信息技术，评估自然植被斑块、林带的生长状况及景观格局的变化。

7）土壤与农业

土壤温湿度、土壤重金属、土壤动物、土壤肥力、农药与化肥施用量、农作物产量、品质等。

3. 生态质量监测方法

生态质量监测方法涵盖了多种技术和标准，包括气象站数据采集、水质样本分析、水生生物采样、陆生植物社会学调查，以及各类生物的监测方法。常规的生态质量监测方法通常依赖于人工采样和调查，遵循相关的行业标准和技术导则执行。

1）气象因子

建设小型气象站，监测温湿度、降雨量、风速等，同时获取气象站数据和生态环境权威部门数据，如空气质量（$PM_{2.5}$、PM_{10}、臭氧、二氧化硫、二氧化氮等）。

2）水质与水生态

水质调查样品的采集、储存、运输、分析和数据处理参考现行行业标准《地表水环境质量监测技术规范》（HJ/T 91.2—2022）执行；浮游生物调查采用定性采样法、定量采样法，参考现行行业标准《淡水浮游生物调查技术规范》（SC/T 9402—2010）执行；水生维管植物调查采用资料收集采样方法，参考现行行业标准《生物多样性观测技术导则　水生维管植物》（HJ 710.12—2016）执行；大型底栖动物调查采用定性采样法、定量采样法，参考现行行业标准《生物多样性观测技术导则　淡水底栖大型无脊椎动物》（HJ 710.8—2014）执行。

3）陆生植被群落

采用资料收集、样线法、样方法，开展法瑞学派的植物社会学调查，记录样方种出现的物种、多盖度等级与群落结构特征，参考现行行业标准《生物多样性观测技术导则　陆生维管植物》（HJ 710.1—2014）执行，并根据《中国植被》将物种生活型划分为乔木、灌木、草本以及藤本，根据《中国植物志》《中国外来植物》《中国入侵植物名录》以及《中国归化植物组成特征及其时空分布格局分析》将调查植物根据来源分为乡土植物和非乡土植物（包含入侵植物）。

4）生物多样性监测

两栖爬行动物调查采用样线法，参考现行行业标准《生物多样性观测技术导则　两栖动物》（HJ 710.6—2017）、《生物多样性观测技术导则　爬行动物》（HJ 710.5—2014）执行；鸟类调查采用传统样线结合样点的调查方法，参考现行行业标准《生物多样性观测技术导则　鸟类》（HJ 710.4—2014）执行，并参照《中国鸟类图鉴》及《中国鸟类分类与分布名录》鉴定种类；昆虫调查采用样线法，以扫网采集法、搜寻采集法和定点灯诱法等方法采集昆虫样品，参考现行行业标准《生物多样性观测技术导则　蜜蜂类》（HJ 710.13—2016）和《生物多样性观测技术导则　蝴蝶》（HJ 710.9—2014）执行；兽类调查可利用触发式红外摄像机监测中大型兽类，采用鼠夹（小号木板夹）捕获小型鼠类，参考《生物多样性观测技术导则　陆生哺乳动物》（HJ 710.3—2014）、《生物多样性观测技术导则　红外相机技术》（HJ 710.15—2023）执行；鱼类调查采用渔获物调查法、声纳水生声学调查法、标记重补法，参考现行行业标准《生物多样性观测技术导则　内陆水域鱼类》（HJ 710.7—2014）执行；大中型土壤动物调查采用样方法，参考现行行业标准《生物多样性观测技术导则　大中型土壤动物》（HJ 710.10—2014）执行。

5）碳汇能力

土壤碳储量调查采用样方法，参考现行行业标准《森林土壤碳储量调查技术规程》（LY/T 3330—2022）执行；温室气体通量监测采用采用样方法，使用便携式温室气体分析仪（LGR）分别测定明箱（透光）和暗箱（遮光）条件下静态箱内温室气体（CO_2、CH_4）浓度变化，并同步监测空气温度、光合有效辐射等重要环境因子，根据监测结果进一步计算温室气体通量。

6）土壤与农业

农田土壤调查采用样方法，参考现行行业标准《土壤环境监测技术规范》（HJ/T 166—2004）、《土壤检测》（NY/T 1121—2006）执行；耕地土壤肥力的诊断与评价可参考特定地区的标准，如南方地区可参考《南方地区耕地土壤肥力诊断与评价》（NY/T 1749—2009），吉林省可参考地方标准《耕地土壤肥力监测技术规程》（DB22-T 2283—2015）。农药与化肥使用量可参考《土壤和沉积物有机磷类和拟除虫菊酯类等 47 种农药的测定气相色谱-质谱法》（HJ 1023—2019），农产品产地质量评价可参考《食用农产品产地环境质量评价标准》（HJ/T 332—2006）。

近些年来，随着技术的发展，生态质量监测迎来了新的技术和方法的应用。

1）在线实时监测系统

在监测区域在线监测系统，实时采集环境数据（如温度、湿度、土壤湿度、水质等），实现动态监测，可提供连续、实时的环境数据，使监测过程更为精准和高效。

2）遥感技术

地面遥感采用无人机采集正射影像、多光谱影像和激光雷达影像，用于细化监测和紧急响应。利用获取的航测区域土地利用类型、植被空间分布等信息，进一步计算得到归一化植被指数（NDVI）、红边归一化植被指数（RENDVI）、红边指数（VREI）、数字高程模型（DEM）等，绘制各指数分布图用于表征植被生长状态、植被覆盖度、冠幅变化等，并反映植被光合作用活力、生理状态、冠层微小变化、林窗片断等，结合地面调查数据，综合分析自然植被斑块、林带的生长状况，评估生态格局变化。卫星遥感基于高分辨率遥感数据资料，利用地理信息系统（GIS）空间分析技术，在确定项目区边界的基础上，结合相关基础和现场调查资料，以景观生态学理论为基础，采用生态景观转移矩阵和生态景观指数分析方法，对土地整治项目区所在区域景观生态格局和景观特征进行定量评价和分析。遥感技术能够覆盖广大区域，获取高分辨率的生态环境数据，特别是在地形复杂或难以进入的地区，发挥了重要作用。

3）eDNA 监测

通过分析环境中的 DNA 碎片来检测物种的存在，监测生物多样性和生态系统健康状况，识别生态系统中的污染物来源，评估生态修复效果。该技术不仅快速而且非侵入性，适用于监测水体和土壤中的生物多样性。

4）人工智能识别技术

采用 AI 辅助通过摄像头进行生物实时监测，如王庆合等（2024）研究了 AI 鸟类监测识别系统在内乡湍河湿地的应用[1]。该类技术结合了先进的智能算法，大大提升了生态监测的可及性和效率，扩展了监测活动的覆盖范围，还可以实现自动化的数据收集和分析，减少了人为误差，并且可以处理大规模的监测数据。

这些新技术和方法的引入，提升了监测数据的质量和时效性，也拓展了监测的空间尺度和生物多样性的监测能力。综合运用这些技术，可以更全面、准确地评估国土空间生态修复的生态环境效应、生态系统的发育与健康状况，为科学管理和保护提供了更为精细可靠的数据支持。

---

1. 王庆合，申军伟，汪江洋，等．AI 鸟类监测识别系统在内乡湍河湿地的应用分析［J］．河南林业科技，2024，44（1）：39-40+3．

3.6.2　生态修复成效评估

1. 生态修复成效评估的意义

国土空间生态修复是改善生态环境、促进可持续发展的重要措施。其中，生态修复成效评估是不可或缺的环节。科学系统的成效评估不仅提升生态修复工作的有效性和科学性，同时为生态文明建设和可持续发展提供保障。通过成效评估，能客观验证生态修复项目的目标达成情况，协助项目管理者确认修复措施的有效性，揭示修复过程中的问题和不足，从而调整修复策略，提升修复效果。此外，成效评估为政府和管理部门提供科学依据，支持生态修复和土地整治政策的制定和实施。

2. 生态修复成效评估的主要流程

生态修复成效评估是一个系统性、综合性的过程，其主要流程如下：

1）**评估前期准备**

确定评估的范围和目标，明确评估的目的和意义。

2）**评估指标选择**

根据评估目标和项目特点，选择适合的评估指标体系和评估方法，综合考虑生态系统的结构、功能和过程，确保评估指标具有科学性、可操作性和可比性，能全面反映生态修复的效果。

3）**数据收集和整理**

收集和整理相关的生态修复项目资料，包括项目设计方案、实施过程记录等，项目实施前的基线数据和项目实施过程中的监测数据，包括生物、土壤、水文等方面的数据。

4）**指标评估和分析**

根据选择的评估指标，对生态修复项目的各项指标进行评估和分析，包括指标的变化趋势、空间分布等，进行指标间的关联分析，明确生态修复后现状与生态修复前基线状况之间的差别，揭示生态系统发生变化的内在机制。

5）**评估结果解释**

根据评估结果，解释生态修复项目的成效和效果，评估项目的可持续性和长期影响，提出改进建议和政策建议。

6）**跟踪监测和反馈**

对评估中反映的重点问题进行跟踪监测，持续评估生态修复项目的长期效果，并根据监测结果，及时调整生态修复策略和措施，保障生态系统的健康和稳定。

3. 生态修复成效评估的主要方法

1）指标评估法

可以采取单一指标评估生态系统状况，如使用物种丰富度、香农-威纳多样性指数、指示物种、种群结构来评估生态系统的生物多样性和生物健康状况。基于多指标权重赋值的评价方法是近年来常见的做法，如生态环境状况综合指数（EI）等。

2）生态系统服务评价法

生态系统服务功能分类是价值评估的基础。生态系统服务功能包括供给、调节、支持、文化四种功能，生态系统服务价值评价综合了市场价值法以及单位面积生态系统服务价值当量模型，如谢高地（2008）提出的生态系统服务价值化方法，以1个标准单位生态系统服务价值当量因子评价生态系统在气体调节、气候调节、废物处理、土壤保持多方面的潜在贡献能力[1]。近年来，提出了生态系统生产总值（GEP）的概念，以 GEP 量化生态系统为人类社会提供的生态系统服务和生态产品的价值总和，如刘润庆等（2022）以江西省兴国县的废弃矿区为研究对象，采用 GEP 核算方法来评估废弃矿山修复工程的成效[2]。

3）能值法

20 世纪 80 年代，生态学家霍华德·奥德姆（Howard T.Odum）创立了能值理论和分析方法，应用能值这一科学概念和度量标准及其转换单位—能值转换率，可将生态经济系统内流动和储存的各种不同类别的能量和物质转换为同一标准的能值进行定量分析研究。丁睿等（2024）以海岸带生态修复工程为例，采用能值分析方法，结合长期监测数据，构建了生态系统能量分析结构图和能值指标体系，对自然资产、生态系统服务等主要能值指标进行分析，并比较不同修复时期生态系统的功能表现[3]。

3.6.3 生态监测与评价的信息化

生态修复监测与评价的信息化是一个综合应用现代信息技术手段，以提高生态修复项目监测效率和评价准确性的过程。随着山水林田湖草沙一体化保护和修复工程在全国范围内的深入推进，多目标协同治理、全要素全过程耦合也将成为生态

---

1. 谢高地，甄霖，鲁春霞，等. 生态系统服务的供给、消费和价值化［J］. 资源科学，2008（1）：93-99.
2. 刘润庆，陈志，朱青，等. 基于生态系统生产总值（GEP）核算的废弃矿山修复成效评估——以江西省兴国县为例［J］. 江西农业学报，2022，34（6）：153-60+67.
3. 丁睿，陈雪初，由文辉，等. 基于能值的海岸带生态修复成效评估——以鹦鹉洲湿地为例［J］. 华东师范大学学报（自然科学版），2024（1）：68-78.

修复监测和评价信息化的重点。为确保生态修复工作的高效、高质量推进，生态修复活动不仅牵涉到多尺度和多层次的生态格局与过程，还直接关联到生态修复成效评估的精度和深度。而在监测技术上，不同的尺度应选择不同的技术手段。如在项目尺度，实地调查和站点数据提供了直接而翔实的信息；在景观和小流域尺度，无人机搭载的高光谱、激光雷达、热红外相机等先进技术提供了广阔而精细的监测视野；在区域、大陆乃至全球尺度，卫星或航空遥感监测则以其大范围、高效率的特点，成为生态修复成效监测和评价信息化的有力工具。

1. 国土生态修复监测的主要内容和系统建设

国土空间生态修复主要涉及矿山地质、水环境、湿地、退化污染废弃地、生物多样性和国土综合整治等内容。主要包含：①生态系统要素，包括生态修复项目对区域内的大气、地质、水文、植被、生物等的影响；②规划管控要素，包括国土空间总体规划、专项规划等对生态保护红线、森林覆盖率等底线指标的刚性要求；③项目管控要素，包括项目期限、使用资金等内容。最后，对生态修复项目的实施成效进行评价。通过对上述要素的监测管理，形成"前期科学规划—过程动态监测—修复效果评价"全生命周期监管体系。国土空间生态修复监管信息平台按照"一套数据体系、'一张图'、一系统、全程管、多方用"的逻辑，开展生态修复数据治理，梳理优化生态修复业务流程，实现"一张图"呈现、全流程管理及多部门共享，促进生态修复业务全程监管，推动国土空间数据"共建、共用、互联、共享"。

在国土空间生态修复监测中，数据采集是基础工作，利用遥感、传感器和现代通信信息技术（如5G、物联网等）手段，实现对生态修复项目中关键指标（生物多样性、土壤质量、水质等）的实时、连续监测。进一步运用大数据和人工智能技术进行深度挖掘和智能分析，例如，人工智能深度学习可以根据历史数据训练模型，也可以针对复杂的图像和视频数据提取关键信息进行分析，实现对生态修复效果的预测和评估。构建生态修复信息监测预警系统，是为了及时发现生态风险并预警。预警系统可以根据设定的阈值和规则，对生态系统中的关键指标进行实时监控和预警；一旦发现异常情况或潜在风险，预警系统能够迅速发出警报并通知相关人员进行处理。

2. 生态修复评价的信息化

1）生态影响评估的信息化

为了全面、系统地评估项目实施前后对生态环境的影响，建立生态影响评估信息系统成为必然选择。该系统通过集成遥感技术、地理信息系统（GIS）、大数据分析等多种信息技术手段，能够实现对生态环境影响的定量评估。以某河流生态修复项目为例，该项目在实施前通过生态影响评估信息系统进行了全面评估。系统综合考虑了河流生态系统的多个方面，包括水质、水生生物多样性、河岸植被等。通过遥感技术和GIS，系统获取了项目实施前河流生态系统的相关数据，并运用大数据分析技术对数据进行处理和分析。最终，系统得出该河流生态系统存在水质污染、水生生物多样性下降等问题，并预测了项目实施后这些问题将得到有效改善的结论。这一结论为项目决策提供了科学依据，确保了项目的科学性和有效性。

2）评估结果的可视化展示

评估结果的可视化展示是生态修复评价信息化的重要环节。利用GIS等可视化技术，将评估结果以直观、易懂的方式展示给公众和决策者。在评估结果的可视化展示中，将评估数据转化为图表、地图等形式，通过颜色、大小等视觉元素来展示不同指标的变化趋势和空间分布。例如，在河流生态修复项目的评估结果展示中，可以将水质指标以颜色深浅来表示不同区域的水质状况，将水生生物多样性以柱状图表示不同物种的数量变化等。这些可视化展示方式不仅直观易懂，而且能够清晰地反映出项目实施前后的变化情况和效果，有助于提升公众对项目的认知度和参与度。

3）生态修复绩效评估的信息化

生态修复绩效评估是确保项目长期效益的关键环节。在绩效评估信息系统中，设置一系列评估指标，如成本效益、社会影响等。系统通过采集相关数据并运用大数据分析技术对这些指标进行量化评估，从而得出项目的实施效果和存在的问题。同时，系统还可以根据评估结果提供优化建议和改进措施，为项目的持续优化提供数据支持。

综上所述，生态修复评价的信息化是提升评估精度、加快决策效率的关键手段。综合应用遥感、GIS、生态模型等多种信息技术手段，通过生态影响评估的信息化、评估结果的可视化展示以及生态修复绩效评估的信息化等方面的应用和实践，可以更加科学、准确地评估生态修复项目的实施效果和影响，为项目的科学决策和长期效益提供有力支持。

3. 未来发展方向

"数字生态孪生"是国土空间生态修复信息化探索与实践的前沿。主要通过集成先进的数字化技术，如大数据、云计算、物联网和人工智能等，对现实世界的生态环境进行高精度模拟和再现，从而构建一个与真实环境高度一致的虚拟生态系统。在国土空间生态修复信息化中，实施"数字生态孪生"的方法主要包括以下几个步骤：首先，通过遥感、GIS等技术手段，收集国土空间内的生态数据，包括地形地貌、植被覆盖、水文气象等；其次，利用这些数据在数字平台上构建三维虚拟模型，模拟生态系统的运行和演变；最后，通过实时监测和数据分析，对虚拟模型进行动态更新和优化，使其始终保持与真实环境的同步。"数字生态孪生"可以为生态修复提供科学决策支持，通过模拟不同修复方案的效果，选择最优方案；通过实时监测和预警，及时发现并解决生态问题，提高生态修复效率。

关键术语

生态系统，生态修复，国土空间生态修复，生态调查，景观格局，生态安全格局，生态源地，生态廊道，生态夹点，生态障碍点，生态系统服务，生态修复分区，生态网络，生态修复重大工程和重点工程，生态修复监测与评价的信息化

思考题

1. 通过生态修复如何调控人类活动干扰强度？
2. 生态修复与国土空间用途管制的关系？
3. 点片状的生态修复项目如何具有全域全局价值？

参考文献

[1] GAO M W, HU Y C, BAI Y P.Construction of ecological security pattern in national land space from the perspective of the community of lie in mountain, water, forest, field, lake and grass: A case study in Guan gxi Hechi, China [J].Ecological Indicators, 2022 (139): 108867.
[2] TOMAN M.Why not to calculate the value of the world's ecosystem services and natural capital [J].Ecological Economics, 1998, 25 (1): 57-60.
[3] 北京市人民政府.北京市国土空间生态修复规划（2021年—2035年）[Z].2022.
[4] 曹宇，王嘉怡，李国煜.国土空间生态修复：概念思辨与理论认知 [J].中国土地科学, 2019, 33 (7): 1-10.

［5］ 曾晨，程轶皎，吕天宇.基于生态系统健康的国土空间生态修复分区——以长江中游城市群为例［J］.自然资源学报，2022，37（12）：3118-3135.

［6］ 丁成呈，张敏，束学超，等.多尺度的城市生态网络构建方法——以合肥市主城区生态网络规划为例［J］.规划师，2021，37（3）：35-43.

［7］ 丁睿，陈雪初，由文辉，等.基于能值的海岸带生态修复成效评估——以鹦鹉洲湿地为例［J］.华东师范大学学报（自然科学版），2024（1）：68-78.

［8］ 方莹，王静，黄隆杨，等.基于生态安全格局的国土空间生态保护修复关键区域诊断与识别——以烟台市为例［J］.自然资源学报，2020，35（1）：190-203.

［9］ 付扬军，师学义.基于小流域尺度的县域国土空间生态修复分区——以山西汾河上游为例［J］.自然资源学报，2023，38（5）：1225-1239.

［10］ 付战勇，马一丁，罗明，等.生态保护与修复理论和技术国外研究进展［J］.生态学报，2019，39（23）：9008-9021.

［11］ 傅伯杰.国土空间生态修复亟待把握的几个要点［J］.中国科学院院刊，2021，36（1）：64-69.

［12］ 宫清华，张虹鸥，叶玉瑶，等.人地系统耦合框架下国土空间生态修复规划策略——以粤港澳大湾区为例［J］.地理研究，2020，39（9）：2176-2188.

［13］ 郭丽华.国土空间生态修复工程的技术创新研究［J］.城市建设理论研究（电子版），2023（26）：59-61.

［14］ 韩俊宇，余美瑛.全域全要素统筹背景下生态安全格局识别与优化建议——以衢州市常山县为例［J］.地理研究，2021，40（4）：1078-1095.

［15］ 河池市人民政府.河池市国土空间生态修复规划（2021—2035年）［Z］.2023.

［16］ 李波，贺萌，李欣宇.基于源地-廊道法的生态网络构建研究进展［J］.中国城市林业，2023，21（2）：145-151.

［17］ 李永洁，王鹏，肖荣波.国土空间生态修复国际经验借鉴与广东省实施路径［J］.生态学报，2021，41（19）：7637-7647.

［18］ 刘润庆，陈志，朱青，等.基于生态系统生产总值（GEP）核算的废弃矿山修复成效评估——以江西省兴国县为例［J］.江西农业学报，2022，34（6）：153-60+67.

［19］ 刘涛，赵明，公云龙.市级国土空间总体规划中生态修复规划路径探讨——以徐州市为例［J］.规划师，2021，37(15)：30-35.

［20］ 刘新卫，孔凡捷，胡业翠，等.国土空间生态修复规划概论［M］.北京：中国大地出版社，2023.

［21］ 刘新卫，黎明，吴悠，等.国土空间生态修复规划：内涵体系、编制逻辑与实施路径［J］.中国土地科学，2023，37（3）：11-19.

［22］ 刘焱序，彭建，汪安，等.生态系统健康研究进展［J］.生态学报，2015，35（18）：5920-5930.

［23］ 马克明，傅伯杰，黎晓亚，等.区域生态安全格局：概念与理论基础［J］.生态学报，2004（4）：761-768.

［24］ 马世发，劳春华，江海燕.基于生态安全格局理论的国土空间生态修复分区模拟——以粤港澳大湾区为例［J］.生态学报，2021，41（9）：3441-3448.

［25］ 欧维新，张伦嘉，陶宇，等.基于土地利用变化的长三角生态系统健康时空动态研究［J］.中国人口·资源与环境，2018，28（5）：84-92.

［26］ 彭建，李冰，董建权，等.论国土空间生态修复基本逻辑［J］.中国土地科学，2020，34（5）：18-26.

［27］ 彭建，吕丹娜，董建权，等.过程耦合与空间集成：国土空间生态修复的景观生态学认知［J］.自然资源学报，2020，35（1）：3-13.

［28］ 彭建，赵会娟，刘焱序，等.区域生态安全格局构建研究进展与展望［J］.地理研究，2017，36（3）：407-19.

［29］ 上海市规划和自然资源局.上海市国土空间生态修复专项规划（2021—2035年）［Z］.2023.

［30］ 唐秀美.国土空间生态修复规划的理论认知与实践指导——《国土空间生态修复规划概论》评介［J］.中国土地科学，2023，37（12）：139-143.

［31］ 屠越，刘敏，高婵婵，等.大都市区生态源地识别体系构建及国土空间生态修复关键区诊断［J］.生态学报，2022，42（17）：7056-7067.

［32］ 王佳煜，陈天.沿海高密度城市国土空间生态修复关键区域识别方法——以澳门特别行政区为例［J］.风景园林，2021，28（12）：16-22.

［33］ 王庆合，申军伟，汪汇洋，等.AI鸟类监测识别系统在内乡湍河湿地的应用分析［J］.河南林业科技，2024，44（1）：39-40+3.

［34］ 王夏晖，张箫，牟雪洁，等.国土空间生态修复规划编制方法探析［J］.环境保护，2019，47（5）：36-38.

［35］ 王秀明，赵鹏，龙颖贤，等.基于生态安全格局的粤港澳地区陆域空间生态保护修复重点区域识别［J］.生态学报，2022，42（2）：450-461.

［36］ 吴次芳，等.国土空间生态修复［M］.北京：地质出版社，2019.

［37］ 夏杰.土地综合整治区域生态基底调查的探索与思考［J］.中国土地，2023（7）：48-51.

［38］ 肖武，阮琳琳，岳文泽，等.面向国土空间生态保护修复的多尺度成效评估体系构建［J］.应用生态学报，2023，34（9）：2566-2574.

［39］ 谢高地，甄霖，鲁春霞，等.生态系统服务的供给、消费和价值化［J］.资源科学，2008（1）：93-99.

［40］ 谢余初，张素欣，林冰，等.基于生态系统服务供需关系的广西县域国土生态修复空间分区［J］.自然资源学报，2020，35（1）：217-229.

［41］熊善高，秦昌波，于雷，等．基于生态系统服务功能和生态敏感性的生态空间划定研究——以南宁市为例［J］．生态学报，2018，38（22）：7899-7911．
［42］闫玉玉，孙彦伟，刘敏．基于生态安全格局的上海国土空间生态修复关键区域识别与修复策略［J］．应用生态学报，2022，33（12）：3369-3378．
［43］杨锐，曹越．"再野化"：山水林田湖草生态保护修复的新思路［J］．生态学报，2019，39（23）：8763-8770．
［44］俞孔坚，王思思，李迪华，等．北京城市扩张的生态底线——基本生态系统服务及其安全格局［J］．城市规划，2010，34（2）：19-24．
［45］张瑶瑶，鲍海君，余振国．国外生态修复研究进展评述［J］．中国土地科学，2020，34（7）：106-114．
［46］重庆市规划和自然资源局．重庆市国土空间生态保护修复规划（2021—2035年）［Z］．2022．
［47］周汝波，林媚珍，吴卓．生态系统服务供需视角下粤港澳大湾区国土空间生态修复分区研究［J］．热带地理，2023，43（3）：417-428．
［48］朱捷，苏杰，尹海伟，等．基于源地综合识别与多尺度嵌套的徐州生态网络构建［J］．自然资源学报，2020，35（8）：1986-2001．

第 4 章
生物多样性保护专项规划

■ 导语

生物多样性是人类赖以生存和发展的基础,生物多样性丧失是全球三大环境问题之一。目前全人类正站在保护生物多样性、实现全球可持续发展的十字路口。在这一背景下,生物多样性保护专项规划可以成为从空间层面落实生物多样性保护的重要工具。本章首先解读生物、生物多样性与生物栖息环境的基本概念,论述生物多样性保护的重要性、主要途径和保护规划涉及的重要原理,随后阐述生物多样性保护的全球议程与中国的保护现状,探讨生物多样性保护规划的编制要求、原则、目标及在规划体系中的定位,最后重点介绍生物多样性现状、生物多样性保护空间格局构建、生物多样性保护空间管控的内容和方法。本章内容有助于理解生物多样性保护的重要意义以及"现状分析—格局构建—空间管控—监测评估"的国土空间生物多样性保护专项规划的编制逻辑和技术要点,帮助学生建立将生物多样性纳入国土空间规划的知识框架。

4.1 生物多样性保护的基础理论

4.1.1 生物多样性的相关概念

1. 生物

生物是自然界中具有生命的物体,包括植物、动物和微生物,其元素包括:在自然条件下,通过化学反应生成的具有生存能力和繁殖能力的有生命的物体以及由它（或它们）通过繁殖产生的有生命的后代。生物最重要和最基本的特征在于进行新陈代谢及繁殖。

2. 生物多样性

根据《生物多样性公约》（*Convention of Biological Diversity*），生物多样性（biological diversity）意为"除其他外，包括陆地、海洋和其他水生生态系统及其所构成的生态综合体在内的所有来源的生物体的变异性（the variability among living organisms from all sources including inter alia, terrestrial, marine and other aquatic ecosystems and the ecological complexes of which they are part）"，包括遗传多样性、物种多样性、生态系统多样性三个层次[1]。

遗传多样性是指同一物种的生物体内遗传因子（基因）及其组合的多样性，是生物多样性在物种内的体现。物种多样性是指一定区域内动物、植物、微生物等生物种类的丰富程度，是生物多样性在物种层面的表现形式，也是生物多样性的关键，所以物种多样性通常也被用于生物多样性的简单度量。物种多样性包含了"物种数目的多少"和"不同物种在个体数目上的均匀程度"这两方面含义，既体现了生物之间及环境之间的复杂关系，又体现了生物资源的丰富性。生态系统多样性是指一个地区的生态多样化程度，包括了生物生活的环境、生物群落和生态过程的多样性。它涵盖了一定区域内现存的各种生态系统（如森林生态系统、草原生态系统等），以及各种不同的生物生态过程（例如生物的迁移扩散、食物链等）。

3. 生物栖息环境

在生态学中，与生物有关的空间环境概念主要包括栖息地/生境（habitat）、群落生境（biotope）以及生态位（niche）。这三个概念既各有侧重，又相互关联，具体释义如下：

1）**栖息地/生境（habitat）**

栖息地，常常也译为生境，作为一个生态学术语，专门指生物的个体或种群生存繁衍的空间区域，以及该空间区域所包含的环境条件、各种资源和生物与生物之间、生物与非生物环境之间错综复杂的关系，它包括生物生活的空间和其中全部生

---

1. 联合国环境与发展大会. 生物多样性公约（Convention on Biological Diversity）[Z]. 1992.

态因子的总和[1]。栖息地/生境的概念可大可小，既可以概括地指某一类群的生物经常活动的区域类型，而并不注重区域的具体地理位置；也可以用于具体特指某一个体、种群或群落觅食、躲藏和繁殖的生活场所，强调现实生态环境。一般描述植物的栖息地（生境）常着眼于环境的非生物因子（如气候、土壤条件等），描述动物的栖息地（生境）则多侧重于植被类型。生境并非一成不变，有些动物在正常情况下可以有多种生境。当自然条件变化时，某一生境的生物可以占领新的生境，也可能被迫迁居到新的生活场所。

2）**群落生境**（biotope）

由德文词"Biotop"而来，指为特定的动植物集合提供场所的特定环境，是一个生态系统内可划分的空间单位，其中的非生物因素铸造了这一生活环境。群落生境也是景观生态学的最小空间单位，在应用中有时作为生境（habitat）的同义词，区别在于"habitat"关注一个物种或种群（a species or a population），而"biotope"属于群落生态学（synecology）的范畴，更关注生物群落（a biological community）[2]。

3）**生态位**（niche）

生态位表示生态系统中每种生物所必需的生境最小阈值，强调一个种群在生态系统中，在时间、空间上所占据的位置及其与相关种群之间的功能关系与作用。关于生态位与生境的区别，可以将生境比喻为是生物的"地址"，而将生态位比喻为生物的"职业"[3]。

4.1.2 生物多样性保护的重要性

生物多样性使地球充满生机，是人类赖以生存和发展的基础，是地球生命共同体的血脉和根基。丰富多样的生物物种和生态系统对人类至关重要，因为大多数生物不能被完全替代，甚至不可替代；各种类型的生态系统可以保障物种的生存环境，提供水源涵养、水土保持等生态服务功能，并为人类供给食物、能源等产品，是地球上物种与人类生存的基础[4]。

---

1. WHITTAKER R H, LEVIN S A, ROOT R B. Niche, habitat and ecotope[J]. American Naturalist, 1973, 107(955): 321-338.
2. UDVARDY M F D. Notes on the ecological concepts of habitat, biotope and niche [J]. Ecology, 1959, 40: 725-728.
3. 李雪梅，程小琴. 生态位理论的发展及其在生态学各领域中的应用[J]. 北京林业大学学报, 2007 (S2): 294-298.
4. 靳彤，彭昀月，曾丽诗，等. 基于自然的解决方案：推动生物多样性保护主流化[J]. 自然保护地, 2023, 3 (3): 35-44.

生物多样性与社会经济发展也密切相关，是保障人类文明、社会经济可持续发展的关键。健全的生态系统不仅能够提供经济发展和人类居住的舒适环境，还能够在抵抗自然灾害、缓冲极端环境影响方面发挥重要作用。生物多样性是国家粮食安全的保障，在基因水平上的遗传多样性是农业发展的基石和粮食生产的源泉。生物多样性也是传统医药和现代医药的源泉，传统医药数千年来一直是人类健康最重要的物质基础，现代医药的主要化学成分也来自生物资源。生物多样性还可以调节生态环境，植物通过光合作用吸收二氧化碳，可减少大气中的温室气体，缓解气候变化[1]。

随着人口迅速增长和科技的飞速发展，人类在创造文明的同时也缔造了一个人类控制下的全球生态系统。长期以来对生物资源及土地的过度利用，导致了动植物栖息地丧失、环境污染等一系列问题，从而引发了全球性的物种灭绝危机，生态环境及生物系统正遭受极大威胁。生物多样性丧失与气候变化、环境污染已并列为全球三大环境问题。人类目前正站在保护生物多样性、实现全球可持续发展的十字路口。联合国环境署2020年发布的第五版《全球生物多样性展望》指出："当前生物多样性的丧失速度之快在人类历史中前所未见，伴随而来的压力与日俱增。地球的整个生命系统正在遭受破坏。人类如果继续以不可持续的方式开发利用自然、削弱自然对人类的贡献，那么我们也难保自身的福祉、安全与繁荣。"[2]

延伸阅读 4.1　第五版《全球生物多样性展望》（决策者摘要）

《全球生物多样性展望 5》（GBO-5）是由联合国生物多样性公约（CBD）发布的关于自然状态的权威概述，是一份关于2010年设定且截止日期为2020年的20个全球生物多样性目标所取得的进展发布的最终成绩报告单。报告还提供了所汲取的经验教训和最佳做法，以使保护工作步入正轨。

报告呼吁人们在一系列活动中摒弃"一切照旧"的老路，并提出了减缓和遏制自然加速衰退的八个主要转型，每一个转型都确认生物多样性的价值、恢复所有人类活动所依赖的生态系统的必要性、减少这种活动的负面影响的紧迫性，具体包括：

---

1. 彭羽，等．城市生物多样性保护案例研究［M］．北京：中国环境出版社，2012．
2. 联合国环境署．全球生物多样性展望（决策者摘要）［EB/OL］．（2020-09-15）［2024-04-20］．https://www.cbd.int/gbo/gbo5/publication/gbo-5-spm-zh.pdf．

土地和森林转型。保护完整的生态系统，恢复生态系统，整治和扭转退化，利用景观及空间规划来避免、减少和减缓土地使用变化。

可持续农业转型。利用农业生态和其他创新方法重新设计农业系统以提高生产力，同时最大限度地减少对生物多样性的负面影响。

可持续粮食系统转型。促成可持续的健康饮食，更重视粮食的多样性，以植物粮食为主，进一步减少消费肉类和鱼类，大幅减少粮食供应和消费中的浪费。

可持续渔业和海洋转型。保护和恢复海洋和沿海生态系统，重建渔业，管理水产养殖和海洋的其他用途，确保可持续性，加强保障粮食安全和生计。

城市和基础设施转型。部署"绿色基础设施"，在建筑景观中为自然留出空间，改善公民的健康和生活质量，减少城市和基础设施的环境足迹。

可持续淡水转型。保证自然和人类所需的水流量，改善水质，保护重要生境，控制入侵物种，保障连通性，恢复从山区到沿海的淡水系统。

可持续气候行动转型。采取基于自然的解决方案，迅速淘汰化石燃料的使用，减少气候变化的规模和影响，同时为生物多样性和其他可持续发展目标提供积极的效益。

涵盖生物多样性的"同一健康"（One health）转型。采取统筹办法管理生态系统，包括农业和城市生态系统以及野生生物的利用，促进生态系统健康和居民健康。

报告还表明，各国政府将需要扩大国家野心，以支持新的全球生物多样性框架，并确保调动所有必要资源，各国还需要推动生物多样性主流化，并纳入所有经济部门的相关政策中。

资料来源：联合国环境署. 全球生物多样性展望（决策者摘要）[EB/OL].（2020-09-15）[2024-04-20]. https://www.cbd.int/gbo/gbo5/publication/gbo-5-spm-zh.pdf.

4.1.3 生物多样性保护的主要途径

生物多样性保护的途径包括就地保护与迁地保护。

1. 就地保护

就地保护是为了保护生物多样性，把包含保护对象在内的一定面积的陆地或水体划分出来，进行栖息地保护和管理的方式。就地保护在维持生物的繁衍与进化、物质循环和能量流动、维系生态系统服务和功能、适应气候变化等方面均具有重要的作用。建立自然保护地（Protected Areas，简称 PA）是就地保护中极为重要的措施。根据国际自然保护联盟（International Union for Conservation of Nature，简称 IUCN）的定义，自然保护地是指一个明确界定的地理空间，通过法律或其他有效方式获得认可、承诺和管理，以实现对自然资源及其所拥有的生态系统服务和文化价值的长期保育[1]。中共中央办公厅、国务院办公厅 2019 年 6 月印发的《关于建立以国家公园为主体的自然保护地体系的指导意见》，要求按照保护区域的自然属性、生态价值和管理目标进行梳理调整和归类，逐步形成以国家公园为主体、自然保护区为基础、各类自然公园为补充的自然保护地分类系统，并将生态功能重要、生态环境敏感脆弱以及其他有必要严格保护的各类自然保护地纳入生态保护红线管控范围。截至 2021 年，我国自然保护地陆域面积约占陆域国土面积的 18%。

1）国家公园

国家公园是以保护具有国家代表性的自然生态系统为主要目的，实现自然资源科学保护和合理利用的特定陆域或海域，是我国自然生态系统中最重要、自然景观最独特、自然遗产最精华、生物多样性最富集的部分，保护范围大，生态过程完整，具有全球价值、国家象征、国民认同度高等特点。2016 年以来，我国陆续建立了三江源、大熊猫、东北虎豹、祁连山、海南热带雨林、武夷山、神农架、香格里拉普达措、钱江源、南山 10 个国家公园体制试点[2]。2022 年 12 月，国家林草局、财政部、自然资源部、生态环境部联合印发《国家公园空间布局方案》，遴选出 49 个国家公园候选区（含正式设立的 5 个国家公园），其中陆域 44 个、陆海统筹 2 个、海域 3 个，总面积约 110 万平方公里。全部建成后，我国国家公园保护面积的总规模将是世界最大。

2）自然保护区

自然保护区是保护典型的自然生态系统、珍稀濒危野生动植物种的天然集中分布区、有特殊意义的自然遗迹的区域，一般具有较大面积，能够确保主要保护对象安全，维持和恢复珍稀濒危野生动植物种群数量及赖以生存的栖息环境。截至 2019 年，我国共建立了 2 750 个自然保护区，其中国家级有 474 个，自然保护区的总面积达到 147 万平方公里，占我国陆域国土面积的 15%。

3）自然公园

自然公园指保护重要的自然生态系统、自然遗迹和自然景观，具有生态、观赏、文化和科学价值，可持续利用的区域。确保森林、海洋、湿地、水域、冰川、

---

1. DUDLEY N. IUCN 自然保护地管理分类应用指南［M］. 朱春全, 欧阳志云, 译. 北京: 中国林业出版社, 2016.
2. 徐卫华, 欧阳志云. 中国国家公园与自然保护地体系［M］. 郑州: 河南科学技术出版社, 2022.

草原、生物等珍贵自然资源，以及所承载的景观、地质地貌和文化多样性得到有效保护。包括森林公园、地质公园、湿地公园、草原公园、沙漠公园、海洋公园等各类自然公园。全国目前共有国家级森林公园900余处，国家级湿地公园近900处，国家级地质公园200多处，国家海洋公园49处，国家沙漠公园70多处。全国首批39处国家草原自然公园正在试点建设。

4）其他有效的区域保护措施（OECMs）

除了建立保护地，国际社会也日益重视在自然保护地之外的区域采取持续有效的生物多样性保护措施，从而维持和改善生物多样性及生态系统服务。这一措施被称为其他有效的区域保护措施（Other Effective area-based Conservation Measures，简称OECMs），被认为是能够大幅增加陆地和海洋受保护面积以实现2030年保护目标的具有成本效益的新型保护工具。《生物多样性公约》将OECMs定义为"保护地以外的地理定义地区，对其治理和管理是为了实现生物多样性就地保护的积极、持续的长期成果，并取得相关的生态系统功能和服务，以及在适用情况下实现文化、精神、社会经济价值和其他与当地相关的价值"。即自然保护地是以生物多样性保护为主要目标的明确地理空间，而OECMs则是在自然保护地以外的明确地理空间，不一定以生物多样性保护为目标，但实际上发挥了生物多样性保护的长期效果，二者在空间上是不重叠的。换言之，保护地是目标导向的，而OECMs则是结果导向的。如果一个指定的区域被认定为OECMs，就必须满足以下两个基本条件：①未被认定为自然保护地；②实现了生物多样性就地保护的长期成果。在我国的实际应用中，OECMs通常以社区保护地或自然保护小区的形式出现。社区保护地是社区群众在历史上或当前现实中对于自然资源采取自我约束或排斥性干预活动的区域。自然保护小区是为保护珍稀濒危野生动植物种群和典型植物群落而设定的面积较小的保护区[1]。

> **延伸阅读4.2** 《其他有效的区域保护措施识别与报告指南》
>
> 自然保护地和OECMs都有望长期和有效地就地保护生物多样性。然而，自然保护地以自然保护为主要管理目的，而OECMs则可将或不以自然保护为首要目的。
>
> 在OECMs中提供有效保护的方法类型包括（图4-1）：

---

1. 世界自然保护地委员会其他有效的区域保护措施工作组. 其他有效的区域保护措施识别与报告指南［EB/OL］.（2022-03-23）［2024-04-20］.https://portals.iucn.org/library/efiles/documents/PATRS-003-Zh.pdf.

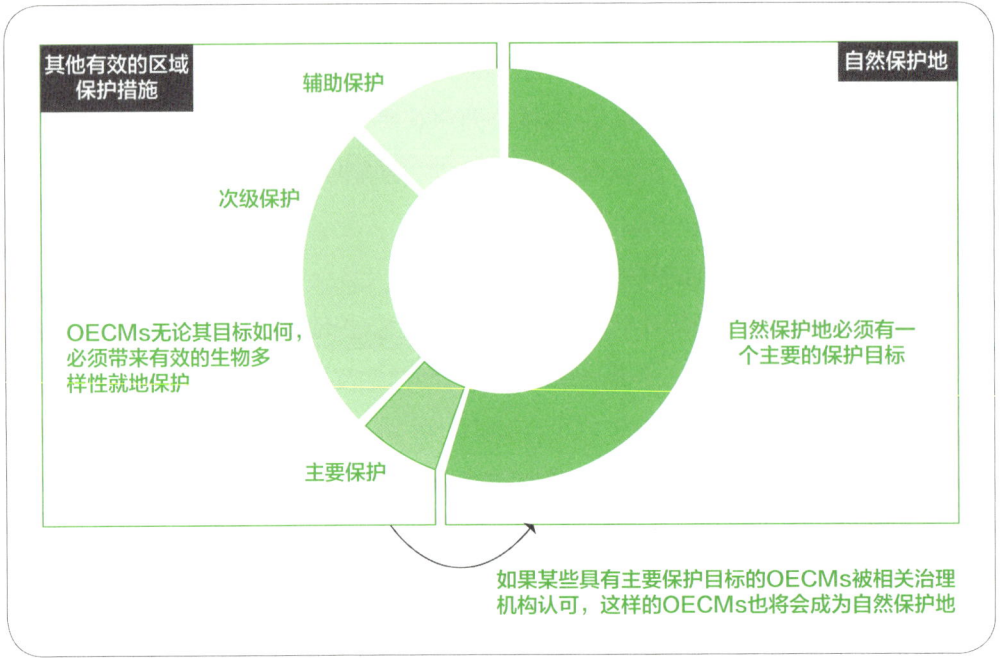

图 4-1　OECMs 与自然保护地之间的关系
资料来源：世界自然保护地委员会其他有效的区域保护措施工作组．其他有效的区域保护措施识别与报告指南［EB/OL］．（2022-03-23）［2024-04-20］.https：//portals.iucn.org/library/efiles/documents/PATRS-003-Zh.pdf．

"主要保护"（Primary Conservation），指可能符合 IUCN 对自然保护地定义的所有要素，但由于治理机构不希望该区域被认可或报告为自然保护地而未被正式划定为自然保护地的区域。例如，在某些情况下，原住民和地方社区可能不希望其管理的具有高生物多样性价值的地区被划定为自然保护地或记录在政府保护地数据库中。此外，即便一个区域符合 OECM 标准，治理机构也有权拒绝该地区被识别为 OECM。

"次级保护"（Secondary Conservation），指开展积极管理，并将生物多样性成效作为次要目标的区域。例如，流域长期保护政策和管理能够有效保护流域的生物多样性，虽然政策和管理的首要目的并不是生物多样性保护，但能够在自然保护地或其他生物多样性丰富地区之间提供生态连通性，从而有益于生态活力，这些区域也可能符合 OECM 的标准。

"辅助保护"（Ancillary Conservation），指即使生物多样性保护不是其管理目标，但可以附带提供就地保护成效的地区。例如，奥克尼群岛的斯卡帕湾保护沉船和战争遗迹，就是对重要生物多样性的辅助保护。

符合自然保护地定义的未被识别和报告的地区

IUCN 建议，符合 IUCN 对自然保护地定义的所有标准，并被主管部门认可的区域，应被视为自然保护地，而不是OECM。例如，一些私人保护区并没有被政府列为自然保护地，虽然它们可能符合IUCN标准。

其他完整的自然区域

上述所有的情况都必须与其他没有保护行动，但目前仍拥有完整生物多样性的区域区分开来。例如地处偏远或冲突局势的区域，这些地区既不是OECM，也不是自然保护地。因为当情况发生变化，或者这些场地面临破坏环境的活动，这些区域可能无法对环境提供保障。

2. 迁地保护

迁地保护是为了保护生物多样性，把生存条件不复存在、物种数量极少或难以找到配偶等原因，生存和繁衍受到严重威胁的物种迁出原地，移入动物园、植物园、水族馆和濒危动物繁殖中心，进行特殊的保护和管理，是对就地保护的补充。

4.1.4　生物多样性保护规划的生态学原理

1. 生态金字塔

自然生态系统中存在由食物链关系所构成的"生态金字塔"，即各个营养级有机体的个体数量、生物量或能量，可按营养级位顺序排列成逐级递减的金字塔形。"生态金字塔"最底层是分解者、生产者和消费者，分解者又称为土壤生物，包括蚯蚓、蚂蚁类、细菌、菌类等依赖死亡生物为食物的生物，它们的角色是将生物尸体分解还原为土壤。其上的生产者，是指可以直接吸收太阳能，创造有机物的绿色植物。消费者又可分为一次、二次、三次消费者，一次消费者指直接接受绿色植物吸取食物为生的动物（如甲虫、蝴蝶等），而依靠一次消费者为生的称为第二次消费者（如螳螂、青蛙等），猛禽、鹰类、虎类等是最高层的消费者。生态金字塔越低层级的生物环境越丰富，其数量较多，反之越高级的消费者越需要大量的自然条件，才能支撑其高级的消费。小部分自然地被开发，有如生态金字塔底削减，有时会伤及高级生态动物。而自然保护区中开挖道路，会中断生物物种交流，有如把生态金字塔砍成两半（图4-2）[1]。

---

1. 林宪德. 城乡生态[M]. 台北：詹氏书局，1999.

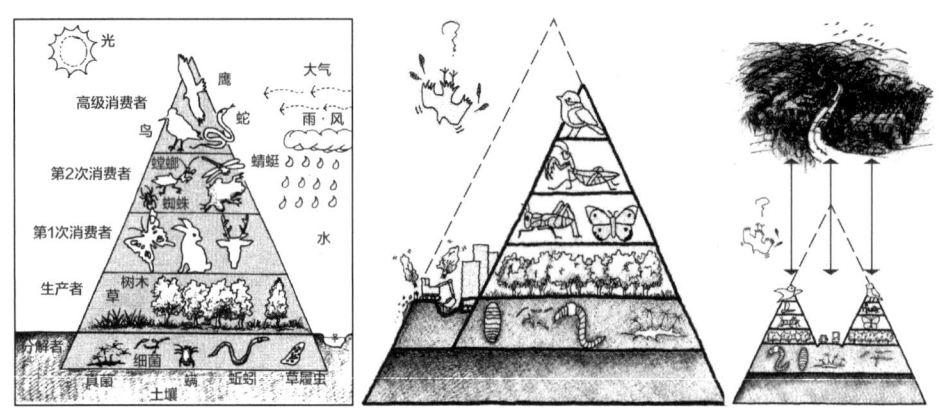

图 4-2 生态金字塔
资料来源：林宪 德.城乡生态[M].台北：詹氏书局，1999.

2. 岛屿生物地理学理论

岛屿生物地理学理论由麦克阿瑟（Robert MacArthur）和威尔森（E.O.Wilson）提出，定量阐述了岛屿上物种的丰富度与面积的关系，该学科的理论最初用来解释决定岛屿物种丰富程度的因素，后来也被用来研究戈壁湖泊、沙漠山地、孤立雨林甚至人类社会包围下的小块自然栖息地的物种数量状况，这方面的理论多用于分析非生态系统包围下的生态系统。从生态空间网络规划的角度，基本可以遵循以下原则。

1）面积效应

根据保护生态学的"种－面积关系"理论，在一定地域内物种数量与面积之间存在一定的函数关系，通常而言，当绿色空间面积越大时，物种的数量也倾向较多，越能维持健全的动植物群落。

2）边缘效应

绿色空间的边缘一般意味着人类活动的干扰界面，边缘的界限越长，越容易受到外来冲击，因此形状完整的绿色空间较有益于生物多样性，即相同面积的绿色空间，圆形优于方形，方形优于长方形。

3）距离效应

根据空间生态位的趋近理论，绿色空间之间的距离越接近，越方便物种在各种生态位之间移动与交流，对植物群落的多样化也越有利，因此绿色空间之间不能分隔太远。

4）连接效应

由于建筑、道路等人工设施的存在，绿色空间之间即便在几何空间上趋近，也可能由于实际空间上的阻隔而无法进行物质能量交换。因此，众多绿色空间之间需要有足够宽度的廊道连接，以促进物种的网状移动与基因交流。在城市中，绿廊与河川绿地常常承担起这一重要的绿色网络功能（图4-3）。

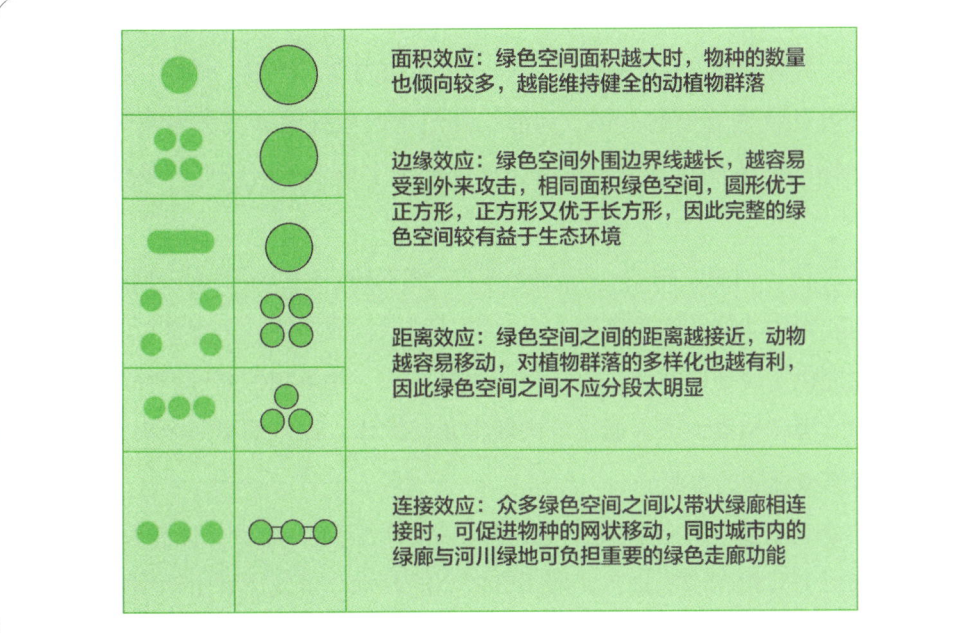

图4-3 生态空间的岛屿生物地理学理论
资料来源：改绘自林宪德. 城乡生态［M］. 台北：詹氏书局，1999.

3. 野生动物的生存需求与生态位

1）野生动物生存的基本需求

适合野生动物生存的生境条件与它们的食性、营巢特点、繁殖特点以及领域行为和天敌等有关。根据自然法则，所有野生动物基本需求包括食物（Food）、水（Water）、庇护（Shelter or Cover）[1]。野生动物必须依靠足够的食物以获得合理的营养用于生长和保持健康的体魄。水的作用在于消化、降低体温和清除代谢废物。庇护的作用在于为动物提供保护并提升其生存或繁殖能力，庇护所躲避的对象主要是天气和天敌，包括对筑巢、休息、逃生、育雏、漫游以及抗热和抗寒需求的庇护[2]。

---

1. JOHNSTON J, NEWTON J. Building green, London Ecology Unit［R］. 1993.
2. YARROW G. Habitat Requirements of Wildlife: Food, Water, Cover and Space［J］. Forestry and Natural Resources Fact Sheet 14, 2009（5）：1-5.

2）野生动物的空间生态位

在城乡空间中，食物、水和庇护三项基本需求都可以找到各自对应的生态位。

觅食生态位。食物可能来自不同的来源，很多果树和灌木的花蕊、果实和种子是野生动物一年四季的食源。产坚果的树木可以为松鼠和各种鸟类供应食物。

对于食肉型动物而言，大量繁殖的昆虫是它们的口粮。例如，蝙蝠是贪婪的蚊虫消费者，每晚能吃 3 000 只蚊子。鸟类以昆虫为食。蚱蜢、蟋蟀、毛毛虫是鸟类和小型哺乳动物最喜爱的食物。河道、湖泊中的鱼虾是涉禽和游禽等水鸟的食物。野生动物的自然食物资源还包括在食物链金字塔上位阶较低的其他野生动物物种。

饮水生态位。河流、湖泊、湿地提供了天然水源，但也可能因为通航和人类休闲活动等阻隔野生动物的饮用需求，人工湖、喷泉、池塘等人工水体以及水坑、池塘和沟渠也提供了便捷的水源。除了这些直接来源，许多物种通过消耗高水分含量的食物，如水果和浆果，或者通过吃肉获得足够的水。饮水的第三个来源是植物和草坪上的晨露或雨后的水滴。

庇护生态位。野生动物需要安全庇护场所进行筑巢、觅食、休憩和饲养幼崽，保护自身远离天敌和环境的侵害。郁闭度较高的乔木，可以让野生动物安全地与人类和天敌的干扰隔离。树龄长的大树通常是很多物种的家园，其内腔可以成为良好的巢穴之地。有在空腔筑巢习性的鸟类也可以在其他任何具有封闭结构的场地中被发现，例如在建筑物上的孔洞中筑巢。燕子等其他鸟类，也会在建筑物的侧边和屋檐下筑巢。

3）野生动物空间生态位及其趋近需求

野生动物需要一定面积的空间范围用于休息、移动、躲避潜在天敌、寻找伴侣、获得生存所需的食物和水，这一空间范围被称为"家域"（home range）。一个地区内某一物种的家域空间规模取决于食物、水和庇护所的数量和质量，也取决于动物的体型、饮食偏好以及与其他物种分享生态位的习性。

根据功能生态位所对应的空间位置属性，将觅食和饮水所需空间归为食性空间生态位，而将庇护功能生态位中的筑巢、繁殖、育雏所需的空间归纳为巢居空间生态位，休息、漫游所需空间归为休憩生态位，而生物对逃生和抵抗天气冷热的需求在其利用的各种空间中都存在。从空间获取的难易程度而言，巢居空间最难获取，其次是食性空间，休憩空间由于是暂时性的停留空间，最容易获取（表 4-1）。

表 4-1　城市生物基本空间生态位

空间生态位	对应的功能生态位	空间获取难易度
巢居空间生态位	筑巢庇护、繁殖庇护、育雏庇护	最难
食性空间生态位	觅食、饮水	较难
休憩空间生态位	休憩庇护、游荡庇护	最易

资料来源：干靓.城市生物多样性与建成环境［M］.上海：同济大学出版社，2018.

根据家域理论，野生动物日常的觅食、饮水、休憩、游荡、求偶、育雏等功能需求的空间配置必须形成合适且趋近的秩序，即巢居空间生态位、食性空间生态位、休憩空间生态位资源必须位于一定的空间范围内，能使动物在一天内安全地来回于这三类空间生态位之间（图 4-4）。

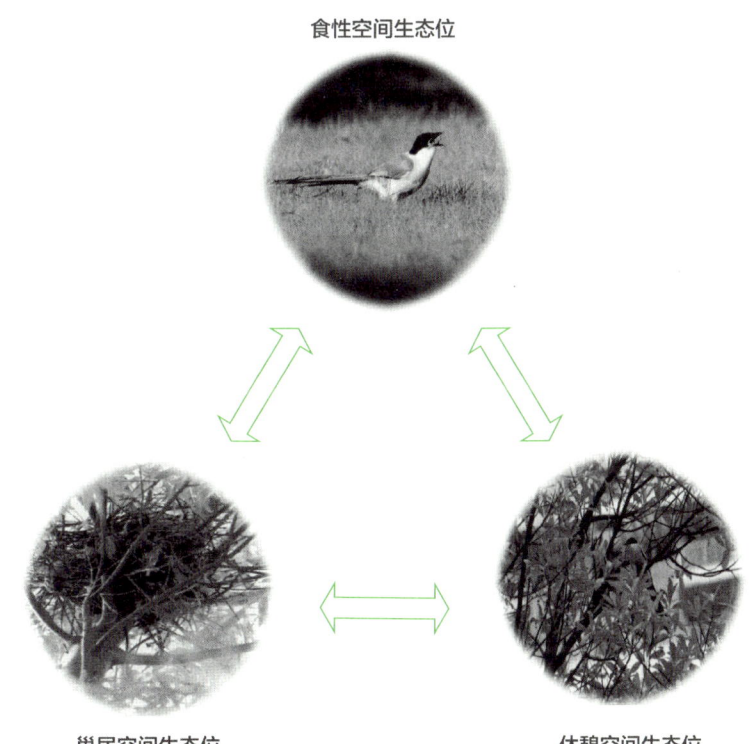

图 4-4　野生动物空间生态位的趋近需求
资料来源：干靓.城市生物多样性与建成环境［M］.上海：同济大学出版社，2018.

4.2 生物多样性保护的全球议程与中国保护现状

4.2.1 生物多样性保护的全球议程

1.《生物多样性公约》

为了切实保护全球生物多样性，将生物多样性保护纳入国民经济与社会发展的主流化行动，迫切需要各国缔结一部具有普遍意义的约束性协议。1992年6月1日，联合国环境署发起的政府间谈判委员会第七次会议在内罗毕通过了《生物多样性公约》（Convention of Biological Diversity，简称CBD），将保护生物多样性、可持续利用生物多样性以及公正合理分享由利用遗传资源所产生的惠益作为三项主要目标，确立了生物多样性保护的全球法律框架。6月5日，在里约热内卢举办的联合国环境与发展大会上，公约开放签署，随即得到了空前响应；在1993年6月4日签署截止日期前，就有168个国家签署。迄今已有196个缔约方批准了该协议。

根据《生物多样性公约》第6条要求，每一缔约国应根据国情，制定保护和持续利用生物多样性的国家战略、计划或方案，并尽可能将生物多样性保护和持续利用的要求纳入有关部门或跨部门计划、方案和政策中。至2020年，196个缔约方中有193个（99%）制定了至少一份国家生物多样性战略和行动计划（National Biodiversity Strategy and Action Plan，简称NBSAP）。

2."爱知目标"

缔约方大会（CBD-COP）是生物多样性保护公约的理事机构和最高权力机构，1994—1996年每年举行一次，自1996年以来每两年举行一次，一般在偶数年。2002年，CBD第六次缔约方大会（CBD-COP6）通过了"2002—2010年《生物多样性公约战略计划》"以及"2010年生物多样性目标"（以下简称"2010年目标"）。2010年，CBD第十次缔约方大会（CBD-COP10）更新制定了"2011—2020年《生物多样性战略计划》"（以下简称《战略计划》）和"爱知生物多样性目标"（以下简称"爱知目标"），这也是全球第一个以10年为期的生物多样性保护目标。"爱知目标"分为5个战略目标和20个行动目标，呼吁各国采取有效和紧急的行动来阻止生物多样性的丧失，它为各个缔约方制定和更新本国的国家生物多样性保护战略和行动计划提供了指导，同时也促进了国际社会加强生物多样性保护的合作和交流，为中长期全球生物多样性治理设定了框架。

在2020年9月，生物多样性公约秘书处发布的第五版《全球生物多样性展望》指出，"爱知目标"中的20个行动目标，没有一条完全实现，仅有防止物种入侵、维持现有保护区、获取和分享遗传资源、制定生物多样性战略和行动计划、共享信息和调动资源6个目标部分实现，因此全球正处于生物多样性保护的十字路口。中国作为世界上生物多样性最丰富的国家之一，开展了一系列生物多样性保护措施，履约情况好于其他国家。

3.《昆蒙框架》

原定于2020年由我国作为东道国的第十五次缔约方大会（CBD-COP15）因新冠疫情原因推迟至2021年和2022年两个阶段召开，并在2022年12月召开的第二阶段大会上通过了"昆明-蒙特利尔全球生物多样性框架"（以下简称《昆蒙框架》），提出国际社会携手遏止并扭转生物多样性丧失，推动生物多样性恢复进程，共同实现2050年愿景和2023年使命。

《昆蒙框架》沿用了《战略计划》中"与自然和谐共生"的2050愿景的表述，即"到2050年，生物多样性受到重视，得到保护、恢复及合理利用，维持生态系统服务，实现一个可持续的健康的地球，所有人都能共享重要惠益"。既认可过去10年全球生物多样性治理方向的正确性，也表明"与自然和谐共生"仍是至2050年全球生物多样性治理的最高目标。

2030年行动目标充分继承了《战略计划》中"爱知目标"的内容，目标可分为3类，包括：减少对生物多样性的威胁、通过可持续利用和惠益分享满足人类需求以及执行工作和主流化的工具和解决方案。由于土地用途改变是1970年以来对自然负面影响相对最大的直接驱动因素，因此《昆蒙框架》将空间规划作为新的行动工具，以应对这一直接驱动因素，并在目标1中明确提出"确保所有区域，处于参与性、综合性、涵盖生物多样性的空间规划，和/或其他有效管理进程之下，解决土地和海洋利用变化问题，到2030年之前使具有高度生物多样性重要性的区域，包括生态系统和具有高度生物多样性的区域的丧失接近于零，同时尊重土著人民和地方社区的权利"。（Ensure that all areas are under participatory integrated biodiversity inclusive spatial planning and/or effective management processes addressing land and sea use change, to bring the loss of areas of high biodiversity importance, including ecosystems of high ecological integrity, close to zero by 2030, while respecting the rights of indigenous peoples and local communities.[1]）

1.CBD Convention on Biological Diversity. Kunming-Montreal Global Biodiversity Framework［EB/OL］.（2022-12-19）［2024-04-20］. https://www.cbd.int/doc/decisions/cop-15/cop-15-dec-04-en.pdf.

延伸阅读 4.3 《昆明-蒙特利尔全球生物多样性框架》(Kunming–Montreal Global Biodiversity Framework)

《昆蒙框架》为从现在到 2030 年的 10 年中采取紧急行动规定了 23 个以行动为导向的全球目标。每个行动目标中规定的行动必须立即启动，到 2030 年完成。这些行动的总成果将使人们能够实现以成果为导向的 2050 年长期目标。为达到这些行动目标而采取的行动应与《生物多样性公约》及其议定书和其他相关国际义务协调一致，同时考虑到各国的国情、优先事项和社会经济条件。

1. 减少对生物多样性的威胁（行动目标 1–8）

行动目标 1–8 针对导致生物多样性丧失的五大直接驱动力（土地利用变化、海洋利用变化、生物体直接利用、外来物种入侵、污染和气候变化）提出了行动方向，并设定了数个量化目标，包括覆盖所有区域的空间规划、恢复至少 30% 的退化生态系统，有效养护和管理至少 30% 的陆地、内陆水域、沿海和海洋，防止重点外来入侵物种引入和建立种群，并将其他已知或潜在外来入侵物种引入和建立种群速率至少降低 50%，将流失到环境中的过量养分减少 50%，以及将农药和高危化学品的总体风险降低 50% 等。

2. 通过可持续利用和惠益分享满足人类需求（行动目标 9–13）

行动目标 9–13 以满足人类需求为出发点，突出了"自然对人类的贡献"（Nature's Contribution to People，简称 NCP），提出了加强可持续利用和促进惠益分享的路径和行动方向，包括采用基于自然的解决方案（Nature-based Solutions，简称 NbS）和／或生态系统方式（Ecosystem-based Approach，简称 EbA）以及分享利用遗传资源及数字序列信息产生的惠益。

3. 执行工作和主流化的工具和解决方案（行动目标 14–23）

行动目标 14–23 涵盖了确保《昆蒙框架》有效执行的工具和解决方案，包括将生物多样性纳入主流，改变公众消费行为，加强生物安全措施，改革激励措施，调动资金资源，加强能力建设和发展，促进数据、信息和知识获取，保障所有群体参与及确保性别平等多个方面（图 4–5）。

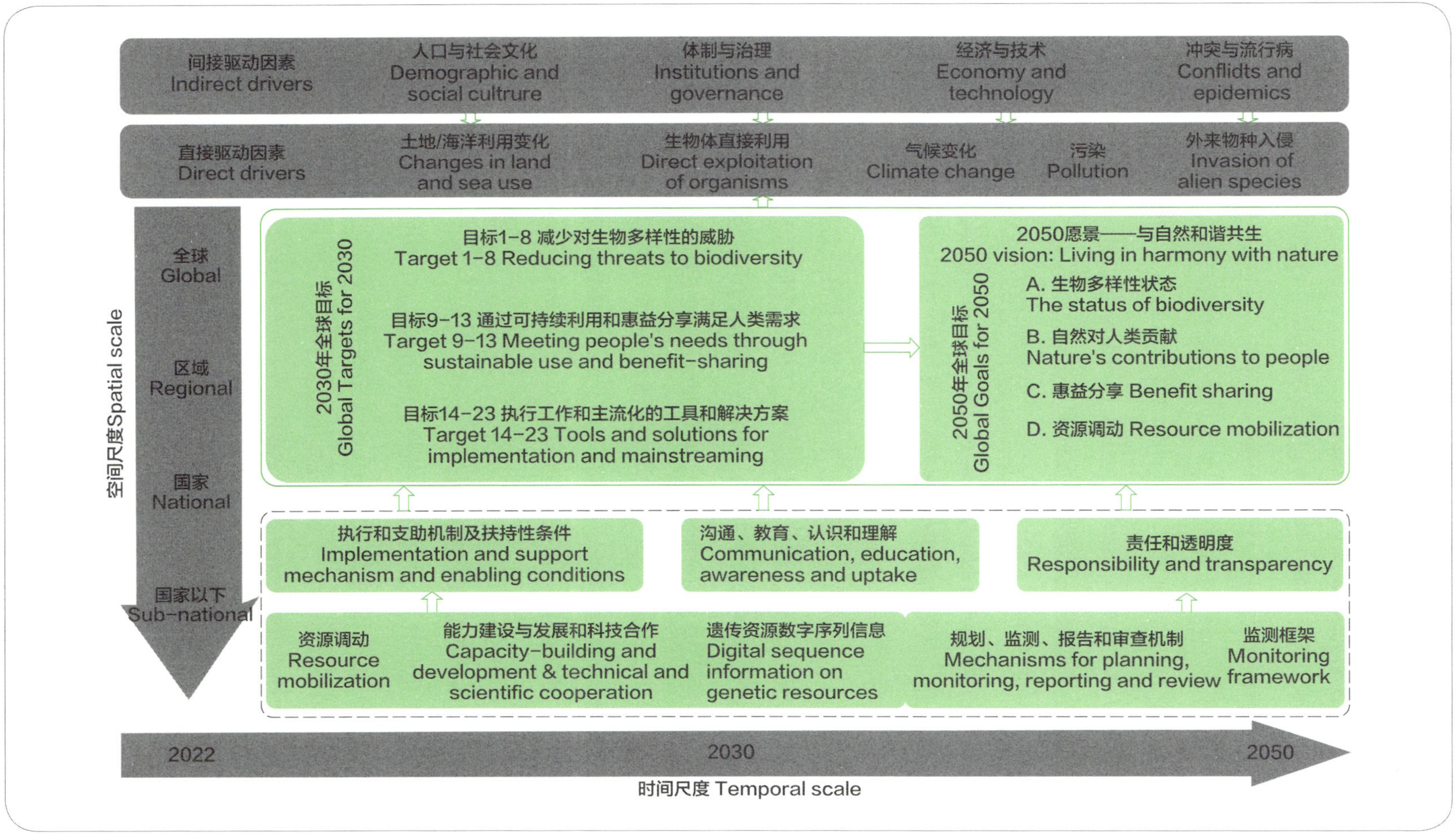

图 4-5 昆明-蒙特利尔全球生物多样性框架主要内容及影响

资料来源：徐靖，王金洲.《昆明-蒙特利尔全球生物多样性框架》主要内容及其影响[J]. 生物多样性，2023 (31)，23020.

4.2.2 中国生物多样性概况与保护现状

1. 中国生物多样性资源现状和重要性

中国幅员辽阔、陆海兼备，独特的自然地理环境、复杂多样的气候类型，孕育了丰富而又独特的生态系统、物种和遗传多样性，是世界上生物多样性最丰富的国家之一。据统计，中国已知物种 135 061 种，拥有 3 万多种高等植物，居世界前三位，仅次于巴西和哥伦比亚。哺乳动物 694 种、鸟类 1 445 种、爬行动物 626 种、两栖动物 629 种、鱼类 5 082 种、昆虫及其他无脊椎动物 56 886 种；海洋生物 28 000 多种，约占全球海洋已记录物种数的 11%。[1]

中国是地球上种子植物区系起源中心之一，高等植物约占全世界总数的 10%[2]，维管植物特有物种数位列全球第 3 位[3]，是世界上裸子植物最多的国家。中国哺乳动物丰富度位于世界第 1 位，鸟类和两栖动物世界排名第 5 位，爬行动物排名第 8 位[4]。中国是全球农作物主要起源中心之一和世界重要的畜禽遗传资源中心和驯化起源中心。中国还具有全球陆地生态系统的各种类型。丰富的生物多样性资源在生态功能维持、生态系统服务与经济协同发展、遗传资源保护及文化价值维持等方面具有重要作用。

全球 36 个热点地区共有 4 个主要或部分在中国境内，包括印－缅地区（Indo-Burma，15%）、中亚山地（Mountains of Central Asia，29%）、喜马拉雅地区（Himalaya，33%）及中国西南山地（Mountains of Southwest China，>98%）。热点地区在中国涉及四川省、云南省、甘肃省、广东省、福建省、海南省 6 个省以及新疆维吾尔自治区、西藏自治区和广西壮族自治区 3 个自治区。

2. 中国生物多样性保护国家战略

作为最早签署和批准《生物多样性公约》的国家之一，中国高度重视生物多样性保护工作。在 20 世纪 90 年代接连颁布了《中国生物多样性保护行动计划》《自然保护区条例》《中国自然保护区发展规划纲要（1996—2010 年）》，并将生物多样性保护纳入国家规划和重要生态功能区建设[5]。

我国也是世界上最早施行"国家生物多样性保护战略与行动计划（NBSAP）"

---
1. 生态环境部. 中国生物多样性保护战略与行动计划（2023—2030 年）[EB/OL].（2024-01-18）[2024-03-20]. https://www.gov.cn/lianbo/bumen/202401/content_6926868.htm.
2. 任海, 等. 中国植物多样性与保护[M]. 郑州：河南科学技术出版, 2022.
3. 李春香, 苗馨元. 浅议中国高等植物多样性在世界上的排名[J]. 生物多样性, 2016, 24(6)：725-727.
4. 臧春鑫, 等.《中国生物多样性红色名录》的制定及其对生物多样性保护的意义[J]. 生物多样性, 2016, 24(5)：610-614.
5. 蔡颖莉, 朱洪革, 李家欣. 中国生物多样性保护政策演进、主要措施与发展趋势[J]. 生物多样性, 2024, 32(5)：1-10.

项目计划的少数国家之一，1994年6月发布了《中国生物多样性保护行动计划》，2010年编制了《中国生物多样性保护战略与行动计划（2011—2030年）》，综合考虑生态系统类型的代表性、特有程度、特殊生态功能，以及物种的丰富程度、珍稀濒危程度、受威胁因素、地区代表性、经济用途、科学研究价值、分布数据的可获得性等因素，划定了32个陆地生物多样性保护优先区域和3个海洋生物多样性保护优先区域，合计35个保护优先区域，提出10个优先领域和30个优先行动。2021年10月8日，国务院新闻办公室发布《中国的生物多样性保护》白皮书，全面介绍了中国生物多样性保护的政策理念、重要举措和进展成效，以及中国践行多边主义、深化全球生物多样性合作的倡议行动和世界贡献。同年10月19日，中共中央办公厅、国务院办公厅印发《关于进一步加强生物多样性保护的意见》，明确了新时期进一步加强生物多样性保护的新目标、新任务。2022年党的二十大报告明确了中国式现代化是人与自然和谐共生的现代化，提出了提升生态系统多样性、稳定性、持续性的战略任务。

2022年12月19日凌晨在COP15第二阶段会议上通过的《昆蒙框架》是中国政府参与并引领国际社会推动达成的全球生物多样性保护合作框架。中国根据这一框架制定了相应的实施方案，以指导国内生物多样性保护工作。2024年1月生态环境部发布《中国生物多样性保护战略与行动计划（2023—2030年）》（以下简称《行动计划》）（图4-6）。这一《行动计划》既是对2010年《中国生物多样性保护战略与行动计划（2011—2030年）》的更新修编，调整明晰了中国新时期生物多样性保护的战略部署、优先领域和优先行动；也是中国对《昆蒙框架》目标愿景的率先回应，在对标联合国《生物多样性公约》提出的保护、可持续利用、惠益共享三大目标的同时，顺应我国高质量发展需求，着力于国家生物多样性治理水平的全面提升，更加注重生物多样性与降碳、减污、扩绿、增长的协同治理，更加注重生物多样性友好型经营活动和内生动力的激发，更加注重对人类与生态系统健康福祉的保障，不断满足人民群众对优美生态环境的期待和优质生态产品服务的需求，树立共建地球生命共同体的引领示范[1]。

3. 中国生物多样性就地保护与迁地保护进展

在就地保护方面，我国积极推动建立以国家公园为主体、自然保护区为基础、各类自然公园为补充的自然保护地体系，设立三江源、大熊猫、东北虎豹、海南热

---

[1] 生态环境部.中国生物多样性保护战略与行动计划（2023—2030年）[EB/OL].（2024-01-18）[2024-03-20]. https://www.mee.gov.cn/ywdt/hjywnews/202401/W020240118377427497957.pdf.

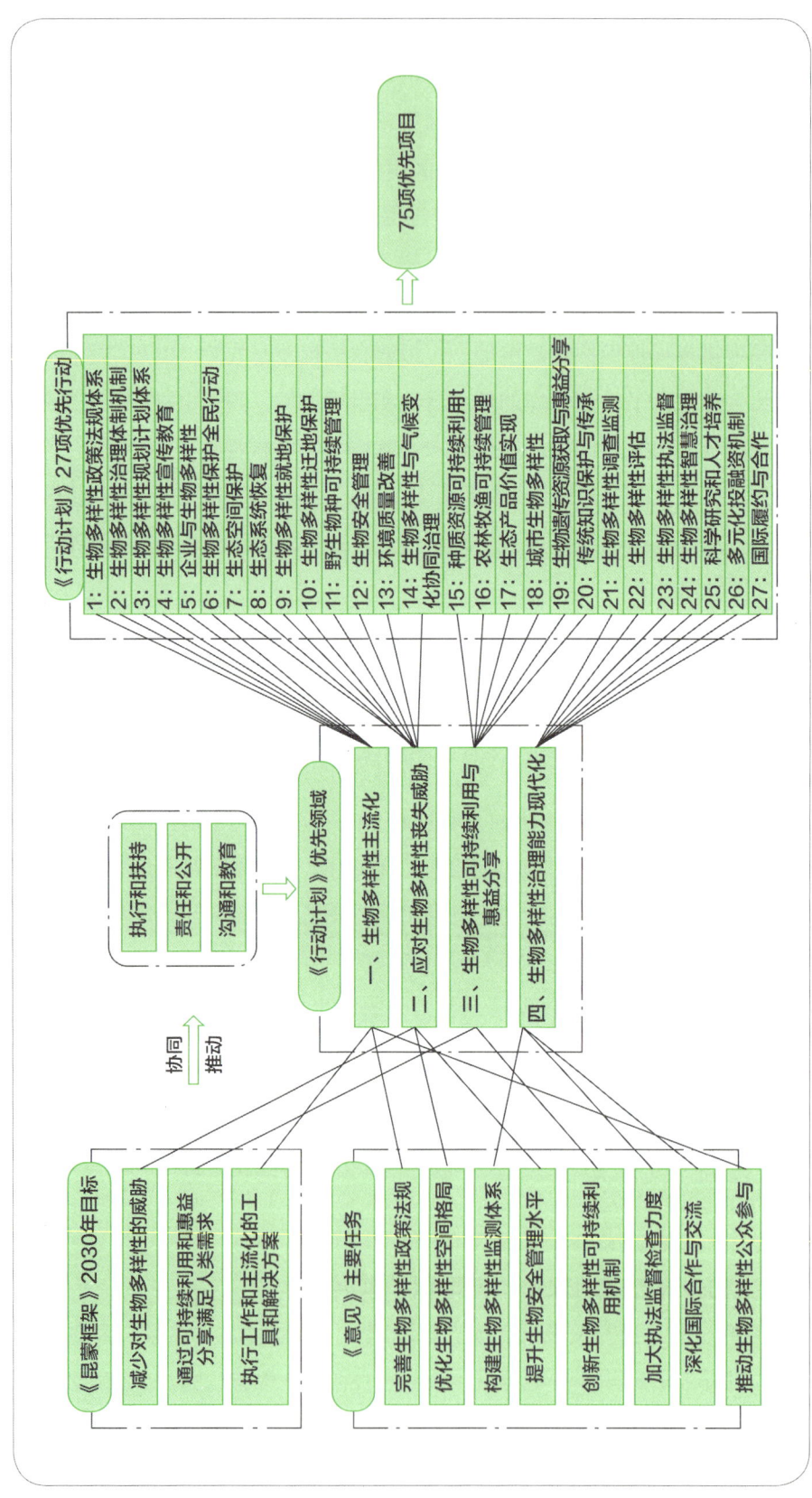

图4-6 《行动计划》优先领域设定的逻辑图

来源：生态环境部. 全面提升生物多样性治理水平 切实支撑人与自然和谐共生的现代化建设[EB/OL]. (2024-04-11)[2024-04-20]. https://www.mee.gov.cn/zcwj/zcjd/202404/t20240411_1070429.shtml.

带雨林、武夷山等第一批国家公园，有效保护了90%的陆地生态系统类型、65%的高等植物群落和74%的国家重点保护陆生野生动植物种类。截至2021年，自然保护地陆域面积约占陆域国土面积的18%。建立国家级水产种质资源保护区535处，划定国家重点保护水生野生动物重要栖息地33处，严格执行休禁渔期制度，有效保护了水生生物资源及其生境。制定我国首部"多规合一"规划，出台《全国国土空间规划纲要（2021—2035年）》。创新生态空间保护模式，将具有生物多样性维护等生态功能极重要的区域和生态极脆弱区域划入生态保护红线，进行严格保护。打破行政区域界线，充分考虑重要生物地理单元和生态系统类型的完整性，划定生物多样性保护优先区域，其中32个陆域优先区域面积约占国土面积的28.8%。

在迁地保护方面，建立植物园（树木园）200余个，推动建设国家植物园体系，设立国家植物园及华南国家植物园。开展极小种群野生植物抢救性保护，112种特有珍稀濒危野生植物实现野外回归。建立动物园（动物展区）240多个、野生动物救护繁育基地250处，60多种珍稀濒危野生动物人工繁殖成功。形成以国家农作物种质资源长期库为核心，以1个复份库、15个中期库和55个种质圃等为依托的国家农作物种质资源保护体系，截至2022年底，共保存农作物种质资源53万份。推动构建国家畜禽种质资源库、区域级基因库、活体保种场保护区的三道保护屏障，共建立国家畜禽、蜂、蚕遗传资源保种场（保护区、基因库）217个。分别建成国家和省级林木种质资源保存库（原地库、异地库）161处、353处，布局建设国家林草种质资源设施保存库7处，各级各类林草种质资源库累计保存种质资源10万余份。建立药用植物种质资源保存圃31个、水产原良种场95个，国家海洋渔业生物种质资源库收集保藏各类生物资源约14万份，生物遗传资源收集保存持续加快[1]。

4.3 生物多样性保护规划的编制要求

4.3.1 生物多样性保护纳入国土空间规划的要求

1. 生物多样性保护全球议程和国家战略要求将其纳入空间规划

生物多样性保护全球议程和国家战略顶层设计文件都对将生物多样性纳入国

---

1. 生态环境部. 中国生物多样性保护战略与行动计划（2023—2030年）[EB/OL].（2024-01-18）[2024-03-20］. https://www.mee.gov.cn/ywdt/hjywnews/202401/W020240118377427497957.pdf.

土空间规划提出了明确要求。《2020年联合国生物多样性大会（第一阶段）高级别会议昆明宣言》强调"加强和建立有效的保护地体系，采取其他有效的区域保护措施和空间规划工具，提高区域保护与管理的有效性并在全球扩大保护范围，以保护物种和基因多样性，减少或消除对生物多样性的威胁，认识到土著人民和地方社区的权利并确保他们充分有效参与"。联合国《昆蒙框架》提出要"确保所有区域处于解决土地和海洋利用变化的参与性、综合性、涵盖生物多样性的空间规划和/或其他有效管理进程中"。《联合国生物多样性峰会中方立场文件——共建地球生命共同体：中国在行动》明确指出要"将生物多样性保护纳入经济社会发展和生态保护修复规划、国土空间规划及其专项规划"。2021年中共中央办公厅、国务院办公厅印发的《关于进一步加强生物多样性保护的意见》要求"将生物多样性保护纳入各地区、各有关领域中长期规划"和"持续优化生物多样性保护空间格局"。《中国生物多样性保护战略与行动计划（2023—2030年）》也提出"优化国土空间开发和保护格局，将生物多样性保护作为国土空间规划的重要内容"。

2. 加强生物多样性保护成为编制和实施国土空间规划的重要逻辑基础

国土空间规划是国家空间发展的指南和可持续发展的空间蓝图，科学构建生物多样性保护空间网络是国土空间规划的应有之义。国土空间规划可为构建生物多样性保护空间网络提供依据。《中共中央、国务院关于建立国土空间规划体系并监督实施的若干意见》提出"保护生态屏障，构建生态廊道和生态网络，推进生态系统保护和修复"。《资源环境承载力和国土空间开发适宜性评价指南（试行）》将生物多样性维护功能重要性评价作为生态保护重要性评价的核心内容之一。《市级国土空间总体规划编制指南（试行）》要求"构建重要生态屏障、廊道和网络，形成连续、完整、系统的生态保护格局和开敞空间网络体系，维护生态安全和生物多样性"。"三区三线"是国土空间规划的核心内容，也是构建生物多样性保护空间网络的基础。在全方位保护生物多样性的新阶段，除了重视以国家公园为主体的自然保护地体系外，还要充分融合国土空间规划要素，从"点、线、面"3个层面构建并完善生物多样性保护空间网络，强化国土空间用途管制与生物多样性保护之间的协调，形成有效合力[1,2]。

---

1. 蔡颖莉，朱洪革，李家欣. 中国生物多样性保护政策演进、主要措施与发展趋势［J］. 生物多样性，2024，32（5）：1-10.
2. 大自然保护协会. 生物多样性保护规划编制方法与应用［M］. 北京：科学出版社，2022.

4.3.2 地方生物多样性保护规划的相关政策文件

1. 地方生物多样性保护战略与行动计划

地方生物多样性保护战略与行动计划（Local Biodiversity Strategy and Action Plan，简称LBSAP）是地方生物多样性保护的顶层设计文件，也是地方承接和落实上一层级生物多样性保护战略与行动计划的纲领性文件，一般由地方生态环境部门协同其他相关部门组织编制，通过更符合实际的行动计划，指导本地生物多样性保护战略的实施。

在上一个版本的《中国生物多样性保护战略与行动计划（2011—2030年）》实施周期中，全国共有18个省完成并发布了省级生物多样性保护战略与行动计划，成都、深圳、济南等城市还发布了地方生物多样性保护战略与行动计划。地方生物多样性保护战略与行动计划大多以文字为主。划定保护区、制定保护优先领域和行动、确定未来投资项目和项目主要牵头单位是地方生物多样性保护战略与行动计划最常涉及的内容。从编制章节来看，一般从生物多样性现状，生物多样性保护工作的成效、问题与挑战，生物多样性保护战略，生物多样性保护优先区域，生物多样性保护优先领域与行动，生物多样性保护保障措施，生物多样性保护优先项目等方面展开，部分会附图或附表（图4-7）。

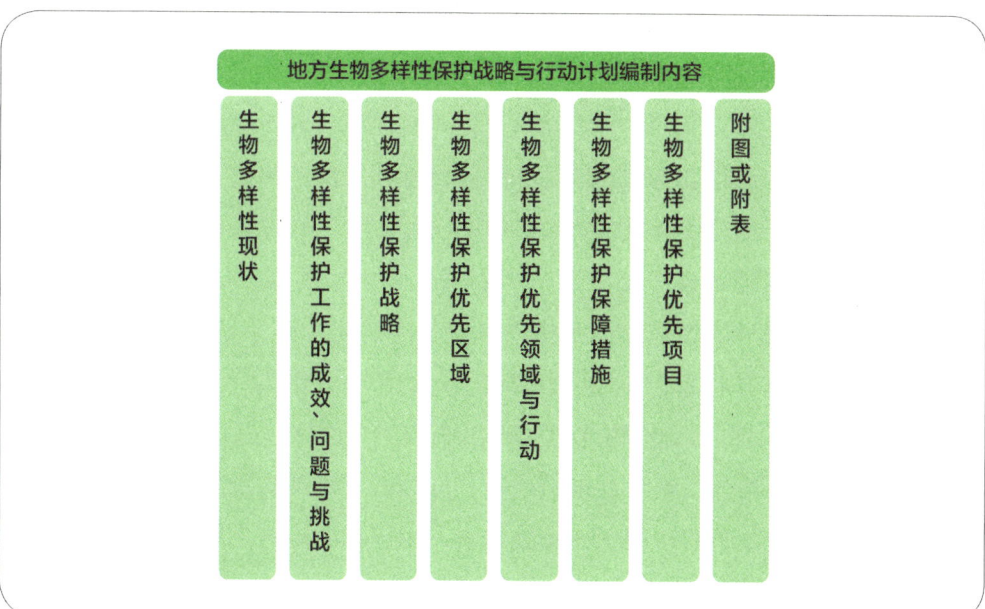

图4-7 地方生物多样性保护战略与行动计划编制内容
资料来源：作者自绘

案例 4.1 上海市生物多样性保护战略与行动计划（2024—2035 年）

为高水平推进人与自然和谐共生的现代化国际大都市，上海市生态环境局会同上海市绿化和市容管理局、上海市农业农村委员会、上海市规划和自然资源局、上海市水务局、上海市科学技术委员会组织编制了《上海市生物多样性保护战略与行动计划（2024—2035 年）》，提出"生物多样性友好城市创新实践的样板、生物多样性治理体系和治理能力的典范及展示中国生物多样性保护成效的窗口"的战略定位。以"万物和谐共生的美丽家园"为愿景，持续提升生态系统的服务功能，实现绿色发展和生态惠民；持续丰富生物物种多样性，实现人与野生动植物和谐共生；持续保护生物遗传资源，实现资源的可持续利用和惠益共享。围绕生物多样性保护主要指标，不断提升生态系统的多样性、稳定性、持续性，以高品质生态环境支撑高质量发展。提出 2025 年、2030 年的目标及 2035 年的愿景，并明确生物多样性保护制度体系、生物多样性保护空间格局、城乡生物多样性保护、生物安全和外来物种入侵、生物多样性可持续利用与惠益分享及生物多样性治理能力现代化 6 个优先领域及相应的 28 项行动（图 4-8）。

资料来源：作者整理。

2. 生物多样性保护工作实施方案

生物多样性保护工作实施方案通常是由当地生态环境/环境保护部门编写并由当地人民政府办公室印发给全市各部门部署近期实施工作的文件，如《广州市生物多样性保护实施方案（2022—2024 年）》。这些工作实施方案通常有两种颁布背景，其一是紧随各省《关于进一步加强生物多样性保护的实施意见》通知印发出台的该市进一步加强生物多样性保护工作实施方案，多在 2022 年左右发布，若该市有市级的生物多样性保护战略与行动计划，也会一并指导实施方案的编制，如《成都市进一步加强生物多样性保护工作的实施方案》；其二是在市级生物多样性保护战略与行动计划未出台时，依据国家级或省级生物多样性保护战略与行动计划先行发布的短期工作实施方案，用以指导地方生物多样性保护近期工作。

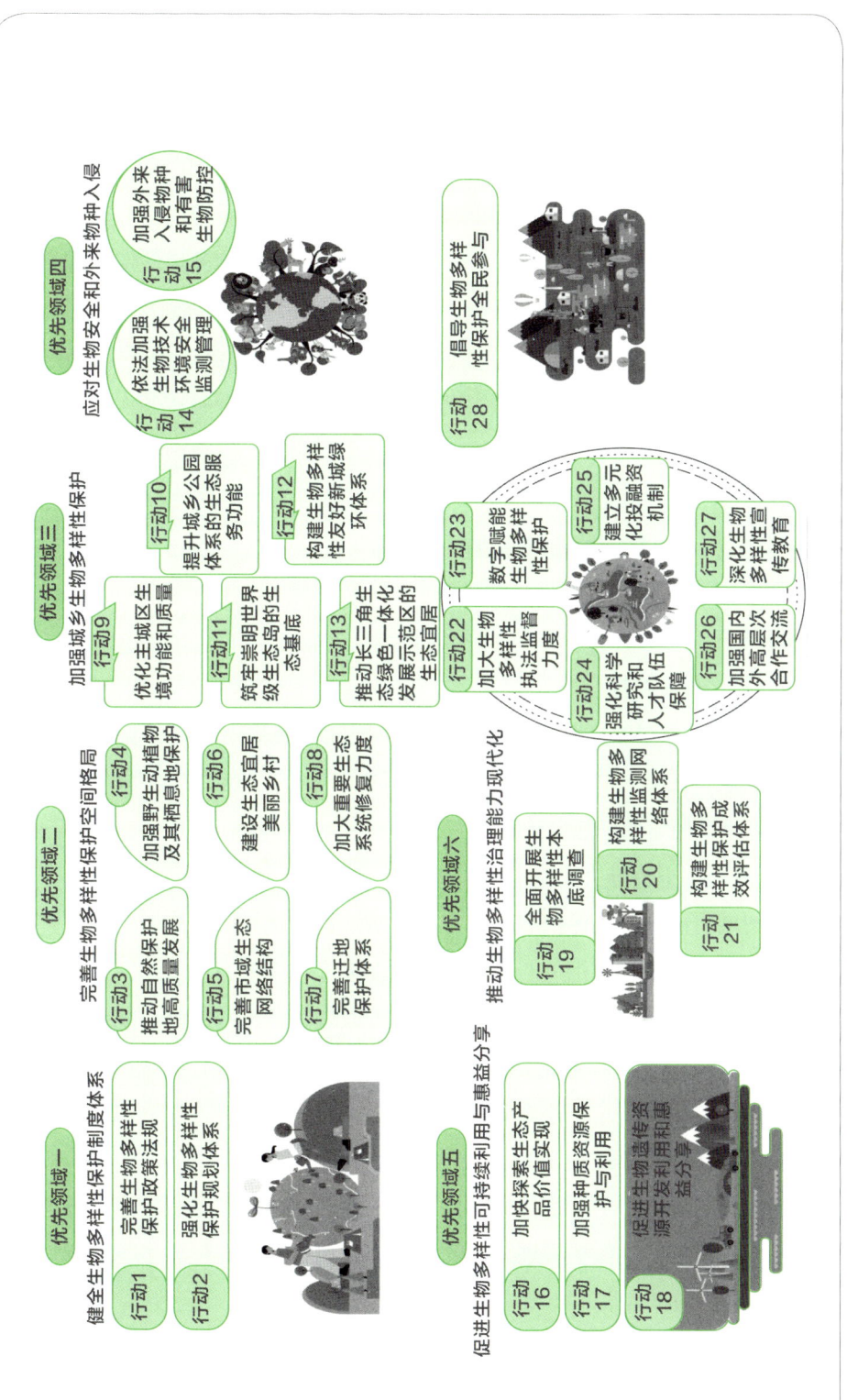

图 4-8 上海市生物多样性保护战略与行动计划的 6 个优先领域及相应的 28 项行动

资料来源：上海市生态环境局．关于印发《上海市生物多样性保护战略与行动计划（2024—2035 年）》的通知 [EB/OL]．（2024-05-15）[2024-05-20]．https://sthj.sh.gov.cn/hbzhywpt1123/hbzhywpt1124/20240515254960e4409d488a9915a79c89362976.html.

3. 其他政府官方文件

其他政府官方文件包括各类与生物多样性保护工作相关的出台文件，除政府编制印发的工作决定、纲领性文件外，还包括各类生物多样性调查报告、生物多样性监测工作安排等。主要包括：生物多样性保护工作决定（如《深圳市生物多样性白皮书》）、生物多样性保护工作报告（如《广州市生物多样性保护行动报告（2024年）》）、生物多样性保护意见（如《海南省关于进一步加强生物多样性保护的若干措施》）等。该类文件的主要作用是面向市民的宣传文件或年度生物多样性保护报告，通常具有号召全社会关注生物多样性保护工作的作用，可读性和感染力较强，更具公众宣传科普价值，可提高全社会生物多样性保护意识，呼吁更多人亲身参与到生物多样性保护工作中。

4.3.3 生物多样性保护规划的原则和目标

1. 规划原则

1）全域保护，分区管控

以市县全域为研究对象，基于生态学原理，构建全域生物多样性保护空间格局，识别保护空缺，在域内法定的自然保护地基础上进一步划定生物多样性保护优先区域，提出分区管控与保护修复策略。

2）纵横衔接，上下传导

与国家和省域生物多样性保护战略的方向一致，衔接区域和地方《生物多样性保护战略与行动计划》或其他相关的生物多样性保护文件中的空间要求，并与市县级国土空间总体规划生态空间专章以及国土空间开发保护目标与战略、国土空间开发保护格局、生态修复与国土综合整治等其他专章进行充分衔接，对区域协调和详细规划中的生物多样性保护进行协调和传导。

3）因地制宜，协调发展

根据各地的地理区位、功能定位和社会、经济发展状况，科学制定生物多样性保护目标，确保生物多样性保护规划编制的科学性和可操作性，促进生物多样性保护与地方社会、经济协调发展。

2. 规划目标

作为专项规划，生物多样性保护规划应落实区域和地方《生物多样性保护战略与行动计划》或其他生物多样性保护政策文件要求，明确全域生物多样性保护的空间区划、空间管控和重点生境修复等保护空间要求，构建生物多样性保护空间格局，提出重大基础设施建设避让要求，指导生态修复专项规划、生态空间专项规划等相关专项规划的编制。

4.3.4 生物多样性保护规划在规划体系中的定位

1. 生物多样性保护规划与其他规划的衔接关系

生物多样性保护规划在衔接关系上应与五级三类国土空间规划体系要求相吻合。在竖向逻辑上，强调生物多样性规划与国家战略、省域战略的方向性吻合，加强对市县域专项规划编制的落实性行动，形成从国家战略，到省域分区，再到市县域落实的完整竖向规划传导。在横向协同方面，强调生物多样性概念在城市总体空间规划及详细规划中的战略纳入与空间管控，促进生物多样性评价纳入市县域国土空间"双评价"体系，同时加强与自然资源保护与利用等相关联的专项规划协同关系（图4-9）。

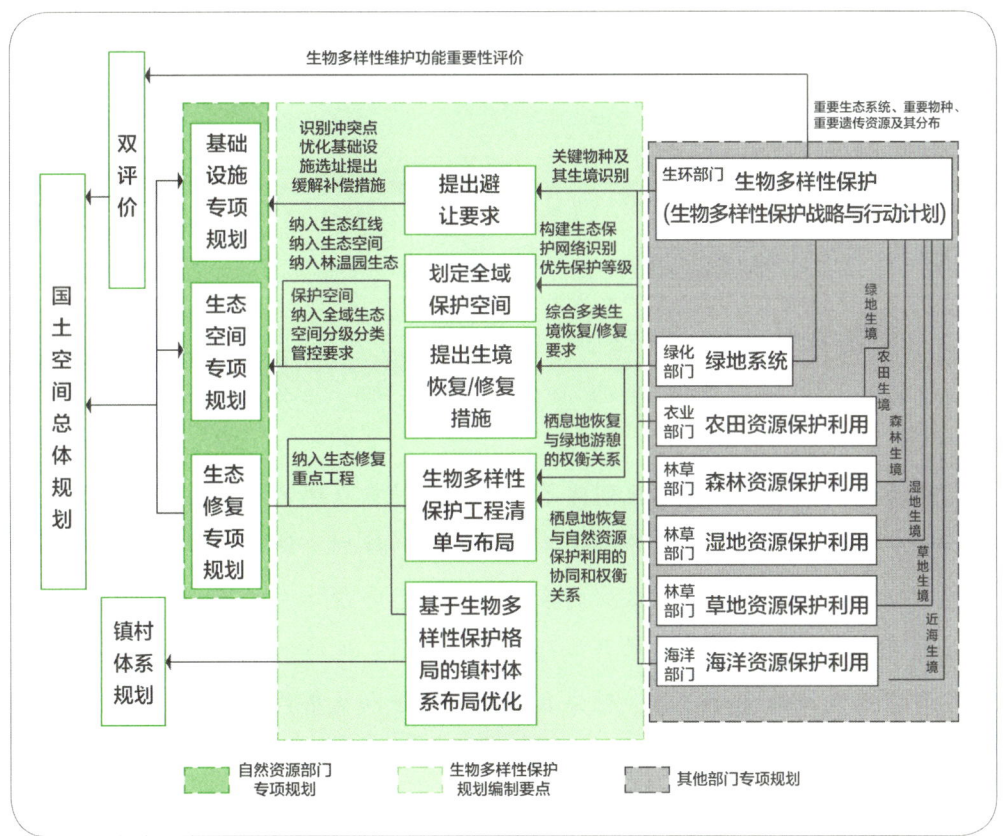

图4-9 生物多样性保护专项规划编制要点及其与其他规划之间的衔接关系
资料来源：作者自绘

案例 4.2　德国柏林、英国伦敦生物多样性保护规划编制体系

柏林的生物多样性规划具有从法律基础到行动战略的全方位支撑与关注（图 4-10），体现出一种以空间管控主导的城市生物多样性保护途径。在非法定规划中，通过战略制定、环境影响评价到多角度行动规划制定，最终形成多视角、宽领域的战略与行动规划体系。在法定规划系统衔接中，通过景观规划体系进行多方面相关规划的整合，与发展规划等开发导向规划对接，形成保护与开发的双向政策嵌合工具，制定生态补偿策略，与详细规划尺度（德国的 B-Plan）相衔接，参与具体地块的土地开发管控过程。

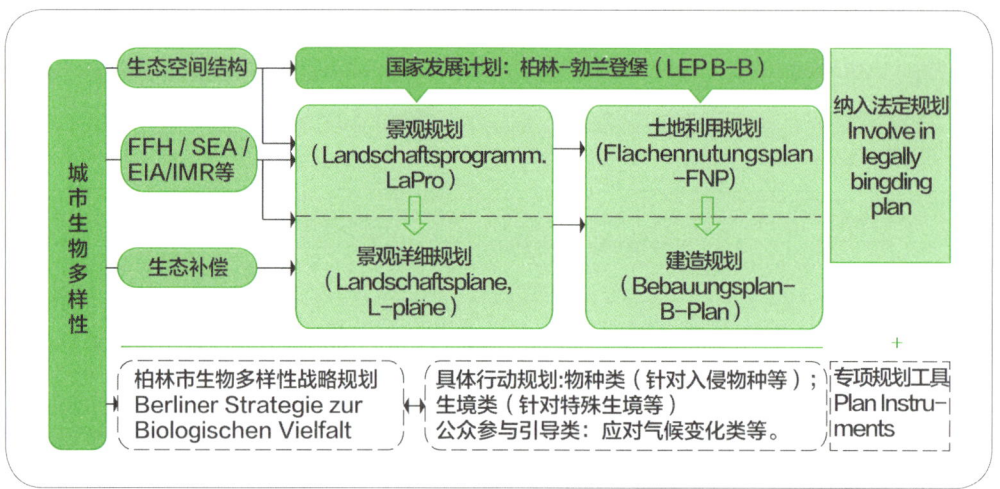

图 4-10　柏林的城市生物多样性规划体系关系示意
资料来源：苏日，戴代新. 城市生物多样性保护的规划途径：柏林、伦敦经验［C］// 中国城市规划学会. 面向高质量发展的空间治理：2021 中国城市规划年会论文集（08 城市生态规划），2021：558-567.

伦敦的城市生物多样性规划体系呈现出针对重点地区提出对应性行动规划的特点，是以重点行动为主导的体系。国家级的规划文件及法规主要侧重于对整体战略方向的把控、重点区域的声明以及生态补偿体系的确立；区域级别主要强调优先物种及优先生境的具体行动规划指引；地方级的行动规划则更加偏重于对建成设施的设计指引、对公众参与的引导以及居民意识的教育提升。从横向关系来看，伦敦中心城区的生物多样性行动规划为中心城区总体规划起到了支撑及指引的作用，行动规划中大部分具体行动方案被纳入《伦敦中心城区 2036 规划》。在中心城区总体规划中，生物多样性指标通过栖息地评估（Habitats Regulations Assessment，简称 HRA）规划评价具体落实。中心城区规划制定后，

需要进行 HRA 评价，来确定每一项政策是否对欧洲重点栖息地产生影响，如有影响将提出并对总体规划进行修改。规划体系关系总结如图 4-11 所示。

资料来源：作者整理。

图 4-11　伦敦生物多样性与城市规划体系关系示意
资料来源：苏日，戴代新. 城市生物多样性保护的规划途径：柏林、伦敦经验［C］// 中国城市规划学会. 面向高质量发展 的空间治理：2021 中国城市规划年会论文集（08 城市生态规划），2021：558-567.

2.总体规划和详细规划层级的生物多样性保护规划

1）总体规划层级：保量、划区、定级、联网

在中国高密度城镇化发展背景下，总体规划层级对于生物多样性的首要议题在于"保护"，即针对土地、水、环境等城市发展的瓶颈制约要素，在有限的城市资源中尽可能维持和保护尚未遭到人工环境侵蚀的残存自然与近自然生物栖息地，构建有利于实现人居环境建设与生物栖居之间动态平衡关系的空间布局结构，维护整个生态系统的稳定和演化。其生物多样性保护的空间要求包括：

保量。设定保障既有生物资源的基本空间阈值目标，尽可能保证以生物多样性保护为主要生态系统服务功能的土地空间资源在所有用地中占据相当比例。

划区。在确定生物空间资源需求的基础上，基于充分的生物多样性观察和监测信息，分析城乡用地的生物空间承载属性，评估生物多样性影响绩效，划定对保护生物多样性具有不可替代意义的自然和近自然生物生境重要斑块，确定它们的位置、范围和规模，形成外围生态环境屏障，纳入生态控制线。

定级。对生态控制线内的保护空间进行分级细化，确定保护级别和相应的空间管制措施（禁建、限建），并对人类活动频率进行限制，提出周边地区与保护区的

安全距离及准入建设项目要求。

联网。将不同级别、不同大小的自然、近自然、半自然斑块沿主要自然边界地带的"踏脚石"串接起来，形成网络化的生物空间基底，并将人类活动地带布置在沿主要的自然边界地带的"飞地"上，减少对主要自然生境区的干扰，保障生物物种的生存、迁徙和进化。

2）详细规划层级：**增量、集绿、控距、通廊**

根据详细规划的定线、定界与控量的基本职能，这一层级生物多样性保护空间要求包括：

增量。根据总体规划确定的发展目标、生物生境斑块保护和拓展的要求，针对集中建成区和非集中建成区分层落实指标，在高密度、高强度开发模式下，尽可能增加承载生物生境的绿色基础设施和蓝色基础设施的基层空间规模，提出不同功能区块的蓝绿基础设施控制指标和建设要求。

集绿。基于保护生态学理论，倡导以集中式绿色基础设施为核心的生态绿地系统布局结构，并提出相应的位置、尺度和形状要求，将重要绿地和水体纳入城市绿线与蓝线进行边界控制管理。

控距。依据目标物种的行动半径以及对觅食、筑巢等活动空间上的趋近需求，确定具有不同生物生境承载功能的生态绿地之间的间距。

通廊。通过沿道路、河道的线性生态廊道连通不同尺度的绿色基础设施，形成点、线、面、廊的生态绿网，并确定廊道的等级、功能、宽度及建设要求[1]。

3）城市设计层级：**提效、适植、降扰、共生**

城市设计层级的生物多样性保护，重点在于调控各种生物基质空间的形态布局，并在所有的地面和垂直空间为生物提供生存所需的觅食、筑巢及休憩场所，形成网络化的微自然系统，提升人居空间承载生物栖居的能力。其生物多样性保护的空间要求包括：

提效。基于不同的生态系统服务主导功能，对地块内部微观生境的生态效益进行研究，结合景观视觉功能，确定提高生态效益的建设与更新要求。

适植。对生境斑块提出种植引导要求，包括植被物种数量、复层种植结构、植被高度与选种要求等。

降扰。对与人居环境高度重叠的都市型生物生境斑块，提出降低人类干扰的空间布局和植被配置引导要求，尽可能实现生物空间与人居环境的"隔而不分"。

共生。在人工构筑物表面为生物创造一定的微生境停留、觅食甚至巢居空间，

---

1. 干靓，吴志强. 城市生物多样性规划研究进展评述与对策思考[J]. 规划师，2018（1）：87-91.

提出相应的设计要求，增加生物的栖居空间界面，实现生物与人在城市立体空间中的时空错位和双赢共生[1]。

4.4 生物多样性现状分析

4.4.1 生态区位分析

生态区位分析即依据反映区域的生物多样性保护重要程度的资料，梳理规划区域及周边的自然保护地、自然遗产地等重要生态保护空间以及区域重要生态系统和重要物种分布范围，分析该市县的生态区位特征，明确该市县在全国和区域生物多样性保护中的重要性。可查阅的资料包括但不限于保护国际划定的全球生物多样性热点地区、全球候鸟迁徙路线图、《全国生态功能区划》、《中国生物多样性保护优先区域范围》、《中国生物多样性保护战略与行动计划》、《全国重要生态系统保护和修复重大工程总体规划（2021—2035年）》以及上位的国土空间规划和生物多样性保护文件等。

在全国所有百万人口以上大城市中，位于全球生物多样性热点地区的城市共有16个，其中超大城市3个、特大城市2个、大城市11个（表4-2）。城区内含中国陆地生物多样性保护优先区域的共有15个，城区毗邻海域为中国海洋生物多样性保护优先区域的百万人口以上的大城市共有20个，共涉及35个城市，其中超大城市5个、特大城市4个、大城市26个（表4-3）。在对这些城市的生物多样性现状进行分析时，需要特别考虑位于或毗邻全球生物多样性热点地区和中国生物多样性保护优先区域的特殊生态区位特征。

表4-2 位于全球生物多样性热点地区的中国百万以上人口城市基本情况

规模等级①	城市	所属省份	全市常住人口②（万人）	城区常住人口③（万人）	城市类型	所属生物多样性热点地区
超大城市（3个）	深圳市	广东省	1 749.44	1 743.83	计划单列市	印－缅地区
	广州市	广东省	1 867.66	1 487.84	省会城市	印－缅地区
	成都市	四川省	2 093.78	1 334.03	省会城市	中国西南山地

---

1. 干靓，吴志强. 城市生物多样性规划研究进展评述与对策思考[J]. 规划师，2018（1）：87-91.

续表

规模等级①		城市	所属省份	全市常住人口②（万人）	城区常住人口③（万人）	城市类型	所属生物多样性热点地区
特大城市（2个）		东莞市	广东省	1 046.66	955.76	地级市	印-缅地区
		佛山市	广东省	949.89	853.89	地级市	印-缅地区
大城市（11个）	Ⅰ型大城市（2个）	南宁市	广西壮族自治区	874.16	456.75	省会城市	印-缅地区
		乌鲁木齐市	新疆维吾尔自治区	405.44	373.03	省会城市	中亚山地
	Ⅱ型大城市（9个）	中山市	广东省	441.81	274.28	地级市	印-缅地区
		惠州市	广东省	604.29	266.89	地级市	印-缅地区
		汕头市	广东省	550.20	253.08	地级市	印-缅地区
		海口市	海南省	287.34	208.96	省会城市	印-缅地区
		珠海市	广东省	243.96	189.80	地级市	印-缅地区
		江门市	广东省	479.81	167.32	地级市	印-缅地区
		绵阳市	四川省	486.82	138.20	地级市	中国西南山地
		湛江市	广东省	698.12	123.16	地级市	印-缅地区
		宜宾市	四川省	458.88	107.96	地级市	中国西南山地

注：①城市规模等级按照《国务院关于调整城市规模划分标准的通知》（国发〔2014〕51号，以下简称"通知"）进行划分。城区是指在市辖区和不设区的市、区、市政府驻地的实际建设连接到的居民委员会所辖区域和其他区域。城区常住人口100万以上500万以下的城市为大城市，其中300万以上500万以下的城市为Ⅰ型大城市，100万以上300万以下的城市为Ⅱ型大城市；城区常住人口500万以上1 000万以下的城市为特大城市；城区常住人口1 000万以上的城市为超大城市。②全市常住人口数据来自国家统计局发布的第七次全国人口普查。③城区常住人口数据来自国家统计局发布的《中国人口普查分县资料（2020）》。也有相关研究采用住建部的《中国城市建设统计年鉴》中"城区人口"数据作为划定城市规模等级的依据，但该数据中的"城区人口包含城区户籍人口和城区暂住人口"，与"通知"中的"城区常住人口"的口径存在出入，故本表中城区人口参考中国人口普查资料（2020），这个数据集与国家统计局2021年在《求是》期刊上发表的《经济社会发展统计图表：第七次全国人口普查超大、特大城市人口基本情况》数据一致。
资料来源：作者自绘

表4-3 城区涉及或毗邻中国生物多样性保护优先区域的大城市基本情况

规模等级	城市	所属省份	城区常住人口	城市类型	城区涉及陆地生物多样性保护优先区域	城区毗邻海域为海洋生物多样性保护优先区域
超大城市（5个）	北京市	—	1 775.19	直辖市	太行山生物多样性保护优先区域	—
	上海市	—	1 987.31	直辖市	—	东海及台湾海峡生物多样性保护优先区域
	深圳市	广东省	1 743.83	计划单列市	—	南海生物多样性保护优先区域
	广州市	广东省	1 487.84	省会城市	—	南海生物多样性保护优先区域
	重庆市	—	1 634.40	直辖市	武陵山生物多样性保护优先区域、大巴山生物多样性保护优先区域	—

续表

规模等级	城市	所属省份	城区常住人口	城市类型	城区涉及陆地生物多样性保护优先区域	城区毗邻海域为海洋生物多样性保护优先区域
特大城市（4个）	大连市	辽宁省	520.83	计划单列市	—	黄渤海生物多样性保护优先区域
	杭州市	浙江省	874.17	省会城市	黄山—怀玉山生物多样性保护优先区域	—
	青岛市	山东省	600.77	计划单列市	—	黄渤海生物多样性保护优先区域
	西安市	陕西省	928.37	省会城市	秦岭生物多样性保护优先区域	—
大城市（26个） Ⅰ型大城市（5个）	宁波市	浙江省	360.88	计划单列市	—	东海及台湾海峡生物多样性保护优先区域
	福州市	福建省	353.58	省会城市	武夷山生物多样性保护优先区域	东海及台湾海峡生物多样性保护优先区域
	南昌市	江西省	334.75	省会城市	鄱阳湖生物多样性保护优先区域	—
	南宁市	广西壮族自治区	456.75	自治州首府城市	桂西南山地生物多样性保护优先区域	—
	乌鲁木齐市	新疆维吾尔自治区	373.03	自治州首府城市	天山—准噶尔盆地西南部生物多样性保护优先区域	—
大城市（26个） Ⅱ型大城市（21个）	锦州市	辽宁省	101.48	地级市	—	黄渤海生物多样性保护优先区域
	齐齐哈尔市	黑龙江省	121.15	地级市	松嫩平原生物多样性保护优先区域	
	大庆市	黑龙江省	127.60	地级市	松嫩平原生物多样性保护优先区域	
	连云港市	江苏省	102.22	地级市	—	东海及台湾海峡生物多样性保护优先区域
	南通市	江苏省	158.23	地级市	—	东海及台湾海峡生物多样性保护优先区域
	绍兴市	浙江省	216.67	地级市	—	东海及台湾海峡生物多样性保护优先区域
	温州市	浙江省	238.18	地级市	武夷山生物多样性保护优先区域	东海及台湾海峡生物多样性保护优先区域
	台州市	浙江省	133.84	地级市	武夷山生物多样性保护优先区域	东海及台湾海峡生物多样性保护优先区域
	莆田市	福建省	138.25	地级市	武夷山生物多样性保护优先区域	东海及台湾海峡生物多样性保护优先区域
	潍坊市	山东省	186.10	地级市	—	黄渤海生物多样性保护优先区域

续表

规模等级		城市	所属省份	城区常住人口	城市类型	城区涉及陆地生物多样性保护优先区域	城区毗邻海域为海洋生物多样性保护优先区域
大城市（26个）	Ⅱ型大城市（21个）	烟台市	山东省	200.96	地级市	—	黄渤海生物多样性保护优先区域
		宜昌市	湖北省	122.27	地级市	武陵山生物多样性保护优先区域，大巴山生物多样性保护优先区域	
		岳阳市	湖南省	106.73	地级市	洞庭湖生物多样性保护优先区域	
		汕头市	广东省	253.08	地级市	—	南海生物多样性保护优先区域
		惠州市	广东省	266.89	地级市	—	南海生物多样性保护优先区域
		珠海市	广东省	189.80	地级市	—	南海生物多样性保护优先区域
		湛江市	广东省	123.16	地级市	—	南海生物多样性保护优先区域
		江门市	广东省	167.32	地级市	—	南海生物多样性保护优先区域
		中山市	广东省	274.38	地级市	—	南海生物多样性保护优先区域
		桂林市	广西壮族自治区	125.30	地级市	—	南岭生物多样性保护优先区域
		银川市	宁夏回族自治区	151.92	地级市	西鄂尔多斯-贺兰山-阴山生物多样性保护优先区域	

注：①城区常住人口数据同表4-2注释③。②城区范围为中心城区范围或市辖区范围。其中，北京市、锦州市、齐齐哈尔市、大庆市、连云港市、南通市、绍兴市、宁波市、温州市、台州市、福州市、烟台市、青岛市、宜昌市、汕头市、湛江市、江门市、广州市、中山市、南宁市、桂林市、重庆市、西安市、银川市、乌鲁木齐市的城区范围参考最新国土空间总体规划文本或公示草案中写明的中心城区范围，上海市的城区范围参考最新国土空间总体规划的主城区范围，深圳市的城区范围参考最新国土空间总体规划的都市核心区范围，大连市、杭州市、莆田市、南昌市、潍坊市、岳阳市、惠州市、珠海市最新国土空间总体规划文本或公示草案中未写明中心城区边界因此参考市辖区范围。③生物多样性保护优先区域范围参考2015年（原）环境保护部发布的《中国生物多样性保护优先区域范围》的附表和附图。
资料来源：作者自绘。

4.4.2 生物多样性资源调查与分析

1. 生物多样性既有资料收集

汇集现有的生物多样性数据资料，包括但不限于地方生态环境、自然资源、林业、绿化主管部门、高校和科研院所、NGO组织、公民科学活动对市县域范围或周边类似地区的植物、鸟类、兽类、两栖和爬行类、昆虫等类群进行调查的记录报告、物种名录、图鉴/图谱、期刊论文、学位论文、新闻报道等,以及中国观鸟记录中心等生态相关专业数据库记录数据。对于拥有国家级和省级自然保护区的市县,可优先调取自然保护区的科考与监测报告;对于申报过国家园林城市、森林城市的市县,可从绿化和林业主管部门调取申报资料,获得必要的生物多样性资料。

2. 生物多样性现场调查

在时间和经费保障的基础上,可选择市县域范围内面积较大的生态斑块进行物种多样性实地探勘补充调查。调查方案可参考表4-4所示的方法及技术标准。

表4-4 生物多样性调查方法和引用技术标准

调查对象		调查方法	引用标准
植物	陆生维管植物▲	资料收集 样线法 样方法	《县域陆生高等植物多样性调查与评估技术规定》 现行行业标准《生物多样性观测技术导则 陆生维管植物》(HJ 710.1—2014)
	水生维管植物▲	直接测量法 样方法	现行行业标准《生物多样性观测技术导则 水生维管植物》(HJ 710.12—2016)
	浮游植物△	定性采样法 定量采样法	《内陆浮游生物多样性调查与评估技术规定》
动物	鸟类▲	样线法	现行行业标准《生物多样性观测技术导则 鸟类》(HJ 710.4—2014) 《县域鸟类多样性调查与评估技术规定》
	两栖类▲	样线法	现行行业标准《生物多样性观测技术导则 两栖动物》(HJ 710.6—2017) 《县域两栖类和爬行类多样性调查与评估技术规定》
	昆虫△	扫网法	《县域昆虫多样性调查与评估技术规定》
	大中型土壤动物△	样方法	现行行业标准《生物多样性观测技术导则 大中型土壤动物》(HJ 710.10—2014)
	鱼类△	现场捕获法	现行行业标准《生物多样性观测技术导则 内陆水域鱼类》(HJ 710.7—2014) 《内陆鱼类多样性调查与评估技术规定》
	大型底栖动物▲	定性采样法 定量采样法	现行行业标准《生物多样性观测技术导则 淡水底栖大型无脊椎动物》(HJ 710.8—2014) 《内陆大型底栖无脊椎动物多样性调查与评估技术规定》
	浮游动物△	定性采样法 定量采样法	《内陆浮游生物多样性调查与评估技术规定》

3. 生物多样性资源分析

基于既有资料汇聚和现场调查结果，在物种多样性、生态系统多样性、遗传多样性三个层次，分析规划区域内的生物多样性资源现状。在物种多样性层次，对动植物多样性资源状况进行分析，主要包括植物种类数、重点保护野生植物种类数量及构成（包括国家一级保护植物、国家二级保护植物）、药用植物及观赏植物种类数量及构成，以及动物种类数、主要动物类群构成、濒危保护物种数量及构成（指国家一级保护动物、国家二级保护动物、列入 ICUN 及 CITES 附录的动物，可参考《国家重点保护野生动物名录》《世界自然保护联盟（IUCN）物种红色名录》《濒危野生动植物种国际贸易公约》附录中文版）、在当地具有特殊地位的重要动物种类。根据现有资料的地理空间位置信息，绘制分类群的生物多样性资源分布图。

在生态系统多样性层次，分析森林、湿地、农田、草地等各类生态系统的植被类型分布特征；在遗传多样性层次，分析主要种质资源的数量及分布特征。

4.4.3　生物多样性保护工作现状分析

依据规划区域的生物多样性特点，分析其自然资源的优势与价值。参考地方生物多样性保护战略与行动计划、地方生物多样性保护工作实施方案等政府文件，结合对地方生态环境、林草、自然资源、农业农村等管理部门的访谈，分析规划区域的自然保护地体系、重要保护物种的保护情况，以及自然科普教育开展情况，解析保护基础与挑战。依据城乡开发建设对生物多样性的干扰情况，分析保护与发展的冲突。

4.5　生物多样性保护空间格局构建

4.5.1　关键保护对象筛选

1. 代理种概念辨析

梳理规划区域的动植物名录，筛选确定代理种（Surrogate Species），即用于代表多个其他物种或环境方面以实现保护目标的动植物物种子集，代理种有不同的类型，根据其选择的依据和目的，可以分为伞护种、焦点种、关键种、指示种、旗舰种等。

伞护种（umbrella species）指在生态系统中具有较宽生态位或在食物网中有较大作用，对其保护也可以保护其他相关物种的物种。**濒危种**（threatened and endangered species）指全部或大部分种类都有灭绝危险的物种。**受胁种**（threatened species）指在可预见的将来有可能成为"濒危种"的物种。这三种物种概念可以用来识别、划定或管理具有高度保护重要性的区域。

旗舰种（flagship species）指具有明星效应和号召力，增加对其保护投入力度的同时也能保护其他物种的物种。国外公认的"旗舰种"包括海豚、犀牛、大象等，我国主要有大熊猫、东北虎等。划定旗舰种的保护区域范围并投入保护行动对于提高公众意识具有很好的引导作用，同时旗舰种在很多情况下也是伞护种和濒危种。

指示种（indicator species）指其生物学或生态学特征可表征其他物种或环境状况所具有的但难以直接测度或测度费用太高的特征参数的一类物种，常用于针对特定被指示的生态系统识别和划定重要保护生境。

2. 保护对象筛选逻辑

确定保护对象是保护规划的首要步骤。保护对象即需要得到保护的重要的生物多样性要素，由于资源限制，不可能为所有的要素单独采取保护措施，因此需要选取一部分物种或生态系统作为代表性的保护对象。通常所采用的策略被称为粗筛 – 细筛：粗筛是将区域内有代表性的生态系统作为保护对象，从而保护栖息在各个生态系统中的大部分物种；细筛是将粗筛中可能遗漏的、重要的物种作为保护对象，往往是珍稀、濒危和特有物种[1]。

在生物多样性保护优先区域，可依据物种的保护级别（国家一级保护动物、国家二级保护动物、列入ICUN及CITES附录的动物）和特殊性（是否为国家或区域特有物种）、物种在生态系统中的功能（是否为伞护种）、物种的影响力和认可度（是否为旗舰种），筛选出保护对象。生物多样性保护优先区外，通常可选用指示类群如鸟类中的濒危 / 保护物种作为代表性的目标保护物种。

4.5.2 目标保护物种生境适宜区分析与保护空缺识别

1. 目标保护物种生境适宜区分析

通常采用物种分布预测模型（Species Distribution Models，简称SDM），依据

---

1. 大自然保护协会 . 生物多样性保护规划编制方法与应用［M］. 北京：科学出版社，2022.

保护对象物种已被发现的分布点，选取可能对保护动物的分布有影响的气候、地形、植被水体、人为影响等环境变量，模拟各物种的潜在适宜生境，并叠加形成生境适宜区分布图。在各种模型中，最大熵模型（Maximum Entropy Models，简称 MaxEnt）是基于最大熵算法的一种物种分布模型，可基于物种已知的分布数据和相关环境因子去推算物种的生态需求从而模拟物种的分布。该模型仅需物种的出现点位信息，对小样本、非规则取样等数据偏差问题耐受性更高。在大或小样本下均能较好地预测物种分布，且预测精度高，效果较好，广泛应用于生境适宜区模拟和生物多样性保护空缺识别中。

2. 保护空缺识别

保护空缺识别是利用地理信息空间分析工具对区域的物种分布情况、土地覆盖和自然保护区分布进行叠加分析，对生物多样性各种成分进行识别，对现有保护体系进行审查，找出有保护价值且处于保护空白的地区，从而确定进一步保护措施的方法。由于时间、人力和保护资源的有限性，无法对所有的生物资源进行保护。因此，如何使有限的投入达到最佳的保护效果，提高生物多样性保护效率，是保护规划的重要内容。对于"保护空缺"的分析，可以使资源集中于保护那些急需保护的地区，是生物多样性保护较为高效的途径。

案例 4.3 北京市受胁鸟类栖息地保护空缺识别

根据物种对栖息地的选择，基于高分辨率卫星解译的土地利用类型图，利用最大熵模型（MaxEnt）掩膜栖息地分布图，得到各受胁鸟类的预测空间分布，叠加这些分布获得北京受胁鸟类丰富度分布格局并进行验证。依据物种丰富度高低，将受胁鸟类栖息地划分为一至四级（最重要的栖息地是一级栖息地，以此类推）。同时，依据地表覆盖类型和人类活动强度高低将北京市域划分为城市建成区、乡村生境区和自然生境区，分别计算三类保护潜力区对上述三类区域以及四级栖息地的覆盖面积比例。结果表明：①95.64%的一级关键栖息地和86.32%的二级关键栖息地分布在乡村生境区，但仅有0.69%和15.15%的乡村生境区分别被自然保护区和生态保护红线覆盖；②未受到自然保护区和生态保护红线覆盖的一、二级关键栖息地主要为水域和沼泽地等湿地、高覆盖度草地和部分耕地，以及含有较高比例水体的大型城市绿地。基于以上结果，建议至少在一定区域内试行如下保护措施：①严格保护湿地及其周边的高覆盖度草地，确保面积不减少；②维持基本农田规模和粮食种植模式；③将乡村生境区位于河道附近的水域、沼泽地、高覆盖草地和灌木林纳入生态保护红线范围；④在公园绿地中划定生物多样性保护区；⑤优化平原地区林地结构（图4-12）。

资料来源：黄越，顾燚芸，阳文锐，等. 如何在北京充分实现受胁鸟类栖息地保护？[J]. 生物多样性，2021（3）：340-350.

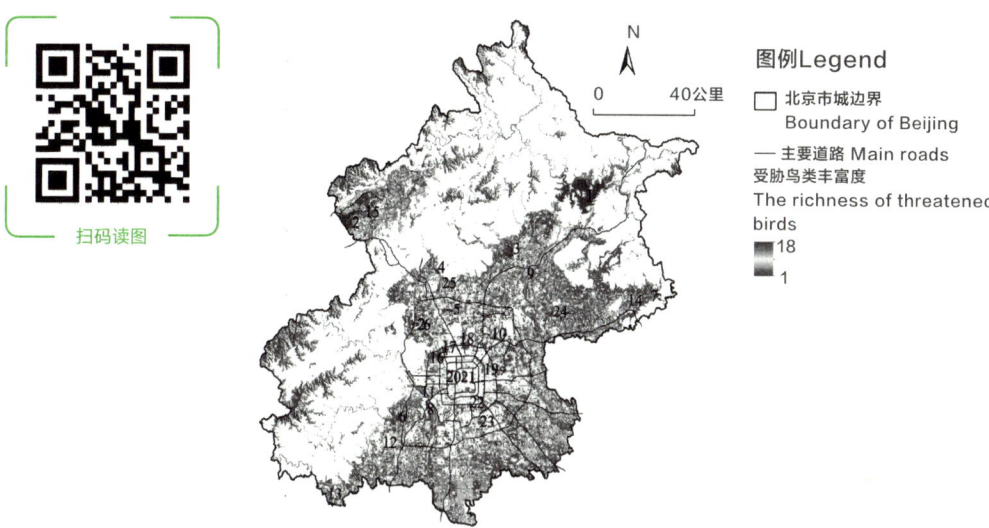

a）北京市域受胁鸟类丰富度的空间分布格局

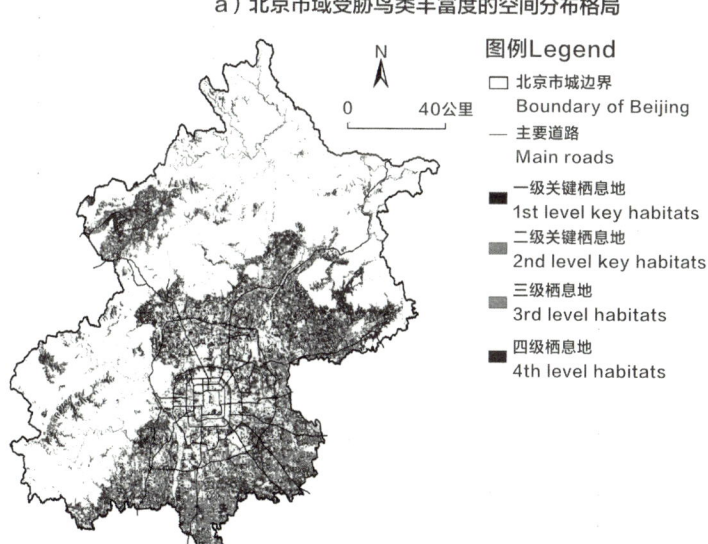

b）未被自然保护区和生态保护红线覆盖的受胁鸟类栖息地空间分布

图4-12 北京市受胁鸟类空间分布模拟与保护空缺识别
资料来源：黄越，顾燚芸，阳文锐，等. 如何在北京充分实现受胁鸟类栖息地保护？[J]. 生物多样性，2021（3）：340-350.

4.5.3 生物多样性保护空间网络构建

1. 生态源地识别

作为物种生存和扩散的起点，生态源地具有较强的生物多样性维护功能和较高的生态敏感性，对维持生态系统稳定起到重要作用。面向生物多样性保育目标的生态源地与考虑到其他生态系统服务功能、生态敏感性的生态源地叠加，可以初步确定生态源地范围。由于生态源地需要达到一定规模才能发挥作用，结合研究区的区域特征，对细碎斑块进行合并，提取集中连片且面积大于一定阈值的斑块作为生态源地。不同的研究对于阈值的选取各有不同，可通过形态学空间格局分析与基于图论的景观连接度分析，从结构连接度和功能连接度两个维度逐步确定生态源地的最佳面积阈值，以合理筛除小型初始生态源地。在基于 MaxEnt 模拟目标保护物种生境适宜区的实践中，可在保护动物分布高适宜区中选取面积较大的生态斑块作为生态源地。

2. 生态廊道识别与保护网络构建

生态廊道是生态过程和能量得以在区域内源地斑块间连通的重要线性或带状生态用地。在源地识别的基础上，根据不同生态本底特征对物种迁徙的影响，构建生态阻力面，进而提取生态廊道和节点是目前生境网络构建的主要范式。阻力面是指由生态源地向其他空间单元扩散的最小阻力值，表示物种在区域间流动时需要克服的阻力，由此判断生态源地到各空间单元的连通性与可达性。构建阻力面的阻力因子包含自然因素（如高程、坡度、植被覆盖度等）和社会经济因素（如土地利用类型、距公路距离、距水体距离、人为干扰强度等）两类因子，它们对物种的迁移和生境适宜性起决定性作用。最小累积阻力模型是目前生态廊道计算的最常用方法，此外，电流理论、生态连接度筛选也是模拟潜在生态廊道的主要方法。作为物种迁移的重要踏脚石，生态节点可以降低斑块间的距离，提高物种在迁移过程中的频率和成功率。通常从生态廊道的交汇点、生态廊道与水系的交汇点、长距离生态廊道的重要转折点中选取生态节点，或选取重要的区域性生态系统服务功能区的几何中心作为生态节点。

> **案例 4.4** 云龙县国土空间生物多样性保护空间网络构建

基于从监测报告、红外相机、论文专著中获取的物种数据，选择 14 种分布点数量≥8的国家Ⅰ级、Ⅱ级保护动物作为目标保护物种。哺乳类包括国家Ⅰ级保护动物滇金丝猴，国家Ⅱ级保护动物短尾猴、猕猴、熊猴、毛冠鹿、豹猫、亚洲黑熊、喜马拉雅小熊猫、黄喉貂；鸟类包括国家Ⅰ级保护动物黑颈长尾雉，国家Ⅱ级保护动物白腹锦鸡、白鹇、红腹角雉；两栖类包括红瘰疣螈。采用MaxEnt模拟物种分布范围并进行叠加分析（图4-13），研究结果显示14个模型的AUC值均大于0.85，表明模拟效果良好。

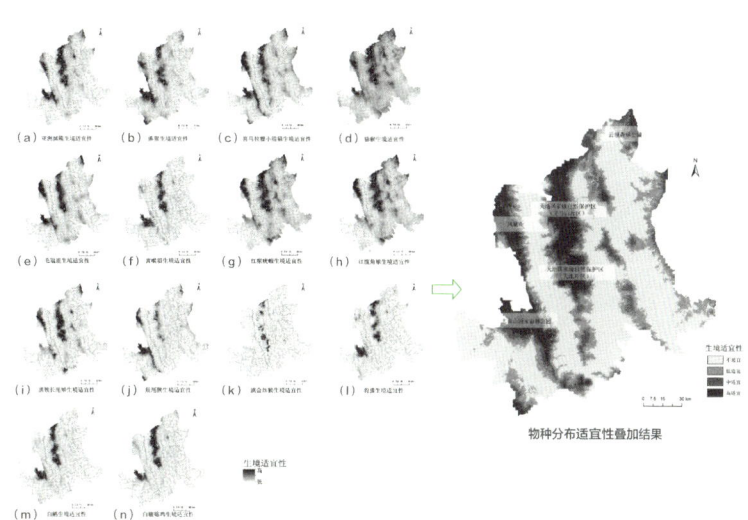

图4-13　云龙县14种关键保护物种的生境适宜空间分布预测与叠加分析
资料来源：同济大学建筑与城市规划学院，上海同济城市规划设计研究院有限公司．云龙县国土空间总体规划生物多样性保护专题研究［R］．2024．

　　选取面积大于20平方公里的生态斑块作为生态源地。根据不同生态本底特征对物种迁徙的影响，选取地表覆盖（土地覆盖类型、植被覆盖率）、地形条件（高程、坡度）和生态胁迫（距道路的距离、距居民点的距离、距水体的距离）共3类7个指标作为阻力因子构建生态阻力面。参考相关文献以及MaxEnt模拟结果对阻力因子赋值。采用层次分析法和yaahp软件得到各阻力因子的权重。经加权总和叠加后得到阻力面。通过识别相邻源地之间的最小累积阻力路径，识别生态廊道。利用ArcGIS的成本连通性工具，得到最优生态廊道及保护空间网络（图4-14）。

资料来源：作者整理。

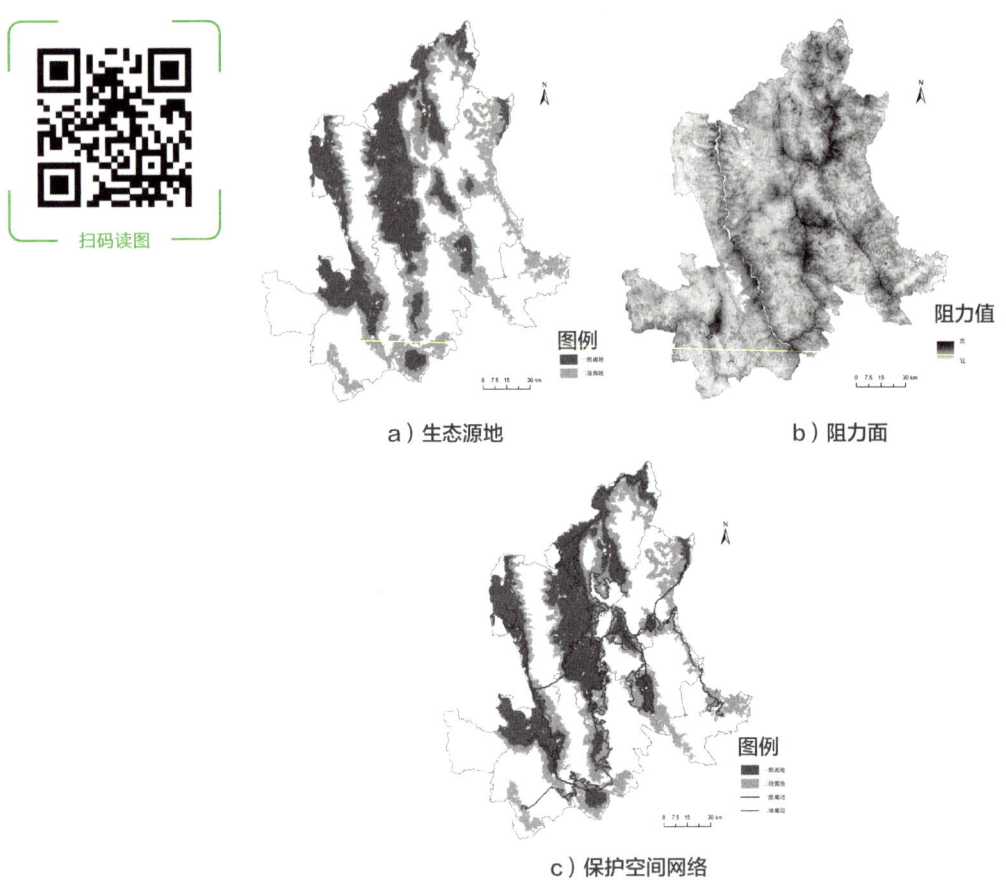

图 4-14 云龙县生物多样性保护空间网络构建
资料来源：同济大学建筑与城市规划学院，上海同济城市规划设计研究院有限公司. 云龙县国土空间总体规划生物多样性保护专题研究［R］. 2024.

4.6 生物多样性保护空间管控

4.6.1 优化生物多样性保护空间

1. 构建生态保护空间格局

基于重要物种生境适宜性分析的生态源地空间，充分衔接国土空间规划"三区三线"、规划分区和用途管制要求，协调完善国土空间规划的生态、农业、城镇空间布局。系统优化生物多样性保护空间格局，围绕不同的国土空间规划分区，提出相应的生物多样性保护的空间落实措施，加强生态系统保护与修复，营造良好的生物栖息环境，协调自然资源科学保护与合理利用。

2. 优化自然保护地体系及各保护片区间的连通性

针对生物多样性保护重要性较高且当前存在保护空缺的地区应建立自然保护地。以自然保护地为主体、生物多样性保护的设施空间建设为抓手，构建重要的原生生态系统和珍稀濒危物种整体保护网络，完善候鸟、水生动物、陆生动物等重要物种栖息地和生物多样性保护网络，提升重要生态系统的连通性。

3. 统筹划定生态保护红线

依据生物多样性保护重要性，落实、细化、校核国土空间规划确定的生态保护红线方案，严守生态保护红线，强化生态保护红线刚性约束，发挥生态保护红线对于国土空间开发的底线作用，锚固生态保护空间总体格局。

经评价后，在保持生态保护红线方案总体稳定的情况下，可局部调整生态保护红线布局，与自然保护地联动调整，边界上报省级审核通过后，纳入生态保护红线。

4. 夯实扩充生态控制区

优化生态廊道识别技术，强化生态廊道构建及维护，提高自然保护地的景观连通性，扩大生态空间，改善生态系统服务功能。

5. 划定生物多样性保护优先区

依据生物多样性保护空间网络，识别生物多样性保护重要性高的区域，将其与目前的自然保护区边界和生态保护红线对比，识别保护空缺区域。划定优先区域，完善生物多样性保护和管控政策。

6. 基于生物多样性保护的基础设施建设管控

生态保护红线、候鸟主要迁徙通道、鸟类重要栖息地范围内加强空间管控，严禁风力发电及光伏项目建设；合理控制沿湖、沿河其他区域的风电与光伏项目规划布局。

案例 4.5 鹤壁淇河流域生态保护管控体系

淇河古称淇水，被称为《诗经》之河，发源于山西省陵川县，属海河流域南运河水系卫河支流，全长 176 公里，鹤壁境内长 83 公里。淇河曾存在三大突出生态问题：一是季节性断流。在非集中调补水情况下，白龙庙至许沟温泉河段（约 14 公里）长期断流；京珠高速坝下游（约 28 公里）河段季节性断流。二是流域生态退化。河流缓冲带几近丧失，野大豆、太行菊几近灭绝，鲫鱼、斑鳜大量减少。三是淇河水质受散布于两岸的工农业污染源、城镇生活污染源的威胁，控源截污任务艰巨。

2020 年编制的《鹤壁淇河生态保护和高质量发展总体规划（2020—2035）》，以人与动植物平等共栖为导向，将保护与发展相结合，优先保障生态用水权，并根据当地野鸟会 10 余年的观鸟记录和现场调研数据，生成了 6 种生态型鸟类的活动热力图，识别淇河沿线生境保护空间，在横向上提出"川、滩、岸、绿"的修复措施，纵向上分段制定精细化的指标体系与空间管控要求，形成由负面清单、正面清单、生态补偿、建设引导四类清单构成的管控体系，为《鹤壁市淇河保护条例》的制定奠定了基础（图 4-15，表 4-5）。

资料来源：作者整理。

扫码读图

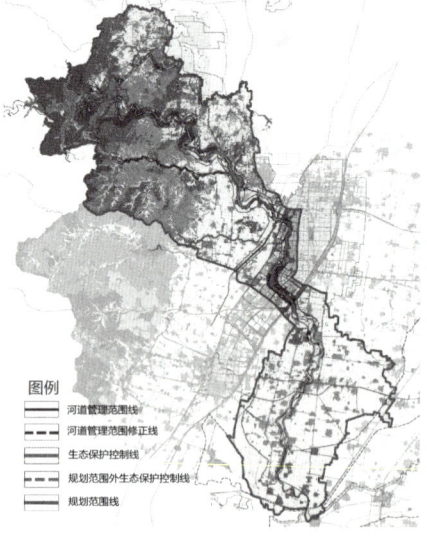

图 4-15 鹤壁淇河流域生态保护管控体系
资料来源：上海同济城市规划设计研究院有限公司. 鹤壁淇河生态保护与高质量发展总体规划（2020—2035）[Z]. 2023.

表 4-5　鹤壁淇河流域生态保护管控清单

管控分区	管控内容	清单类型
河道管理范围	保护水生生物	X 实行负面清单管理，清单内项目不得批准
	保障水质安全	
	岸线功能要求	
	同时满足生态保护控制范围、建设协调控制范围要求	
生态保护控制范围	保护水源地	X 实行负面清单管理，清单内项目不得批准； √ 实行正面清单管理，清单以外项目不得批准，清单以内项目必须经过相关部门严格审批； ◇ 实行生态补偿，但需进行充分的论证评估
	保障水质安全	
	其他生态要求	
	腹地生态补偿	
	同时满足建设协调控制范围要求	
建设协调控制范围	保障水质安全	X 实行负面清单管理，清单内项目不得批准； △ 实行建设引导，鼓励生态保护与建设利用协调
	避免大气、土壤、水环境综合污染	
	避免水土流失和毁坏林木	
	保护野生动植物资源	
	开发符合规划	
	其他生态要求	
	城乡建设引导	

资料来源：上海同济城市规划设计研究院有限公司. 鹤壁淇河生态保护与高质量发展总体规划（2020—2035）[Z].2023.

4.6.2　重要生态系统保护修复

1. 加强农田生态系统保护

完善基本农田保护和生态补偿机制，严格控制非农建设占用耕地。结合高标准基本农田建设，推广以乡土树种种植为主的"适地适树"模式，可采取网格林带、交错片林或农林复合种植等营建模式建设农田防护林网，形成农林复合系统，增强农田生态系统作为生物多样性丰富地区连接通道的作用。实施化肥农药减量替代使用，鼓励完善规模化畜禽养殖场的环保设施建设，加强农业面源污染防治，增强农田作为生物栖息地的生态服务功能。

2. 开展森林生态系统保护修复

推动实施国土绿化工程。实行森林集约经营、可持续经营，提升森林质量，增强森林固碳能力，提高森林生态系统整体功能和综合效益。加强对退化林、低效林的修复改造，通过人工干预措施，对经营失败的林地，以及单一纯林、残次林、景观较差或者受病虫害危害较重的林分，通过更新树种、补植补栽等手段进行改造优化，将重要生态区位的人工商品林按规定逐步转为公益林。采用基于自然的解决方案，以自然恢复为主，调整优化森林结构，重建健康稳定的森林群落，提升森林生态系统综合效益。

3. 开展湿地生态系统保护修复

对湿地资源较为丰富的市县，因地制宜修复退化湿地，重建已损害或退化的湿地生态系统，恢复湿地生态系统的结构、功能和生态过程。通过源头控制、水质净化和河湖水体湿地生态修复，重构湿地生境多样性，恢复生物多样性保育功能。提高河湖水系之间的连通性，实施重建接近自然的河漫滩湿地生态系统，优化河漫滩湿地的多种功能。

4. 开展退化草地生态修复

对草地资源较为丰富的市县，实施退化草原修复，减少人为活动干扰，遏制草原生态系统退化，修复受损草原植被，提升草原可持续发展能力。实施草地改良建设工程，对现有天然草地、林间草地、退耕地、水源涵养地等实施改良。通过实施土地整理、植被重建、补播改良、综合除杂、灌溉施肥等措施，建成一批植被优良、保土保水能力强的草地，构建林草结合的立体生态屏障。实施已损草原植被恢复工程：重点针对已垦草原区、沙化草原区、矿藏开采区以及工程建设区周边等开展植被修复，围绕土地平整、坑洼回填、渣土清除、灌溉施肥、播种及管理等内容进行，使受损草原植被得以尽快恢复。

5. 融合提质城镇公园绿地生态修复

统筹保护城镇发展区内的生态源地，融合优化公园绿地、郊野公园、动物园、植物园等城镇绿化空间布局，推进城镇绿道、林荫道路建设，形成绿点、绿线、绿网、绿面相融互促的城镇高效绿地系统，打造以城市森林为主体的城镇生态网络体系。

保护和维持城镇自然遗留地和自然植被，加强野生动植物及栖息地保护，打造生物多样性友好城镇绿色典范，实现人与自然和谐相处。

6. 多类群生境营造与恢复

基于生物多样性资源现状和保护情况，根据不同的生态系统保护修复需求，针对底栖动物、鱼类、蛙类、鸟类、爬行类、小型兽类、陆生和水生植物等不同类群提出相应的生境营造与恢复策略。

> **案例 4.6** 鹤壁淇河流域重要生境修复布局

参考自然之友野鸟会鹤壁分会历经10余年的调查资料,结合现场调研,对游禽、涉禽、猛禽、鸣禽、陆禽、攀禽六种生态型禽鸟根据其不同的家域活动范围进行热力图分析,为重要生境识别提供依据。基于现状生境热点识别与潜力分析,划定了重要保护生境、重点培育生境和潜在修复生境。通过贯通的淇河水域,形成上、中、下游联动的水陆连续生境(图4-16),严格管控重要保护生境,积极修复重点培育生境,对凸岸的潜在恢复生境进行适当的"退建还河"政策引导,避免城乡建设开发对生境的影响,实现人与自然的和谐共生。重点营造山、水、林、田及地域特色文化相结合的系列湿地景观,使鹤壁成为河南湿地景观之都,使淇河成为市区鸥鹭翔集、上游雁鸭游泳、下游飞鸟鸣唱的中原观鸟目的地胜景。

资料来源:作者整理。

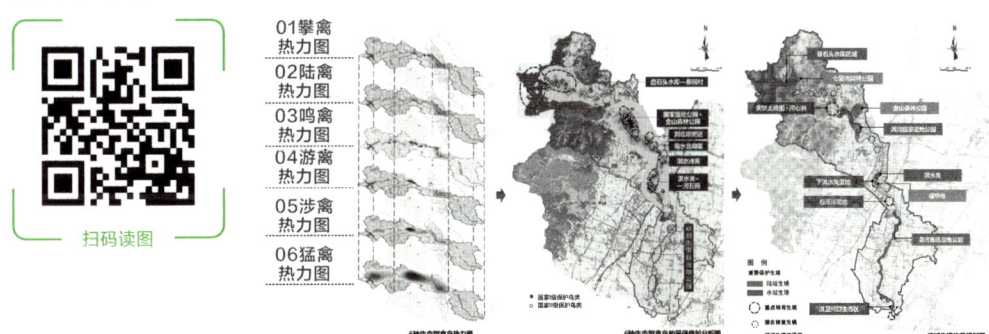

图4-16 鹤壁淇河流域重要生境修复布局
来源:上海同济城市规划设计研究院有限公司.鹤壁淇河生态保护与高质量发展总体规划(2020—2035)[Z],2023.

4.6.3 生物多样性保护的监测评估

1. 生物多样性的监测指标

德国、英国、南非等国建立了国家级生物多样性监测与评价体系。李果等(2011)提出了中国生物多样性评价指标体系的26个参考指标[1]。在区域和省域层级,

---

[1] 李果,吴晓莆,罗遵兰,等.构建我国生物多样性评价的指标体系[J].生物多样性,2011,19(5):497-504.

万本太等（2007）提出了物种丰富度、生态系统类型多样性、植被垂直层谱的完整性、物种特有性、外来物种入侵度5个生物多样性综合评价指标和综合评价方法，并对除港澳台地区以外的全国31个省级行政单元进行综合评价和分级[1]。

在城市层级，2010年，《生物多样性公约（CBD）》秘书处与地方生物多样性行动全球伙伴组织以及新加坡政府等共同协作推出了城市生物多样性指数（City Biodiversity Index，简称CBI，又称"新加坡城市生物多样性指数"），该指数从生态用地比例与空间网络格局、城市原生物种的多样性、城市中生物多样性提供的生态系统服务、城市生物多样性的治理和管理四个方面对城市生物多样性进行全面评价，目前世界上已有包括日本名古屋、英国伦敦、加拿大蒙特利尔、比利时布鲁塞尔以及巴西库里提巴在内的28个城市开始使用这个指数[2]。欧盟为了推动CBI指数的实施，还与IUCN、ICLEI以及德国、法国、西班牙、匈牙利、斯洛文尼亚等多国NGO组织联合，在2010年和2011年推出了欧洲生物多样性之都（Capital of Biodiversity）评选[3]。2021年9月最新修订的新加坡城市生物多样性指数对生物多样性和生态系统提出了更广泛的评估认知，纳入了包括生境恢复、公园可达性、都市农业、基础设施的自然解决方案和自然资本的定期评估等内容。新版指数还简化了衡量和评价工具，并加强了系列指标应用的建议[4]。

> **延伸阅读 4.4** 新加坡城市生物多样性指数（CBI）

新加坡城市生物多样性指数包括两个部分：第一部分是城市概况（表4-6），提供城市的背景信息；第二部分是通过28个指标衡量本地生物多样性、生态系统服务以及城市生物多样性的治理和管理能力（表4-7）。每个指标都被分配一个从0-4分的得分范围，最高得分为112分。城市必须在首次申请城市生物多样性指数时进行基准评分，随后每3-5年进行一次申请，以便在两次申请之间留出足够的时间，使生物多样性保护工作的成果得以实现。

---

1. 万本太，徐海根，丁晖，等. 生物多样性综合评价方法研究[J]. 生物多样性，2007，15（1）：97-106.
2. CHAN L，HILLEL O，ELMQVIST T，et al. User's Manual on the Singapore Index on Cities' Biodiversity（also known as the City Biodiversity Index）[EB/OL].（2011-09-13）[2016-07-01］. https://www.cbd.int/authorities/doc/User's%20Manual-for-the-City-Biodiversity-Index18April2012.pdf.
3. DEUTSCHE UMWELTHILFE E.V，FUNDACIÓN BIODIVERSIDAD，LAKE BALATON DEVELOPMENT COORDINATION AGENCY，et al. Capitals of biodiversity: European municipalities lead the way in local biodiversity protection[R]. 2011.
4. CHAN L，HILLEL O，WERNER P，et al. 2021 Handbook on the Singapore Index on Cities' Biodiversity（also known as the City Biodiversity Index）[EB/OL].（2021-09-01）[2023-09-01］. https://www.cbd.int/article/2021-singapore-index.

表4-6　新加坡城市生物多样性指数框架——城市概况

新加坡城市生物多样性指数	
城市概况	位置和面积：地理坐标（纬度）；气候（温带或热带等）；降雨量/降水量（范围和平均值）；包括明确界定城市边界的地图或卫星图像
	城市自然特征：地理位置、海拔高度、不透水地面面积、棕地信息等
	人口特征：包括总人口和人口密度；也可以包括该区域的其他人口
	经济参数：国内生产总值、国民生产总值、人均收入、主要经济活动、生物多样性的动因和压力
	生物多样性特征：城市内的生态系统、城市内的物种、当地重要关键物种、种群的定量数据、相关的定性生物多样性数据
	生物多样性管理：相关信息包括负责生物多样性的机构和部门；如何保护自然区域（通过国家自然保护区、森林保护区、安全区域、公园等）
	相关网站：包括城市网站、环境或生物多样性主题网站、负责管理生物多样性的机构网站

表4-7　2021版新加坡城市生物多样性指数指标
（注：第7、12、13、14、18、21条为2021版新增指标）

新加坡城市生物多样性指数			
	核心部分	指标	分值
指标	城市本地生物多样性	1. 城市自然区域的比例	4分
		2. 抑制碎片化的连通性措施或生态网络	4分
		3. 建成区的本地生物多样性（鸟类）	4分
		4. 维管植物物种数目的变化	4分
		5. 本地鸟类物种数目的变化	4分
		6. 本地节肢动物物种数目的变化	4分
		7. 生境恢复	4分
		8. 自然保护区的比例	4分
		9. 外来入侵物种的比例	4分
	生物多样性提供的生态系统服务	10. 水量的调节	4分
		11. 气候的调节——树木和绿化的益处	4分
		12. 游憩服务	4分
		13. 健康和福祉——公园邻近度/可达性	4分
		14. 粮食安全韧性——都市农业	4分
	生物多样性治理和管理	15. 机构能力	4分
		16. 分配给生物多样性的预算	4分
		17. 政策、规则和条例——当地生物多样性战略和行动计划的存在	4分
		18. 本地自然资本评估的现状	4分
		19. 城市蓝绿空间管理计划的现状	4分
		20. 与生物多样性有关的气候变化对策	4分

续表

指标			
	生物多样性治理和管理	21. 绿色基础设施作为基于自然的解决方案的政策或激励措施	4分
		22. 跨部门和机构间合作	4分
		23. 参与和伙伴关系：与生物多样性相关事项有关的正式或非正式公众协商进程	4分
		24. 参与和伙伴关系：城市在生物多样性活动、项目和方案中与之合作的机构/私营公司/非政府组织/学术机构/国际组织的数量	4分
		25 城市每年实施的生物多样性保护项目数量	4分
		26. 教育	4分
		27. 公众意识	4分
		28. 社区科普	4分
城市本地生物多样性（指标1-9小计）			36分
生物多样性提供的生态系统服务（指标10-14小计）			20分
生物多样性治理和管理（指标15-28小计）			56分
最高分数			112分

目前宜可城－地方可持续发展协会（ICLEI）以新加坡城市生物多样性指数为主要技术标准，推出了"生物多样性魅力城市"评选活动，2021年12月13日，在《生物多样性公约》缔约方大会第十五次会议第二阶段会议框架下举办的第七届全球地方政府和城市峰会"全球地方政府和城市角——中国日"上，首届以"生物多样性魅力城市"为主题的评选活动正式对外发布入选城市，中国云南省昆明市、四川省成都市、浙江省湖州市、河南省南阳市、浙江省嘉兴市、广东省深圳市获得了"生物多样性魅力城市"称号，第二届"生物多样性魅力城市"及"自然城市"中国城市推选宣传活动也于2024年5月正式启动。

资料来源：CHAN L, HILL E L O, WERNER P, et al. 2021 Handbook on the Singapore Index on Cities' Biodiversity (also known as the City Biodiversity Index). Montreal: Secretariat of the Convention on Biological Diversity and Singapore: National Parks Board, Singapore [EB/OL]. (2021-09-01) [2023-09-01]. https://www.cbd.int/article/2021-singapore-index.

我国原环境保护部2011年颁布的《区域生物多样性评价标准》（HJ 623—2011）针对县级以上行政区域的生物多样性进行综合评价，提出了野生维管束植物丰富度、野生动物丰富度、生态系统类型多样性、物种特有性、受胁迫物种的丰富度、外来物种入侵度六大评价指标，以及各指标的参考最大值、生物多样性指数的计算方法与生物多样性状况分级标准。

在生境尺度，物种丰富度是城市生境生物多样性的标志性测度指标，物种的多样性测度或异质性测度是生物多样性最传统的量化方式，通常利用实地生物普查得到的各类物种名录进行计算[1]。为了便于从空间规划的视角来理解量化指标，干靓（2018）参考前人研究，以时空属性为视角，将生境尺度城市生物多样性的常用监测指标归纳为非空间属性指标、空间属性指标和时间属性指标。其中，非空间属性指标包括物种个体数量（Individual Number）、物种丰富度（Richness of Species）、多样性指数（Diversity）、均匀度指数（Evenness）、优势度指数（Superiority）等，空间属性指标包括栖息地面积、种群密度指数（Density）、生物量（Biomass）、惊飞距离（Flush Distance）等，时间属性指标则包括遇见率（Encounter Rate）等[2]。

2. 生物多样性的监测方法

城乡梯度分析法是生物多样性研究的常用监测方法，即在不同程度城镇化的地理横断面上，通过调查不同断面样点的生物多样性指标，与研究断面的空间梯度进行耦合分析，由此得出沿某一个特征梯度方向的变化规律。环境主因子分析法是另一种常用方法，即基于调研所获取和计算的生物多样性测度指标与建成环境变量，采用统计分析方法，通过显著性检验，提取影响生物多样性的建成环境关键影响因子。近年来随着卫星影像、空间分析软件、影像捕捉器和分子遗传学工具等现代技术的普及，将能够更好地量化这些指标，并能更准确有效地应用这些生物多样性指数。

3. 生物多样性保护规划的体检评估

在现有的《国土空间规划城市体检评估规程》基础上，可参考新加坡城市生物多样性指数（CBI），从生态空间网络、物种丰富度、生态系统服务、生物多样性治理等方面提出生物多样性保护方面的国土空间规划体检评估指标，基于常态化的生物多样性监测，对生物多样性保护规划的实施进行评估。

---

1. 尚占环，姚爱兴，郭旭生. 国内外生物多样性测度方法的评价与综述［J］. 宁夏农学院学报，2002（3）：68-73.
2. 干靓. 城市生物多样性与建成环境［M］. 上海：同济大学出版社，2018.

> **关键术语**

生物，生物多样性，栖息地／生境，群落生境，生态位，就地保护，迁地保护，自然保护地，其他有效的区域保护措施，生态金字塔，岛屿生物地理学理论，家域，地方生物多样性保护战略与行动计划，代理种，保护空缺，生态源地，生态廊道，生态保护红线

> **思考题**

1．查阅一份某省或某市的《生物多样性保护战略与行动计划》，分析其中有哪些内容与空间规划相关。

2．总体规划和详细规划中如何融入生物多样性保护的空间要求？

3．国土空间生物多样性保护专项规划有哪些重要内容，可采用哪些规划方法？

参考文献

［1］ CHAN L，HILLEL O，ELMQVIST T，et al.User's Manual on the Singapore Index on Cities' Biodiversity（also known as the City Biodiversity Index）［EB/OL］.（2011-09-13）［2016-07-01］.https：//www.cbd.int/authorities/doc/User's%20Manual-for-the-City-Biodiversity-Index18April2012.pdf.

［2］ CHAN L，HILLEL O，WERNER P，et al. 2021 Handbook on the Singapore Index on Cities' Biodiversity（also known as the City Biodiversity Index）［EB/OL］.（2021-09-01）［2023-09-01］.https：//www.cbd.int/article/2021-singapore-index.

［3］ Deutsche Umwelthilfe e.V，Fundación Biodiversidad，Lake Balaton Development Coordination Agency，et al.Capitals of biodiversity：European municipalities lead the way in local biodiversity protection［R］.2011.

［4］ DUDLEY N.IUCN 自然保护地管理分类应用指南［M］.朱春全，欧阳志云，译.北京：中国林业出版社，2016.

［5］ JOHNSTON J，NEWTON J. Building green，London Ecology Unit［R］.1993.

［6］ UDVARDY M F D.Notes on the ecological concepts of habitat，biotope and niche［J］.Ecology，1959，40：725-728.

［7］ WHITTAKER R H，LEVIN S A，ROOT R B.Niche，habitat and ecotope［J］.American Naturalist，1973，107（955）：321-338.

［8］ YARROW G.Habitat requirements of wildlife：food，water，cover and space［J］.Forestry and Natural Resources Fact Sheet 14，2009（5）：1-5.

［9］ 蔡颖莉，朱洪革，李家欣.中国生物多样性保护政策演进、主要措施与发展趋势［J］.生物多样性，2024，32（5）：1-10.

［10］ 大自然保护协会.生物多样性保护规划编制方法与应用［M］.北京：科学出版社，2022.

［11］ 干靓.城市生物多样性与建成环境［M］.上海：同济大学出版社，2018.

［12］ 黄越，顾燚芸，阳文锐，等.如何在北京充分实现受胁鸟类栖息地保护？［J］.生物多样性，2021（3）：340-350.

［13］ 靳彤，卜君玉，马建忠.其他有效的区域保护措施的国际经验及对中国2020年后生物多样性保护的启示［J］.西部林业科学，2022，51（1）：1-8.

［14］ 靳彤，彭昀月，曾丽诗，等.基于自然的解决方案：推动生物多样性保护主流化［J］.自然保护地，2023，3（3）：35-44.

［15］ 李春香，苗馨元.浅议中国高等植物多样性在世界上的排名［J］.生物多样性，2016，24（6）：725-727.

［16］ 李果，吴晓莆，罗遵兰，等.构建我国生物多样性评价的指标体系［J］.生物多样性，2011，19（5）：497-504.

［17］ 李雪梅，程小琴.生态位理论的发展及其在生态学各领域中的应用［J］.北京林业大学学报，2007（S2）：294-298.

［18］联合国环境署.全球生物多样性展望（决策者摘要）［EB/OL］.（2020-09-15）[2024-04-20].https://www.cbd.int/gbo/gbo5/publication/gbo-5-spm-zh.pdf.

［19］联合国环境与发展大会.生物多样性公约（Convention on Biological Diversity）［Z］.1992.

［20］林宪德.城乡生态［M］.台北：詹氏书局，1999.

［21］彭羽，等.城市生物多样性保护案例研究［M］.北京：中国环境出版社，2012.

［22］任海，等.中国植物多样性与保护［M］.郑州：河南科学技术出版，2022.

［23］上海市生态环境局.关于印发《上海市生物多样性保护战略与行动计划（2024—2035年）》的通知［EB/OL］.（2024-05-15）[2024-05-20].https://sthj.sh.gov.cn/hbzhywpt1123/hbzhywpt1124/20240515/254960e4409d488a9915a79c89362976.html.

［24］上海同济城市规划设计研究院有限公司.鹤壁淇河生态保护与高质量发展总体规划（2020—2035）［Z］.2023.

［25］尚占环，姚爱兴，郭旭生.国内外生物多样性测度方法的评价与综述［J］.宁夏农学院学报，2002（3）：68-73.

［26］生态环境部.关于发布《中国生物多样性保护优先区域范围》的公告［EB/OL］.（2015-12-31）[2024-04-20].https://www.mee.gov.cn/gkml/hbb/bgg/201601/t20160105_321061.htm.

［27］生态环境部.全面提升生物多样性治理水平 切实支撑人与自然和谐共生的现代化建设［EB/OL］.（2024-04-11）[2024-04-20].https://www.mee.gov.cn/zcwj/zcjd/202404/t20240411_1070429.shtml.

［28］生态环境部.中国生物多样性保护战略与行动计划（2023—2030年）［EB/OL］.（2024-01-18）[2024-03-20].https://www.mee.gov.cn/ywdt/hjywnews/202401/W020240118377427497957.pdf.

［29］世界自然保护地委员会其他有效的区域保护措施工作组.其他有效的区域保护措施识别与报告指南［EB/OL］.（2022-03-23）[2024-04-20].https://portals.iucn.org/library/efiles/documents/PATRS-003-Zh.pdf.

［30］苏日，戴代新.城市生物多样性保护的规划途径：柏林、伦敦经验［C］//中国城市规划学会.面向高质量发展的空间治理：2021中国城市规划年会论文集（08城市生态规划），2021：558-567.

［31］同济大学建筑与城市规划学院，上海同济城市规划设计研究院有限公司.云龙县国土空间总体规划生物多样性保护专题研究［R］.2024.

［32］万本太，徐海根，丁晖，等.生物多样性综合评价方法研究［J］.生物多样性，2007，15（1）：97-106.

［33］徐卫华，欧阳志云.中国国家公园与自然保护地体系［M］.郑州：河南科学技术出版社，2022.

［34］臧春鑫，等.《中国生物多样性红色名录》的制定及其对生物多样性保护的意义［J］.生物多样性，2016，24（5）：610-614.

［35］赵文飞，宗路平，王梦君.中国自然保护区空间分布特征［J］.生态学报，2024，44（7）：2786-2799.

第 5 章

气候适应性专项规划

■ 导语

　　气候变化是当今世界以及今后相当长时期内人类共同面临的巨大挑战。气候变化导致的极端天气气候事件和各类缓发不利影响不断加剧，已对世界各国特别是发展中国家的经济社会发展和人民生产生活安全造成严重威胁。《联合国气候变化框架公约》将气候变化定义为"经过相当一段时间的观察，在自然气候的变异之外，由直接或间接的人类活动改变了地球大气的组成而造成的气候变化"。在这一背景下，为响应"适应－韧性"目标导向的规划模式，气候适应性规划成为应对气候变化的重要手段。为明确当前气候适应性规划研究的核心议题和知识空白，本章概述了国土空间生态规划中气候适应性专项规划的重要内涵、基础理论与相关政策，并重点阐释了气候适应性规划的主要内容与空间治理手段。此外，本章凝练了气候适应性规划中气候分区、气候适应性评价、气候灾害风险识别与脆弱性评价等重要知识点。最后，揭示了气候适应性专项规划融入国土空间规划的重要意义与路径，为未来国土空间生态规划相关研究的深入探索提供了清晰的视角。

5.1 气候适应性规划基本概念

5.1.1 气候适应性的相关概念

　　为应对气候变化所带来的巨大挑战，国际社会早在 1992 年通过的《联合国气候变化框架公约》(*United Nations Framework Convention on Climate Change*，简称 *UNFCCC*)便提出"减缓"与"适应"两项重要措施。为了响应两项策略，规划学界分别提出了"低碳城市"和"韧性城市"两种典型干预手段，形成了"减缓－低碳"和"适应－韧性"两种目标导向下的规划模式。多年来，以"减缓"路径应对气候变化备受重视且不断践行，但是由于当前气候变化的影响已不可避免且不可逆转，适应气候变化这一关键措施显得更加急迫和紧要。事实上，直到联合国政府间气候变化专门委员会（Intergovernmental Panel on Climate Change，简称 IPCC）[1]的第三次评估报告出台，适应气候变化这一应对路径才得到足够的重视。IPCC 在 2023 年的第六次评估周期第二工作组报告《气候变化 2022：影响、适应和脆弱性》中明确了将适应气候变化的措施与减少温室气体排放的行动相结合，作为实现气候韧性发展的前进方向[2]。这种由"亡羊补牢"转变为"未雨绸缪"的模式，即由被动的应急响应转变为主动适应，在未来的一段时间内将会成为应对气候变化的重要手段。

在气候适应性研究中，通常会涉及到脆弱性、适应性与韧性三个关键概念。

1. 脆弱性

脆弱性概念主要集中在三个领域。首先，在自然灾害研究领域，强调作为内在风险因素的自然脆弱性，并将脆弱性定义为"系统遭到无法抵抗的破坏和影响的程度"；此后，有关脆弱性的研究逐渐聚焦于气候变化研究领域，早期将脆弱性定义为"自然或社会系统对气候变化持久性伤害的敏感程度"，直至 2001 年 IPCC 评估报告中，脆弱性的概念演变为"系统易受或没有能力应对气候变化的扰动，包括变率和极端事件而产生不利影响的程度，它是系统对所受到的气候变化的特征、幅度和变化速率及其敏感性、适应能力的函数"；此外，考虑人类社会与生态环境的相互作用，社会生态系统研究领域开始关注脆弱性，并将关注重点从仅针对自然环境的单一层面，逐渐开始强调人类社会在脆弱性形成以及降低脆弱性中的作用，从人类被动面对转向主动适应（表 5-1）。

---

1. 联合国政府间气候变化专门委员会是世界气象组织（World Meteorological Organization，简称 WMO）及联合国环境规划署（United Nations Environment Programme，简称 UNEP）于 1988 年联合建立的政府间机构，其主要任务是对气候变化科学知识的现状，气候变化对社会、经济的潜在影响以及如何适应和减缓气候变化的可能对策进行评估。
2. SKEA J，LEE H，SHUKLA P.'It's now or never': UN panel urges immediate action on climate change [J].Asian Power, 2022(Sep.TN.105)：7-7.

表 5-1　脆弱性在不同研究领域的概念

脆弱性研究领域	相关术语	脆弱性概念
自然灾害研究领域	灾害脆弱性（Disaster Vulnerability）	指系统遭到无法抵抗的破坏和影响的程度[1]
气候变化研究领域	生态系统脆弱性（Ecosystem Vulnerability）	自然或社会系统对气候变化持久性伤害的敏感程度[2]
		系统易受或没有能力应对气候变化的扰动，包括变率和极端事件而产生不利影响的程度，它是系统对所受到的气候变化的特征、幅度和变化速率及其敏感性、适应能力的函数[3]
社会生态系统研究领域	社会生态系统脆弱性（Social-Ecological System Vulnerability）	由于社会生态系统对内外各种扰动的敏感性和缺乏应对不利扰动的能力而使系统容易向着不可持续方向发展的一种状态，是其演替阶段所具有的功能结构的综合反映[4, 5]
	人地耦合系统脆弱性（Coupled Human and Natural System Vulnerability）	社会系统面对各类灾害和胁迫表现出来的易损性质，表现为系统向不利于自身稳定和人类利益的方向发展[6]

2. 适应性

"适应"一词最早源于生态学，用于定义对一定范围的环境偶发事件，能够通过适当改变适应新情况以保证种群生存和延续的一种能力[7]；此后，逐渐衍生至灾害学领域用于强调风险认知、调整与灾害管理[8]。如今，适应性多应用于气候变化领域，存在多种不同定义。其中，IPCC 将其定义为"在自然或人类系统中，为应对实际或预期的气候变化或它们的影响所做的一种调整"；福特（Ford）等在 2014 年对适应的定义进行补充，认为上述调整包括政策、措施与策略等[9]。尽

---

1. IPCC.Climate Change 1995: Impacts, Adaptations and Mitigation of Climate Change: Scientific-Technical Analyses [EB/OL]. (1996-12-31) [2024-05-23]. https://www.ipcc.ch/report/ar2/wg2/.
2. IPCC.The Regional Impacts of Climate Change: An Assessment of Vulnerability [EB/OL]. (1997-11-30) [2024-05-23]. https://www.ipcc.ch/report/the-regional-impacts-of-climate-change-an-assessment-of-vulnerability/the-regional-impacts-of-climate-change-an-assessment-of-vulnerability/.
3. IPCC.Climate Change 2001: Impacts, Adaptation, and Vulnerability [EB/OL]. (2001-02-19) [2024-05-22]. https://www.ipcc.ch/2001/02/19/climate-change-2001-impacts-adaptation-and-vulnerability/.
4. 苏飞, 张平宇. 矿业城市社会系统脆弱性研究——以阜新市为例 [J]. 地域研究与开发, 2009, 28（2）: 71-74+89.
5. 杨俊, 关莹莹, 李雪铭, 等. 城市边缘区生态脆弱性时空演变——以大连市甘井子区为例 [J]. 生态学报, 2018, 38（3）: 778-787.
6. KARIMZADEH S, MIYAJIMA M, HASSANZADEH R, et al.A GIS-based seismic hazard, building vulnerability and human loss assessment for the earthquake scenario in Tabriz [J].Soil Dynamics and Earthquake Engineering, 2014, 66: 263-280.
7. 方修琦, 殷培红. 弹性、脆弱性和适应——IHDP 三个核心概念综述 [J]. 地理科学进展, 2007（5）: 11-22.
8. BURTON I, KATES R W, WHITE G F.The Environment as Hazard [M].2nd Edition.New York: Guilford Press, 1993.
9. FORD J D, WILLOX A C, CHATWOOD S, et al.Adapting to the effects of climate change on Inuit health [J]. American Journal of Public Health, 2014, 104（Suppl 3）: 9-17.

管各机构与学者对适应性的定义有所不同，但究其本质，均将适应性概括为系统调整自身以适应气候变化和极端事件的趋利避害能力；同时，在气候变化领域中，适应是指通过加强自然生态系统和经济社会系统的风险识别与管理，采取调整措施，充分利用有利因素、防范不利因素，以减轻气候变化产生的不利影响和潜在风险[1]。需要适应的内容主要包括温度变化、海平面上升、降雨量变化和极端事件。

3. 韧性

"韧性"一词源于拉丁文"resilio"，意为"弹回"，即回到原来的状态。韧性在不同领域中存在多种含义，在城市韧性的研究范畴内，对韧性的探讨通常涵盖生态、工程、经济、社会等多重维度。1973年生态学家霍林（C.S.Holling）首次将韧性思想应用于生态学学科，提出了"生态韧性"（Ecological Resilience）的概念，并将其定义为"系统在不改变其自身结构和功能的前提下能够承受扰动及自我重组的能力"[2]；自20世纪90年代以来，学者们对韧性的研究逐渐从生态学领域向工程、社会、经济领域延伸，韧性概念内涵不断丰富。在工程领域内，韧性是指系统在遭受灾害冲击时，对灾害的抵抗、吸收能力[3]；随着经济不确定性日益增加，马丁（R.Martin）将韧性理念引入经济学研究领域，经济韧性是指抵御内外部风险扰动、恢复到原始均衡状态、经济系统重新配置资源并调整内部结构以适应新环境、经济系统组织更新路径四种能力[4]；此外，社会韧性是指社会系统面对外界不确定性或扰动时恢复平衡状态的能力[5]（表5-2）。

表5-2 韧性概念与特征梳理

韧性维度	定义	特征
生态韧性	系统在不改变其自身结构和功能的前提下能够承受扰动及自我重组的能力	具有多重稳定状态的动态系统
工程韧性	系统在遭受灾害冲击时，对灾害的抵抗、吸收能力	反映物理性能，表征单一稳态下的系统恢复力

---

1. 生态环境部，发展改革委，科技部，等．关于印发《国家适应气候变化战略2035》的通知［EB/OL］．(2022-05-10)［2024-05-29］.https://www.gov.cn/zhengce/zhengceku/2022-06/14/content_5695555.htm.
2. HOLLING C S.Resilience and stability of ecological systems［J］.Annual Review of Ecology and Systematics，1973，4：1-23.
3. SMIT M J，GOOSEN H，HULSBERGEN C H.Resilience and vulnerability: Coastal dynamics or dutch dikes？［J］.Geographical Journal，1998，164（3）：259-268.
4. MARTIN R.Regional economic resilience, hysteresis and recessionary shocks［J］.Journal of Economic Geography，2012，12（1）：1-32.
5. 赵方杜，石阳阳．社会韧性与风险治理［J］.华东理工大学学报（社会科学版），2018,33（2）：17-24.

续表

韧性维度	定义	特征
经济韧性	抵御内外部风险扰动、恢复到原始均衡状态、经济系统重新配置资源并调整内部结构以适应新环境、经济系统组织更新路径四种能力	稳健性；冗余性；敏捷性；智慧性[1]
社会韧性	社会系统面对外界不确定性或扰动时恢复平衡状态的能力	稳定性；冗余性；应变性；及时性[2]

随着气候变化带来的风险愈来愈严重，学界对韧性的研究逐渐向气候领域转化。气候变化深刻影响着国土空间格局的演变。因此，亟须深入探索增强气候韧性的城市发展道路，增强气候韧性也已成为气候适应性规划的关键目标之一。气候韧性可以理解为"在城市面对气候变化和极端天气等不利环境影响时，能够吸收、消纳、学习并适应来自气候和天气的外部扰动力，保持自身生态系统的动态平衡，且平衡被打破时，能迅速进行自我调整，并始终保持有利于社会生态系统健康状态的能力"[3]。

5.1.2 气候适应性规划的内涵和重要意义

1. 气候适应性规划的内涵

尽管有关气候适应性的研究兴起较早，但气候适应性规划（Climate Adaptation Planning）作为有效应对气候变化影响的重要途径，其相关研究却刚刚起步，目前初具规模并有所应用。IPCC将气候变化适应性规划定义为"为缓解气候变化的影响，自然界或人类社会系统对实际或预期的气候变化的影响所做出的调整"[4]。气候适应性规划作为管理和引导城市建设和运行的重要手段，需要从不同维度与尺度进行研究与探索。

首先，气候变化的适应性规划应从规划、工程和管理维护三个领域，对应长期、短期和近期三个不同的时间阶段，对现有的设施进行适应性调整。为了更好地应对未来的气候变化，应该在规划、设计、施工和决策等过程中充分考虑气候变化

---

1. 周霞，王佳. 中国五大城市群经济韧性时空特征及影响因素分析 [J/OL]. 世界地理研究，2024：1-17 [2024-05-29]. http://kns.cnki.net/kcms/detail/31.1626.P.20240625.1605.002.html.
2. BRUNEAU M, CHANG S E, EGUCHI R T, et al. A framework to quantitatively assess and enhance the seismic resilience of communities [J]. Earthquake Spectra, 42003, 19（4）：733-752.
3. 马文林，郭丽平，王海婷，等. 社区生态系统气候韧性概念及评估研究 [J]. 生态经济，2023，39（3）：177-183.
4. IPCC. Climate Change 2007: Mitigation of Climate Change [EB/OL]. (2007-07-01) [2024-05-29]. https://www.ipcc.ch/report/ar4/wg3/.

的潜在影响，使得城市及其设施更好地适应气候变化[1]，气候适应性规划重点应聚焦于以下方面：

1）风险评估与脆弱性评价

通过科学研究和数据分析，评估特定地区或社区面临的气候风险（如气温升高、极端天气事件、海平面上升等）及其脆弱性。这一步骤帮助识别出哪些区域和人群最容易受到气候变化的影响。

2）制定适应策略

根据风险评估结果，制定具体的适应性策略和措施。这些措施包括加强基础设施建设、改善水资源管理、保护自然生态系统、提升农业韧性等。

3）策略整合并实施

将制定的适应性策略融入到各级政府和相关部门的政策和规划中，并确保这些措施在实际中得到有效实施。

4）监测与评估

建立持续的监测和评估机制，以跟踪适应性措施的实施效果，并根据实际情况进行调整和优化，确保策略的有效性和可持续性。

5）加强公众参与

鼓励公众参与气候适应性规划过程，提高公众的气候变化意识和适应能力，通过宣传和教育活动增强社区的应对能力。

6）促进多方协同合作

气候适应性规划需要各方力量的共同参与，包括政府机构、科研机构、非政府组织、企业和社区等，共同合作制定和实施综合性、跨学科的适应策略。

7）提供充足资金与技术支持

确保足够的资金和技术支持，以有效实施适应性措施，并推动科技创新和技术应用，提高适应能力。

2. 气候适应性规划的重要意义

1）气候适应性规划能够降低国家和地区面临的气候变化不利影响和风险，对于保障经济社会发展和生态环境安全具有现实意义

当前，我国仍处在工业化、城镇化进程中，加快推进绿色低碳发展，有效控制温室气体排放，已成为我国转变经济发展方式、大力推进生态文明建设的内在要

---

1. 彭仲仁，路庆昌. 应对气候变化和极端天气事件的适应性规划［J］. 现代城市研究，2012，27（1）：7-12.

求[1]。气候变化影响和风险具有显著的区域性，以气候适应性规划为依托，采取切实有效的适应行动能够降低国家和地区面临的气候变化不利影响和风险，对于保障经济社会发展和生态环境安全具有现实迫切性与重要意义[2]。

2）气候适应性规划能够提高城市适应气候变化能力，对于保障城市安全运行、提高城市竞争力和可持续发展潜力具有重要意义

积极适应气候变化，是实现可持续发展、推进生态文明建设的内在要求。城市是人类生产生活的主要聚集地，也是各类要素资源和经济社会活动最集中的地方，区域气候变化趋势与城市气候效应叠加，使城市遭受的不利影响和风险更为严重。城市适应气候变化事关人民群众切身利益，事关城市持续健康发展，事关全面建成小康社会[3]。气候适应性规划是管理和引导城市建设和运行的重要手段，通过提前预测与准备，能够使城市在面临气候变化风险挑战时保持功能正常运作，减少气候变化风险造成的损失；此外，通过规划的引领作用，能够将适应理念落实到城市建设与管理的各个环节，加强城市建筑、能源、交通、水资源和生态等关键领域的高质量建设、精细化管理和人性化服务，从而最大限度降低气候变化不利影响和风险，提高城市适应气候变化能力，使其在面对冲击时，社会、经济、基础设施和生态系统等方面能够迅速恢复，对保障城市安全运行、提高城市竞争力和可持续发展潜力具有重要意义[4]。

3. 气候适应性规划的途径

近年来，为增强城市系统面对气候变化风险的适应能力，国内外学者已对增强气候韧性的适应性规划进行了丰富的理论与实践研究。现已初步形成了气候适应性规划研究框架，进而为应对气候变化风险提供可操作的思路，具体内容如图 5-1 所示。

首先，对未来多年气候变化的趋势进行预测，并基于预测结果对气候变化为城市系统带来的脆弱性与各类风险进行分析与评估；据此制定能够降低气候变化风险的适应性规划策略；此后，对各项适应性规划方案进行成本效益分析、方案优选，并对最优方案进行实施；由于气候变化存在较强的不确定性，为气候适应性规划带来了较大的难度，因此，日常监测与方案评估是必不可缺的过程；同时，还需要根

---

1. 国家发展改革委. 关于印发国家应对气候变化规划（2014—2020 年）的通知［EB/OL］.（2014-09-19）[2024-05-29].https://zfxxgk.ndrc.gov.cn/web/iteminfo.jsp?id=298.
2. 生态环境部，发展改革委，科技部，等. 关于印发《国家适应气候变化战略 2035》的通知［EB/OL］.（2022-05-10）[2024-05-29].https://www.gov.cn/zhengce/zhengceku/2022-06/14/content_5695555.htm.
3. 国家发展改革委，住房城乡建设部. 两部门关于印发城市适应气候变化行动方案的通知［EB/OL］.（2016-02-17）[2024-05-29].https://www.gov.cn/xinwen/2016-02/17/content_5042426.htm.
4. 生态环境部办公厅，财政部办公厅，自然资源部办公厅，等. 关于深化气候适应型城市建设试点的通知［EB/OL］.（2023-08-18）[2024-05-29].https://www.gov.cn/zhengce/zhengceku/202308/content_6900892.htm.

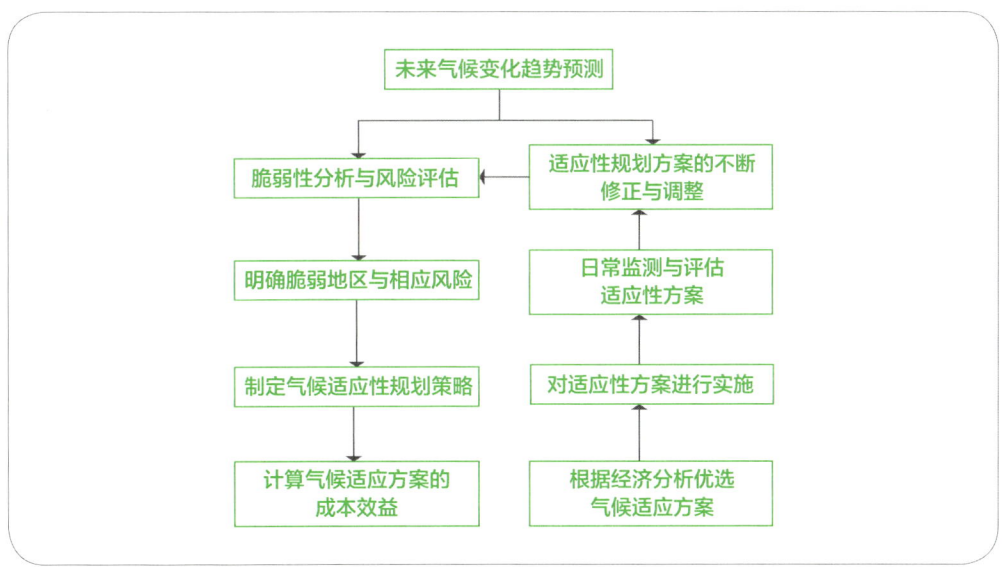

图 5-1　气候适应性规划研究框架

据不同阶段气候变化趋势对规划方案进行不断的调整与修正，以规划的手段将气候变化的不确定性降至最低，这也使得气候适应性规划体系从"脆弱性分析与风险评估"直至"规划方案的修正调整"成为一个循环的完整闭环过程[1]。

5.2　气候适应性规划基础理论与相关政策

5.2.1　气候适应性规划的基础理论

1. 基于生态系统的适应（EbA）

气候适应可以通过各种方式完成，而其中基于生态系统的适应（Ecosystem-based Adaptation，简称 EbA）获得了越来越多的关注。EbA 概念于 2008 年首次被《联合国气候变化框架公约》提出并确认为国际政策，此后得到了多国环保组织的大力支持[2]。随后《生物多样性公约》（Convention on Biological Diversity，简称 CBD）通过两方面阐述了该术语："EbA 利用生物多样性及提供生态系统服务帮助人类适

---

1. 杨开忠，张永生，单菁菁，等. 中国城市发展报告 No.16 [M]. 北京：社会科学文献出版社，2023.
2. COLLS A，ASH N，IKKALA N.Ecosystem-Based Adaptation：A Natural Response to Climate Change [M].Gland：IUCN，2009.

应气候变化问题；EbA 通过可持续管理、保护与恢复生态系统增强气候适应能力"[1]。尽管不同领域学者对 EbA 理论的解读侧重有所不同（表5-3），但是综合来看，当前有关 EbA 理论的阐述拥有共同的核心内涵——EbA 通过生态系统优化提升城市韧性、恢复生态系统功能。

表5-3 EbA 理论相关阐述

EbA 理论相关阐述
除了提升生态系统自身适应力的内容外，EbA 理论更是一种结合生物多样性、生态系统服务与社会经济发展的政策组合[2]
EbA 理论相较于传统措施能带来多种社会经济效益[3]
应将 EbA 理论纳入城市主流规划[4]

EbA 对气候变化适应能力的提升体现在较多方面。它可以针对特定的现有气候灾害，探索导致现有气候灾害的因素，帮助人类应对灾害或从灾害中恢复；也可以针对未来的气候变化，提前处理当前的气候适应缺陷[5]。其对气候变化的应对是基于对生态系统服务（Ecosystem Service，简称 ES）的管理实现的[6]。这些生态系统服务决定了生态系统在适应气候变化和防备灾害方面的关键功能，对于人类未来适应气候变化和化解灾难风险至关重要。与典型的基于基础设施的措施相比，EbA 能提供既经济又与自然界关系更密切的干预措施，除了提供气候变化适应的益处以外，还能提供更多样的环境益处[7]，例如，通过改善生境条件来保护生物多样性，改善娱乐和旅游设施，提升粮食产量等[8,9,10]。

---

1. Secretariat of the Convention on Biological Diversity .Connecting biodiversity and climate change mitigation and adaptation: Report of the Second Ad Hoc Technical Expert Group on Biodiversity and Climate Change［EB/OL］.［2024-05-30］.https: //www.cbd.int/doc/publications/cbd-ts-41-en.pdf.
2. SCARANO R F.Ecosystem-based adaptation to climate change:Concept, scalability and a role for conservation science［J］.Perspectives in Ecology & Conservation, 2017,15（2）: 65-73.
3. GENELETTI D, ZARDO L.Ecosystem-based adaptation in cities: An analysis of European urban climate adaptation plans［J］.Land Use Policy, 2016（50）: 38-47.
4. WAMSLER C, LUEDERITZ C, BRINK E.Local levers for change: Mainstreaming ecosystem-based adaptation into municipal planning to foster sustainability transitions［J］.Global Environmental Change, 2014（29）: 189-201.
5. SMIT B, WANDEL J.Adaptation, adaptive capacity and vulnerability［J］.Global Environmental Change, 2006, 16(3): 282-292.
6. XU H, ZHAO G.Assessing the value of urban green infrastructure ecosystem services for high-density urban management and development: Case from the Capital Core Area of Beijing, China［J］.Sustainability, 2021, 13（21）: 12115.
7. JONES H, HOLE D, ZAVALETA E.Harnessing nature to help people adapt to climate change［J］.Nature Climate Change, 2012, 2: 504-509.
8. MUNANG R, THIAW I, ALVERSON K, et al.Climate change and Ecosystem-based Adaptation: A new pragmatic approach to buffering climate change impacts［J］.Current Opinion in Environmental Sustainability, 2013, 5（1）: 67-71.
9. DEMUZERE M, ORRU K, HEIDRICH O, et al.Mitigating and adapting to climate change: Multi-functional and multi-scale assessment of green urban infrastructure［J］.Journal of Environmental, 2014,146: 107-115.
10. VIGNOLA R, LOCATELLI B, MARTINEZ C, et al.Ecosystem-based adaptation to climate change: What role for policy-makers, society and scientists?［J］.Mitigation and Adaptation Strategies for Global Change, 2009,14: 691-696.

2. 基于生态系统的减灾（Eco-DRR）

基于生态系统的减灾理论（Ecosystem-based Disaster Risk Reduction，简称 Eco-DRR）起源于灾难管理领域，在 Eco-DRR 概念形成之前，传统的灾害管理主要集中在应急响应和工程防护手段上，如修建堤坝、海堤、防洪墙等。这些手段虽然能在短期内有效防范自然灾害，但往往忽视了生态系统的作用，且可能带来长期的负面影响，如生态退化和生物多样性减少。随着气候变化造成的灾害频率与破坏力倍增，Eco-DRR 理论因具有减少灾害脆弱性风险并增强适应力的作用而进入气候变化适应的研究范畴，为应对气候问题提供了相应的灾害学理论与应对策略[1]。2009 年，国际自然保护联盟（IUCN）和其他组织在《全球生态系统评估报告》中正式提出了基于生态系统的减灾概念，倡导利用生态系统的服务和功能来减少灾害风险，增强社会和生态系统的韧性。IUCN 将 Eco-DRR 定义为"利用生物多样性和生态系统服务来减少灾害风险的策略，强调生态系统的保护、恢复和可持续管理"。

目前，Eco-DRR 概念已被广泛接受并在全球范围内推广。许多国家和地区在灾害管理中积极实施 Eco-DRR 策略，如恢复湿地、植树造林、保护红树林和珊瑚礁等。同时，越来越多的研究和创新实践正在探索如何更有效地整合 Eco-DRR 与其他减灾和适应策略，推动可持续发展目标的实现。

5.2.2 气候适应性规划的相关政策

1. 减缓气候变化行动计划与低碳城市规划政策

温室气体的增加被广泛认为是全球变暖的主要原因。联合国气候变化框架公约将温室气体定义为"能够吸收和重新辐射地球表面的红外辐射并导致温室效应的气体"。减缓气候变化行动与低碳城市规划是应对气候变化的关键路径，能够从源头减少温室气体排放、提升能源效率、推动可再生能源的使用，以及促进可持续发展。

在国际层面， 早在 1997 年国际组织便制定并通过了作为国际协议的《京都议定书》，其中规定了工业化国家的具体减排目标，并设立了排放交易机制；2015 年通过了《巴黎协定》，目标是将全球气温上升幅度控制在工业化前水平以上 2 摄氏度以内，并努力将升温幅度限制在 1.5 摄氏度以内。

---

1. MITCHELL T，VAN AALS M.Convergence of disaster risk reduction and climate change adaptation［EB/OL］.（2009-01-28）［2024-05-30］.https：//www.preventionweb.net/publication/convergence-disaster-risk-reduction-and-climate-change-adaptation.

在国家层面，已有多个国家采取了减缓气候变化行动[1]。

1）英国

英国从规划的编制、实施、公众参与、实施反馈等多方面入手，系统而全面地提出关于可持续发展规划、应对气候变化的国家规划政策指引。2007年公布《气候变化法案（草案）》（*Draft Climate Change Bill*）。2008年11月英国议会通过了《气候变化法案》（*Climate Change Act*），其中提出到2020年将英国的二氧化碳排放量在1990年的水平上减少26%，到2050年，在1990年的水平上削减至少80%。

2）日本

2004年日本环境省发起研究计划"面向2050年的日本低碳社会情景"（Japan Low Carbon Society Scenarios toward 2050）。2007年2月发布《日本低碳社会情景：2050年的二氧化碳排放在1990年水平上减少70%的可行性研究》（*Japan Low Cathon Society Scenarios Feasibility Study for 70% CO_2 Emission Reduction by 2050 below 1990 Level*）。2008年5月日本环境省研究小组发布《面向低碳社会的十二大行动》（*A Dozen of Actions towards Low Carbon Societies LCSs*）。

3）美国

2007年11月美国进步中心发布报告《抓住能源机遇，创建低碳经济》，提出创建低碳经济的10步计划。同年，美国国会通过《低碳经济法案》。2009年奥巴马政府试图转变美国政府的气候及能源政策。

4）印度

2008年6月印度发布《气候变化国家行动计划》（*National Action Plan on Climate Change*，NAPCC），其中包括"可持续生活环境国家计划"，将提高能源效率作为城市规划的核心组成部分，更加强调城市废物管理及回收利用、提倡使用公共交通工具等。

5）中国

2007年《中国应对气候变化国家方案》提出了具体的减缓温室气体排放和适应气候变化的措施；同年发布《节能减排综合性工作方案》推动各行业提高能源效率，减少排放；2013年《国家适应气候变化战略》重点强调适应气候变化的重要性，提出了具体的适应措施；2014年发布《中国应对气候变化国家方案（2014—2020）》，进一步明确了到2020年的减排目标和适应措施；2015年发布《中国碳排放权交易市场建设方案》，提出推动建立全国碳排放权交易市场，以市场机制促进减排；2021年发布《中国碳达峰行动计划》，明确了实现碳达峰的时间表和路线图；

---

1. 顾朝林，张晓明. 基于气候变化的城市规划研究进展［J］. 城市问题，2010（10）：2-11.

同年发布《2060年碳中和战略》制定大力发展可再生能源、提高能源效率、推动绿色低碳技术创新等碳中和长期战略；2023年制定《碳达峰碳中和技术创新"十四五"专项规划》，力求通过技术创新推动碳减排，提升绿色低碳技术的自主创新能力。

在区域层面，欧盟重视发展低碳能源技术，实施《欧洲绿色协议》，目标是到2050年实现碳中和，并设立碳排放交易体系（ETS）；2020年所发布的《欧洲气候法》将欧盟到2050年实现气候中和的目标法律化。

2. 适应气候变化行动计划与适应性规划政策

在国际层面，设立多个组织助力适应气候变化的行动计划。其中，联合国气候变化框架公约为各国提供了一个国际平台，促进各国在适应气候变化方面的合作与协调；绿色气候基金（GCF）为适应项目提供资金支持；欧洲联盟适应战略促进成员国的行动、支持区域和地方适应计划，并加强对适应行动的科学支持和知识共享；世界银行2021年提出了城市雨洪灾害的创新治理模式，即EPIC响应框架，通过赋能（Enabling）、规划（Planning）、投入（Investing）和控制（Controlling）等方面实现对城市洪涝和干旱灾害的快速响应。

在国家层面，美国于2014年发布了《气候适应规划》，旨在帮助联邦政府、州和地方政府以及私人企业和社区应对气候变化的影响。英国通过《气候变化法案》和相关的国家适应计划，提出了具体的应对气候变化的措施；英国环境署负责协调各部门和地方政府的适应行动，包括防洪、农业气候适应、城市规划等相关内容。日本政府在2015年发布了《适应气候变化计划》，其中包括在农业、林业、水资源管理、健康、防灾等多个领域的具体适应措施。加拿大的《泛加拿大气候变化框架》强调适应行动的必要性，其中包括支持社区基础设施的建设、改善应急响应能力、加强气候变化监测和研究等。

5.3 气候适应性规划主要内容

5.3.1 气候分区与气候适应性评价

1. 气候分区

为了在气候适应性规划中回答"在哪片区域适应"的基本问题，需要通过对气温、降水、风向风速等气候要素的分布规律和变化趋势进行分析和划分，为农业、水资源管理、城市规划等提供重要的参考依据。气候分区即是根据不同地区的气候特点和变化趋势，将广义上的全球气候划分为不同层级的微小气候，以便更好地理解和研究不同地区的气候特征和变化规律，这为气候在不同空间尺度上的变化和影响提供了多元的解读视角。

广义上，"地球上的大气状态，在某种特定的幅度内每年都发生变动，并以一年为周期周而复始，这种大气状态称为气候"。按照地域或空间的范围可以将气候划分为大气候、中气候、小气候与微气候。其中，北半球气候、南半球气候、热带气候、全球气候、平流层气候等属于大气候，平原气候、山地与丘陵地气候、海岸气候、湖岸气候、河岸气候、城市气候及森林气候等属于中气候与小气候[1]。其中，城市气候是指"在区域气候的背景上，经过城市化后，在人类活动影响下，而形成的一种特殊局地气候"。"城市气候"一词的含义有两种不同的解读。一种认为"城市气候"是指在城市作为一个整体的影响下所形成的气候，属于中尺度范围，亦相当于"城市边界层"的气候。另一种则认为"中尺度"与"小尺度"的含义比较模糊，其水平尺度与铅直尺度都不十分明确，城市气候或应用"局地气候"一词为宜[2]。

1）气候分区方法与标准

气候分区的划分方法多种多样，当前常用的气候分区方法主要有两种，一是基于经验的分区方法，二是基于数学模型的分区方法。其中，基于经验的分区方法主要是依据历史气候数据和人们的观察经验，将地域划分为不同的气候区域。基于数学模型的分区方法则是通过建立气候模型，模拟地球气候系统的运行，从而得出气候分区的结果。

在实际应用中，基于经验的分区方法主要有气温分区、降水分区和气候类型分区。

气温分区主要根据不同地区的气温特点进行划分，考虑的因素有年平均气温、季节气温变化幅度、温度日较差等。例如，根据气温分区标准，可以将地区划分为热带、亚热带、温带和寒带等不同的气温区域。

降水分区根据不同地区的降水特点进行划分，考虑因素有年降水量、降水分布季节性、降水频率等。根据降水分区标准，可以将地区划分为干旱区、半干旱区、湿润区和多雨区等不同的降水区域。

---

1. 吉野正敏. 气候学 [M]. 郭殿福，梁守坚，译. 南宁：广西气象学校，1984.
2. 周淑贞，束炯. 城市气候学 [M]. 北京：气象出版社，1994.

气候类型分区综合考虑气温和降水等因素，将地区划分为不同的气候类型。常用的气候分类方法有柯本气候分类法、季风气候分类法等。W.P. 柯本在1900—1936年以温度和降水量为指标，将全球气候划分为热带气候、干旱气候、温和气候、冬寒气候和极地气候5种气候带。根据季风气候分类法，可以将地区划分为热带季风气候、亚热带季风气候、地中海气候等不同的气候类型。

在进行气候分区时，需要考虑到多种因素的综合影响，并根据实际需要选择合适的分区方法和标准。随着新技术的引入，出现基于数学模型的气候分区方法，即利用计算机模拟气候系统的运行过程，通过建立气候模型，模拟地区的气候特征和变化趋势，从而得出气候分区的结果。常用的数学模型法分区方法有统计模型、物理模型和数值模型等。

统计模型利用统计学方法对气候数据进行分析，得出地区的气候特征和变化趋势。例如，可以通过对气温和降水数据进行回归分析，建立气候模型，预测未来的气候变化。

物理模型是基于气象学原理和物理方程建立的模型，通过模拟地球气候系统的运行过程，得出地区的气候特征和变化趋势。例如，可以建立大气环流模型、海洋模型等，模拟地区的气候系统，预测未来的气候变化。

数值模型通过将地球划分为一系列网格，利用数值方法对地球气候系统进行离散化计算，得出地区的气候特征和变化趋势。例如，可以利用数值天气预报模型，对地区的气候进行模拟和预测。

气候分区方法与标准是气候适应性规划的基础内容，可以帮助规划者理解不同气候区域的特点和变化趋势，为规划提供科学依据。在气候适应性规划过程中，需要根据不同气候区域的特点，选择合适的分区方法和标准，并结合其他相关因素制定相应的适应策略和措施，以提高城市和乡村的气候适应性。此外，随着气候变化的不断发展，气候分区也需要不断更新和调整，以适应新的气候状况。

2）区域气候特征与变化趋势

区域气候特征是指某一地区在长时间内的气候情况，包括气温、降水、风向风速等气候要素的分布规律和变化趋势。不同地区的气候特征受到多种因素的影响，包括纬度、海洋环流、地形地貌等，形成独特的区域气候特征，在地球气候系统自然和人为因素的相互作用下，又呈现出较长时间尺度上的变化趋势，如气温变化、降水模式改变和风向风速变化等。

气温特征与变化趋势。气温是气候的重要要素之一，它直接影响着人类的生活和生产活动。不同地区的气温特征存在差异，主要表现在年平均气温、季节气温变化幅度、温度日较差等方面。其变化趋势主要受全球气候变化和人类活动的影响。根据科学研究，全球气温正在上升，这主要是由于人类活动引起的温室气体排放。气温的上升会导致冰川融化、海平面上升等问题。梁玉莲、延晓冬利用 CMIP5 提供的全球气候模式，预估 RCP2.6、RCP4.5、RCP8.5 代表性浓度路径下，21 世纪末（2081—2100 年）中国区域的温度和降水变化，结果表明，三种代表性浓度路径下中国年平均温度的增幅为 1.87 摄氏度、2.88 摄氏度、5.51 摄氏度，其中青藏高原和东北地区增温趋势更为明显[1]。

降水特征与变化趋势。降水是气候的另一个重要要素，对地区的水资源和农业生产有着重要影响。主要表现在年降水量、降水分布季节性、降水频率等方面的差异。不同地区的降水量和降水分布主要受全球气候变化和地区地理特征的影响，包括纬度、海洋环流和地形地貌等。全球气候变化导致了降水模式的改变。一些地区可能会出现更频繁和更强烈的降雨事件，而另一些地区则可能会出现更长时间的干旱。此外，降水模式的改变也会对生态系统产生影响，如湿地的退化、森林火灾的增加等。

风向风速特征与变化趋势。风向风速对大气环流和空气质量有着重要影响，不同地区的风向风速特征存在差异，主要表现在季风气候和地理地形等方面。全球气候变暖导致大气环流发生变化，从而影响风向和风速。这些变化会对气温、降水和极端天气事件产生影响，导致暴雨、干旱、飓风、龙卷风等极端天气事件发生得更为频繁，也会导致农作物被破坏、洪水灾害等，对人类和生态系统产生重大影响。在气候适应性规划中，需要考虑不同地区风和风速变化的趋势，从而制定相应的适应策略。

本节重点从全球范围内形成的热带气候、干旱气候、温和气候、冬寒气候和极地气候区域分析不同气候特征及其变化趋势。

热带气候特征。位于赤道附近热带地区的主要气候特征是高温和湿度。夏季炎热，平均温度超过 30 摄氏度，而冬季温度较为稳定，通常在 25 摄氏度以上。东亚、南亚季风等影响，为该地区带来丰富的夏季降水，季风的强度和季节性变化对热带地区的气候特征有着重要影响。高降水量和风灾是该地区的另一个主要气候特征。降水主要以强热带雷暴和短时强降雨的形式出现，年降水量超过 1000 毫米，这也导致了频繁的洪涝和风灾事件，在该区域中飓风和台风等极端天气事件的频率和强度较高。

---

1. 梁玉莲, 延晓冬 .RCPs 情景下中国 21 世纪气候变化预估及不确定性分析［J］.热带气象学报,2016,32（2）：183-192.

在全球变暖的背景下，热带型气候特征呈现出增强趋势。这些地区的平均气温上升，夏季更加炎热，冬季更加温暖。降水量呈现不同程度的增加或减少，可能导致洪涝或干旱事件的增加。同时，飓风和热带风灾频率和强度也可能增加。

干旱气候特征。位于中低纬度的内陆地区年降水量较少，通常在250毫米以下，且分布不均匀，可能出现长时间的干旱期，对农业和水资源供应造成严重影响。干旱气候通常蒸发量高，与气温上升密切相关。高温和干燥的气候条件导致土壤和水资源的蒸发速度加快，增加了水资源的紧缺程度。此外，该地区缺乏植被覆盖，使得干燥土地表面更易受风力作用影响，导致沙尘暴和风沙事件频发。

受全球变暖的影响，气温上升导致内陆地区干燥程度增加，降水量减少，可能出现更频繁的干旱事件。同时，由于蒸发增加，湖泊和水库的水位可能下降，水资源供应压力增大。

温和气候特征。温和气候特征地区通常位于中纬度沿海地区，降水充沛，年降水量通常超过1000毫米。降水分布均匀，四季都有降水，其中夏季降水量较大。该地区通常有明显的季节性变化，春季和夏季温暖湿润，秋季凉爽，冬季寒冷。这种季节性变化对农业生产和生态系统具有重要影响。

在气候变化的大背景下，该地区所受到的海平面上升及海洋环流变化等威胁日趋严峻。海平面上升导致沿海地区的风灾潮和海啸风险增加。海洋环流变化可能导致洋流和海洋温度分布发生变化，进而影响附近地区的降水分布和气温。

冬寒和极地气候特征。位于高纬度地区和极地高山地区呈现全年气温较低的寒冷气候特征。该区域常年被冰雪覆盖，冬季特别寒冷，平均温度低于零度。夏季相对较短，温度也较低。季节性变化非常明显，昼夜温差大。

全球变暖使气温上升更加明显，冰盖和冰川融化速度加快，导致冰川退缩，雪线上升，海冰面积减少，这对生态系统和水资源供应都带来了挑战。海冰的减少对海洋生态系统和冰依赖性物种造成了严重影响。同时，冬寒地区的降水量通常较低，主要以降雪的形式出现。然而，全球变暖导致了降水模式的改变，可能导致降水量的增加或减少，降水形式和分布也可能发生变化，进一步影响当地的水资源和生态系统。

总体来说，当前全球范围内形成的不同区域气候特征增强及其变化趋势主要是由于全球变暖所引起的。全球变暖导致气温上升、海平面上升、降水分布和强度变化等现象，进而影响不同地区的气候特征。这些变化趋势对人类社会和自然环境都带来了巨大的挑战，如极端天气事件的增加、海岸侵蚀、物种灭绝等，对不同产业经济部门和生态系统产生影响。

3）气候分区的目的与意义

气候分区可以更好地帮助我们理解和描述不同气候区域的特征和变化趋势，以及这些特征和变化对人类和生态系统的影响，进而辅助优化资源配置、提高城乡适应能力和促进可持续发展，为合理制定适应性规划策略与措施提供科学依据。

首先，气候分区有助于研究和理解气候系统的运行规律。地球的气候是一个复杂的系统，受到多种因素的影响，如太阳辐射、大气环流、海洋循环、地形地貌等。通过将地球表面划分为不同气候区域，可以更好地研究和理解这些因素如何相互作用，以及它们对气候变化的影响。

其次，气候分区可以为农业、水资源管理和城市规划等领域的资源配置优化提供重要的参考依据。不同气候区域的气候特征会对农作物的种植、水资源的分配和城市发展等产生重要影响。气候分区可以帮助规划者了解不同地区的资源分布和利用情况，有助于优化资源配置，提高资源的利用效率。

此外，气候分区有助于预测和应对气候变化，提高城乡的气候适应性和韧性。全球气候变化对人类和生态系统产生重大影响，了解不同气候区域的气候特征可以帮助我们预测和应对气候变化。

气候分区还可以促进国际合作和信息共享。气候分区可以帮助各国更好地了解自己所处地区的气候条件和变化趋势，进而更有针对性地制定发展计划，为制定气候政策和应对气候变化提供科学依据。通过了解其他国家和地区的气候特征，国际社会可以建立和完善国际合作机制，各国可以在气候分区的基础上建立相应的合作框架和机制，共同应对气候变化挑战。

最后，气候分区有助于推动可持续发展和生态保护。不同气候区域的气候特征对生态系统的健康和可持续发展具有重要影响。通过气候分区，可以更好地了解和保护不同气候区域的生态系统。

2. 气候适应性评价

气候适应性评价是气候适应性规划重要的基础性工作，通过系统地分析和评估气候变化对区域发展和城市空间的影响，识别气候变化带来的风险，评估社会经济和生态环境系统的脆弱性和适应能力，回答"适应什么"的复杂问题。一些学者对城市内部特定区域的气候适应能力进行评估。贝克（I. Baker）等在2012年以澳大利亚昆士兰西南区域为研究对象，系统阐述了该地区政府提出的气候适应性评估方案[1]。萨拉格纳克（J. L. Salagnac）等在2013年以法国巴黎作为研究对象，重点对大城市气候变化背景下的适应策略进行评估[2]。沃尔什（C. L. Walsh）等在2011年利用英国Tyndall中心开发的UIAF工具针对减缓城市气候变化及气候适应性进行了城市尺度上的综合评估[3]。

气候适应性评价需要综合考虑气候变化的不确定性、不同地区的特点和需求等因素，涉及气候变化对人类活动、生态环境和社会经济系统的潜在影响，以及社会经济系统和生态环境系统应对气候变化的能力和潜力[4]。

1）气候适应性评价的工作流程

气候适应性评价可以帮助规划者在了解当前和未来气候变化对城乡发展的影响的基础上，识别和评估气候变化带来的风险、评价社会经济系统和生态环境系统的脆弱性和适应能力，及时调整气候适应性规划政策，预防、减少气候条件限制和潜在气候灾害风险造成的损失，提高城乡社会经济系统和生态环境系统的气候适应能力，实现资源的高效利用和生态环境、经济、社会的可持续发展。

气候适应性评价主要步骤应包括确定气候适应性的评价目标、对评价目标的气候与气象特征进行调查、识别气候影响因子、确定气候适应性评价指标体系、气候适应性评价、气候适应性调整等，如图5-2所示。首先确定地域气候背景下城市气候环境的特征，通过相关分析的方式确定城市气候变化的空间影响要素，从国际上公认的适应气候变化策略出发，将提升城市的保护修复能力（Protection）、适应性调节能力（Accommodation）、计划性撤退能力（Managed Retreat）作为核心目标，构建城市空间的气候适应性评价指标体系[5]。

对目标区域展开气候适应性评价，可以直观地衡量在气候变化背景下城市空间建设是否可以做到适应城市气候环境，同时还能够挖掘建设方面的现存问题。气候适应性评价结果有助于将气候适应与节能减排、可持续发展、城市规划设计等领域有机结合，能够增进对气候与城市发展建设、人类社会活动之间依存关系的科学认识，搭建起"气候环境"与"城市空间"相互调节适应的技术路线。

---

1. BAKER I, PETERSON A, BROWN G, et al.Local government response to the impacts of climate change: An evaluation of local climate adaptation plan [J].Landscape and Urban Planning, 2012, 107（2）: 127-136.
2. SALAGNAC J L, DESPLAT J, KOUNKOU-ARNAUD R, et al.Assessment of adaptation strategies to climate change impacts in a big city: The case of Paris [EB/OL]. [2024-05-29].https: //wbc2013.apps.qut.edu.au/papers/cibwbc2013_submission_132.pdf.
3. WALSH C L, DAWSON R J, HALL J W, et al.A systems approach to assessment of climate change mitigation and adaptation at the scale of whole cities [J].Proceedings of the Institution of Civil Engineers, 2011, 164（DP2）: 75-84.
4. UN-HABITAT.Planning for climate change: A strategic value-based approach for urban planners [M].United Nations Human Settlements Programme（UN-HABITAT）, 2014.
5. 蒋存妍.严寒地区城市空间的气候适应性研究——以哈尔滨市为例[D].哈尔滨: 哈尔滨工业大学, 2019.

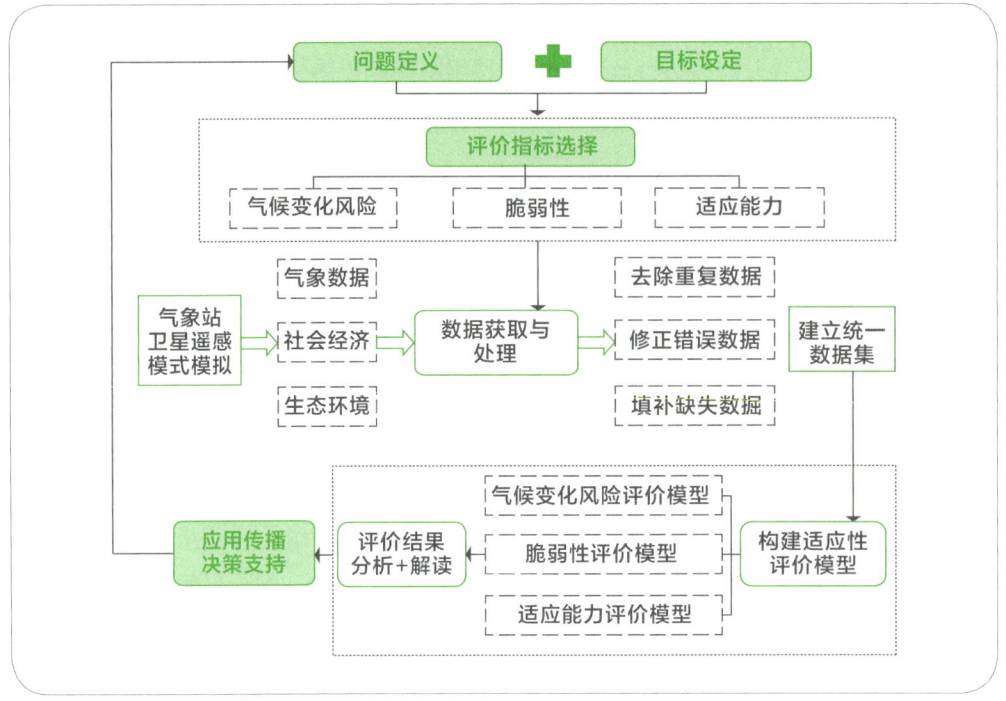

图 5-2 气候适应性评价工作流程
资料来源：作者自绘

2）评价指标的选择

评价指标的选择是整个评价过程的基础，决定了评价的方向和内容。选择合适的评价指标可以确保评价结果准确、全面地反映受评对象的气候适应性。评价指标的选择需要考虑受评对象的特点、评价目的和数据可获得性等因素。利姆（B. Lim）等指出，空间规划中的气候变化影响评估包括自上而下基于灾害风险的评估和自下而上基于脆弱性的评估[1]。联合国政府间气候变化专门委员会第五次报告提出了应对气候变化风险的评估框架，包括危险性、暴露度及脆弱性3个方面，强调了对气候灾害发生的可能性、危害强度及灾害发生后的影响和恢复能力的综合评估，该框架在气候风险评估研究中得到应用拓展[2]。

（1）气候变化灾害风险指标

基于气候变化灾害风险的评估主要关注气候变化敏感区域和生态系统。气候变化灾害风险指标可以从多个方面衡量气候变化对人类活动和生态环境的潜在影响程度。常见的气候变化风险指标包括温度变化、降雨变化、极端天气事件频率和强

---

1. LIM B, SPANGER-SIEGFRIED E, BURTON I, et al.Adaptation Policy Frameworks for Climate Change: Developing Strategies, Policies, and Measures [M].Cambridge: Cambridge University Press, 2004..
2. IPCC.Climate Change 2014: Synthesis Report: Future Climate Changes, Risk and Impacts [EB/OL].（2015-12-31）[2024-05-22].https://archive.ipcc.ch/report/ar5/syr/.

度等。

温度变化指标。温度变化是气候变化的核心指标之一，可以通过分析气温的长期变化趋势、季节性变化以及极端温度事件的频率和强度来评估一个地区气候变化的风险程度。

降雨变化指标。通过分析降雨的长期变化趋势、季节性变化以及极端降雨事件的频率和强度可以评估一个地区气候变化的风险程度。

极端天气事件指标。极端天气事件是气候变化的重要表现之一。可以通过分析极端天气事件的频率和强度来评估一个地区气候变化的风险程度。

海平面上升指标。海平面上升是气候变化的重要影响之一，特别对于沿海地区来说，可以通过分析海平面的长期变化趋势和速度来评估一个地区气候变化的风险程度。

（2）基于气候适应的脆弱性指标

脆弱性指标是评估系统、组织或个体面临威胁时，其抵抗能力和恢复能力的度量指标。基于气候适应的脆弱性指标是评估气候变化敏感带和社会、经济或生态系统面对气候变化的敏感性和易受损程度的关键指标，除了强调气候变化将加剧灾害风险，也考虑受灾体自身的敏感性和适应能力。在评估的地区或系统、时间范围内综合考虑多个方面因素，确定脆弱性指标的维度。常见的维度包括生态、经济、社会等。在每个维度中，根据相关的研究文献和专家意见，确定适合评估的脆弱性指标。

社会脆弱性指标。社会脆弱性指标主要关注社会系统面对气候变化的脆弱程度。

- 人口脆弱性：考虑人口的年龄结构、健康状况、教育水平和贫困程度等因素，以评估人口对气候变化的敏感性和适应能力。
- 社会基础设施脆弱性：考虑基础设施的质量、可靠性和适应能力，如供水系统、交通网络和住房等。
- 社会组织脆弱性：考虑社会组织的能力来应对气候变化，如政府机构、社区组织和非政府组织等。

经济脆弱性指标。经济脆弱性指标是评估地区或经济系统对气候变化的敏感程度和适应能力的指标。常见的经济脆弱性指标包括经济水平脆弱性、经济结构脆弱性、经济创新潜力脆弱性等。

- 经济水平脆弱性：经济发展水平是衡量一个国家或地区经济总体规模和增长速度的指标，它反映了经济的实力和竞争力，包含国内生产总值（GDP）、人均

GDP、经济增长率等指标。

- 经济结构脆弱性：指的是一个国家或地区经济中各个产业在总体经济中的比重和相互关系，以及其对气候变化的适应能力，可以从产业结构、就业结构、贸易结构等方面展开评估。
- 经济创新潜力脆弱性：指一个国家或地区在应对气候变化和推动经济转型方面的能力，取决于创新能力、市场适应性和创新环境政策等因素。

生态脆弱性指标。生态脆弱性指标是评估一个地区或生态系统对气候变化的敏感程度和脆弱程度的指标。常见的生态脆弱性指标包括生物多样性脆弱性、生态系统功能脆弱性、生态系统服务脆弱性等。

- 生物多样性脆弱性：考虑生物多样性的丰富度和稳定性，以及生态系统的耐受力和恢复能力等，其丰富度和多样性程度可以反映生态系统的稳定性和抗干扰能力。
- 生态系统功能脆弱性：指生态系统对外界干扰的抵抗能力，尤其是生态系统的功能状态，如水循环、土壤保持和气候调节等的恢复能力、抗灾能力。其中，水循环被联合国环境规划署（UNEP）定义为"地球表面和大气层之间的水分迁移过程，包括蒸发、降水、径流和地下水渗透等过程"。这一循环对于维持地球生态系统的平衡和生物多样性至关重要。
- 生态系统服务脆弱性：考虑生态系统提供的关键服务，如食物供应、水资源和自然灾害防御等。

在进行基于气候适应的脆弱性指标选取时，应强调多学科与部门的协同，确保所使用的数据来源可靠且语境一致。此外，不同地区和时间段的脆弱性可能存在差异。因此，在选取指标时要考虑不同的时空尺度，并根据具体情况进行调整和适应。

（3）适应能力评价指标

影响城市气候适应能力的因素包括经济资源、基础设施、公众意识和应对能力、制度文化、技术和知识体系等。郑艳等将气候风险防护设施分为软防护和硬防护措施，软防护措施包括社会保障、医疗卫生和减贫等，硬防护措施包括生命线工程、监测预警设施等[1]。纽约的城市防洪韧性指标体系从社会（风险管理规划、居民防范意识、保险措施等）、经济（人均收入）和水文（排水管网长度、排蓄水能力等）三个维度设计评价指标[2]。一般来讲，城市气候适应能力评价指标是用于评估城

---

1. 郑艳. 适应型城市：将适应气候变化与气候风险管理纳入城市规划[J]. 城市发展研究，2012（1）：47-51.
2. 李彤玥. 韧性城市研究新进展[J]. 国际城市规划，2017，32（5）：15-25.

市在应对气候变化影响方面的能力和韧性的工具。这些指标通常涵盖综合指标、基础设施适应性指标等多个方面，以全面反映城市在适应气候变化过程中所需的能力、资源和政策支持。

综合指标。该指标是体现社会经济发展水平的相关指标。人均GDP能够反映一个国家和地区的综合经济实力。人均GDP达到8000美元，一般可反映该地区的经济发展、治理能力、人口素质及消费需求达到了较高水平（相当于中等发达水平），城市的发展型基础设施相对完备，应对一般气候风险的治理能力较好。

基础设施适应性指标。2016年6月国家发改委和住建部联合印发的《城市适应气候变化行动方案》提出城市基础设施包括：城市生命线系统（供水排水、供电、供气、交通、通讯）、能源设施、交通设施等。海绵城市建设中提到了"灰—绿—蓝"雨洪基础设施相结合的原则[1]。以下指标代表城市可反映气候风险的基础设施防护能力。

- 城市生命线系统的适应性：评估城市供水排水、供电、供气、交通、通讯等生命线系统的抗震能力、抗洪排涝能力、抗风能力等。
- 能源设施的可持续性：包括采用可再生能源、能源供应的稳定性等。
- 交通设施的适应性：包括交通的稳定性、道路排水系统的抗洪能力等。
- 基础设施的灾后恢复能力：评估城市基础设施在受灾后的快速恢复能力，包括修复速度、恢复成本等指标。
- 灾害预警与应急响应能力：包括预警系统的准确性、响应速度等。
- 技术创新与数字化应用：评估城市基础设施防护能力中是否应用了最新的技术和数字化手段，以提高预警和应急响应的效率和准确性。

社会融合与参与指标。该指标可用于评估城市是否有气候变化适应相关的社区教育和培训计划，以提高居民的安全意识和气候风险应对能力。

3）评价数据获取与处理

进行气候适应性评价需要收集和处理大量的数据。数据获取是评价数据获取与处理的第一步，评价数据的收集可以通过多种途径进行，包括实地调研、调查问卷、文献研究等。通过实地调研可以获取地理环境数据、城市微气候环境数据等；调查问卷可以获取社会经济数据、居民生活方式等信息；文献研究可以获取历史气候数据、政策文件等信息。具体的数据类型主要分为以下四类。

城市微气候数据。城市微气候数据主要通过实地调研的方式获取。首先，需要明确有待收集的微气候数据类型，如温度、湿度、风速、降雨量、空气质量等，同

---

1. "灰—绿—蓝"雨洪基础设施相结合中的灰色基础设施是指大坝、水库、供排水等工程性基础设施，绿色基础设施包括公园、绿地、生态廊道等绿色开放空间；蓝色基础设施是指城市水系、湖泊等水体环境。

时合理安排调研地点与时间；其次，采用携带便携式气象站、温度计、湿度计、风速仪、降雨量计、空气质量监测仪等设备对气候数据进行定点、定时观测或移动测量。

气象数据。气象数据是评价气候适应性的重要数据源之一。包括气温、降水量、风速等气象要素，可以通过气象观测站、卫星遥感数据等途径获取。

社会经济数据。社会经济数据是评价气候适应性的重要数据源之一。包括人口数量、经济产值、就业率等指标，通过统计机构、调查问卷等途径获取。

生态环境数据。包括植被覆盖、土壤质量、水体质量等生态环境指标的数据。可以通过遥感影像、生态调查等方式获取。

数据处理是评价数据获取与处理的第二步。首先，对收集到的数据进行清洗与修正，并填补缺失数据，以确保评价结果的准确可靠。其次，通过数据库技术或者数据分析软件将来自不同数据源的数据进行整合，建立统一的数据集。

在处理过程中需要注意数据质量、数据完整性、数据一致性、数据处理方法的科学性、数据隐私和保密性。保证数据的质量和准确性、合理选择和应用数据处理方法，可以提高评价结果的可靠性，为决策提供科学依据。

4）气候适应性评价模型构建

气候适应性评价模型是气候适应性量化分析的关键工具。应基于充分的理论依据和实证数据支持，利用数学模型、统计模型或者系统动力学模型等方法建立评价模型。可利用历史数据对模型进行进一步验证，比较模型预测结果与实际观测结果的差异。如果模型存在不足，可以通过调整模型结构和参数来优化模型，确保模型准确性和可靠性。以下是一些常用的模型：

气候变化风险评价模型。基于气象数据和统计模型，利用回归分析、时间序列分析等方法预测未来的气候变化趋势、气候变化对人类活动和生态环境的影响程度。

脆弱性评价模型。基于社会经济数据和生态环境数据，采用指标加权方法、层次分析法、模糊综合评价法等方法进行建模，评估社会经济系统和生态环境系统的脆弱性程度。

适应能力评价模型。基于社会经济数据和政策措施，利用统计学方法、敏感性分析等方法评估社会经济系统和生态环境系统的适应能力和潜力。

评价模型的输出结果是评价的核心内容。模型输出结果应该包括对不同评价指标的量化分析和预测，以及对不同区域、系统或政策的气候适应性等级评价。

5）气候适应性评价结果分析和解读

对模型输出结果进行解读和分析是评价结果分析的重要环节，需要分析不同评价指标之间的关系和趋势，以及对气候适应性影响最大的因素，以揭示系统或地区的风险状况、脆弱性及适应能力和潜力，并找出主要影响因素。同时，需要将评价结果与实际情况进行比较，以评估评价结果的合理性和可行性。这也有助于辅助提出相应的决策建议和措施，以提高城市气候适应能力。

（1）评价结果分析

指标分析。指标可以是单一指标，如经济损失、人口暴露度等，也可以是综合指标，如风险指数、脆弱等级、恢复能力等。通过对评价指标进行统计分析、比较和排序，可以揭示不同地区、系统或政策的气候变化风险、脆弱性或适应能力程度。

趋势分析。可以利用时间序列分析或趋势分析方法，分析指标在不同时间段的变化趋势。通过观察趋势，可以了解气候变化风险、脆弱性及适应能力的演变和变化规律，为未来的风险预测和适应性应对提供参考。

空间分析。利用地理信息系统（GIS）技术进行空间分析。将评估结果与地理空间数据进行叠加和分析，可以揭示不同地域间的风险、脆弱性和适应能力的差异、分布规律。

（2）评价结果解读

形成综合报告。将评估模型的输出结果整理成综合报告，包括指标、趋势的分析结果、空间分析的结果等。

结果解释。从整体状况、不同地区或系统之间的差异、风险趋势的原因、脆弱性驱动因素等方面展开解释与说明。

结果可视化呈现。评价结果通常以指标得分或等级的形式呈现，利用柱状图、折线图、地理热力图等方式可以更直观地展示评估结果，帮助读者更好地理解风险分布和变化趋势，呈现受评对象的气候适应性情况。

3. 气候适应性评价的应用与决策支持

应用气候适应性评价结果可以帮助决策者更好地理解评价结果，发现潜在的模式和趋势，指导气候适应性决策。

在工作中，应在气候适应性评价的基础上，开展评价结果的可视化与传播，将结果呈现给决策者和公众。接下来，需要基于评价结果，制定适应性措施和政策，进行规划调整。最后，通过监测与评估，了解措施实施效果，及时调整和改进。这个流程是一个循环迭代的过程，需要持续更新和改进。过程中需要注意多元利益相关者参与、不确定性分析、风险沟通与知识转化等内容，同时，应注意评估结果的持续更新与监测，以提高评价的可行性和可靠性，为决策制定提供科学依据。

1）气候适应性评价结果的可视化与传播

将城市气候信息转译为规划师可以理解和应用的规划语言十分重要。对城市气候评价结果进行可视化表达可以将城市的气候适应状况在空间上直观呈现，便于规划师进行城市空间的规划设计。关于城市气候评价结果可视化的表达主要包含城市环境气候图与城市气候承载力地图两类，它们是城市气候评价研究在空间规划进行实践应用的重要途径。

城市环境气候图。城市环境气候图最早由德国研究者诺赫于20世纪50年代提出。城市气候图由城市气候分析图（Urban Climate Analysis Map，简称UC-AnMap）及城市气候规划建议图（Urban Climate Planning Recommendation Map，简称UC-Re-Map）两部分组成。

城市环境气候图在城市空间图上融入气候、环境、土地利用等相关信息及数据，将城市规划策略可视化，便于规划师、地产开发商和政府决策者直观地发现城市气候问题重点区域和敏感区域，从而对气候适应性评价结果进行合理应用。

气候承载力地图。气候承载力地图是城市气候承载力的图示表达，以量化及可视化的方式指导适应气候变化的城市空间规划。一般以城市气候承载力评价值为基础属性数据，气候承载力地图依据评价结果对气候承载力进行赋值分级，如严重超载、超载、超载预警、适载、可载等若干等级，并通过插值分析、GIS渔网图等方式将评分结果按照不同等级表现出来，实现城市气候承载力评价结果在空间上的表达。

2）基于气候适应性评价的措施制定与规划调整

基于气候适应性评价的措施制定与规划调整是将评价结果转化为实际行动的关键环节。根据评价结果，提供不同情景下的决策选项、评估不同选项的风险和效益、制定应对气候变化的优先事项等，以减轻气候变化风险和提高适应能力。这可能涉及城市规划、土地利用规划、农业政策、水资源管理等方面的调整和改进。措施制定和规划调整应综合考虑评价结果、社会经济因素、技术可行性等，以确保实施的可行性和有效性。

3）气候适应性规划的监测与评估

气候适应性规划的监测与评估是确保适应性措施有效实施的重要环节。通过监测和评估，可以了解适应性措施的实施情况和效果，及时调整和改进，具体包括对适应性措施的监测、风险的监测、社会经济指标的监测等，为未来的决策提供经验参考和科学依据。

5.3.2 气候灾害风险识别与脆弱性评价

气候灾害风险识别和脆弱性评价是气候适应性规划工作的基础，可以揭示社会、经济和环境系统对气候灾害的敏感程度和抗灾能力，发现城市内潜在的危险区域，为气候适应型城市建设指明方向重点，主要包括风险识别、脆弱性评价、风险管理等方面的内容。

1. 气候灾害风险识别

气候灾害风险识别涵盖气候灾害类型及成因、对城市造成的危害、风险评估与预测以及风险区域划定等方面的内容。在进行风险识别时，需要注意数据的质量和可靠性、多学科合作，以及未来持续更新和改进的可能性。这些内容和事项有助于提高气候灾害风险识别的准确性和可靠性。

1）气候灾害类型及成因

气候灾害是指由气候变化引起的极端气候事件，如极端气温天气、暴雨洪涝、干旱、暴风雪、飓风等，不同的气候灾害类型具有不同的成因和特点[1]。

极端气温天气。极端气温天气是指气温超过或低于某一特定阈值的异常天气现象，通常包括极端高温（如持续超过35℃的天气）和极端低温（如极寒天气）事件。在气候变化的背景下，极端气温天气的发生频率和强度有所增加，可能引发一系列灾害性事件，如热浪、寒潮、厄尔尼诺和拉尼娜现象等，会导致全球范围内的气温升高或某些地区气温下降。此外，大气环流的变化会影响不同地区的气温；人类活动会导致温室气体排放增加，致使全球气温上升，出现极端高温天气。

暴雨洪涝。暴雨洪涝是由于强降雨导致的地表径流增大，超过河流、湖泊和排水系统的处理能力，而引发的洪水灾害。成因包括降雨强度大、降雨持续时间长、地表蓄水能力不足等。

干旱。干旱是指长期降水量偏少，导致土壤水分亏缺，影响植被生长和农作物产量的气候现象。相比于其他自然灾害，干旱是一种缓慢发展的危害事件，其持续时间长、破坏性大，给农业生产和自然生态环境带来很大影响。成因包括降水不足、高温蒸发量大、土壤保水能力差等。

风灾。在某些情况下，特定的气象条件可能引发风灾。例如，大气层中的温度和湿度变化可能导致大气层中的压力变化，从而形成风力灾害。风灾也可能与特定

---

1. 裴孝东，吴静，薛俊波，等.中国城市气候变化适应性评价[J].城市发展研究，2022, 29（3）：39-46+52+ 封3.

的气象条件有关，厄尔尼诺现象、拉尼娜现象等气候异常现象也可能导致风灾的形成，如雷暴风灾、沙尘暴等，引发安全和财产损失。

2）气候灾害对城市造成的危害

气候灾害对城市造成的危害是多方面的，不仅对城市的环境和基础设施造成破坏，还直接影响人们的生活和健康。

气候灾害风险对城市造成的最直接的危害是财产损失。气候灾害如暴雨、洪水、飓风等往往会导致房屋倒塌、桥梁损坏、道路封闭、农田水浸等情况，给城市的基础设施和建筑物带来巨大的损失。

气候灾害风险会造成人员伤亡。洪水、飓风、暴风雪等自然灾害往往会导致大量溺水、冻伤等人员伤亡。

气候灾害风险会对城市的社会稳定造成威胁。灾害发生后，城市的社会秩序可能会受到严重破坏。灾后重建的过程可能会引发社会矛盾和冲突，例如，土地争夺、房屋分配等问题。这些社会问题会进一步影响城市的发展和居民的生活，造成长期的负面影响。

气候灾害风险会对城市的生态环境造成破坏。洪水、暴雨等灾害往往会导致水土流失、森林破坏、生物多样性丧失等问题；干旱会导致土壤侵蚀、水资源枯竭等。这些环境问题不仅会破坏城市的生态平衡，还会导致土地退化、水资源短缺、生态系统崩溃等后果。这些后果不仅会影响城市的可持续发展，还可能进一步加剧气候灾害的发生频率和强度，形成恶性循环。

气候灾害风险还对城市居民的健康产生重大影响。洪水、干旱、高温等灾害会导致食品和水源的污染，引发传染病的暴发。此外，气候变化还可能导致空气质量恶化，增加呼吸道疾病和心血管疾病的风险。这些健康问题不仅给城市居民的生活带来痛苦，也会对城市的医疗资源产生巨大压力[1]。

3）气候灾害风险评估与预测

2019年全球适应委员会在报告中指出，早期预警系统可以最大程度地挽救生命和财产价值，提前24小时预警即将到来的风灾或热浪可以将后续损失降低30%。气候灾害风险评估与预测可以帮助政府和决策者制定防灾减灾政策和措施，提高公众的防灾意识和应对能力。

气候灾害风险评估。气候灾害风险评估是基于对气候系统、环境和社会系统的理解和分析，运用统计和模型方法，对气候灾害的概率、强度和暴露度等进行综合分

---

1. 李泓运，王振旭，李超，等.气候变化和经济全球化驱动病媒生物入侵对人类健康的影响[J].中国媒介生物学及控制杂志，2023，34（2）：182-188.

析，确定风险程度和影响范围，确定重点防灾领域、制定预警机制、优化资源配置等。评估方法与指标多种多样，常用的方法包括统计分析、数学模型、GIS 技术等。

气候灾害风险预测。气候灾害风险预测是通过对气象数据、环境因素和模型预测结果的分析，预测未来气候灾害的发生概率和可能影响。由于复杂不确定环境下的决策行为具有情景依赖的特征，在不同情景中进行具有前瞻性的气候变化预演，能够帮助决策者识别应该采取的战略[1]。因此，开展气候情景预测分析对不同城市尺度气候适应性决策的制定具有重要的指导意义，在减少适应性方案依赖的同时亦有助于增加系统的灵活性。常用的模型包括气候模型、气象模型、水文模型和社会经济模型等。

4）气候灾害风险区域划定

气候灾害风险区域划定是基于对气候灾害的历史数据、气候要素、地理信息等进行综合分析和评估，将某一地区划分为不同的风险区域，以便为灾害管理和应对提供科学依据。基于对灾害发生的频率、强度、影响范围等因素的研究和分析，以及对相关数据的收集和整理进行风险区域划定。划定的标准包括灾害频率、灾害强度、灾害影响范围等指标的阈值或分级标准。依托于前述评估与分析，可以将地区内的不同区域按照灾害风险的程度划分为不同的风险区域，如高风险区、中风险区和低风险区。相关结果可以应用于灾害管理和应对的决策制定。

2. 基于气候灾害风险的脆弱性评价

基于气候灾害风险的脆弱性评价是对不同系统（如生态系统、经济系统、工程系统和社会居民）在面临气候灾害风险时的抵抗力和适应性进行评估的过程。脆弱性评价有助于揭示系统的弱点和易受损部分，并提高系统的抵抗力和适应能力。其可辅助风险管理和决策制定，更好地应对气候灾害风险，实现可持续发展的目标。

1）**生态系统脆弱性评价**

通过揭示物种多样性低、生态功能受损或生态过程不稳定等问题，从而提醒采取相应的保护和恢复措施。生态系统脆弱性评价主要包括生态系统的物种多样性、生态系统的结构和功能、生态系统的生态过程、生态系统的恢复能力四个方面。

2）**经济系统脆弱性评价**

经济系统脆弱性评价是指对经济系统在面临气候灾害风险时的抵抗力和适应性进行评估的过程。评价可以揭示特定行业或区域对气候灾害的敏感性，以指导风险管理和适应措施。主要从经济系统的结构和组成、经济系统的资源利用效率、经济

---

1. 宋博，陈晨. 情景规划方法的理论探源、行动框架及其应用意义——探索超越"工具理性"的战略规划决策平台[J]. 城市规划学刊，2013（5）：69-73.

系统的社会保障措施三个方面展开评价。

3）工程系统脆弱性评价

在工程系统中，评价可以揭示关键基础设施的脆弱性，辅助确定关键基础设施的抗灾标准、改进设计和维护方法。工程系统脆弱性评价主要从工程系统的结构和功能、工程系统的设计标准和规范、工程系统的维护和管理三方面内容展开。

4）社会系统脆弱性评价

在社会系统中，评价可以揭示易受灾人群的社会经济状况和风险认知程度，以指导社会保障和救助政策。其中，需要重点关注社会居民的社会经济状况、社会居民的生活环境和居住条件、社会居民的社会保障和救助措施、社会居民的风险认知和应对能力等方面的脆弱性。

3. 气候灾害风险识别与脆弱性评价的工作流程

1）数据收集与处理

准确的数据是进行风险识别和脆弱性评价的基础。在这个步骤中，需要收集与气候灾害相关的各种数据，包括气象数据、地理数据、人口数据、社会经济数据等。需要确保数据的来源可靠、完整性和准确性。在数据处理的过程中，需要对数据进行整理和分类。

2）风险与脆弱性指标选择

在进行风险识别和脆弱性评价的工作流程中，需要选择合适的风险与脆弱性指标。常用的风险指标包括频率指标、强度指标、空间分布指标等，这些指标可衡量气候灾害发生的可能性和严重程度。常用的脆弱性指标包括暴露度指标、敏感度指标、适应能力指标等。

3）风险识别和脆弱性评价模型构建

在进行风险识别和脆弱性评价的工作流程中，需要构建风险识别和脆弱性评价模型。常用的风险识别模型包括统计模型、物理模型和经济模型等。常用的脆弱性评价模型包括指标加权法、层次分析法和模糊综合评价法等。

4）风险与脆弱性评价结果分析与解释

风险评价结果分析主要包括风险等级划分和风险分布分析。风险等级划分是根据评价结果将风险分为不同等级，例如低风险、中风险和高风险等。风险分布分析是通过地理信息系统和统计方法分析风险在不同地区和不同时间的分布情况。

脆弱性评价结果分析主要包括脆弱性等级划分和脆弱性因素分析。脆弱性等级划分是根据评价结果将脆弱性分为不同等级。脆弱性因素指的是通过统计分析和专家判断分析得到的脆弱性的主要影响因素。

对评价结果的解释可以从多个角度进行。首先，可以从风险和脆弱性的角度解释高风险和高脆弱性的原因和影响。其次，可以从地理和社会经济的角度解释不同地区和不同人口的风险和脆弱性差异的原因和影响。最后，可以从政策和管理的角度解释评价结果对政策制定和管理决策的意义和建议。

4. 气候灾害风险与脆弱性地图制作

风险与脆弱性地图是用来评估和展示特定区域内的气候灾害风险和脆弱性的工具。制作这种地图需要收集和整合大量的数据，并利用适当的方法和工具进行分析和可视化。

1）风险与脆弱性地图制作方法

数据收集整合和预处理。制作风险与脆弱性地图的第一步是收集相关的数据和数据的预处理，这包括数据的清洗、校正、插值等操作。

风险评估模型和空间分析。基于科学的风险评估模型，利用 GIS 工具和相关方法，进行空间分析，例如，空间插值、空间统计分析、空间推理等，以揭示不同地区的风险和脆弱性特征。

可视化展示。风险与脆弱性地图的最终目的是向决策者和公众传达风险信息。因此，地图的可视化展示非常重要。地图制作软件和工具可以用来将分析结果转化为易于理解和传达的地图形式，例如，色斑图、热力图、等高线图等。

2）地理信息系统在风险与脆弱性地图中的应用

在风险与脆弱性地图制作中，GIS 技术可将不同来源、不同格式的数据进行整合和转换，以便进行后续的分析和建模。进行空间插值、空间统计分析、空间推理等空间分析，揭示地区的风险和脆弱性特征；将分析结果转化为易于理解和传达的可视化地图形式；将风险与脆弱性地图与其他决策信息相结合，进行多目标决策分析和空间优化，以制定有效的风险管理和减灾措施。此外，GIS 可以持续收集和整合最新的数据，还可以对模型和分析方法进行改进与修订。

5. 风险识别与脆弱性评价的政策与规范依据

联合国气候变化框架公约曾提出"国家适应计划进程"（National Adaptation Plan Process，简称 NAP），以此指导各国开展气候变化风险评估和脆弱性分析，制定适应行动计划；政府间气候变化专门委员会（IPCC）也在其评估报告中提出了全球气候变化影响、风险和脆弱性评估的科学依据，并进一步发布《气候变化下的风险评估和脆弱性评价》进行技术指导；欧洲联盟适应战略要求成员国进行气候风险评估和脆弱性分析工作，并将其纳入国家和地方的适应规划；欧洲环境署（EEA）发布《气候变化影响、脆弱性和适应》，为成员国提供数据和分析工具。上述组织与机构政策的出台说明了气候风险评估与脆弱性分析工作遵循政策与规范的必要性。

在国家层面，英国《气候变化风险评估》（*Climate Change Risk Assessment*，简称 *CCRA*）报告要求每五年进行一次国家层面的气候变化风险和脆弱性评估，并将评估结果提供给政府和公众；美国联邦应急管理局（FEMA）发布的《气候变化和脆弱性评估指南》用于州和地方的灾害管理规划；新西兰的南北专家评估小组于2018年联合制定了《克利夫顿至坦戈约海岸灾害战略2120》（*Clifton to Tangoio Coastal Hazards Strategy 2120*），提出了受海平面上升影响显著的霍克湾地区的动态适应性规划路径，并在时间与空间上做到分级响应。在城市层面，中国深圳市特别成立气候变化事务办公室，以便协调和支持各区、各部门的气候变化适应工作。

5.3.3 应对地域气候的适应性规划

本节重点针对热带气候、干旱气候、温和气候、冬寒气候等典型地域气候提出气候适应性规划策略。

1. 热带气候适应性规划策略

1）城市热岛效应的缓解与调控

应对热带气候的适应性规划策略，首先是对城市热岛效应的缓解和调控，应有针对性地进行尊重自然通风的国土空间规划布局引导，将现有的森林、绿地及河湖等生态冷源纳入风廊，并保护蓝绿开敞空间。在城市尺度，沿夏季盛行风向方向布局城市主要干道，与主导风向结合规划城市绿地系统网络，明确控制建设强度控制、建设布局；在街区尺度，与城市尺度的通风廊道做好衔接，规划三、四级通风廊道，同时注重滨水空间对冷空气的引入，滨水地区采用建筑高度分级的高度轮廓，避免形成"墙壁效应"；在地块及建筑尺度，通过建筑形态调整和植物配置引导场地内风场变化。

2）加强水资源管理与保护

热带气候地区常常面临水资源短缺的问题。为了管理和保护水资源，需要采取以下策略：

水资源的收集与储存。在热带地区，降水丰富但不稳定，因此，需要收集和储存降水以供后续使用。可以建造水库、集雨系统和地下水蓄水池来收集和储存雨水。

提高水资源的利用效率。在热带气候地区，水资源的利用效率非常重要。可以通过改进农业灌溉系统、推广节水设备和技术、制定合理的水资源配额等措施，提高水资源的利用效率。

水资源的保护与环境治理。保护水源地和水域生态环境是保障水资源的重要措施。可以制定水资源保护政策，加强对水源地的保护和管理，建立水源地生态环境保护区，并加强对水污染的监测和治理。

3）绿色基础设施的建设与提升

绿色基础设施是指以生态系统为基础的城市基础设施，包括绿地、湿地、自然景观等。为了应对热带气候，需要建设和提升绿色基础设施，以实现以下目标。

改善城市生态环境。绿色基础设施可以提供生态系统服务，如空气净化、水资源调节和生物多样性保护等，通过建设和提升绿地和湿地等绿色基础设施，可以改善城市的生态环境，增强城市的生态系统功能。

提高城市的可持续性。通过建设和提升绿色基础设施，可以减少对能源和水资源的需求，降低城市的碳排放和资源消耗。此外，通过建设自行车道、步行街和改善公共交通系统，推广可持续交通方式，可以减少对汽车的依赖，降低碳排放和交通拥堵。

4）极端高温风险防范与管理

极端高温风险管理应注重灾害风险发生后的"应急处理"，建设一个"中灾正常、大灾可控、巨灾可救"的国土空间灾害综合防御系统，提升气象灾害综合防御能力，有效抵御极端气候及其次生灾害的影响。同时，需要强化风险源头防控，建立城市气象灾害安全评估论证机制，全面提升城市防范极端气候风险的韧性。

2. 干旱气候适应性规划策略

1）加强水资源管理与保护

干旱气候地区适应性规划的重点在水资源综合管理上，区域性国土空间规划应科学评估气候变化对于水资源演变的影响，基于自然地理格局和流域特点，城市群和都市圈协同治理，优化配置流域和区域水资源，采用"联调、联保、联控"的技术手段提高对水资源的时空调控能力。此外，加强水资源的监测和管理也是关键。政府还应加强对公众的宣传和教育，提高公众对水资源保护的认识和意识，并通过实施奖励和惩罚制度来鼓励公众参与水资源保护。

2）提出高效灌溉与农业适应性措施

干旱气候地区需厘清气候对农作物产量的影响，维护农田资源，确保粮食安全。政府应该加强对农业用水的管理和监测，确保农业用水的合理利用和保护；提供农业用水的补贴和奖励；制定农业适应性措施，通过植被覆盖度来控制水土流失；选择耐旱作物和早熟作物帮助农民应对干旱气候的挑战。

此外，农牧交错区作为干旱气候地区典型的生态脆弱带和重要的生态屏障带，其气候适应性规划的重点是提高防沙治沙水平和灾害监测预警能力，加强沙尘暴、暴风雪、干旱等灾害监测预警与应急管理[1]。同时，评估潜在风险，增强区域的水源涵养生态功能；统筹开展山水林田湖草生态保护修复工程，提高森林覆盖率。

3）制定城市绿化与景观设计的节水原则

在干旱气候下，城市绿化和景观设计也需要采取节水原则。政府和景观设计师可以制定相应的标准和指南，指导选择适应干旱气候的植物，鼓励采用节水灌溉系统，合理划分绿地和景观的区域。此外还可定期清洁和维修灌溉系统，以确保其健康和可持续发展。

4）强化水资源评估与调配工作

了解水资源的存量和分布情况，可以帮助制定合理的管理和保护措施。另外，强化水源调配机制及系统建设，加强相关设施抗冲击能力是干旱地区优化水资源合理利用的重要措施。同时，使用遥感、地理信息系统及空间决策支持系统对于评估水资源相关灾害，组织优化水资源调配与供应，以应对水资源危机具有良好的效果[2]。

3. 温和气候适应性规划策略

1）加强水资源管理与洪涝防治

温和气候地区需重点关注水资源保护利用及洪涝灾害防御与应急管理。在城市尺度，充分考虑可能的洪涝风险的基础上，划定雨洪水蓄滞和行洪的自然空间与重大调蓄设施用地范围，以保障城市防洪排涝系统的完整性和通达性。结合灰色基础设施的布局，构建蓝绿廊道体系、林荫廊道体系、绿楔公园体系和生物廊道体系，塑造调蓄雨洪的生态空间格局，提高基础设施互联互通、公共服务设施共建共享及综合应急管理平台建设等协同能力，帮助城市应对气候变化和极端降水；在街

---

1. 王凯，蒋国翔，罗彦，等.适应气候变化的国土空间规划应对总体思路研究[J].规划师，2023，39（2）：5-10.
2. 姚佳伟，张星婴，王健，等.基于数字孪生技术的城市微气候预测方法研究[J].建筑科学，2023，39（2）：183-192.

区尺度，提高蓝绿空间的连通性、渗透性和多功能性，合理组织地表径流；在地块及建筑尺度，引入分散式、模块化的低影响开发设施，减少城市对集中式雨水基础设施的依赖[1]。对于部分高风险、高脆弱性沿海地区的建设用地布局，应重点加强海洋灾害风险防范，从源头上提高沿海地区应对气候变化的安全保障能力，同时，应构建更具韧性的海岸带综合防护体，推动沿海城市强化适应气候变化和防灾减灾能力建设。

2）建立基础设施"智慧水利"体系

在水利设施方面，要落实水利建设质量终身责任制，加强质量追溯管理，将新一代信息技术应用于水利设施建设，利用数字赋能打造"智慧水利"体系，全面提高防汛抗灾能力。

3）强化生态系统保护与恢复

充分落实"与自然结合的解决方案（Nature Based Solution，简称 NbS）"理念，构建再生水和雨洪水利用格局。在建成区的城市更新中结合海绵城市的建设，将水作为串联城市内部生态修复的脉络，推行水敏感城市设计等方法。提高市政基础设施的复合功能水平，融入弹性的景观和建筑设计理念，提高对不同季节、不同场景洪涝风险的应对能力。

4）加强全周期动态灵活监测与应对

温和气候地区应结合"多规合一""一张图"平台和自然资源部近期启动建设的国土空间规划实施监测网络，将适应性规划编制、体检评估、重点区域动态监测预警等充分结合在一起，建立从确立目标、评估脆弱性、制定适应性短期与长期行动、决策实施到监测、重评估的全生命周期闭环式的动态适应性路径，最大限度地实现迅速动态应对。

4. 冬寒气候适应性规划策略

冬寒气候地区在应对严寒气候和气候变化风险时，既需要实现交通、电力等物理设施的韧性提升，也需要兼顾防灾预警和网络安全，以减少城市基础设施因气候导致的灾害和破坏，保障生产生活的安全和稳定。规划应按源头预防、风险削弱、系统适应的技术理念，优化冬寒气候长期适应和气候风险短期抵御的基础设施气候适应能力（图5-3）。

---

1. 秦静.应对气候变化的国土空间规划洪涝适应性策略研究[J].规划师，2023，39（2）：30-37.

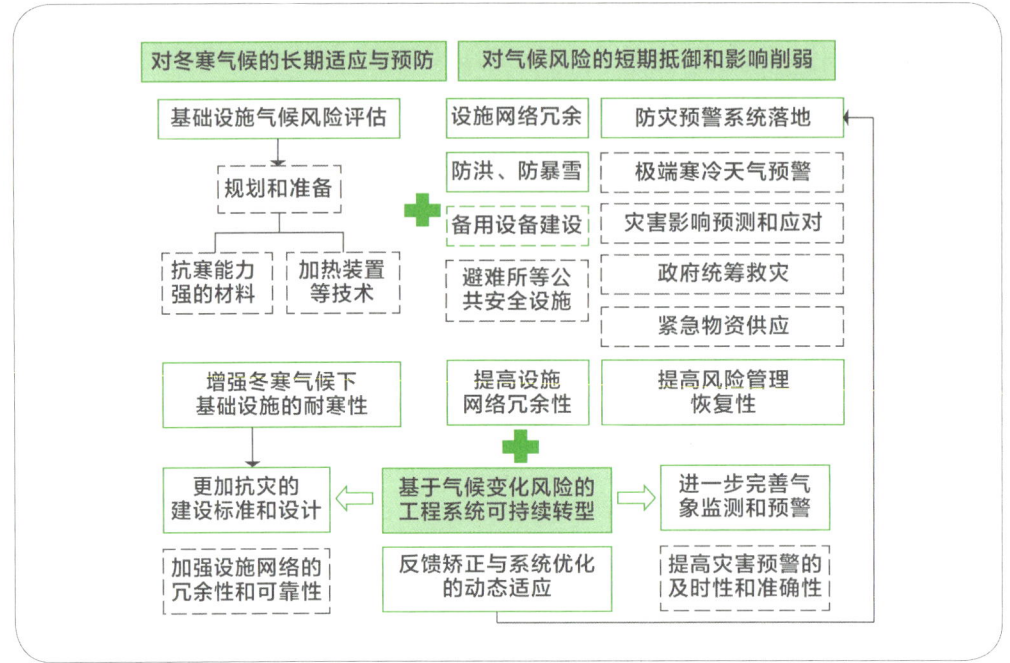

图 5-3　冬寒气候适应规划策略
资料来源：作者自绘

1）加强减少冷空气暴露的城市设计

应对冬寒气候的适应性规划策略，重点应采用减少冷空气暴露的城市设计策略。在城市尺度，采用紧凑的用地布局形式，沿与主导风向垂直相交的方向布局城市主干路，避免冬季寒风穿过城市；在街区尺度，针对道路交通，设置地下空间、地上连廊等穿越街区的"冬日暖廊"，减少行人在冷空气中的暴露时长；在地块及建筑尺度，增加建筑退距以保证室内充足光照，在建筑立面设置避风入口，在室外活动场地内设置储雪空间。同时，适当提高冬季盛行风向上风区的建筑密度，在一定区域布局高度相同的建筑物，使冷风越过屋顶，营造良好的室外空间小气候。

2）进行低温环境下的基础设施保温设计

气候变化带来更频繁的暴雪、冰雹和冻雨等极端天气事件，对气候风险事件的短期抵御应考虑提升气候灾害应对设施的稳定性和设施网络的冗余性，道路和桥梁设计应考虑雪储存设施、融雪系统，保障其面临暴雪等极端天气事件时的正常运转。通过道路保温设计、桥梁保温设计、地下管线保温设计和建筑物外围设施保温设计等内容，提高基础设施的保温性能和安全性，减少能量的传递和损失，提高基础设施的抗冻性能，确保基础设施的正常运行。

3）促进供热系统的优化与节能

应加强供水、供电、供暖设施的防洪防雪应对能力。一方面，建设各类设施的防洪防雪应对设施与备用设施，从而应对极端降雨和洪水导致的重要功能组件的短期失效和阶段性过量需求；另一方面，增加保温材料、防水外包工程等保护设施，减少因气候变化而造成的城市功能中断应对突发情况和设施故障[1]。

首先，应选择地源热泵、空气源热泵等高效节能的供热方式，减少能源消耗。其次，室内温控系统的合理设置可以提高供热系统的能效，在家居设备和公共设施中导入 HEMS、BEMS[2] 技术实现能源可视化的高效能源管理。同时，还需要采取节能措施，对在供热过程中产生的余热进行回收利用，例如，将烟气中的余热转化为热水或蒸汽，用于供热或其他用途，减少能源的浪费。

4）提高雪灾、冰冻等天气事件的应对能力

为应对雪灾、冰冻等天气事件，应全面加强冬寒气候地区气候系统与生态环境状况监测，针对冻土变浅、不稳定和多灾频发等现象，加强气候风险评估与气象保障服务，确保地区重大工程与基础设施安全运行，重点提高城市生命线等基础设施应对寒冷天气的能力，优化调整城市生命线工程的建设和运行标准，增加基础设施的系统冗余度。在智能化设备建设和管理的基础上，建立极端寒冷天气预警系统，及时发布寒冷气候灾害的预警信息，提醒居民和相关部门采取相应的防护措施。此外，还应推动冬寒气候地区工程系统可持续转型，基于城市气候变化风险特征进一步完善气象监测和预警系统，提高灾害预警的及时性和准确性；反馈矫正建设标准和空间抗灾设计，提升其抗灾能力，加强设施网络的冗余性和可靠性。

5）发展冰雪旅游与冰雪运动产业

冬寒气候地区经济系统应具备抵抗和调节严寒气候对城市经济限制的基础稳健性。冬寒气候地区黑土耕地与林下产业等优势产业形成了具有地方特色的完整产业链，为冬寒气候地区经济适应寒冷气候影响、建立弹性供应链网络奠定了坚实的基础[3]。冬寒气候地区应充分利用地区的自然风光和特有的冰雪、历史文化资源形成多样化产业结构，减少对特定行业或资源的依赖，进而实现城市经济系统面对气候变化风险时的可靠性和稳定性。如2024年初"尔

---

1. HICKS A, NERGARD M.Sustainability infrastructure insights from a campus sustainability survey［J］.Environmental Research: Infrastructure and Sustainability，2023，3（1）：011004.
2. 分别为家庭能源管理系统（Home Energy Management System）和建筑能源管理系统（Building Energy Management System）。
3. 倪维秋，夏源，赵宁宁.乡村地域"三生空间"功能演化与耦合协调度研究——以黑龙江省为例［J］.中国土地科学，2022，36（9）：111-119.

滨现象"不仅为冬寒气候地区的城市开展冰雪旅游和文化创意产业奠定了基础，还为冬寒气候地区利用资源禀赋优势应对气候环境变化和经济风险挑战提供了新思路和新机遇[1]；亦如黑河市通过发展"寒地试车经济"，实现了产业转型。

5.3.4　应对气候变化的适应性规划

1. 防灾空间规划

1）应对极端高温天气的防灾空间规划

由于温室气体的排放，全球平均气温和海洋温度都不断上升，全球变暖是当今气候变化的主导趋势。2021年联合国政府间气候变化专门委员会发布的《气候变化2021：自然科学基础》指出，全球表面温度升温速率（近50年）为过去2000年中最快。多个国家已采取气候适应性规划来应对极端高温天气风险。例如，美国加利福尼亚州通过在校园、政府等公共机构增加清凉屋顶、清凉人行道、清凉墙和城市植被缓解城市热岛效应；法国巴黎通过研究城市热岛的范围和影响，利用社区降温措施设置城市冷岛；澳大利亚墨尔本在城市中心商业区利用绿色基础设施增加树荫以达到降温的目的。

> **案例 5.1**　纽约清凉社区计划
>
> 绿色基础设施可以通过遮阴、植物蒸腾、通风方式等有效缓解城市热岛效应，同时还具有减少洪涝灾害、雨水收集、生物栖息地等功能。纽约清凉社区计划推动纽约环境保护署、设计建设部和经济发展公司等联合起来，通过改造机动车行道、人行步道及其他公共设施，在全域设置绿色基础设施，重点在高风险社区增加具有降温功能的绿色基础设施。
>
> 纽约清凉社区计划根据实施潜力确定了19个可大规模整体设置绿色基础设施的社区。在绿色基础设施分布地图的基础上，纽约公园部门开发了"Cool It! NYC"地图，在极端高温期间为高温健康胁迫风险高的社区居民提供针对性的降温服务（图5-4）。纽约清凉社区计划利用公共卫生系统、应急响应系统、蓝绿基础设施、气候风险预测系统等，通过政府内跨部门合作

---

1. 曹健，马卫星，李莉. 我国东北地区冰雪旅游文化资源深度融合发展的路径[J]. 社会科学家，2022（9）：33-41.

或与学术机构、当地社区组织联合,从物理环境层面缓解城市热岛效应,并通过社区干预提高个人的热适应能力以应对极端高温天气的健康胁迫。纽约清凉社区计划主要包括4部分的内容:一是构建社区热脆弱性指数,评估热脆弱性高的社区;二是通过改善物理环境,缓解城市热岛效应;三是建立高温预警系统,提高居民的热适应能力;四是实施热监控反馈,制定动态包容的气候政策。

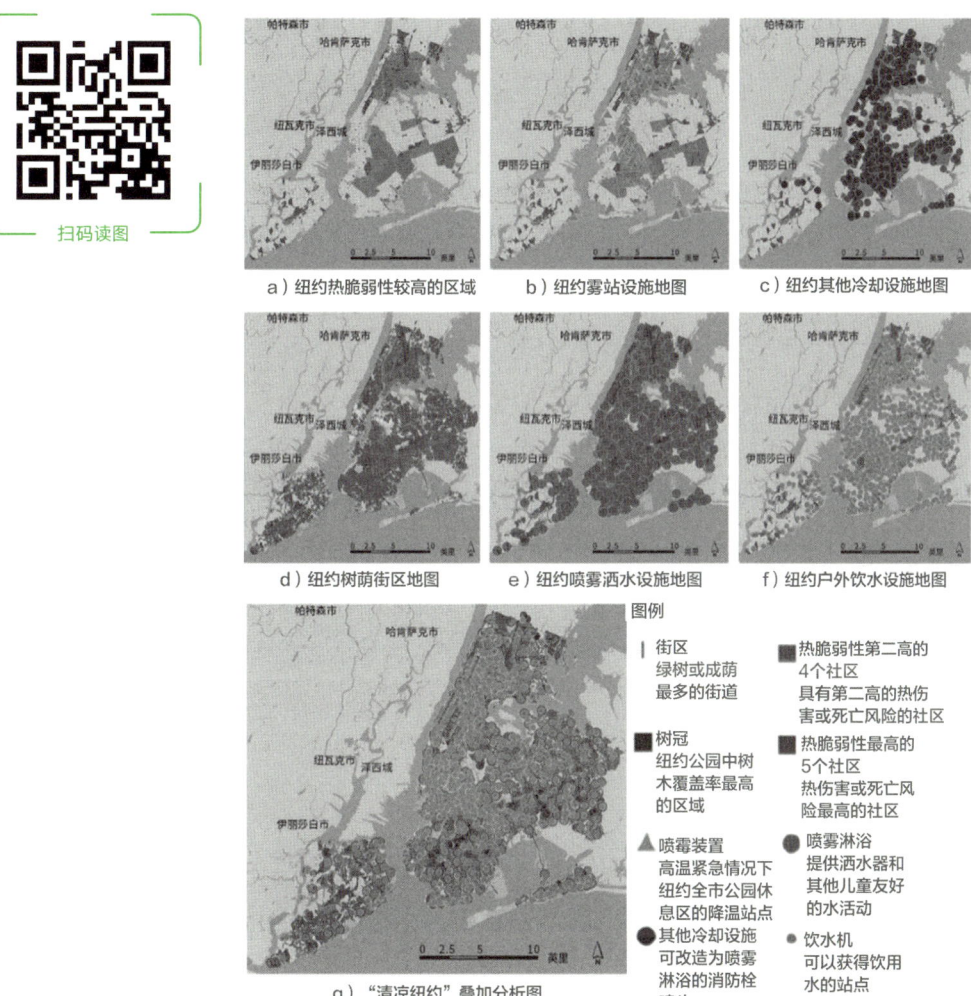

图5-4 纽约"Cool It!NYC"综合地图
资料来源:肖华斌,郭妍馨,王玥,等.应对高温健康胁迫的社区尺度缓解与适应途径——纽约清凉社区计划的经验与启示[J].规划师,2022,38(6):151-158.

2）应对暴雨洪涝灾害的城市防灾规划

近年来，国内外发生多次暴雨洪涝灾害。2020年，中国南方地区经历了严重的洪涝灾害，长江流域、淮河流域和太湖流域等多地降雨量创下历史新高，造成重大经济损失和人员伤亡；德国、比利时、荷兰等西欧国家在2021年也曾遭遇特大暴雨，引发洪涝灾害，造成数百人死亡，基础设施严重受损；2021年9月，由于飓风"艾达"带来的强降雨，纽约市发生严重洪涝灾害，地铁系统被淹，多个街区积水，造成交通瘫痪和人员伤亡。面对日益频繁和严重的暴雨洪涝灾害，亟须采取气候适应性规划进行应对[1]。

案例 5.2　伦敦社区尺度的洪涝灾害适应性规划应对

2002年5月19日，伦敦卡姆登南部和泰晤士河部分地段遭受了严重的洪水灾害。证据显示，造成2002年卡姆登地区洪水的主要原因是遭遇罕见暴雨，伦敦的排水系统没有足够的排放能力，致使大量雨水滞留而形成了洪涝灾害。更为严重的是，卡姆登区的排水系统是雨污合流管网，故过量的雨水导致洪水中包含城市污水，进而带来了环境污染问题。

伦敦卡姆登地区在社区尺度上进行了应对洪涝灾害的气候适应性规划的尝试，主要体现在降低洪涝威胁与管理水资源两方面（图5-5）[2]。在降低洪涝威胁方面，采用可持续城市排水系统，设置渗透池、绿地和生态屋顶等进行应对；在水资源管理方面，通过保留并利用降雨，从而减少水资源的利用。

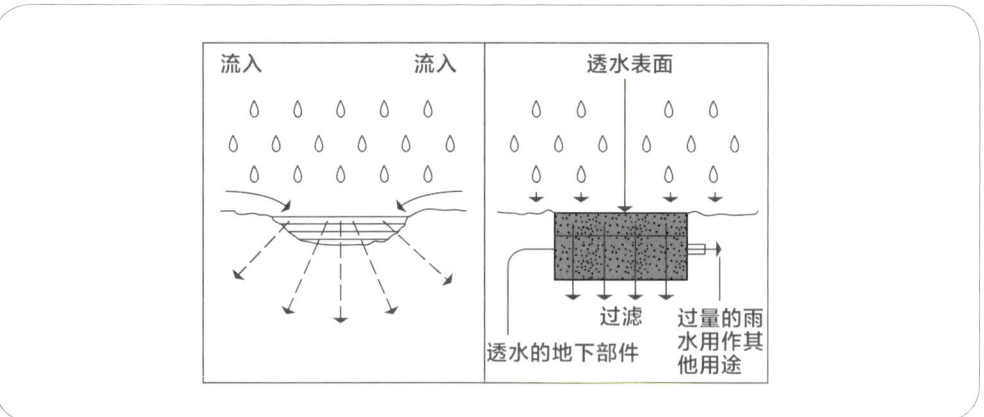

图5-5　英国可持续排水系统（右）模拟自然环境中的水渗透系统（左）
资料来源：倪敏东，许艳玲.适应气候变化的公共空间规划——来自伦敦卡姆登区的经验[J].国际城市规划，2010，25（1）：47-52

---

1. 赵龙，镇列评，李渊，等.响应区域洪涝灾害的城市公园系统规划与建设研究——解读纽约城市公园系统的构成模块、建设统筹与执行策略[J].中国园林，2023，39（4）：77-83.
2. 倪敏东，许艳玲.适应气候变化的公共空间规划——来自伦敦卡姆登区的经验[J].国际城市规划，2010，25（1）：47-52.

2. 防灾基础设施规划

1）应对极端高温天气的城市绿色基础设施规划

高温热浪不仅会对民众的生命健康造成巨大威胁，还将导致水电等城市基础设施供应短缺，对交通设施产生影响。绿色基础设施作为基于自然的解决方案，可以通过系统化规划建设绿地、公园、草地、湿地、林地、山体、河流、湖泊等多样化的城市自然环境体系，缓解城市热岛效应，降低极端高温风险。

案例 5.3　欧美国家应对高温热浪的绿色基础设施规划

以美国凤凰城为例，凤凰城位于亚利桑那州沙漠地带，夏季极端高温天气频繁。为应对高温天气，首先，凤凰城率先启动"高温准备计划"作为城市高温综合规划，这是美国高温应对的第一个平台计划——将"高温准备"视为"飓风准备"，将高温热浪视为温度海啸，主要包括 4 项主要内容：第一，加强高温救助网络的辐射区域；第二，实施高温预警系统联动；第三，开展室外物资补给计划；第四，动态监测和评估高温准备计划。其次，凤凰城实施城市热岛缓解工程，并将成果纳入法定规划——分区规划，明确要求扩大城市"树冠覆盖率"（树冠正投影地面的比例）以提供树荫，减少城市不透水盖度。此外，2010 年凤凰城开始编制城市植物遮阴总体规划，提出将凤凰城创造成为 21 世纪更健康、更宜居、更繁荣的沙漠示范城市。不仅如此，凤凰城还进行了高温行动规划编制，依托社区改造计划，通过引进社会资本力量实现城市降温、改善人居品质[1]。

资料来源：作者整理。

2）防洪排涝基础设施规划

洪涝灾害制约城市发展与安全。绿色基础设施通过截留、调蓄、下渗等功能可减少径流、降低峰值、缩短持续时间等，以此提供洪水调节服务。

案例 5.4　美国山地城市匹兹堡"绿色优先计划"

近年来，美国多处城市采取小规模且分散的绿色雨水基础设施（Green Stormwater Infrastructure，简称 GSI）与传统管网系统相结合的方式来解决复杂的雨洪

---

1. 尹名强,胡纹,何宝杰.美国高温适应规划探索及凤凰城实践的探究与启示［J］.西部人居环境学刊,2023,38（6）：1-8.

问题,发挥 GSI 的多种功能与效益。美国山地城市匹兹堡采取"绿色优先计划"对防洪排涝基础设施进行规划。"绿色优先计划"主要包含城市尺度 GSI 评估与 GSI 融入城市设计框架两部分(图 5-6)[1]。

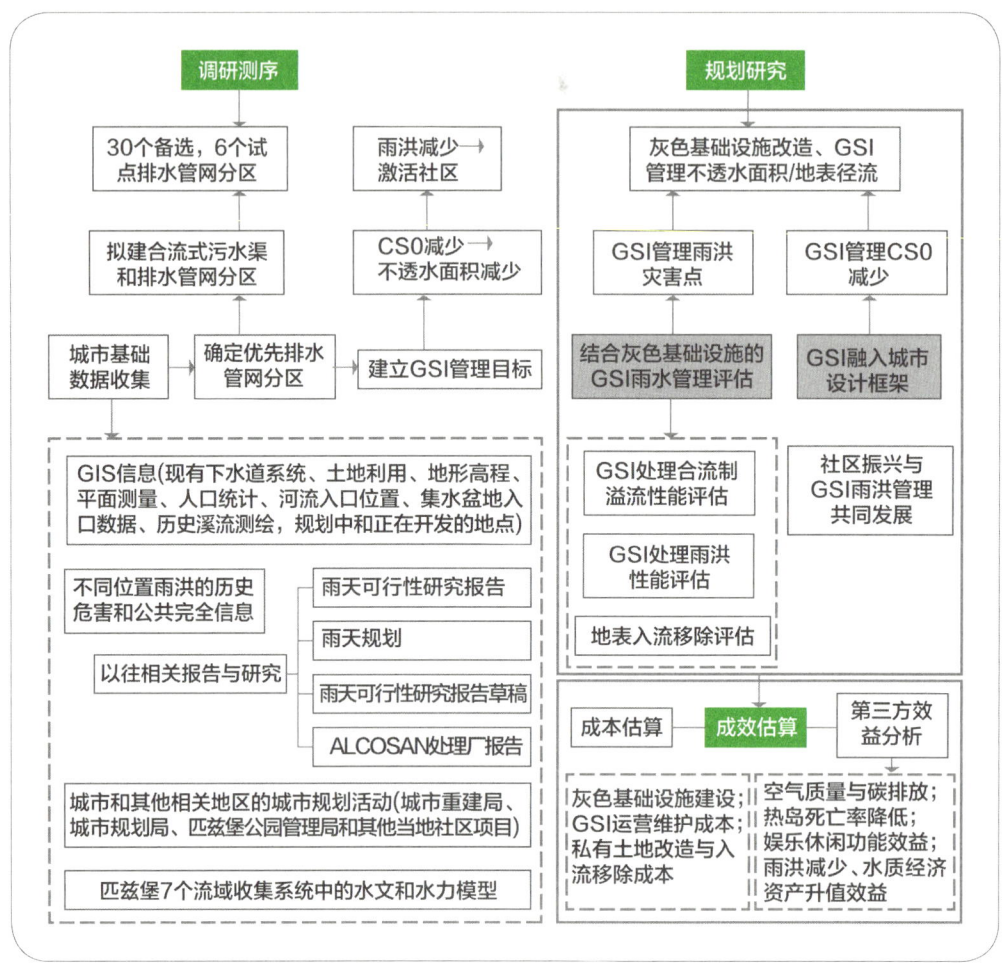

图 5-6 匹兹堡"绿色优先计划"框架
资料来源:改绘自宫聪,吴竑,胡长涓.灰绿雨水基础设施协同规划——美国山地城市匹兹堡"绿色优先计划"之借鉴[J].中国园林,2022,38(5):62-67.

3)城市综合防灾基础设施规划

基础设施作为应对气候变化风险的重要一环,能够有效提高城市应对各种自然灾害的能力,减少灾害带来的损失。随着气候变化的加剧,不少国家已经或开始着手制定应对气候变化下的基础设施防灾减灾规划战略。

---

1. 宫聪,吴竑,胡长涓.灰绿雨水基础设施协同规划——美国山地城市匹兹堡"绿色优先计划"之借鉴[J].中国园林,2022,38(5):62-67.

5.3.5 气候适应性规划融入国土空间规划

1. 气候适应性规划融入国土空间规划的重要意义

空间规划指导下的开发强度、空间形态、土地利用、道路交通、基础设施以及生态绿化等内容会对城市热环境、城市水循环、城市风场雨污染以及风险暴露度、脆弱性等气候环境产生深刻影响，不合理的空间规划甚至会加剧气候变化引发的脆弱性，对城市适应能力产生负面影响。相反，通过空间优化布局降低基础设施的风险暴露度、改善建筑布局和建设通风廊道缓解高温热浪等则会提升适应能力。由此可见，空间规划在适应气候变化中起到至关重要的作用。

在国土空间规划体系重构的背景下，气候适应性规划所强调的长期性、可持续性与国土空间规划"五级三类"的规划架构目标一致。因此，将适应气候变化的理念融入城市规划与建设的全过程至关重要，此举关乎能否有效以适应性规划应对气候变化风险，提高城市综合韧性水平，实现城市可持续发展。

2. 气候适应性规划融入国土空间规划的路径

1）衔接气候变化风险评估工作与空间规划

在不同尺度的空间规划中，整合气候变化风险识别、监测与实施评估等工作的意识仍较为薄弱。因此，在宏观层面，建议将气候变化风险监测与评估结果作为制定各项国家重点战略布局以及法规政策革新的依据；在中观层面，利用气候变化风险识别与评估等结果指导城市范围内基础设施选址、生态、农业以及海洋空间的布局与优化；在微观层面，根据气候变化风险研究结果对城市内局部空间形态进行引导与调控。

在时间维度上，为尽量减小国土空间规划与气候变化预测周期错位所造成的冲突，在提升气候变化预测技术的同时，可以通过优化气候变化风险的监测与评估技术来弥补气候变化预测技术的不足。此外，在适应性规划实施的过程中，空间规划方案也应随着气候变化风险监测结果不断调整，通过动态的修正持续降低气候变化风险，最终形成能够推动城市可持续发展的空间规划方案。

2）加强气候适应性规划政策协同及部门协调

气候适应性规划需要政府部门、民间社会和私营部门分别提供有效政治领导、资源、气候服务以及信息和决策等支持才能得以实现。在国家层面，应加强政策协同并紧密联系部门协作，通过国家政策与法规为推动气候韧性发展与城市可持续发展提供坚实的助力与保障；在地区层面，建议将城市作为适应性规划相关政策制定与实施的关键单元，并突出城市在多层级政策与机制中承上启下的传导作用，实现"国家级—省级—市级—街道级"纵向的部门联动，以及横向上同层级、不同职能的科研人员与政府部门的配合与协作。

3）提升气候适应性规划技术

气候适应性规划的顺利进行离不开技术的支持与各部门的协作。其一，在气候变化相关数据获取方面，需要公共卫生与预防医学、气象学、生态学、大气科学、环境科学等多学科团队共同协作，融入社会资本与政治资本拓宽多元数据获取途径。其二，在数据处理与分析方面，应考虑通过技术方法的创新将评估单元进一步精细化，通过工程性与技术性手段构建在规划建设、灾中、灾后维持城市运转的智能应灾技术体系，形成推动气候韧性发展的新范式。

5.4 气候适应性规划的空间治理

5.4.1 宏观层面：气候适应型城市、海绵城市、绿色基础设施建设

在宏观层面，首先需要确立规划在适应气候变化的城市建设中的引领地位，明确气候适应的目标、原则和行动计划。通过信息技术平台、智能设备等现代化载体支撑，形成跨部门、跨领域的韧性城市建设规划[1]，提升各级规划部门对气候灾害的感知、响应、协同、学习进化等能力[2]。在此基础上通过气候适应型城市、海绵城市、绿色基础设施的建设来提高城市的气候适应能力。

1. 气候适应型城市建设

国外对城市适应气候变化的研究多聚焦于城市韧性的提升，而国内往往聚焦于气候适应能力的提升。因此，气候适应型城市的提法具有明显的中国特色，而其他国家较少使用。相关研究表明，通常可以将气候适应型城市理解为气候韧性城市[3]，

---

1. 高婧怡，翟国方. 建设韧性国土空间的总体思路研究——以南京为例［J］. 西部人居环境学刊，2022，37（4）：108-114.
2. 宋蕾. 智能与韧性是否兼容？——智慧城市建设的韧性评价和发展路径［J］. 社会科学，2020（3）：21-32.
3. 郑艳，翟建青，武占云，等. 基于适应性周期的韧性城市分类评价——以我国海绵城市与气候适应型城市试点为例［J］. 中国人口·资源与环境，2018，28（3）：31-38.

但二者关注的重点有所差别，韧性城市注重城市系统应对经济风险、灾害风险等各种内外部风险冲击的能力；而气候适应型城市主要针对气候变化引发的多种短期和长期灾害风险，采取趋利避害的有效适应行动，实现城市适应气候变化能力全面提升。从建设理念来看，韧性城市与气候适应型城市的本质都是提升城市应对各种灾害风险的能力。

2016年6月我国国家发改委和住建部联合印发《城市适应气候变化行动方案》，提出气候适应型城市的根本目标："城市应对内涝、干旱缺水、高温热浪、强风、冰冻灾害等问题的能力明显增强，城市适应气候变化能力全面提升。"[1]

世界范围内的许多城市及地区都在探索和运用动态适应气候变化的城市规划方法，产生了较好的实践效果，也为其他地区城市的气候适应性规划提供了大量的经验。我国持续实施《城市适应气候变化行动方案》，积极探索气候适应型城市建设路径和模式，有效提升城市适应气候变化能力，在前期工作基础上进一步深化了一系列气候适应型城市建设试点工作[2]。

2. 海绵城市建设

"海绵城市"（Sponge City）指城市能够像海绵一样，在适应环境变化和应对自然灾害等方面具有良好的"弹性"，下雨时吸水、蓄水、渗水、净水，需要时将蓄存的水"释放"并加以利用[3]。

海绵城市建设是实现雨水可持续管理与利用、防洪减灾、生态修复与保护的重要途径。在雨水管理与利用方面，通过建设雨水花园、透水铺装、下凹绿地等设施，实现雨水的自然积存和渗透，并利用绿地、水系和人工湿地等设施，将雨水资源进行净化并回收利用；在防洪减灾方面，海绵城市通过构建多层次的雨洪管理系统，能够有效提高城市对极端降雨以及洪涝事件的应对能力；在生态修复与保护方面，海绵城市能够有效保护水源涵养地、林地、草地等具有较高雨水调蓄能力的绿地要素，维持城市的自然水文特征，不仅如此，还能够保护和恢复城乡重要海绵体，如河流、湖泊、湿地、坑塘、沟渠等水生态敏感区域。

国外与海绵城市相关的研究与实践始于20世纪60年代，代表性的理论和实践

---

1. 李惠民，邱萍，张西，等.气候适应型城市的规划要素及对我国28个试点方案的综合评价[J].环境保护，2020，48（13）：17-24.
2. 生态环境部办公厅，财政部办公厅，自然资源部办公厅，等.关于深化气候适应型城市建设试点的通知[EB/OL]（2023-08-18）[2024-05-20].https://www.gov.cn/zhengce/zhengceku/202308/content_6900892.htm.
3. 宋芳晓，张海荣.我国海绵城市建设管理的问题和策略探析[J].城市发展研究，2016，23（10）：99-104.

包括美国的最佳管理措施（BMPs）、绿色基础设施（GI）和低影响开发（LID），德国的自然开放式排水系统（NDS），英国可持续排水系统（SUDS），澳大利亚的水敏感性城市设计（WSUD）以及欧盟的水框架指令（EUWFD）等[1]。

我国目前已先后在90个城市开展海绵城市建设试点、示范工作，形成了一批可复制、可推广的政策机制，可总结为工作组织、统筹规划、全流程管控、资金保障、公众参与5个方面，形成了《海绵城市建设可复制政策机制清单》。

案例5.5 上海市适应气候变化行动方案（2024—2035年）

上海作为一座超大城市和典型河口海岸型城市，位于气候变化的敏感区和脆弱区，高温热浪、超强台风、强降水等极端气候事件带来的系统性风险挑战复杂严峻。为有效防范气候变化不利影响和风险，经市政府审议通过，上海市生态文明建设领导小组办公室于2024年5月，印发《上海市适应气候变化行动方案（2024—2035年）》（以下简称《行动方案》）。《行动方案》以"坚持预防为主、强调主动适应，坚持因地制宜、强调系统适应，坚持顺应自然、强调科学适应，坚持统筹协调、强调协同适应"为原则，通过加强气候变化监测预警，实施适应气候变化行动，建立健全气候风险管理和防范体系，推进适应气候变化治理体系和治理能力现代化，助力美丽上海建设和经济高质量发展，为上海建设成为具有世界影响力的社会主义现代化国际大都市提供韧性保障。

《行动方案》明确了包括提升气候变化监测预警和风险管理能力，提升水资源领域、海洋及海岸带、陆地生态系统、能源领域、交通领域、人居环境、敏感产业、健康与公共卫生领域适应气候变化能力和提升全社会综合防灾减灾能力10个方面的重点任务共37项具体举措。选取临港新片区、崇明世界级生态岛、五个新城作为试点区域，建设韧性智慧海绵城市，推动生态能级高标准跃升，强化宜居安居基础设施建设，探索形成具有上海特色的适应模式。

资料来源：上海市生态文明建设领导小组办公室.上海市适应气候变化行动方案（2024—2035年）[EB/OL].（2024-05-28）[2024-05-30].https://sthj.sh.gov.cn/hbzhywpt1098/ydqhbhgl/20240531/b283219bfdb147cf8859d597ee7d369c.html.9704e9e310cd4f059f14.pdf

---

1. 车生泉.西方海绵城市建设的理论实践及启示[J].人民论坛·学术前沿，2016（21）：47-53+63.

3. 绿色基础设施建设

绿色基础设施（Green Infrastructure，简称 GI）指城市内部及周边天然或人工的绿色空间，既包括由山水林田湖草海等自然资源要素维育而成的绿色生态空间，也包括由绿道、碧道、公园、雨水花园、绿色停车场等兼具使用功能的城乡绿色开敞空间。在倡导绿色可持续发展的全球背景下，绿色基础设施作为城市运行的重要生命支持系统之一，与道路、机场、桥梁等灰色基础设施提到同等重要高度。绿色基础设施强调利用自然生态系统提供的服务，如水净化、空气质量改善、气候调节、生物多样性保护等，以此提升城市生态系统韧性。此外，绿色基础设施在应对气候变化、实现社会与经济效益方面均有所贡献。

5.4.2 中观层面：蓝绿空间、防灾减灾空间建设

在中观层面，采用不同地形和风险区的防控设计方法，分区布置具有承灾能力的城市蓝绿空间，增强城市空间系统抵抗气候灾害风险的能力。同时，考虑防灾减灾空间建设，在构建地区生态空间网络及其保护体系的基础上建设应对气候变化的智慧规划平台，提升城市对极端气候灾害的快速响应能力。

1. 蓝绿空间的气候适应性规划

城市蓝绿空间是各类自然与人工绿地、水体共同构成的网络系统。蓝绿空间网络建设是一种"基于自然的解决方案"，不论是宏观尺度的河湖水系、自然区域和开放空间，还是微观尺度的生态型雨水设施、小微湿地，都对维持区域水文和生态平衡，以及在极端气候下的雨洪调蓄发挥重要作用。此外，以生态系统及其生态服务为核心的蓝绿基础设施，除了在适应和缓解洪涝灾害方面的功能外，还具有提高生态系统稳定性、维持生物多样性、调节小气候、提供休闲娱乐空间等多种功能。通过合理的国土空间和用地规划，以及绿色基础设施、城市水系和排水系统、道路交通系统、竖向设计的整合，构建起城市蓝绿基础设施网络，可以从根本上避免许多城市排水防涝问题的产生，并通过发挥其系统性功能，实现较好的雨洪调蓄效果和较高的综合效益[1]。

1）生态廊道与城市绿带的建设

有效保护和充分利用城市蓝绿基础设施，并发挥蓝、绿、灰 3 个系统的协调作

---

1. 冷红，陈天，翟国方，等. 极端气候背景下的思考：城乡建设与治水［J］. 南方建筑，2021（6）：1-9.

用，可以在区域、城市和社区等不同尺度上，实现雨洪调蓄、生态建设、经济技术可持续的多赢局面，在中观层面提高城市的韧性能力和宜居程度。已建城区应利用城市更新、口袋公园、河道修复等项目契机，进行蓝绿空间的扩容提效；在改造项目中，因地制宜地将多种功能需求和水文调节等生态功能相结合，实现土地综合价值的最大化。

2）湿地保护与恢复的空间规划

在城市发展过程中，湿地往往面临着被填海造地、围垦农田等压力。因此首先需要明确划定湿地保护区，并采取相应的措施加以保护；其次，需要采取相应的措施恢复湿地，通过恢复湖泊的水质、修复湿地的植被等生态修复手段和人工建设，提高水质和水量的调节能力；最后，湿地保护与恢复的空间规划需要促进湿地与周边环境的协调发展，形成湿地农业和湿地生态旅游等多功能的空间格局，为居民提供更多的休闲和健身场所。

3）森林公园与城市森林的布局与设计

在城市化进程中，建设森林公园和城市森林是提高城市气候适应性的重要手段。不同气候条件下的城市对森林公园的需求有所不同，因此需要根据城市的气候特点来确定森林公园的布局。其次，森林公园的布局与设计需要考虑城市的空间格局，将森林公园与城市的其他功能区相结合，形成有机的空间格局。最后，注重城市森林生态功能和社会功能的结合，可以在城市森林中设置儿童游乐设施、健身器材等，为不同年龄段的居民提供相应的服务。

4）城市农业与食品生产的空间规划

通过规划城市农业和生态农田，不仅可以补充城市居民的食物需求，还可以改善城市环境、促进社会经济发展，减少对外部资源的依赖，提高城市的气候适应性。首先需要制定支持城市农业发展的政策和法规。其次，城市农业空间的规划应考虑土地的利用效率，农业空间与城市基础设施（如水电供应、废物处理等）的衔接。此外，还应引入新技术和创新方法，提高城市农业空间和设施的建设水平。

2. 防灾减灾空间的气候适应性建设

防灾减灾空间指的是在特定区域内进行防灾和减灾所需的空间布局和资源配置，包括自然空间（如河流、森林等）和人造空间（如建筑、道路等）。防灾减灾空间的气候适应性建设是指在城市和区域规划、基础设施建设以及社区发展中，充分考虑气候变化所带来的风险，通过采取适应性措施来增强防灾减灾能力，减少自然灾害对人类社会和生态环境的影响。

1）极端暴雨情景下的应急体系建设

面对极端气候事件频发的现状，要加强极端暴雨演变规律分析，探讨全球气候变化和城市化对极端降雨的影响程度。分析最大可能降水，并复核城市敏感区域的最大可能受灾。

2）沿海地区的海岸带管理与防护

海岸带韧性管理是多阶段、多决策、多调度过程的复杂结构，在灾害发展各个阶段，其强度及对空间影响的因素和要素不同。从时空角度可将其分为灾害防御、抵御、应急和救援阶段，通过分阶段、分层次、分优先级覆盖灾害全周期和防灾全要素，重组综合防灾主要工作内容，并以此提升海岸带防灾效率[1, 2]。

3）风灾等自然灾害的防御空间规划

对于风灾防御空间规划，首先需要制定风灾防御区划，并制定相应的管理和规划措施。其次，针对不同地区和风灾等级，制定相应的设计标准和建筑材料要求，以确保建筑物能够承受强风的冲击。同时，还应建立健全监测网络和技术手段，确保风灾信息的准确性和及时性。

4）城市抗灾与应急响应设施的布局

智慧-韧性的防灾规划设计，基于 GIS 与 RS 技术，综合考虑洪涝的致灾源、城市与自然高风险受体、城市防灾避险能力等方面的内容，规划设计防灾空间、避险场所及疏散通道。主要通过优化水土林田湖等城市生态环境系统，形成由斑块—廊道—基质构成的韧性雨涝安全格局，控制水土流失，防止山洪、泥石流等次生灾害。包括结合城市功能的承洪脆弱性评价、基于韧性防洪的空间结构布局与城市汇水单位智慧划分、基于地表径流控制的城市生态环境智慧优化，以及结合承洪敏感性的土地利用规划与避灾场所布局。

> **案例 5.6** 北京市韧性城市空间专项规划（2022 年—2035 年）

为着力提升首都城市应对重大风险灾害的防范、抵御、应对和快速恢复能力，规划自然资源委会同市应急局组织编制《北京市韧性城市空间专项规划

---

1. 于洋, 张赫, 洪启东, 等. 基于"时空错配"协调的海岸带沿岸防灾空间适灾性提升研究[J]. 城市环境设计, 2023（6）：393-400.
2. 马程伟, 文超祥. 适应气候变化的海岸带韧性研究综述——基于文献计量分析[J]. 生态学报, 2024, 44（5）：2173-2186.

(2022年—2035年)》，于2024年2月获市政府批复。该规划提出，作为超大城市，北京要构建集中式与分布式相结合的韧性城市空间分区。其中，在市域层面，要立足京津冀协同发展，统筹生态网络、防灾网络和生命线系统，完善城市开敞空间与区域性防灾设施，构建"三环八廊多支点"的市域韧性城市支撑体系。根据规划，在全市划分出39个韧性城市组团，灾时能够发挥综合防范应对、居民基本生活条件保障、区域联合互助支撑作用，从而实现城市基本功能维持与快速响应恢复。

结合"一核一主一副，两轴多点一区"北京城市空间结构，该规划提出差异化的韧性能力建设内容。此外，还依托"一刻钟社区服务圈"，按照1000至1500米范围，构建以社区为主体的韧性基本空间分区，形成能够自适应、自组织、自协调的基层防线。

资料来源：北京市规划和自然资源委员会.北京市韧性城市空间专项规划（2022年—2035年）［EB/OL］.（2024-03-22）［2024-05-20］.https://www.beijing.gov.cn/zhengce/zhengcefagui/202403/W020240325309081232801.pdf.

5.4.3 微观层面：建筑群体布局、空间形态的设计与管控

城市气候的形成与原有下垫面性质改变和人类活动强度密切相关，城市下垫面是导致城市气候形成的直接原因。城市下垫面是指城市地表覆盖物的类型及其物理特性，包括人造和自然的各类地表，如建筑物、道路铺装、土壤、绿地和水体等。因此，微观层面的气候适应性规划强调通过优化城市下垫面要素以调控微气候环境，创造舒适宜人的城市空间。

1. 建筑群体布局和空间形态的设计与管控

1）建筑群体空间形态调控

建筑群体的空间形态调控是实现气候适应性空间设计的重要策略之一。通过合理布局和组织建筑群体的空间形态，可以实现对气候条件的适应和优化利用。具体的设计策略包括以下3个方面：①合理控制建筑群体的密度和高度，实现良好的通风和日照，并改善建筑群体内的微气候环境；②优化建筑的形状和布局，提高通风效果，改善室内环境、节能减排并提升区域微气候；③合理布置绿化和景观元素，提供舒适美观的环境。

2）建筑朝向与光环境的优化

通过合理选择建筑朝向和优化光环境，可以实现节能、保温和采光等目标。具体

的设计策略包括以下3个方面：①根据当地的气候条件和太阳路径，合理选择建筑的朝向，以最大限度地利用太阳能和自然光；②通过合理的窗户和开口设计，优化建筑内部的光环境；③在建筑群体的布局中，需要考虑建筑之间的阴影效应，以减少炎热季节的直射阳光，提升冬季日照质量，同时，热带气候区域的城市可以利用建筑的阴影投射，为室外空间提供遮阳的功能。

3）严格管控空间形态

充分考虑当地的气候条件，因地制宜设置能够遮阳及降温的场地，或营造温暖且防风的空间环境；同时，提供多样化的公共空间与丰富的景观元素，营造具有吸引力的城市空间。

2. 城市风环境与城市软景观优化

1）城市风环境与空间布局的优化

城市风环境（Urban Wind Environment）是指城市中风速、风向、湍流等风力特征的空间分布和变化情况。优化城市风环境能够为市民提供舒适且具有吸引力的城市户外环境。

2）城市软景观的规划与设计

城市软景观（Urban Softscape）是指城市环境中的一切柔性、可变动的景观元素，主要包括植物、水体、土壤等自然元素。软景观能够对城市气候和微气候环境的调控起到重要作用。此外，城市软景观能够有效降低地表径流，实现减污、截流和提升城市环境质量的目的。可利用湿地、生态旱溪、植草沟等景观，结合景观水体与雨水回用设施的设计，实现水安全、水生态、水文化及水景观的有机耦合。

关键术语

气候变化，脆弱性，适应性，韧性，气候适应性规划，基于生态系统的适应，基于生态系统的减灾，气候分区，气候适应性评价，气候灾害风险识别，海绵城市，气候适应型城市，绿色基础设施，城市蓝绿空间，防灾减灾空间，城市风环境，城市下垫面

思考题

1. 结合脆弱性、适应性与韧性的概念，讨论三者之间的关联及相互作用。
2. 讨论气候适应性规划与传统韧性城市规划的区别与联系。
3. 结合你所了解的城市或地区，简述其气候特征与气候变化趋势，并讨论该区域所需的气候适应性规划举措。
4. 结合实际案例，分别分析应对不同地域气候的适应性规划的成功经验与面临的挑战。
5. 结合理论知识和实际案例，思考气候适应性规划融入我国国土空间规划的挑战，以及应如何应对。

参考文献

[1] ADGER, W.N.Social and ecological resilience: Are they related？[J].Progress in Human Geography, 2000, 24 (3): 347-364.
[2] BAKER I, PETERSON A, BROWN G, et al.Local government response to the impacts of climate change: An evaluation of local climate adaptation plan [J].Landscape and Urban Planning, 2012, 107 (2): 127-136.
[3] BRUNEAU M, CHANG S E, EGUCHI R T, et al.A framework to quantitatively assess and enhance the seismic resilience of communities [J].Earthquake Spectra, 42003, 19 (4): 733-752.
[4] BURTON I, KATES R W, WHITE G F.The Environment as Hazard [M].2nd Edition. New York: Guilford Press, 1993.
[5] CARPENTER S, WALKER B, ANDERIES J M, et al.From metaphor to measurement: Resilience of what to what？[J]. Ecosystems, 2001, 4 (8): 765-781.
[6] CUTTER, SUSAN L, EMRICH, et al.The geographies of community disaster resilience [J].Global Environmental Change: Human and Policy Dimensions, 2014, 29: 65-77.
[7] DEMUZERE M, ORRU K, HEIDRICH O, et al.Mitigating and adapting to climate change: Multi-functional and multi-scale assessment of green urban infrastructure [J].Journal of Environmental, 2014, 146: 107-115.
[8] FORD J D, WILLOX A C, CHATWOOD S, et al.Adapting to the effects of climate change on Inuit health [J].American Journal of Public Health, 2014, 104 (Suppl 3): 9-17.
[9] GENELETTI D, ZARDO L.Ecosystem-based adaptation in cities: An analysis of European urban climate adaptation plans[J]. Land Use Policy, 2016 (50): 38-47.
[10] GOLDEN J S.The built environment induced urban heat island effect in rapidly urbanizing arid regions – A sustainable urban engineering complexity [J].Environmental Sciences, 2004, 1 (4): 321-349.
[11] GUNDERSON L H.Ecological resilience—In theory and application [J].Annual Review of Ecology and Systematics, 2000, 31: 425-439.
[12] HOLLING C S.Resilience and stability of ecological systems[J].Annual Review of Ecology and Systematics, 1973, 4: 1-23.
[13] HICKS A, NERGARD M.Sustainability infrastructure insights from a campus sustainability survey [J].Environmental Research: Infrastructure and Sustainability, 2023, 3 (1): 011004.
[14] HUA J, ZHANG X, REN C, et al.Spatiotemporal assessment of extreme heat risk for high-density cities: A case study of Hong Kong from 2006 to 2016 [J].2021, 64: 102507.
[15] JONES H, HOLE D, ZAVALETA E.Harnessing nature to help people adapt to climate change [J].Nature Climate Change, 2012, 2: 504-509.
[16] IPCC.Climate Change 2014: Synthesis Report: Future Climate Changes, Risk and Impacts [EB/OL].(2015-12-31) [2024-05-22].https://archive.ipcc.ch/report/ar5/syr/.
[17] IPCC.Climate Change 2001: Impacts, Adaptation, and Vulnerability [EB/OL].(2001-02-19)[2024-05-22].https://www.ipcc.ch/2001/02/19/climate-change-2001-impacts-adaptation-and-vulnerability/.
[18] IPCC.Climate Change 2007: Mitigation of Climate Change [EB/OL].(2007-07-01)[2024-05-29].https://www.ipcc.ch/

report/ar4/wg3/.

[19] IPCC.Climate Change 1995: Impacts, Adaptations and Mitigation of Climate Change: Scientific-Technical Analyses [EB/OL]. (1996-12-31) [2024-05-23] .https://www.ipcc.ch/report/ar2/wg2/.

[20] IPCC.Climate Change 2001: Impacts, Adaptation, and Vulnerability [EB/OL]. (2001-02-19) [2024-05-22] .https://www.ipcc.ch/2001/02/19/climate-change-2001-impacts-adaptation-and-vulnerability/.

[21] IPCC.The Regional Impacts of Climate Change: An Assessment of Vulnerability [EB/OL]. (1997-11-30) [2024-05-23]. https://www.ipcc.ch/report/the-regional-impacts-of-climate-change-an-assessment-of-vulnerability/the-regional-impacts-of-climate-change-an-assessment-of-vulnerability/.

[22] KARIMZADEH S, MIYAJIMA M, HASSANZADEH R, et al.A GIS-based seismic hazard, building vulnerability and human loss assessment for the earthquake scenario in Tabriz [J] .Soil Dynamics and Earthquake Engineering, 2014, 66: 263–280.

[23] LIM B, SPANGER-SIEGFRIED E, BURTON I, et al.Adaptation Policy Frameworks for Climate Change: Developing Strategies, Policies, and Measures [M] .Cambridge: Cambridge University Press, 2004.

[24] MARTIN R.Regional economic resilience, hysteresis and recessionary shocks [J] .Journal of Economic Geography, 2012, 12(1): 1-32.

[25] MEEROW S, NEWELL J P, STULTS M.Defining urban resilience: A review [J] .Landscape and Urban Planning, 2016, 147: 38-49.

[26] Mitchell T, van Aals M.Convergence of disaster risk reduction and climate change adaptation [EB/OL]. (2009-01-28) [2024-05-30] .https://www.preventionweb.net/publication/convergence-disaster-risk-reduction-and-climate-change-adaptation.

[27] MUNANG R, THIAW I, ALVERSON K, et al.Climate change and Ecosystem-based adaptation: A new pragmatic approach to buffering climate change impacts [J] .Current Opinion in Environmental Sustainability, 2013, 5(1): 67-71.

[28] COLLS A, ASH N, IKKALA N.Ecosystem-based Adaptation: A Natural Response to Climate Change [M] .Gland: IUCN 2009.

[29] RANNOW S, LOIBL W, GREIVING S, et al.Potential impacts of climate change in Germany [J] .Landscape & Urban Planning, 2010, 98(3-4): 160–171.

[30] ROSE A.Economic resilience to natural and man-made disasters: Multidisciplinary origins and contextual dimensions [J]. Global Environmental Change Part B Environmental Hazards, 2007, 7(4): 383-398.

[31] RUDDELL D M, DIXON P G.The energy-water nexus: Are there tradeoffs between residential energy and water consumption in arid cities? [J] .International Journal of Biometeorology, 2014, 58: 1421-1431.

[32] SALAGNAC J L, DESPLAT J, KOUNKOU-ARNAUD R, et al.Assessment of adaptation strategies to climate change impacts in a big city: the case of Paris [EB/OL]. [2024 05 29] .https://wbc2013.apps.qut.edu.au/papers/cibwbc2013_submission_132.pdf.

[33] SCARANO R F.Ecosystem-based adaptation to climate change: concept, scalability and a role for conservation science [J]. Perspectives in Ecology & Conservation, 2017, 15(2): 65-73..

[34] Secretariat of the Convention on Biological Diversity.Connecting biodiversity and climate change mitigation and adaptation: Report of the Second Ad Hoc Technical Expert Group on Biodiversity and Climate Change [EB/OL]. (2009) [2024-05-30]. https://www.cbd.int/doc/publications/cbd-ts-41-en.pdf.

[35] SKEA J, LEE H, SHUKLA P. 'It's now or never': UN panel urges immediate action on climate change [J] .Asian power, 2022(Sep.TN.105): 7-7.

[36] SMIT B, WANDEL J.Adaptation, adaptive capacity and vulnerability [J] .Global Environmental Change, 2006, 16(3): 282-292..

[37] SMIT M J, GOOSEN H, HULSBERGEN C H.Resilience and vulnerability: Coastal dynamics or dutch dikes? [J]. Geographical Journal, 1998, 164(3): 259-268.

[38] UN-HABITAT.Planning for climate change: A strategic value-based approach for urban planners [M] .United Nations Human Settlements Programme (UN-HABITAT), 2014.

[39] VIGNOLA R, LOCATELLIB, MARTINEZ C, et al.Ecosystem-based adaptation to climate change: What role for policy-makers, society and scientists? [J] .Mitigation and Adaptation Strategies for Global Change, 2009, 14: 691–696.

[40] WALSH C L, DAWSON R J, HALL J W, et al.A systems approach to assessment of climate change mitigation and adaptation at the scale of whole cities [J] .Proceedings of the Institution of Civil Engineers, 2011, 164(DP2): 75-84.

[41] WAMSLER C, LUEDERITZ C, BRINK E.Local levers for change: Mainstreaming ecosystem-based adaptation into municipal planning to foster sustainability transitions [J] .Global Environmental Change, 2014(29): 189-201.

[42] XU H, ZHAO G.Assessing the value of urban green infrastructure ecosystem services for high-density urban management and development: Case from the capital core area of Beijing, China [J] .Sustainability, 2021, 13(21): 12115.

[43] 北京市规划和自然资源委员会.北京市韧性城市空间专项规划（2022年—2035年）(2024-03-22) [2024-05-20] https://www.beijing.gov.cn/zhengce/zhengcefagui/202403/W020240325309081232801.pdf.

[44] 曹健, 马卫星, 李莉.我国东北地区冰雪旅游文化资源深度融合发展的路径 [J] .社会科学家, 2022(9): 33-41.

［45］车生泉.西方海绵城市建设的理论实践及启示［J］.人民论坛·学术前沿，2016，（21）：47-53+63.
［46］方修琦，殷培红.弹性、脆弱性和适应——IHDP三个核心概念综述［J］.地理科学进展，2007（5）：11-22.
［47］高婧怡，翟国方.建设韧性国土空间的总体思路研究——以南京为例［J］.西部人居环境学刊，2022，37（4）：108-114.
［48］宫聪，吴竑，胡长涓.灰绿雨水基础设施协同规划——美国山地城市匹兹堡"绿色优先计划"之借鉴［J］.中国园林，2022，，38（5）：62-67.
［49］顾朝林，张晓明.基于气候变化的城市规划研究进展［J］.城市问题，2010（10）：2-11.
［50］顾朝林.气候变化与适应性城市规划［J］.建设科技，2010（13）：28-29.
［51］黄晓军，王博，刘萌萌，等.中国城市高温特征及社会脆弱性评价［J］.地理研究，2020，39（7）：1534-1547.
［52］国家发展改革委.关于印发国家应对气候变化规划（2014—2020年）的通知［EB/OL］.（2014-09-19）［2024-05-29］.https：//zfxxgk.ndrc.gov.cn/web/iteminfo.jsp?id=298.
［53］国家发展改革委，住房城乡建设部.两部门关于印发城市适应气候变化行动方案的通知部门新闻［EB/OL］.（2016-02-17）［2024-05-29］.https：www.gov.cn/xinwen/2016-02/17/content_5042426.htm.
［54］生态环境部办公厅，财政部办公厅，自然资源部办公厅，等.关于深化气候适应型城市建设试点的通知［EB/OL］.（2023-08-18）［2024-05-29］.https：//www.gov.cn/zhengce/zhengceku/202308/content_6900892.htm.
［55］吉野正敏.气候学［M］.郭殿福，梁守坚，译.南宁：广西气象学校，1984.
［56］蒋文妍.严寒地区城市空间的气候适应性研究——以哈尔滨市为例［D］.哈尔滨：哈尔滨工业大学，2019.
［57］冷红，陈天，翟国方，等.极端气候背景下的思考：城乡建设与治水［J］.南方建筑，2021（6）：1-9.
［58］冷红，陈天，何宝杰，等.气候适应性与空间品质提升［J］.城市规划，2023，47（11）：46-50.
［59］李泓运，王振旭，李超，等.气候变化和经济全球化驱动病媒生物入侵对人类健康的影响［J］.中国媒介生物学及控制杂志，2023，34（2）：182-188.
［60］李惠民，邱萍，张西，等.气候适应型城市的规划要素及对我国28个试点方案的综合评价［J］.环境保护，2020，48（13）：17-24.
［61］李彤玥.韧性城市研究新进展［J］.国际城市规划，2017，32（5）：15-25.
［62］厉桂源.适应气候风险的韧性城市建设——以雄安新区为例［C］//第十三届公共政策智库论坛暨"雄安建设与发展国际学术研讨会"会议论文集.秦皇岛，2023.
［63］梁玉莲，延晓冬.RCPs情景下中国21世纪气候变化预估及不确定性分析［J］.热带气象学报，2016，32（2）：183-192.
［64］刘维，周忠学，郎睿婷.城市绿色基础设施生态系统服务供需关系及空间优化——以西安市为例［J］.干旱区地理，2021，44（5）：1500-1513.
［65］马程伟，文超祥.适应气候变化的海岸带韧性研究综述——基于文献计量分析［J］.生态学报，2024，44（5）：2173-2186.
［66］马文林，郭丽平，王海婷，等.社区生态系统气候韧性概念及评估研究［J］.生态经济，2023，39（3）：177-183.
［67］南鹏飞.基于WRF的未来（2050s）城市气候预测及适应性规划策略［D］.大连：大连理工大学，2021.
［68］倪敏东，许艳玲.适应气候变化的公共空间规划——来自伦敦卡姆登区的经验［J］.国际城市规划，2010，25（1）：47-52.
［69］倪维秋，夏源，赵宁宁.乡村地域"三生空间"功能演化与耦合协调度研究——以黑龙江省为例［J］.中国土地科学，2022，36（9）：111-119.
［70］裴孝东，吴静，薛俊波，等.中国城市气候变化适应性评价［J］.城市发展研究，2022，29（3）：39-46+52+封3.
［71］彭仲仁，路庆昌.应对气候变化和极端天气事件的适应性规划［J］.现代城市研究，2012，27（1）：7-12.
［72］秦静.应对气候变化的国土空间规划洪涝适应性策略研究［J］.规划师，2023，39（2）：30-37.
［73］上海市生态文明建设领导小组办公室.上海市适应气候变化行动方案（2024—2035年）（2024-05-28）［2024-05-30］.https：//sthj.sh.gov.cn/cmsres/0b/0b8065fab2bd452ab184b43e7056be28/9fc97c630d339704e9e310cd4f059f14.pdf.
［74］生态环境部，发展改革委，科技部，等.关于印发《国家适应气候变化战略2035》的通知［EB/OL］.（2022-05-10）［2024-05-29］.https：//www.gov.cn/zhengce/zhengceku/2022-06/14/content_5695555.htm.
［75］生态环境部办公厅，财政部办公厅，自然资源部办公厅，等.关于深化气候适应型城市建设试点的通知［EB/OL］.（2023-08-25）［2024-05-20］https：//www.mee.gov.cn/xxgk2018/xxgk/xxgk05/202308/t20230825_1039387.html.
［76］宋博，陈晨.情景规划方法的理论探源、行动框架及其应用意义——探索超越"工具理性"的战略规划决策平台［J］.城市规划学刊，2013（5）：69-73.
［77］宋芳晓，张海荣.我国海绵城市建设管理的问题和策略探析［J］.城市发展研究，2016，23（10）：99-104.
［78］宋蕾.智能与韧性是否兼容？——智慧城市建设的韧性评价和发展路径［J］.社会科学，2020（3）：21-32.
［79］苏飞，张平宇.矿业城市社会系统脆弱性研究——以阜新市为例［J］.地域研究与开发，2009，28（2）：71-74+89.
［80］田健，曾穗平，曾坚."平衡"与"共赢"——基于社会生态系统重构的绿心地区规划策略研究［J］.城市规划，2017，41（11）：80-88
［81］王凯，蒋国翔，罗彦，等.适应气候变化的国土空间规划应对总体思路研究［J］.规划师，2023，39（2）：5-10.
［82］吴桐，高磊.金融支持"寒地试车"特色产业发展路径研究［J］.黑龙江金融，2022（12）：69-71.
［83］肖华斌，郭妍馨，王玥，等.应对高温健康胁迫的社区尺度缓解与适应途径——纽约清凉社区计划的经验与启示［J］.

规划师，2022，38（6）：151-158.

［84］杨俊，关莹莹，李雪铭，等.城市边缘区生态脆弱性时空演变——以大连市甘井子区为例［J］.生态学报，2018，38（3）：778-787.

［85］杨开忠，张永生，单菁菁，等.中国城市发展报告No.16［M］.北京：社会科学文献出版社，2023.

［86］姚佳伟，张星婴，王健，等.基于数字孪生技术的城市微气候预测方法研究［J］.建筑科学，2023，39（2）：183-192.

［87］尹名强，胡纹，何宝杰.美国高温适应规划探索及凤凰城实践的探究与启示［J］.西部人居环境学刊，2023，38（6）：1-8.

［88］于洋，张赫，洪启东，等.基于"时空错配"协调的海岸带沿岸防灾空间适灾性提升研究［J］.城市环境设计，2023（6）：393-400.

［89］赵方杜，石阳阳.社会韧性与风险治理［J］.华东理工大学学报（社会科学版），2018，33（2）：17-24.

［90］赵龙，镇列评，李渊，等.响应区域洪涝灾害的城市公园系统规划与建设研究——解读纽约城市公园系统的构成模块、建设统筹与执行策略［J］.中国园林，2023，39（4）：77-83.

［91］郑艳.适应型城市：将适应气候变化与气候风险管理纳入城市规划［J］.城市发展研究，2012（1）：47-51.

［92］郑艳，翟建青，武占云，等.基于适应性周期的韧性城市分类评价——以我国海绵城市与气候适应型城市试点为例［J］.中国人口·资源与环境，2018，28（3）：31-38.

［93］周淑贞，束炯.城市气候学［M］.北京：气象出版社，1994.

［94］周霞，王佳.中国五大城市群经济韧性时空特征及影响因素分析［J/OL］.世界地理研究，2024：1-17［2024-05-29］.http://kns.cnki.net/kcms/detail/31.1626.P.20240625.1605.002.html.

第 6 章 生态环境分区管治制度

■ 导语

本章旨在深入分析生态环境分区管治制度的理论与实践,为我国生态文明的构建以及国土空间的可持续管理提供坚实的科学指导和制度保障。首先从生态环境分区管治的概念界定和基础理论入手,明确其核心要义与理论基础;继而系统梳理我国生态环境分区管治制度的历史发展脉络,剖析制度变迁的内在动因、发展趋势以及所面临的挑战,为深入理解现行制度框架提供历史视角。在此基础上,本章着重构建生态环境分区管治制度的框架体系,明确其目标定位、基本原则、核心要素及其运行机制,并深入探讨该制度与国土空间规划的协同路径,强调两者在促进国土空间开发与保护格局优化中的互补性和协同作用。进一步地,本章聚焦于生态环境分区管治的具体策略,从区域差异、生态功能、环境容量等多个维度出发,提出差异化的生态环境分区管治措施与实施方案。同时,本章还探讨了生态环境分区管治实施保障机制的构建,包括法律法规、政策体系、技术支撑、监督评估等方面,以确保各项管治措施的有效实施与持续优化。

6.1 生态环境分区管治的概念内涵和基础理论

6.1.1 生态环境分区管治概念内涵

生态是指一切生物的状态,以及生物之间和生物与周围环境之间相互联系、相互作用的关系。环境是指人类生存的空间及其中可以直接或间接影响人类生活和发展的各种自然因素。自然生态是以空间的形式存在的,生态空间是生物要素与环境要素相互作用与活动变化的舞台。自然生态空间具有转用廉价性、功能多样性、运行系统性和地域差异性等特性,其中,功能多样性和转用廉价性使生态空间成为易被占用或扰动的空间载体,运行系统性决定了自然生态空间内部各要素间相互影响的复杂性和自然生态空间保护对生产和生活空间优化提升的重要性,而地域差异性则引致自然生态空间利用的差异,这要求对空间实行分类差异化保护[1]。

传统环境分区治理是按照环境要素空间分布特征,根据具体环境要素主导功能的空间分布格局和经济社会发展状况,将治理目标划分为具有多级结构的区域单元,对具体区域的自然资源要素、经济社会发展状况等进行有针对性的差别治理,促进区域环境综合治理[2]。"管治"则强调多方参与和共同治理,因此,生态环境分区管治概念的界定是一个综合性的体系,包含了价值导向、规划方法、组织架构、政策设计、工程建设五类要素,这五类要素处于不同的层次环节,构成一个有机整体,并呈现一种双向强化的内在逻辑关系(图6-1)。

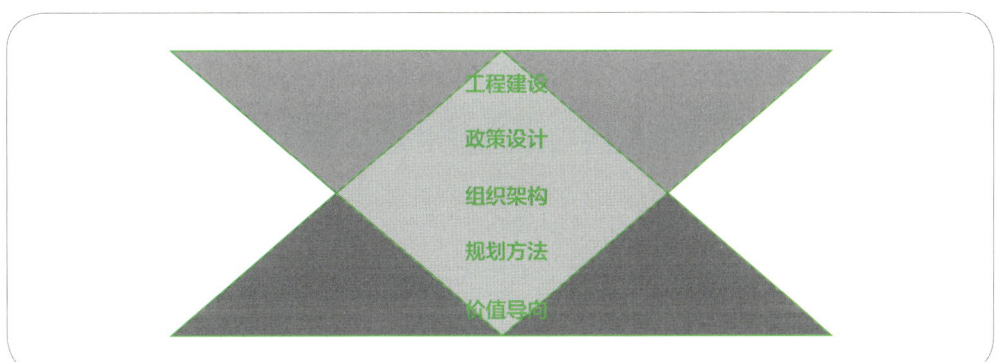

图6-1 生态环境分区管治概念的要素组成
资料来源:作者自绘

生态环境分区管治的内涵:在新时代生态文明思想指引下,全面尊重人与自然关系与相互作用的基本规律,根据不同区域的环境资源状况、环境承载力、开发程度与潜力等,识别确定不同区域的环境功能和环境治理目标[2],由党委领导、政府主导,企业、社会组织和公众共同参与,以在针对不同分区生态空间的保护、利用、修复、治理等环节实施生态保护红线、环境质量底线、资源利用红线和生态环境准入清单等为主要内容,对各要素采用指标量化、条文规定、图则标定、信息平

---

1. 沈悦,刘天科,周璞.自然生态空间用途管制理论分析及管制策略研究[J].中国土地科学,2017,31(12):17-24.
2. 王婷.环境分区治理将成新常态[N].中国环境报,2015-03-23(2).

台汇总等方式进行定性、定量、定位、定策，促进生态空间功能与价值提升，是建设生态文明和美丽中国的一项基础性保障制度[1]。

6.1.2 价值层面基础理论

1. 伦理价值理论

生态伦理价值是指人类处理自身与其周围的动物、环境和大自然等生态环境关系的一系列道德规范和价值取向。人类的自然生态活动反映出人与自然的关系，其中又蕴藏着人与人的关系，表达出特定的伦理价值理念与价值关系。近代以来，人类活动一直围绕着如何向自然索取更多的资源和能源生产出更多的物质财富、追求更高水准的生活这一主题，也由此产生了以人类自身利益为最终目的的绝对人类中心主义流派，该流派的中心思想最早可追溯到古希腊普罗泰戈拉所提出的"人是万物的尺度"。随着自然资源和能源被大量消耗，生态环境恶化、生物多样性面临威胁等生态危机促使人们开始重新思考人与自然的关系，并由此产生了非人类中心主义流派（图6-2）。

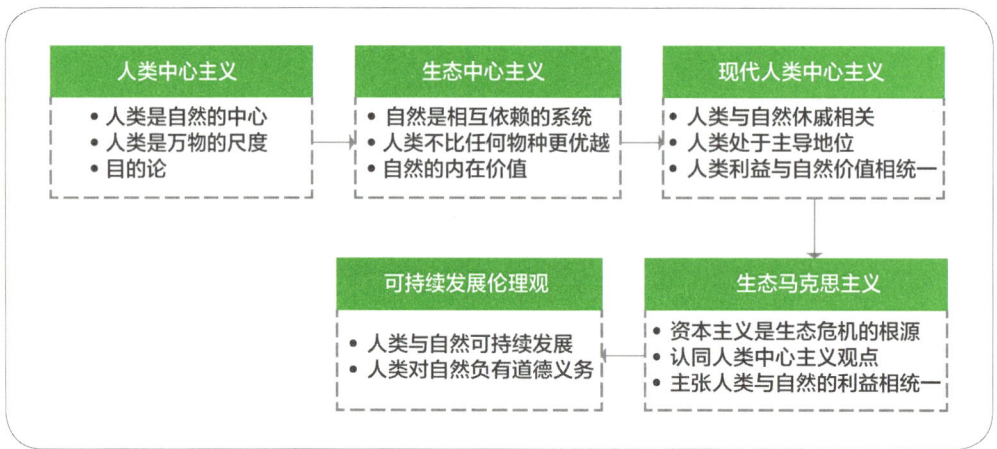

图6-2 生态环境伦理价值理论演进示意
资料来源：作者自绘

在人类面临严重生态危机的背景下，自20世纪60年代以来，西方开始对传统发展观念进行批判、反思，试图探索新的发展理论。可持续发展观萌芽于1972年联合国通过的《人类环境宣言》。可持续发展是既满足当代人的需要，又不对后代满足其自身需要的能力构成危害的发展。可持续发展伦理观以发展为中心，以公平

---

1. 江河，刘贵利，陈帆，等.国土空间生态环境分区管治理论与技术方法研究[M].北京：中国建筑工业出版社，2019.

与和谐为条件，实现人与自然可持续发展。

2. 思想方法理论

马克思主义蕴含有丰富的生态思想，马克思对人与自然关系的研究不仅从生存本体的角度去理解人与自然的分化与对立，还以生存价值去探寻人与自然的和谐统一，真正从总体上揭示了人与自然关系的奥秘。其从本质上揭示了人是自然类存在物，人类作为自然物类进行的生命活动是以人与人、人与自然交互作用的类生活方式展开的；从方法论上揭示了人与自然的对象性关系。

习近平生态文明思想是以习近平同志为核心的党中央在领导全国人民进行生态文明实践过程中形成的关于为什么要建设生态文明、什么是生态文明、怎样建设生态文明、建设什么样的生态文明等问题的认识成果，是马克思主义生态文明理论与中国生态文明实践结合的成果。集中体现为"生态兴则文明兴、生态衰则文明衰"的深邃历史观、人与自然和谐共生的科学自然观、"绿水青山就是金山银山"的绿色发展观、良好生态环境是最普惠的民生福祉的基本民生观、山水林田湖草沙是生命共同体的整体系统观、用最严格制度保护生态环境的严密法治观、全社会共同建设美丽中国的全民行动观、共谋全球生态文明建设的共赢全球观，为构建现代环境治理体系提供了强大的理论指引。

6.1.3 规律层面基础理论

1. 生态系统理论

尤金·普莱·奥德姆因提出的"生态系统生态学"对生态学发展产生了巨大的影响。奥德姆借助系统论方法，通过"能流"（能量流动）主线，将整个人类社会和自然界融为一个相互影响的大系统，并通过诸多事例来说明和验证：能量是包括人造系统在内的所有系统都必须依存的基础，离开能量任何生命都无法生存，能量贯穿自然界所有系统、所有过程，无论是物质生产消费过程，还是分解过程，都伴随着能量的流动与转移。

2. 生态平衡理论

生态平衡指的是自然生态系统中生物与环境之间，生物与生物之间相互作用建立起来的动态平衡。生态平衡理论是一种处理经济乃至社会发展与生态环境关系的思想，主张以生态平衡的观点为原则制定社会发展战略、看待和评价人类与环境有关的活动、目标。维护生态平衡在许多情况下都是必要的，但不能绝对化。因为生态系统中的物质运动总是处于不断变化和发展的过程中，既有平衡的建立又有平衡的破坏，两者不断转化。生态系统的发展是生态平衡和非平衡两种生态演替趋势的对立统一过程。打破生态平衡既可能导致生态退化，也可能促进生态进化。应当区别这两种情况，按照人类的价值尺度分别对待。生态平衡是一种相对平衡而不是绝对平衡，因为任何生态系统不是孤立的，都会与外界发生直接或间接的联系，会经常遭到外界的干扰。生态系统对外界的干扰和压力具有一定的弹性，但其自我调节能力也是有限度的，如果外界干扰或压力在其所能承受范围之内，当这种干扰或压力去除后，它可以通过自我调节恢复；如果外界干扰或压力超过了它所能承受的极限，其自我调节能力也就遭到了破坏，生态系统就会衰退，甚至崩溃。

3. 人地关系理论

针对人地关系有三种代表性理论。**人地共生论**认为"人"和"地"这两方面的要素按照一定的规律相互交织在一起，交错构成了在空间上覆盖一定的地域范围、在内部具有一定结构和功能机制的复杂、开放的巨系统，即人地关系地域系统。人地共生论要求任何区域的开发、规划和管理都必须以改善区域人地相互作用结构、开发人地相互作用潜力和加快人地相互作用使人地关系地域系统良性循环为目标，这为有效进行区域开发和区域管理提供了理论依据。**人地关系协同论**研究人类与自然之间和谐共存、反馈与制约、利用与合作、发展与协调等关系和规律的科学理论，着重探讨人地复杂系统健康发展的内在机制及路线方针。**人地耦合论**认为现在的人地关系是一种太极图式的耦合关系，用来阐释人类与自然之间、不同自然系统或社会系统之间的复杂的相互依赖、相互作用、相互影响、相互适应并最终趋于协调统一的现象或过程。生态空间的动态变化过程是一个耦合机制作用的过程，包括时间—空间耦合、空间—经济—人三位一体耦合等，在理想的平衡态下，时间—空间耦合、空间—经济—人耦合达到高度协调。

4. 环境承载力理论

承载力是衡量人类经济社会活动与自然环境之间关系的科学概念，是人类可持续发展度量和管理的重要依据。环境承载力源于生态学中的承载力与土地承载力，以及环境容量的概念。环境承载力分析法作为规划环境影响评价的方法之一，可以在阈值的基础上真实地度量并以系统的观点表达区域规划对环境的累积影响。由于环境是人类活动（主要是社会经济活动）的受体，因此环境承载力的大小可以用人类活动的方向、强度、规模来表示和度量。环境承载力综合分析指标包括两部分，即资源环境承载力指标和社会经济开发强度指标。资源环境承载力指标包括水环境容量、大气环境容量、水资源可供利用量、土地资源可供利用量等；社会经济开发强度指标包括反映区域开发强度的总人口、工业总产值、污染物排放量、水资源利用量、土地资源利用量等。

5. 环境价值理论

西方的环境价值理论认为环境价值取决于效用和稀缺性两个因素，前者决定价值的内容，后者决定价值的大小。由于在环境资源的内涵、环境资源的稀缺性对经济发展的影响及市场功能等问题认识上的不同，西方环境价值理论研究经历了从市场供求关系决定环境资源的价值到根据外部性理论估算环境资源价值，再到应用可持续发展原理评估环境资源价值的发展过程。20 世纪 80 年代以后，随着可持续发展思想的广泛传播，许多环境价值的新概念被提出。其中，皮尔斯从使用、非使用的角度提出环境资源的总经济价值由使用价值和非使用价值组成，其下又可细分为直接使用价值、间接使用价值、选择价值、存在价值、遗传价值五个构成要素，如图 6-3 所示。直接使用价值指环境资源直接满足人们生产和消费需要的价值。间接使用价值指人们从环境资源获得的间接效益，如森林的水源涵养、水土保持等功能就属于间接使用价值范畴。选择价值指人们为了保存或保护某一环境资源，以便将来使用所愿支付的数额。经济合作与发展组织（OECD）基于可持续发展理念又加

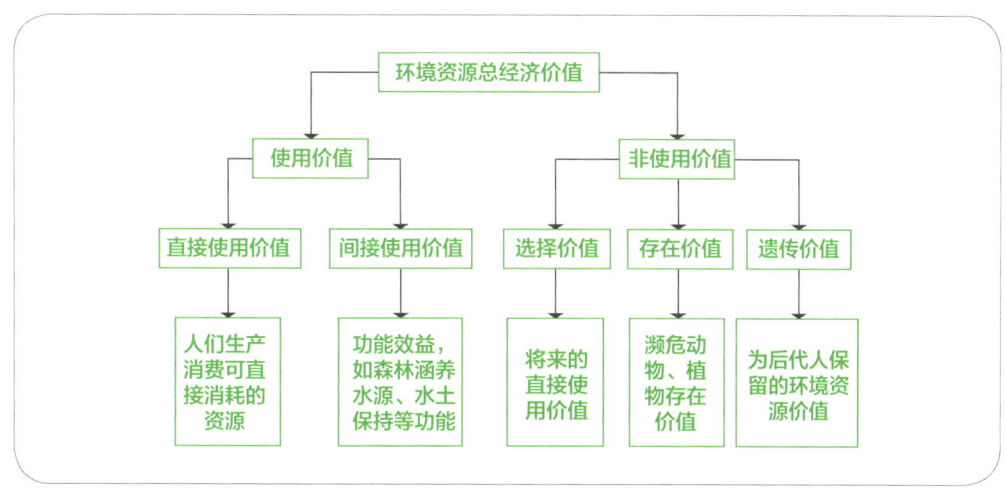

图 6-3　生态环境资源的总经济价值
资料来源：作者自绘

上一个遗传价值，指生态环境为后代人保留的使用价值或非使用价值的价值。它与存在价值相似，也是为何人类为未来保留资源。

6.1.4 行动层面基础理论

1. 理性决策理论

"经济人"理性是现代经济学的基石，但赫伯特·西蒙认为，决策者并非古典决策理论所倡导的那种具备"完全理性"的"经济人"，而只是受到生理、动机、能力限制的有限理性的"行政人"，正是这种"有限理性"的制约使决策者在实际决策中无法满足最优决策所需的苛刻条件而使最优决策无法实现，揭示了最优决策的非现实性。有限理性理论的要点在于对理性的理解，理性就是用评价后果的某个价值体系去选择令人满意的备选行为方案，而理性决策所要求的那种理性在现实中是不可能存在的。因为人的决策行动不仅受到外部因素（如时间、信息、技术等）的限制，同时也受到信息收集者和问题解决者自身条件的限制，因而他主张用"满意"代替"最佳"。

2. 外部性理论

外部性的概念源于马歇尔在 1890 年发表的《经济学原理》，在书中他提出了"外部经济"概念。庇古在其 1920 年发表的《福利经济学》中，首次用现代经济学的方法，从福利经济学的角度系统地研究外部性问题，在马歇尔提出的"外部经济"概念基础上扩充了"外部不经济"的概念和内容，将外部性问题的研究对象从外部因素对企业的影响效果转向企业或居民对其他企业或居民的影响效果。外部性理论把经济活动对环境的不利影响看作一种"负外部性"，不自动计入生产者的私人成本，其产品价格只补偿私人成本而无法弥补全部的社会成本，偏离帕累托最优效率配置。

3. 公共物品理论

公共物品理论认为，非竞争性和非排他性构成了公共物品的两个经典特质，空气、水源、原始森林、荒野土地等自然资源和环境，为人类生存发展提供物质能量的同时，也吸纳了人类生产生活所产生的巨量废弃物，具备明显的非竞争性和非排他性特点，属于公共物品范畴，具备公共物品属性。随着生态时代的到来，生态环境已成为目前人类最大和最重要的公共物品，生态环境往往会被过度使用和被"搭便车"。供给不足、过度使用、"免费搭车"等市场失灵问题是市场经济条件下公共物品供给和需求的痼疾。作为公共物品的生态环境也深受其扰。从公共物品属性角度出发，生态环境问题不仅是个经济和技术问题，也是一个包含着政策主张与选择的政治问题，针对生态环境的外部性问题和市场失灵问题，需要政策干预进行补充。

4. 公共治理理论

1）多中心治理

多中心治理理论由美国学者埃莉诺·奥斯特诺姆提出，这一理论主张多元主体共同参与公共事务、提供公共服务，治理的目标是实现多赢，即网络结构中每个参与者都能够获取各自的利益。多中心意味着无中心，反对权力的垄断和集中，与之对应的是单中心。多中心治理体制存在许多决策中心，它们在形式上是相互独立的。与传统的治理理论相比，多中心治理有三个明显的优点：多种选择、减少"搭便车"行为及更合理的决策。

2）协同治理

协同治理是个人、各种公共或私人机构协作管理共同事务的诸多方式的总和。从资源依赖的角度来看，任何单个组织都不可能拥有实现目标的所有资源，因而，必须从其他组织、群体或个人处汲取资源，政府组织也必须依赖其他组织提供资源才能顺利运转或提供公共服务，因而产生了协作的动机和意愿。协同治理的主体包括以下6类：公权力部门、群众团体、事业单位、社会组织、市场部门、公民个人。

3）整体性治理

20世纪90年代，整体性治理理论是在反思和弥补新公共管理导致的部门化、碎片化的基础上逐渐形成的一种全新治理理论。整体性治理理论主张通过有效的协调和整合，实现各类治理主体间政策目标和手段的一致和政策执行的连贯，减少执行资源的浪费，满足公民的需求，开展透明且经过整合的无缝隙治理行动。整体性治理的基本内容包括：以满足公民需求和解决问题为治理导向；强调合作性整合，整合的内容主要包括逆部门化和碎片化、大部门式治理、重新政府化、加强中央过程、压缩行政成本等；注重协调目标与手段的关系，保证政府不同公共部门在目标和手段上不存在冲突且相互增强；重视信任、责任感与制度化；强调信息技术在公共行政变革中的重要作用。

6.2 生态环境分区管治制度演进

6.2.1 保护性区划制度

1. 自然保护区制度

1956年广东省鼎湖山自然保护区的建立标志着我国自然保护区工作的开始。随后，我国在全国各地进行了自然保护区的建设。1993年，国家环保局发布了第一个中国自然保护区分类分级标准——《自然保护区类型与级别划分原则》(GB/T 14529—93)，该标准按照自然保护区的保护对象、性质和功能等将自然保护区划分为三个类别九个类型[1]，即自然生态系统类（包括森林生态系统类型、草原与草甸生态系统类型、荒漠生态系统类型、内陆湿地和水域生态系统类型、海洋和海岸生态系统类型）、野生生物类（包括野生动物类型、野生植物类型）和自然遗迹类（包括地质遗迹类型、古生物遗迹类型）。1994年，国务院第24次常务会议讨论通过《中华人民共和国自然保护区条例》。1997年，国家环境保护局和国家计划委员会发布《中国自然保护区发展规划纲要（1996—2010年）》。2008年，国家林业局颁布了《自然保护区功能区划技术规程》(LY/T 1764—2008)，对自然保护区功能区划的基本原则、依据、方法与功能区总体布局等做了原则性与技术性的要求。2009年，为进一步规范国家级自然保护区的建设和管理，提高管理水平，充分发挥自然保护区的各种功能，原环境保护部印发了《国家级自然保护区规范化建设和管理导则（试行）》。2013年，为加强国家级自然保护区的建设和管理，有效保护国家级自然保护区的环境、资源和生物多样性，国务院印发了《国家级自然保护区调整管理规定》，该规定适用于国家级自然保护区的范围调整、功能区调整及更改名称。总的来说，我国自然保护区建立了相对完善的以行政和部门法令为主导的管理法规体系[2]。

根据《中华人民共和国自然保护区条例》，我国对自然保护区实行综合管理与分部门管理相结合的管理体制。国务院环境保护行政主管部门负责全国自然保护区的综合管理，即全国各级环保部门统一行使职权，监督管理自然保护区内环境的保护、资源的使用和其他各项事务。分部门管理则指国务院林业、农业、地质矿产、水利、海洋等有关行政主管部门在各自的职责范围内，主管有关的自然保护区，其

---

1. 杨建美，杨彦锋. 美国国家公园与我国自然保护区管理体制比较研究[J]. 中国旅游评论, 2015(2): 8-20.
2. 呼延佼奇，肖静，于博威，等. 我国自然保护区功能分区研究进展[J]. 生态学报, 2014(22): 6391-6396.

中，林业部门负责关于林木资源的全部管理工作，农业部门主要负责与水生、野生动植物有关的自然保护区的管理工作，水利部门负责保障保护区内水资源的开发利用和生活、生产经营用水。

然而，这种综合管理与分部门管理相结合的管理体制和分级管理存在着诸多问题，最典型的就是多头管理问题，各部门和各级政府都有一定的管理权，导致管理交叉重叠、责任不清。自然保护区的空间布局不合理，功能区划不科学、不统一等，分类体系不科学等问题也制约了自然保护区制度的实施效果。因此，近年来，我国开始尝试进行自然保护地体系的构建。2017年，中共中央办公厅、国务院办公厅印发《建立国家公园体制总体方案》；2018年，国务院机构改革有关文件明确提出，组建国家林业和草原局，加挂国家公园管理局牌子，加快建立以国家公园为主体的自然保护地体系，明确由国家林业和草原局统一监督管理自然保护地；2019年，中共中央办公厅、国务院办公厅印发《关于建立以国家公园为主体的自然保护地体系的指导意见》，标志着我国自然保护地进入全面深化改革的新阶段。

2. 饮用水水源保护区制度

饮用水水源保护区是指为防止饮用水水源地污染、保证水源水质而划定，并要求加以特殊保护的一定范围的水域和陆域。饮用水水源的安全关系着人民群众的身体健康和切身利益，通过建立饮用水水源保护区，对水源地周边的人类活动类型和强度进行规范，提升了水源质量，是保障饮用水水源安全的重要制度。

我国饮用水水源保护区制度于1984年颁布的《中华人民共和国水污染防治法》（以下简称《水污染防治法》）第十二条第一次提出了可以对生活饮用水水源地划定保护区，第十九条则规定了保护区内的防护措施，以确保保护区内的水质不受污染，但该法案仅仅是对饮用水水源保护区制度提出了一个大致的框架，缺乏细节性条款。之后，《水污染防治法》在1996年、2008年和2017年分别进行修订，其中关于饮用水水源保护区的制度也在不断完善。2002年修订的《中华人民共和国水法》中也有专门条款对建立饮用水水源保护区制度做出规定：省、自治区、直辖市人民政府应当划定饮用水水源保护区，并采取措施，防止水源枯竭和水体污染，保证城乡居民饮用水安全，禁止在饮用水水源保护区内设置排污口。

此外，我国还出台了一些法规、标准等对饮用水水源保护区的划分和管理进行了规定。1989年，为配合《水污染防治法》中的饮用水水源保护区制度的建立，国家环境保护局、卫生部、建设部、水利部、地矿部共同发布了《饮用水水源保护区污染防治管理规定》，对地表及地下水源保护区的划分和防护、污染防治监督管理及奖励与惩罚做出了规定。2007年，国家环境保护总局发布了《饮用水水源保护区划分技术规范》，对河流型、湖库型、地下水型饮用水水源地提出了具体的划分方法，并于2018年进行了修订。2015年12月，原环境保护部印发了《集中式饮用水水源地规范化建设环境保护技术要求》（HJ 773—2015），规定了对饮用水水源水量与水质、饮用水水源保护区建设与整治、监控能力、风险防控与应急能力、管理措施等的技术要求，适用于集中式饮用水水源地（包括在用、备用和规划）环境保护规范化建设和监督管理。我国各地方政府也十分重视水源地的保护，陆续出台了各项地方性的法规，如《安徽省饮用水水源环境保护条例》（2016年）、《浙江省饮用水水源环境保护条例》（2020年修订）、《贵州省饮用水水源环境保护办法》（2018年）、《镇江市饮用水源地保护条例》（2016年）等。

在空间范围上，我国的饮用水水源保护区包括一级保护区水、陆域，二级保护区水、陆域，必要时可在饮用水水源保护区外围划定一定的区域作为准保护区。一级保护区内禁止存在与供水、保护水源无关的建设项目，禁止从事网箱养殖、旅游、游泳、垂钓或者其他可能污染饮用水水体的活动。二级保护区内禁止存在排放污染物的项目，从事网箱养殖、旅游等活动，应当按照规定采取措施防止污染。准保护区内禁止新建、扩建对水体污染严重的建设项目，改建建设项目也不得增加排污量。

饮用水水源保护区的划定工作主要由市、县各级人民政府进行，报省、自治区、直辖市人民政府批准；跨市、县饮用水水源保护区的划定，由有关市、县人民政府协商提出划定方案，报省、自治区、直辖市人民政府批准；跨省、自治区、直辖市的饮用水水源保护区，由有关省、自治区、直辖市人民政府商有关流域管理机构划定；协商不成的，由上一级环境保护主管部门会同同级水行政、国土资源、卫生、建设等部门提出划定方案，征求同级有关部门的意见后，报上一级人民政府或国务院批准。国务院和省、自治区、直辖市人民政府可以根据保护饮用水水源的实际需要，调整饮用水水源保护区的范围，确保饮用水安全。对饮用水水源保护区的管理由县级以上地方人民政府负责，其应当根据保护饮用水水源的实际需要，在准保护区内采取工程措施或者生态保护措施（建造湿地、水源涵养林等），防止水中污染物直接进入饮用水水体，确保饮用水安全；还应当组织环境保护等部门，对饮用水水源保护区的环境状况和污染风险进行调查评估，筛查可能存在的污染风险因素，并采取相应的风险防范措施。同时，环保部门有权责令停止可能威胁供水安全的排污行为，并通报各相关部门。

6.2.2 环境功能区划制度

环境功能区划是一项系统工程，它基于各地区社会发展的差异化需求，以及环境在结构、现状与功能利用上的多样性，深入剖析环境功能的本质特征，并遵循科学性与合理性的高标准原则，对环境区域实施精准的功能类型划分。通过细致的区划界定，为不同环境功能区量身打造环境保护目标与综合性管理策略，进而深入研究各区域环境质量的现状演变与未来趋势，清晰辨识并应对潜在的环境挑战。此举不仅为环境规划、管理保护、产业布局优化及经济结构调整提供了坚实的数据支撑与科学指引，更是推动环境保护事业迈向新高度、实现可持续发展的核心举措。

1. 大气环境功能区划

我国早期的大气环境污染控制主要关注当时比较严重的酸雨和二氧化硫污染问题。1998 年，国务院批准同意了国家环境保护总局完成的《酸雨控制区和二氧化硫污染控制区划分方案》。该方案明确了"两控区"的划分标准，其中酸雨控制区划分标准为：现状监测 pH ≤ 4.5；硫沉降超过临界负荷；二氧化硫排放量较大的区域。二氧化硫污染控制区划分标准为：近年来环境空气二氧化硫年平均浓度超过国家二级标准；日平均浓度超过国家三级标准；二氧化硫排放量较大；以城市为基本控制单元。根据"两控区"的划分条件，"两控区"划定的区域面积约为 109 万平方公里，占国土面积的 11.4%。其中酸雨控制区面积约为 80 万平方公里，占国土面积的 8.4%，二氧化硫控制区面积约为 29 万平方公里，占国土面积的 3%。"两控区"涵盖 175 个地级以上城市和地区，辖内人口约占全国的 39%。"两控区"内采取制定综合防治规划、限制高硫煤开采使用、重点治理火电厂污染、高污染行业排污控制、二氧化硫排污收费和加强监督管理等措施。方案的执行期到 2010 年。

在"两控区"的划定范围中，酸雨控制区主要以地级市和地区为控制单元，二氧化硫控制区主要以地级市市区和下辖县级市为控制单元，这些控制单元尺度相对较大，不够精细。同一时期，国家环境保护局等发布了《环境空气质量标准》（GB 3095—1996），替代之前的《环境空气质量标准》（GB 3095—82），对环境空气质量功能区划分、标准分级等作出了规定；同时发布了《环境空气质量功能区划分原则与技术方法》（HJ 14—1996），规定了环境空气质量功能区划分原则与技术方法，适用于全国范围环境空气质量功能区的划分。在这两个标准中，环境空气质量功能区分为一类环境空气质量功能区、二类环境空气质量功能区和三类环境空气质量功能区。其中，一类环境空气质量功能区指自然保护区、风景名胜区和其他需要特殊保护的地区，执行《环境空气质量标准》一级标准；二类环境空气质量功能区指城镇规划中确定的居住区、商业交通居民混合区、文化区、一般工业区和农村地区，以及一类环境挖掘质量功能区、三类环境挖掘质量功能区不包括的地区，执行《环境空气质量标准》二级标准；三类环境空气质量功能区指特定工业区，执行《环境空气质量标准》三级标准。标准中还规定，环境空气质量功能区由地级市以上（含地级市）环境保护行政主管部门划分，并确定环境空气质量功能区达标的期限，报同级人民政府批准，报上一级环境保护行政主管部门备案。此后，各省市均基于此在城市环境保护规划中开展了大气环境功能区划分工作。

随着大气污染防治工作不断深化，细颗粒物（$PM_{2.5}$）已成为影响环境空气质量的主要污染物。2012年，国家发布了《环境空气质量标准》（GB 3095—2012），该标准将原三类区调整到二类区，将环境空气功能区分为两类。其中，一类区指自然保护区、风景名胜区和其他需要特殊保护的地区，二类区指居住区、商业交通居民混合区、文化区、工业区和农村地区。2013年，国务院印发了《大气污染防治行动计划》，以颗粒物浓度降低为主要目标。2018年，国务院印发《打赢蓝天保卫战三年行动计划》，延续了以颗粒物浓度降低为主要目标、同时降低重污染天数的思路，并划定了包括京津冀及周边地区（包含北京市，天津市，河北省石家庄、唐山、邯郸、邢台、保定、沧州、廊坊、衡水市以及雄安新区，山西省太原、阳泉、长治、晋城市，山东省济南、淄博、济宁、德州、聊城、滨州、菏泽市，河南省郑州、开封、安阳、鹤壁、新乡、焦作、濮阳市等）、长三角地区（包含上海市、江苏省、浙江省、安徽省）、汾渭平原（包含山西省晋中、运城、临汾、吕梁市，河南省洛阳、三门峡市，陕西省西安、铜川、宝鸡、咸阳、渭南市以及杨凌示范区等）等重点区域范围，采取的任务措施包括优化调整产业结构、能源结构、运输结构、用地结构和实施重大专项、强化区域联防联控等。

2. 水环境功能区划

我国对于水环境功能区划的探索始于20世纪90年代，彼时依据《中华人民共和国水污染防治法》的相关规定，即"国务院环保与水利部门协同省级政府，依据重要江河流域水体功能及区域经济技术条件，界定省界水体环境质量基准，报国务院批准实施"，启动了水环境功能的区划工作。至2002年，国家环境保护总局与国家质量监督检验检疫总局联合颁布了《地表水环境质量标准》（GB 3838—2002），该标准依据水体功能的重要性，将地表水域细分为五个类别：Ⅰ类，专用于源头水与国家自然保护区；Ⅱ类，针对集中式饮用水源地一级保护区、珍稀水生生物栖息地等高标准用途；Ⅲ类，涵盖集中式饮用水源地二级保护区、渔业活动关键区域及游泳区；Ⅳ类，适用于一般工业用水及非直接接触人体的娱乐用水；Ⅴ类，面向农业灌溉及基本景观需求的水域。随后，在2009年，原环境保护部发布了《地表水环境功能区类别代码（试行）》（HJ 522—2009），对地表水环境功能区进行了更为详尽的九分类划分，包括自然保护区、饮用水水源保护区、渔业用水区、工业用水区、农业用水区、景观娱乐用水区，以及混合区、过渡区和保留区，这一划分进一步细化了水环境的管理与保护要求。原环保总局对于地表水环境功能区的划分始终没有颁布具体的技术规范，以上两个标准虽未涉及地表水环境功能区划分的原则、要求和方法，但却是各地开展水环境功能区划工作的基础和依据。2002年，国家环境保护总局主持汇总形成了中国水环境功能区划，全国形成前述9类功能区中除保留区之外的8大区共12 883个水环境功能区（表6-1）。一些省级和地市级的水环境功能区划以政府文件的形式发布，成为各地考核水环境功能区达标率、地表水质达标率等指标的依据。

表6-1 《中国水环境功能区划》（节选）

	工业用水区	景观娱乐用水区	农业用水区	饮用水水源保护区	渔业用水区	自然保护区	过渡区	混合区
全国总数/个	1 264	1 183	1 497	5 716	1 932	1 181	26	84
河流功能区数/个	1 219	1 023	1 242	4 617	1 524	1 046	25	80
湖库功能区数/个	45	160	255	1 099	408	135	1	4

资料来源：《中国水环境功能区划》

同一时期，我国的流域水污染控制分区实践也在进行中。在《淮河流域水污染防治规划及"九五"计划》中首次提出了控制区和控制单元的概念，建立了中国化的流域水污染控制单元管理雏形，而后在重点流域水污染防治规划中逐渐明确了"流域—控制区—控制单元"三级分区方法。2017年，原环境保护部、国家发展和改革委员会、水利部印发《重点流域水污染防治规划（2016—2020年）》，提出实施以水质改善为核心的分区管理。依据主体功能区规划和行政区划，划定陆域控制单元，实施流域、水生态控制区、水环境控制单元三级分区管理。全国共划分为341个水生态控制区、1 784个控制单元。流域层面重点从宏观尺度明确水污染防治重点和方向，协调流域内上下游、左右岸防治工作；水生态控制区层面重点把握区域水生态保护格局，明确各区域主要生态功能和保护要求；控制单元重点落实水污染防治目标、任务措施、工程项目及总量控制、环评审批、排污许可与交易等环境管理措施。

由于水同时具有资源属性，对水资源的保护由水行政主管部门负责，水资源功能区划作为一种关键的分区管理策略，其核心在于依据水体资源的自然特性（涵盖资源禀赋、环境条件及地理区位）及其社会属性（涉及水资源当前的开发利用状况以及社会经济发展对水质与水量需求的考量），遵循特定的指标体系和标准规范，对流域内水系及水体的功能用途进行科学界定，并据此设定合理的水质保护目标。此举旨在优化水资源的开发利用模式，确保其在促进经济效益、社会效益与环境效益三者间达到最佳平衡与协同，从而实现水资源的可持续利用与保护目标。《中华人民共和国水法》第三十二条规定，国务院水行政主管部门会同国务院环境保护行政主管部门、有关部门和有关省、自治区、直辖市人民政府，按照流域综合规划、水资源保护规划和经济社会发展要求，拟定国家确定的重要江河、湖泊的水功能区划，报国务院批准。2002年，水利部编制完成了《中国水功能区划》，并在全国范围内试行。2003年，水利部颁布了《水功能区管理办法》，明确了对水功能区的具体管理规定。2010年11月，国家标准《水功能区划分标准》（GB/T 50594—2010）正式发布。2011年，水利部组织流域机构对各省区批复的水功能区进行了全面复核，并会同国家发展改革委、原环境保护部编制完成了《全国重要江河湖泊水功能区划（2011—2030年）》，并报请国务院获得批准。水功能区划为两级体系，即一级水功能区和二级水功能区。其中，一级水功能区分四类，即保护区、保留区、开发利用区、缓冲区，宏观视角上平衡水资源开发与保护之间的关系，旨在调整地区间的水资源利用策略，并兼顾可持续发展的长远需求；二级水功能区将一级水功能区中的开发利用区具体划分为饮用水源区、工业用水区、农业用水区、渔业用水区、景观娱乐用水区、过渡区、排污控制区七类，主要明确界定各水域的具体功能类型，确立功能间的优先次序，从而有效协调不同用水行业之间的需求与冲突，促进水资源的合理配置与高效利用。

3. 生态功能区划

我国的生态功能区划的探索开始于2000年，同年国务院颁布了《全国生态环境保护纲要》，要求各地抓紧编制生态功能区划。2002年，《生态功能区划暂行规则》正式颁布，该规则不仅确立了生态功能区划的基本原则，还详细界定了生态地质环境敏感性及生态服务功能重要性的关键评估参数。此规则下的生态功能区划分体系被设计为三级架构：首先，从宏观视角出发，依据自然气候与地理特征划定自然生态区域；随后，基于生态系统类型及其服务功能类型，进一步细分为生态亚区；最终，根据生态服务功能的重要程度、生态环境敏感性及存在的具体问题，精确划定生态功能区。时至2008年，国家环境保护总局携手中国科学院生态环境研究中心，对省级生态功能区划进行了系统性整合，并发布了《国家生态功能区划》。该区划遵循我国独特的气候与地貌条件，将全国陆地生态系统划分为三大生态大区：东部季风区、西部干旱区以及青藏高寒区。紧接着，依据《生态功能区划暂行规则》，全国被进一步细化为三个层级的生态功能区。具体而言，第一层级依据生态系统的固有属性及主导服务功能，将全国划分为生态调节、产品供给与人居保障三大类型的一级生态功能区。第二层级则在一级区的基础上，根据生态功能的重要性进行二级区的划分；其中，生态调节功能涵盖了水源涵养、土壤保持、防风固沙、生物多样性保护及洪水调节等多种功能；产品供给功能则涉及农产品、畜产品、水产品及林产品；而人居保障功能则聚焦于人口与经济密集的大都市群及重点城镇群。至于第三层级，即生态功能三级区，则是在二级区框架内，依据生态系统与功能的空间异质性、地形特征以及土地利用模式的差异进行更为精细的划分。全国范围内，一级生态功能区共计3类31个区域，涵盖生态调节、产品供给与人居保障三大类别；二级区则扩展为9类67个区域，具体包括了各类生态调节功能、产品供给功能以及人居保障功能的二级区；最终，三级生态功能区细化至216个，实现了对全国生态功能的全面而细致的区划。

《全国生态功能区划》在生态保护工作中发挥了重要作用，但随着经济社会的快速发展、生态保护工作愈渐受到重视，生态系统服务格局发生了变化，国家生态安全要求也相应提高。《全国生态功能区划》已经不能适应新时期生态安全与保护的形势，生态功能区划分不完善，一些具有重要生态功能的地区未能纳入重要生态功能区范围。因此，以2014年完成的全国生态环境十年（2000—2010年）变化调查评估为基础，由中国科学院生态环境研究中心负责对《全国生态功能区划》进行修编，完善全国生态功能区划方案，修订重要生态功能区的布局。修编结果于2015年由原环境保护部和中国科学院以《全国生态功能区划（修编版）》形式发布。在《全国生态功能区划（修编版）》中，生态环境功能被分为3大类、9个类型，生态功能区划包括242个生态功能区，其中，生态调节功能区148个、产品提供功能区63个、人居保障功能区31个（表6-2），并划定了63个重要生态功能区，覆盖我国陆地国土面积的49.4%。

生态功能区划是构建国家和区域生态安全格局的基础，《全国生态功能区划（修编版）》明确了各个生态功能区的主要问题和保护方向，要求各级政府在编制主体功能区规划等专项规划时，以此为依据，优化国土开发格局，划定生态空间，并在重要生态功能区划定生态保护红线,对生态功能及其保护状况定期组织评估和考核,开展生态资产与生态系统生产总值核算。

表6-2 《全国生态功能区划(修编版)》结果

生态功能大类(3类)	生态功能类型(9类)	生态功能区(242个)举例
生态调节	水源涵养	米仓山—大巴山水源涵养功能区
	生物多样性保护	小兴安岭生物多样性保护功能区
	土壤保持	陕北黄土丘陵沟壑土壤保持功能区
	防风固沙	科尔沁沙地防风固沙功能区
	洪水调蓄	皖江湿地洪水调蓄功能区
产品提供	农产品提供	三江平原农产品提供功能区
	林产品提供	小兴安岭山地林产品提供功能区
人居保障	大都市群	长三角大都市群功能区
	重点城镇群	武汉城镇群功能区

资料来源:《全国生态功能区划(修编版)》

4. 其他要素环境功能区划

1)声环境功能区划

1994年,为贯彻实施《城市区域环境噪声标准》(GB 3096—93),确保城市区域环境噪声适用区划分的统一性与科学性,国家环境保护局颁布了《城市区域环境噪声适用区划分技术规范》(GB/T 15190—94),详尽阐述了城市内五类环境噪声标准适用区域划分的核心原则与实施策略。随后,1996年《中华人民共和国环境噪声污染防治法》出台,进一步明确了地方各级政府在城乡建设规划中需合理布局功能区,以预防或减轻环境噪声污染,同时强调了国务院环境保护部门应依据不同功能区特性制定国家声环境质量标准,并要求县级以上地方政府据此划定并管理本行政区域内的声环境质量标准适用区域。

至2008年,原环境保护部发布了修订后的《声环境质量标准》(GB 3096—2008),此标准相较于前版显著扩大了适用范围,将乡村区域也纳入了标准框架之内。新标准依据区域功能特性与环境质量要求,将声环境功能区细化为五类:0类,特指如康复疗养区等极度需要宁静的区域;1类,涵盖居民住宅、医疗、文化教育、科研设计及行政办公等以宁静为主要需求的区域;2类,涉及商业金融、集市贸易活跃或居住、商业、工业混合,需保障住宅安宁的区域;3类,以工业生产、仓储物流为主导,需有效控制工业噪声对周边环境影响的区域;4类,则针对交通干线两侧特定距离内区域，细分为4a类（涵盖高速公路、各级公路、城市快速路、主干道、次干道、城市轨道交通地面段及内河航道两侧）与4b类（铁路干线两侧），旨在减轻交通噪声对环境的负面影响。2014年，原环境保护部发布了《声环境功能区划分技术规范》（GB/T 15190—2014）取代了1994年的旧标准，为各地声环境功能区的划分工作提供了更为完善的指导。随着城镇化进程的加速，2017年，原环境保护部又发布了《关于加强和规范声环境功能区划分管理工作的通知》，强调各地需紧跟城镇化步伐，适时调整声环境功能区划，并强化监管力度，以确保声环境质量的有效管理。

2）土壤环境功能区划

我国对土壤环境功能区划的探索相较于其他环境要素开始较晚，研究也较少。2009年12月，原环境保护部组织专家对《土壤环境功能区划技术导则》进行研讨，但该技术导则依据土壤环境质量与生态保护区而建立的区划体系并不完善，之后并未在全国各地开展土壤环境功能区划的工作。2016年，国务院印发《土壤污染防治行动计划》（即"土十条"），是当前和今后全国土壤污染防治工作的行动纲领。"土十条"中虽然未提及土壤环境功能区划工作，但突出了重点区域的土壤污染防控和治理与修复措施，如在内蒙古、江西、河南、湖北、湖南、广东、广西、四川、贵州、云南、陕西、甘肃、新疆等省（自治区）矿产资源开发活动集中的区域，执行重点污染物特别排放限值；在江西、湖北、湖南、广东、广西、四川、贵州、云南等省（自治区）污染耕地集中区域优先组织开展治理与修复。"土十条"中还强调了强化空间布局管控，即加强规划区划和建设项目布局论证，根据土壤等环境承载能力，合理确定区域功能定位、空间布局。

3）近岸海域环境功能区划

近岸海域环境功能区划源于国家环保总局于1999年12月颁布的总局令第8号《近岸海域环境功能区管理办法》，该部门规章对近岸海域环境功能区做了明确的定义，即"为适应近岸海域环境保护工作的需要，依据近岸海域的自然属性和社会属性以及海洋自然资源开发利用现状，结合本行政区国民经济、社会发展计划与规划，按照本办法规定的程序，对近岸海域按照不同的使用功能和保护目标而划定的海洋区域"，其实质是以海水水质类别为表征的环境保护目标区。近岸海域环境功能区划的目的是通过近岸海域环境功能区的划分，明确各近岸海域环境功能区的环境保护目标，并以此来约束和限制开发利用活动中对该近岸海域环境功能区环境质量可能产生影响的环境损害和污染行为[1]。

---

1. 陆州舜，卢静. 试论海洋功能区划与近岸海域环境功能区划之间的关系及其实践意义［J］. 海洋开发与管理，2008（9）：14-18.

遵循此部门规章，近岸海域被细致地划分为四大环境功能区：首先，一类区域涵盖海洋渔业专属区、海上自然保护区及珍稀濒危海洋生物保护地等；其次，二类区域则包括水产养殖集中区、海水浴场、直接供人体活动的海上运动与娱乐区，以及直接影响人类食用安全的工业用水区；随后，三类区域主要为一般工业用水区域及海滨观光旅游区域；最后，四类区域聚焦于海洋港口航运区与海洋资源开发作业区。每一类别的近岸海域均需遵循对应等级的海水水质标准。为规范近岸海域环境功能区的划分工作，国家环境保护总局于2001年颁布了《近岸海域环境功能区划分技术规范》(HJ/T 82—2001)，该规范详尽阐述了区划的原则与实施方法。沿海县级以上地方政府的环境保护部门被赋予统一监督管理本行政区域内近岸海域环境功能区的职责。特别地，在一、二类近岸海域环境功能区内，严禁建设任何可能污染环境或破坏自然景观的海岸工程项目。此外，环境保护部门拥有对潜在污染性建设与开发活动进行审查、责令限期整改的权力，并负责近岸海域环境状况的统计与信息公开工作。

4）海洋功能区划

与近岸海域环境功能区划相似，区划结果为海洋功能区，即"根据海域及海岛的自然资源条件、环境状况、地理区位、开发利用现状，并考虑国家或地区经济与社会持续发展的需要，所划定的具有最佳功能的区域"。海洋功能区划的制度依据最早是1982年制定的《中华人民共和国海洋环境保护法》，2001年制定的《中华人民共和国海域使用管理法》进一步明确了其法律地位。1997年，国家海洋局发布《海洋功能区划技术导则》(GB 17108—1997)，采用五类四级体系，将海洋功能区划分为开发利用区、整治利用区、海洋保护区、特殊功能区和保留区五大类，每一大类又分出若干子类、亚类和种类。相较于近岸海域环境功能区划侧重于海洋环境保护的目标，海洋功能区划着重于通过划定具有主导功能和使用范围的海域空间单元，明确在该海域空间单元的海洋开发利用类型和方向。海洋功能区划的编制和管理由海洋行政主管部门会同同级人民政府有关部门进行。

5）综合环境功能区划

以上环境要素或专项为主的区划在我国环境保护方面发挥了积极作用，但缺乏对生态环境、社会经济和人类健康等因素的综合考虑。2008年，原环境保护部启动"国家环境功能区划关键技术与应用研究"研究工作。2011年发布的《国家环境保护"十二五"规划》将制定国家环境功能区划作为任务之一，根据不同地区主要环境功能差异，以维护环境健康、保育自然生态安全、保障食品产地环境安全等为目标，结合全国主体功能区规划，编制国家环境功能区划，在重点生态功能区、陆地和海洋生态环境敏感区、脆弱区等区域划定"生态红线"，制定不同区域的环境目标、政策和环境标准，实行分类指导、分区管理[1]。2012 年，形成研究成果《全国环境功能区划纲要（征求意见稿）》，征求相关部委和各省（自治区、直辖市）意见，并总结编制《环境功能区划编制技术指南（试行）》，由原环境保护部发文用于指导省级环境功能区划编制试点。

在《全国环境功能区划纲要（征求意见稿）》中，全国环境功能区划分为自然生态保留区、生态功能保育区、食物环境安全保障区、聚居环境维护区和资源开发环境引导区五类环境功能区。

自然生态保留区是指服务于保障区域自然本底状态，维护珍稀物种的自然繁衍，保留可持续发展的环境空间区域。

生态功能保育区是指生态系统十分重要，保障水源涵养、水土保持、风沙防护、生物多样性维持等生态调节功能发挥持续作用，保障区域生态安全的区域。

食物环境安全保障区是指服务于保障粮食、畜牧、水产等农副产品主要产地的环境安全的区域。

聚居环境维护区是指服务于保障人口密度较高、城市化水平较高地区的饮水安全、空气清洁等居住环境健康的区域。

资源开发环境引导区是指服务于能源、矿产资源开发的环境维护，保障周边区域的环境安全的区域。

全国国土面积的 53.2% 划为自然生态保护区和生态功能保育区，构建了我国生态安全格局，为国民经济的健康持续发展提供了生态保障；国土面积的 46.8% 划为食物环境安全保障区、聚居环境维护区和资源开发环境引导区，主要从事农业生产、城镇化和工业化开发以及资源开发利用，是人口主要分布区，是国民经济和社会发展活动的主要集中地区，重点维护人群健康[2]。不同功能区确定不同的水、大气、土壤和生态质量目标，建立"分区管理、分类指导"的环境管理体系。

6.2.3 "三线一单"制度

"三线一单"即生态保护红线、环境质量底线、资源利用上线和环境准入负面清单。"三线一单"中关于"三线"的论述最早出现在 2015 年 7 月中央全面深化改

---

1. 国务院办公厅. 国务院关于印发全国主体功能区规划的通知[EB/OL].（2010-12-21）[2024-05-25]. https://www.gov.cn/zwgk/2011-06/08/content_1879180.htm.
2. 许开鹏, 迟妍妍, 陆军, 等. 环境功能区划进展与展望[J]. 环境保护, 2017（1）: 55-59.

革领导小组第十四次会议中,强调围绕落实严守资源消耗上限、环境质量底线、生态保护红线的要求,针对决策、执行、监管中的责任,明确各级领导干部责任追究情形。2016年,原环境保护部印发《"十三五"环境影响评价改革实施方案》,明确提出以"三线一单"为手段,强化空间、总量、准入环境管理;同年,原环境保护部印发《关于以改善环境质量为核心加强环境影响评价管理的通知》,为切实加强环境影响评价(以下简称"环评")管理,落实"三线一单"约束,建立项目环评审批与规划环评、现有项目环境管理、区域环境质量联动机制,更好地发挥环评制度从源头防范环境污染和生态破坏的作用,加快推进改善环境质量。2018年5月,习近平总书记在全国生态环境保护大会上强调,要加快划定并严守生态保护红线、环境质量底线、资源利用上线三条红线。2018年6月,《中共中央 国务院关于全面加强生态环境保护坚决打好污染防治攻坚战的意见》指出要完善生态环境监管体系,强调省级党委和政府加快确定生态保护红线、环境质量底线、资源利用上线,制定生态环境准入清单,在地方立法、政策制定、规划编制、执法监管中不得变通突破、降低标准,不符合不衔接不适应的于2020年底前完成调整。

"三线一单"的编制技术方法在试点工作中逐步完善。2017年,原环境保护部印发了《"生态保护红线、环境质量底线、资源利用上线和环境准入负面清单"编制技术指南(试行)》。2018年6月,生态环境部印发《"三线一单"编制技术要求(试行)》作为技术指南的补充。这两个文件明确了"三线一单"编制的工作方案和总体框架。2018—2019年,生态环境部先后发布了多部指南、规范与技术文件,对"三线一单"的编制技术要点、成果规范和成果集成、审查与落地应用进行规范。

在"三线一单"框架内,生态保护红线的界定与前述保护性区划体系中的定义保持高度一致;环境质量底线的确立,则是依据水、大气、土壤环境质量持续优化为导向,综合考量当前环境质量状况、相关规划及功能区划的约束,并评估环境质量提升潜力,从而设定出分区、分阶段的环境质量达标目标及其配套的环境管理策略与污染物排放限制要求;资源利用上线的设定,则是遵循自然资源资产"保值增值"的核心理念,旨在维护生态安全、提升环境质量,通过自然资源资产负债表的运用,结合资源开发的严格管控,明确了分区、分阶段的资源开发利用在总量、强度及效率等方面的最高限制;而环境准入负面清单的编制,则是基于前述生态保护红线、环境质量底线、资源利用上线的综合划定,将特定区域划分为若干环境管理单元,全面融入生态、环境、资源的多重管控需求,明确各单元在空间布局、污染物排放、环境风险防控及资源开发利用等方面的禁止性与限制性环境准入条件。简而言之,"三线一单"通过整合生态保护、环境质量、资源利用三大基线,将行政辖区细化为若干环境管理单元，并在统一的空间规划平台上落实各项管控措施，进而编制各单元专属的环境准入负面清单，构建起一套科学系统的环境分区管理体系。

"三线一单"的编制过程中考虑了8个要素，包括1个生态要素、3个环境要素（水、大气、土壤）和4个资源要素（水、土地、能源、自然资源资产），对各个要素分别进行评价和管控区域划分，再根据行政区划边界，最终得到优先保护、重点管控和一般管控三类环境管控单元（表6-3）。

表6-3 环境管控单元分类

生态环境空间分区	管控单元分类		一般管控
	优先保护	重点管控	
生态空间分区	生态保护红线	其他生态空间	其他区域
水环境管控分区	水环境优先保护区	水环境工业污染重点管控区	
		水环境城镇生活污染重点管控区	
		水环境农业污染重点管控区	
大气环境管控分区	大气环境优先保护区	大气环境高排放重点管控区	
		大气环境布局敏感重点管控区	
		大气环境弱扩散重点管控区	
		大气环境受体敏感重点管控区	
土壤污染风险管控分区	农用地优先保护区	农用地污染风险重点管控区	
		建设用地污染风险重点管控区	
自然资源管控分区	—	生态用水补给区	
		地下水开采重点管控区	
		土地资源重点管控区	
		高污染燃料禁燃区	
		自然资源重点管控区	

资料来源：《"生态保护红线、环境质量底线、资源利用上线和环境准入负面清单"编制技术指南（试行）》

6.2.4 以"河长制"为代表的生态环境属地管理制度

2016年12月，中共中央办公厅、国务院办公厅印发《关于全面推行河长制的意见》，为进一步加强河湖管理保护工作，落实属地责任，健全长效机制，就全面推行河长制提出指导性意见。"河长制"即由各级党政主要负责人担任"河长"，负责组织领导相应河湖的管理和保护工作。在组织形式上，全面建立省级、市级、县级、乡级四级河长体系。其中，各省（自治区、直辖市）设立总河长，由党委或政府主要负责同志担任；各省（自治区、直辖市）行政区域内主要河湖设立河长，由省级负责同志担任；各河湖所在市、县、乡均分级分段设立河长，由同级负责同志担任。县级及以上河长设置相应的河长制办公室，具体组成由各地根据实际确定。河长的工作职责包括：组织领导相应河湖的管理和保护工作，如水资源保护、水域岸线管理、水污染防治、水环境治理、水生态修复等，牵头组织对侵占河道、围垦湖泊、超标排污、非法采砂、破坏航道、电毒炸鱼等突出问题依法进行清理整治，协调解决重大问题；对跨行政区域的河湖明晰管理责任，协调上下游、左右岸实行联防联控；对相关部门和下一级河长履职情况进行督导，对目标任务完成情况进行考核，强化激励问责。

"河长制"是我国在河流管理上为了综合统筹水资源、水环境、水生态等各项任务所作出的制度创新，该制度强化了河流所在行政区域的属地管理责任和党政领导负责制度。从生态环境分区管治尺度来看，"河长制"将河流管理职责按照所流经行政区域分解到河段，以河段的交界断面水质作为所在行政区域党政领导即"河长"的考核目标，明确了河流管理的空间尺度范围，并通过多级河长的体系构建实现上下游、左右岸等跨行政区域的联防联控。从生态环境分区管治内容看，河流所在行政区域的"河长"对区域内河段负总责，包括资源保护、岸线管理、污染防治、环境治理、生态修复、执法监管等河流综合管理的方方面面，超越了原涉水各部门（如环保、水务等）的职能范围，实现了多部门协同治理。

继"河长制"之后，我国将其经验进一步推广到湖泊管理保护工作上。2018年初，中共中央办公厅、国务院办公厅印发《关于在湖泊实施湖长制的指导意见》。"湖长制"的组织形式与"河长制"类似，分为省级、市级、县级、乡级四级湖长体系。其中，各省（自治区、直辖市）行政区域内主要湖泊，跨省级行政区域且在本辖区地位和作用重要的湖泊，由省级负责同志担任湖长；跨市地级行政区域的湖泊，原则上由省级负责同志担任湖长；跨县级行政区域的湖泊，原则上由市地级负责同志担任湖长；湖泊所在市、县乡要按照行政区域分级分区设立湖长，实行网格化管理，确保湖区所有水域都有明确的责任主体。湖长的主要任务除岸线管理保护、资源保护、污染防治、环境综合整治、生态治理修复、执法监管外，尤其强调了湖泊水域空间管控的重要性。要求各地区各有关部门要依法划定湖泊管理范围，严格控制开发利用行为，将湖泊及其生态缓冲带划为优先保护区，依法落实相关管控措施，以及严控以任何形式围垦湖泊、违法占用湖泊水域等行为。

以"河长制""湖长制"为基础，我国各省（自治区、直辖市）逐步开始在其他自然资源领域试行地方党政领导责任制。2017年，安徽省在全国率先探索实施林长制改革，建立起以党政领导责任制为核心的省市县乡村五级林长体系。目前，全国已有21个省（自治区、直辖市）探索实行"林长制"，加强森林资源责任落实，实现了生态得保护，林农得实惠的"双赢"。2020年3月，河北省水污染防治工作领导小组办公室印发通知，在秦皇岛市试点开展"湾长制"的基础上，在全省沿海区域全面推行"湾长制"，逐级压实地方政府海洋生态环境保护主体责任，构建陆海统筹、河海兼顾、上下联动、协同共治的治理新模式，全面改善海洋生态环境质量、维护海洋生态安全。

6.2.5 生态保护红线划定

2011年，"生态红线"这一概念在《国家环境保护"十二五"规划》中出现，其划定作为国家环境功能区划的内容之一，成为"十二五"期间国家环境保护工作的重要任务。此后，随着《中共中央关于全面深化改革若干重大问题的决定》《中共中央 国务院关于加快推进生态文明建设的意见》《生态文明体制改革总体方案》等文件发布，生态保护红线逐渐上升到空间格局优化的战略层面，成为生态文明建设的关键制度。划定生态保护红线作为一项重要的生态环境保护工作，新修订的《中华人民共和国环境保护法》明确规定"国家在重点生态功能区、生态环境敏感区和脆弱区等区域划定生态保护红线，实行严格保护"。"十三五"时期，《中华人民共和国国民经济和社会发展第十三个五年规划纲要》和《国家"十三五"生态环境保护规划》中均将划定并严守生态保护红线作为强化生态空间管控的重要内容。2017年，中共中央办公厅、国务院办公厅印发《关于划定并严守生态保护红线的若干意见》，给出了关于划定和严守生态保护红线的指导意见。

2014年，原环境保护部印发了《国家生态保护红线——生态功能红线基线划定技术指南（试行）》，成为我国首个生态保护红线划定的纲领性技术指导文件。经过一年的试点试用、地方和专家反馈、技术论证，于2015年形成了《生态保护红线划定技术指南》，并进一步调整修订，于2017年发布新版的《生态保护红线划定指南》（以下简称《指南》）。在该《指南》中，生态保护红线，作为生态空间内具备至关重要生态功能且需强制执行严格保护措施的区域，构成了国家生态安全保障的基础与核心，被视为生态领域的底线与命脉。此类区域普遍涵盖了水源涵养、生物多样性保育、土壤保持、风沙防治、海岸生态系统稳定等关键生态服务功能的重要地带，同时也包括水土流失易发区、土地沙化区域、石漠化地带、盐渍化土地等生态环境脆弱且敏感的区域，这些均是国家生态保护工作的重中之重。

《指南》中明确了对生态保护红线的管控要求：生态保护红线原则上按禁止开发区域的要求进行管理。严禁不符合主体功能定位的各类开发活动，严禁任意改变用途，确保生态功能不降低、面积不减少、性质不改变。因国家重大基础设施、重大民生保障项目建设等需要调整的，由省级政府组织论证，提出调整方案，经环境保护部、国家发展改革委会同有关部门提出审核意见后，报国务院批准。同年印发的《关于划定并严守生态保护红线的若干意见》明确了地方各级党委和政府是严守生态保护红线的责任主体，通过确立生态保护红线优先地位和实行严格管控来强化其刚性约束，并形成包括生态保护补偿、生态保护与修复、建立检测网络和监管平台、开展定期评价、强化执法监督、建立考核机制、严格责任追究等在内的一整套生态保护红线管控和激励措施[1]。2018年，原环境保护部还就《生态保护红线管理办法（暂行）》征求了意见，该办法中对生态保护红线的划定与调整、人类活动管控、保护修复与生态补偿、生态保护监管等作出了具体规定。

2019年6月和8月，自然资源部办公厅、生态环境部办公厅联合印发了《关于开展生态保护红线评估工作的函》和《生态保护红线勘界定标技术规程》，部署生态保护红线评估工作和生态保护红线勘界定标工作。2019年11月，中共中央办公厅、国务院办公厅印发《关于在国土空间规划中统筹划定落实三条控制线的指导意见》，生态保护红线的管控要求进一步清晰明确，给出了正面清单。文件中明确提出：对自然保护地进行调整优化，评估调整后的自然保护地应划入生态保护红线；自然保护地发生调整的，生态保护红线相应调整；生态保护红线内，自然保护地核心保护区原则上禁止人为活动，其他区域严格禁止开发性、生产性建设活动，在符合现行法律法规前提下，除国家重大战略项目外，仅允许对生态功能不造成破坏的有限人为活动。国土空间规划的核心内容是"三区三线"的划定及管控，"三区三线"的划定及管控是发挥国土空间规划战略性、引领性、约束性、载体性作用的重要基础。"三区三线"的划定是根据城镇空间、农业空间、生态空间的三种类型的空间，分别对应划定的城镇开发边界、永久基本农田、生态保护红线三条控制线（图6-4）。自然资源部于2020年1月发布的《省级国土空间规划编制指南（试行）》

---

1. 中共中央办公厅，国务院办公厅. 中共中央办公厅、国务院办公厅印发《关于划定并严守生态保护红线的若干意见》[EB/OL]．(2017-02-07)[2024-05-25]. https://www.gov.cn/zhengce/202203/content_3635259.htm.

中明确了"三区三线"的内涵[1]。自然资源部于 2020 年 9 月发布的《市级国土空间总体规划编制指南（试行）》中则要求规划分区分为一级规划分区和二级规划分区，一级规划分区包括以下 6 类：生态保护区、生态控制区、农田保护区、城镇发展区、乡村发展区、海洋发展区。城镇发展区、乡村发展区及海洋发展区又分别细分为若干二级规划分区。

扫码读图

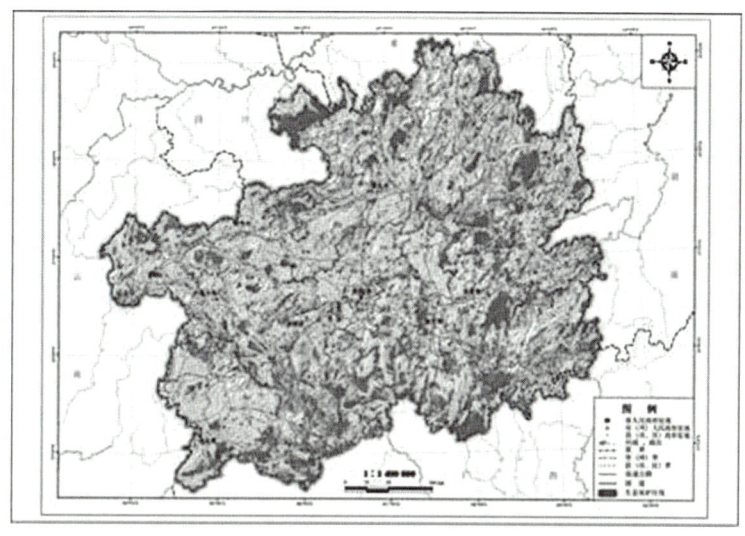

图 6-4　贵州省生态红线示意
资料来源：《贵州省生态保护红线划定方案》

生态空间和生态保护红线体现了国土空间规划中对生态因素的考量。生态空间指以提供生态系统服务或生态产品为主的功能空间。生态保护红线区域是指在生态空间范围内承载着非常关键的生态功能，必须给予强制性严格保护措施的陆域、水域、海域等。在生态空间中，需要依据重要生态系统识别结果，维持自然地貌特征，改善陆海生态系统、流域水系网络的系统性、整体性和连通性，明确生态屏障、生态廊道和生态系统保护格局；确定生态保护与修复重点区域；构建生物多样性保护网络，为珍稀动植物保留栖息地和迁徙廊道；合理预留基础设施廊道。市级国土空间规划将生态空间区分为生态保护区和生态控制区，其中，生态保护区是指具有特殊重要生态功能、必须给予强制性的严格保护措施的陆地和海洋自然区域，包括陆域生态保护红线、海洋生态保护红线集中划定的区域；生态控制区是指生态保护红线外，需要予以保留原貌、强化生态保育和生态建设、限制开发建设的陆地和海洋自然区域。

---

1. 自然资源部办公厅. 自然资源部办公厅关于印发《省级国土空间规划编制指南》（试行）的通知 [EB/OL]. (2020-01-17) [2024-05-25]. https://gi.mnr.gov.cn/202001/t20200120_2498397.html.

6.2.6　生态环境分区管控

生态环境分区管控工作受到中央重视,被列入《中央政治局常委会 2022 年工作要点》和《中央全面深化改革委员会 2022 年工作要点》。重点环境区域保护法也相继出台,如《长江保护法》《黄河保护法》《海南自由贸易港法》。全国生态环境分区管治体制基本建立。第一,制度规范和技术体系基本建立,制定发布系列管理文件、技术指南,构建成套的技术规范与管理制度体系;第二,31 个省区市及兵团完成省级方案发布实施,长江经济带 11 省市 + 青海以及其余 19 省(区、市)及兵团分两批完成成果;第三,科学构建分区分级管控体系,综合大气、水、土壤、海洋等生态环境要素,划定 4 万多个管控单元,制定准入清单,纳入智慧环保信息平台;第四,有效实施落地引用取得实效,各地在环境分区管理、生态环境准入、环境风险防控、园区发展与布局调整等方面取得大量实践案例和管理应用经验。2024 年 3 月,中共中央办公厅、国务院办公厅印发《关于加强生态环境分区管控的意见》,提出全面推进生态环境分区管控。

1. 制定生态环境分区管控方案

深入实施主体功能区战略,全面落实《全国国土空间规划纲要(2021—2035 年)》,制定以落实生态保护红线、环境质量底线、资源利用上线硬约束为重点,以生态环境管控单元为基础,以生态环境准入清单为手段,以信息平台为支撑的生态环境分区管控方案。坚持国家指导、省级统筹、市级落地的原则,分级编制发布本行政区域内生态环境分区管控方案。省级、市级生态环境分区管控方案由同级政府组织编制,充分做好与国土空间规划"一张图"系统的衔接,报上一级生态环境主管部门备案后发布实施。

2. 确定生态环境管控单元

基于生态环境结构、功能、质量等区域特征,通过环境评价,在大气、水、土壤、生态、声、海洋等各生态环境要素管理分区的基础上,落实"三区三线"划定成果,以生态保护红线为基础,把该保护的区域划出来,确定生态环境优先保护单元;以生态环境质量改善压力大、资源能源消耗强度高、污染物排放集中、生态破坏严重、环境风险高的区域为主体,把发展同保护矛盾突出的区域识别出来,确定生态环境重点管控单元;生态环境优先保护单元和生态环境重点管控单元以外的其他区域实施一般管控。

3. 编制生态环境准入清单

落实市场准入负面清单，根据生态环境功能定位和国土空间用途管制要求，聚焦解决突出生态环境问题，系统集成现有生态环境管理规定，精准编制差别化生态环境准入清单，提出管控污染物排放、防控环境风险、提高资源能源利用效率等要求。因地制宜实施"一单元一策略"的精细化管理，生态环境优先保护单元要加强生态系统保护和功能维护，生态环境重点管控单元要针对突出生态环境问题强化污染物排放管控和环境风险防控，其他区域要保持生态环境质量基本稳定。生态环境质量改善压力大、问题和风险突出的地方，要制定更为精准的管控要求。

4. 加强生态环境分区管控信息共享

推进国家和省级生态环境分区管控系统与其他业务系统的信息共享、业务协同，强化对数据管理、调整更新、实施应用、跟踪评估、监督管理的支撑作用。推进新一代信息技术、人工智能等与生态环境分区管控融合创新，完善在线政务服务和智慧决策功能，提升服务效能。

5. 统筹开展定期调整与动态更新

生态环境分区管控方案原则上保持稳定，每5年结合国民经济和社会发展规划、国土空间规划评估情况定期调整。5年内确需更新的，按照"谁发布、谁更新"的原则，在充分衔接国民经济和社会发展规划、国土空间规划的基础上，开展动态更新，同时报上一级生态环境主管部门备案。因重大战略部署或生态环境保护目标发生变动时，应启动科学严谨的论证流程以确保更新合理性；同时，针对生态保护红线、饮用水水源保护区、自然保护地等法定保护区域，其设立、调整、撤并均需严格遵循法律法规程序，且若有新法规出台或现有法规更新，相关保护区域的更新工作亦需同步跟进，确保法律规范的时效性与一致性。

综上所述，对我国生态环境各项空间性制度构成中重要的法律法规、政策文件、标准规范、规划方案等根据发布时间进行整理，整合到一个时间轴上，展示各项制度的发展历程（图6-5）。我国生态环境空间性制度发展呈现如下特征：①空间性制度要素由单一性向系统综合性发展；②空间性制度目标由保护的局地性向保护与管控并重的全域性发展；③空间性制度管控单元由粗放向精细化发展。但在当前我国进行生态文明建设和深化生态文明体制改革的新形势下，当前的生态环境空间性制度仍然存在一些问题：①法律法规不完善，管控刚性需加强；②标准体系不完

第6章 生态环境分区管治制度

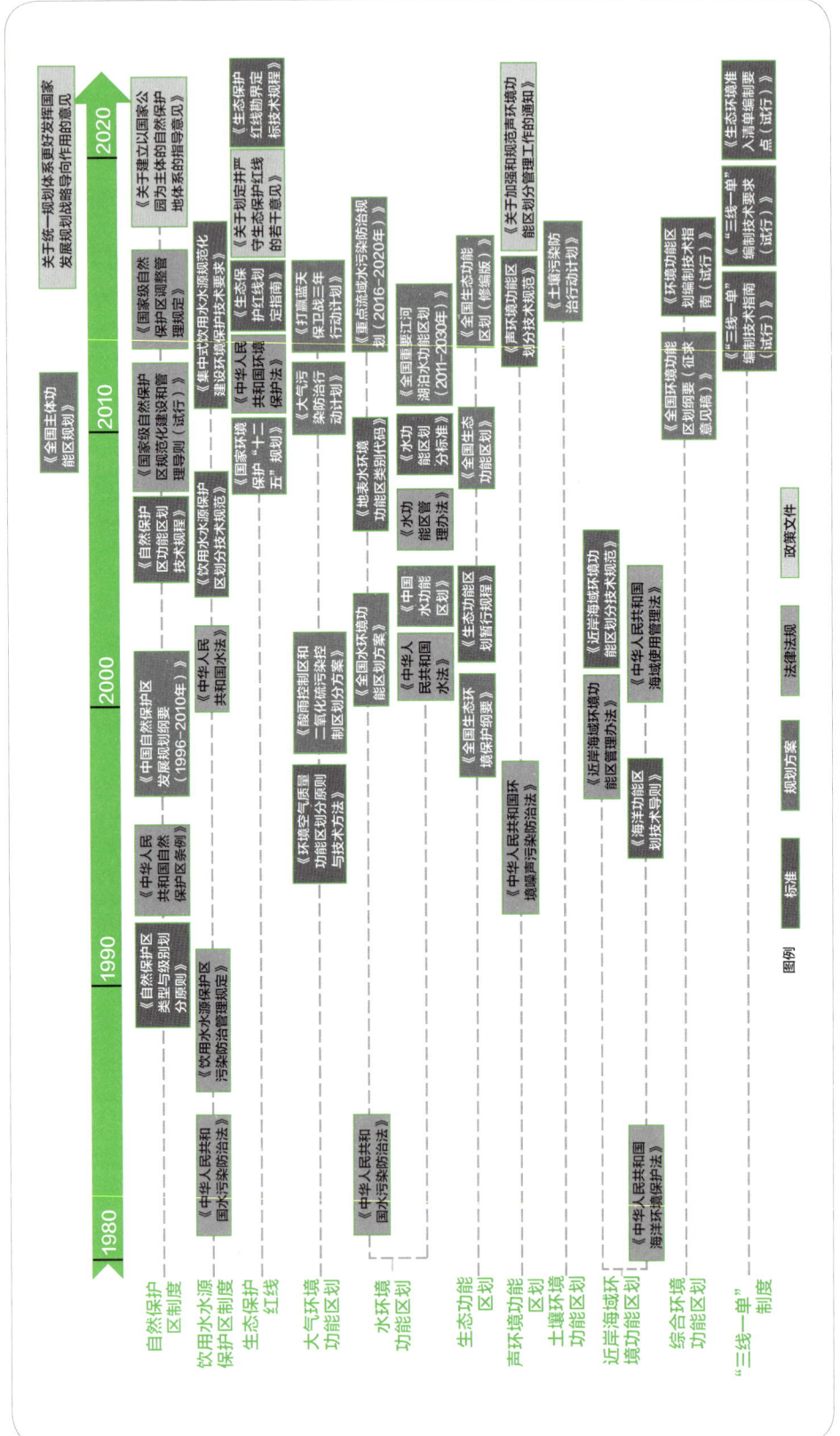

图 6-5 我国主要生态环境空间性制度发展历程
资料来源：作者自绘

备,分区规范待完善;③管控权责不明确,实施监管待强化;④分区范围不统一,空间管控需融合等[1]。

6.3 生态环境分区管治制度框架及其与国土空间规划的协同

6.3.1 生态环境分区管治基本框架

生态环境分区管治结合属地管理重在"分区"与"管治"。其中,"分区"按国土空间体系划分为生态空间、农业空间和城镇空间;"管治"主要指责任监管和制度监管[2]。结合 2020 年 3 月中共中央办公厅、国务院办公厅印发《关于构建现代环境治理体系的指导意见》(以下简称《指导意见》)提出的七大体系[3],具体框架设计如图 6-6。

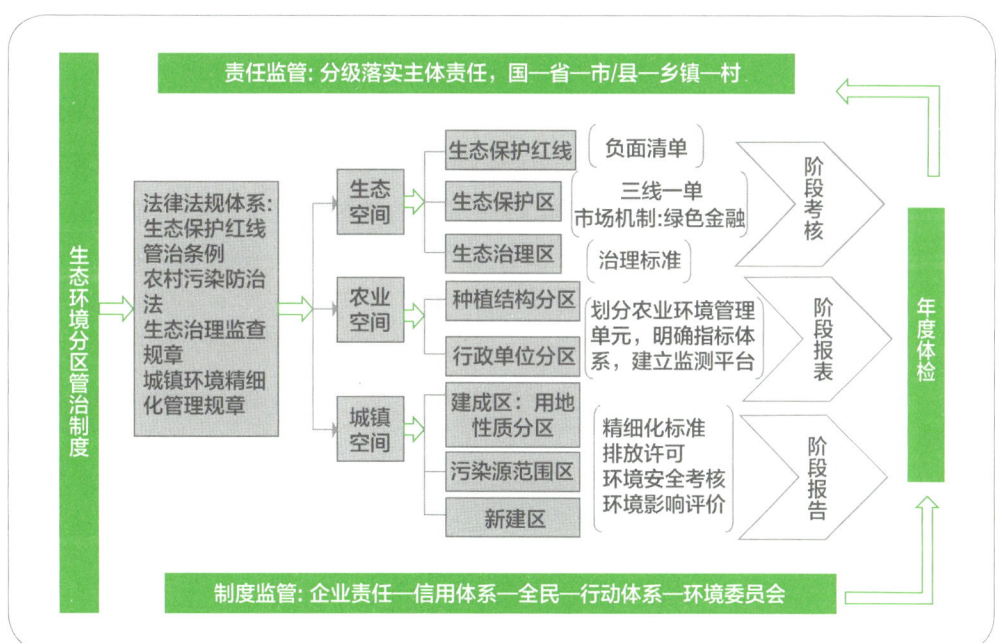

图 6-6 生态环境分区管治制度设计图
资料来源:作者自绘

---

1. 王伟,芮元鹏,江河.国家治理体系现代化中生态环境保护规划的使命与定位[J].环境保护,2019,47(13):37-43.
2. 刘贵利,秋婕.完善生态环境分区管治制度全力构建现代环境治理体系[J].环境保护,2020,48(6):45-49.
3. 中共中央办公厅、国务院办公厅.中共中央办公厅、国务院办公厅印发《关于构建现代环境治理体系的指导意见》[EB/OL].(2020-03-03)[2024-05-25].https://www.gov.cn/gongbao/content/2020/content_5492489.htm.

完善法律法规体系。构建完善的法律法规体系是生态环境保护不可或缺的基石，亦是构筑长效管理机制的首要前提。针对当前及未来可能存在的法律空白地带，亟须进行补充与强化，比如针对生态保护红线划定、农村环境污染防控、生态环境治理监督，以及城市环境精细化管理等领域，应制定或完善相应的法律法规与部门规章。在此基础上，省级政府可灵活制定实施细则或指导原则，以更好地适应地方实际。同时，应推动管理权限向基层下放，以提升执行效率，而监督职能则需向上级提升，确保政策执行的有效监督与反馈机制。

类型空间划分。基于三类空间的划分基础，需进一步依据其各自特性进行细化分类。具体而言，生态空间被细化为生态保护红线区、生态保护区及生态治理区三个子区域；农业空间则依据种植结构的差异及行政单位的划分，被划分为若干农业环境管理单元；而城镇空间则依据建设情况分为建成区、污染源影响区及新建区，其中建成区还可进一步依据不同土地用途进行细分。这样的划分方法有助于更精准地实施空间管理策略。

生态空间施策。在生态保护红线区内，坚决执行正面清单制度，对不符合该区域生态保护准入标准的土地利用问题，制定并实施逐步有序的退出计划，明确近期执行的时间框架；对于生态保护区而言，应聚焦于"三线一单"框架下的准入清单设计，强化其精细度与科学性，并构建市场机制作为支撑，尝试引入绿色金融政策、环境责任保险机制以及生态补偿制度等多元化手段；针对生态治理区，则需依据既定的治理规划，明确治理目标与考核体系，确保治理成效可量化、可评估，最终通过自下而上的方式提交各阶段的考核成果报告（图6-7）。

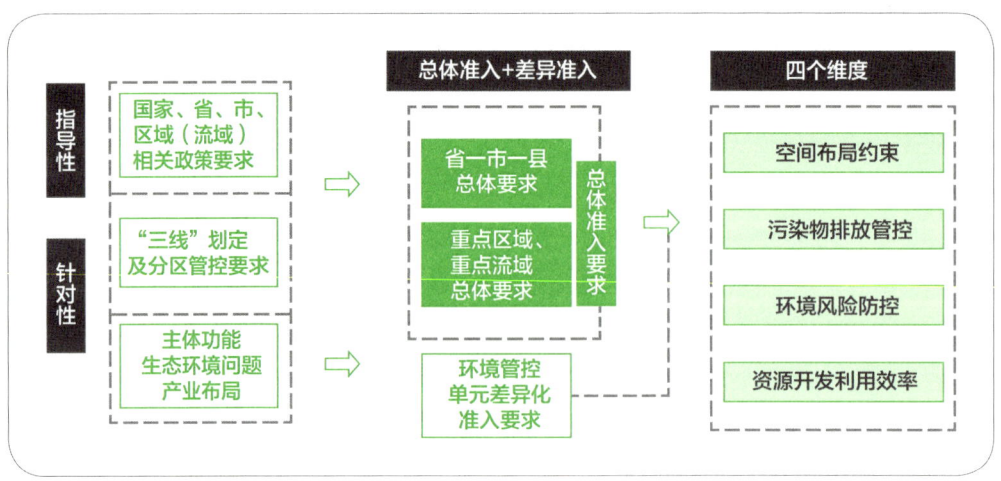

图6-7 清单制分区管治框架图
资料来源：作者自绘

农业空间施策。 针对多元化的农业功能分类，涵盖生产、生态、生活及文化等层面，需紧密结合土壤面源污染的实际状况与特征，设计出差异化的指标评估体系与相应的标准阈值。这些统计与分析工作将以基层行政单元为基点进行汇总，同时，在省市级层面构建动态监测体系与环境数据库，以确保信息的实时更新与全面覆盖。最终，通过自下而上的方式，定期提交各阶段的监测报告，以支持农业可持续发展与环境保护策略的制定。

城镇空间施策。 在城镇建成区内，依据土地用途的差异性，如居住区、公共服务设施区、物流仓储区及商业服务区等，分别制定详细且有针对性的环境质量标准。针对工业用地、产业园区及污染排放的主要源头，实施严格的排放许可管理制度，以确保污染排放的合规性。对于新建区域，需紧密结合其建设进度，开展环境安全评估及环境影响评价工作，旨在维护城市整体环境质量的稳定与提升。最终，通过自下而上的方式，定期提交阶段性环境评估报告，以全面反映环境管理成效与改进措施。

建立以省为层级的年度体检制度。 对各类空间所提交的报告、数据汇总及成果进行深入剖析，旨在明确后续工作的重点方向，将其归纳为"保持现状""加强优化"及"整改完善"等几类具体行动建议。基于这些结论，施行相应的绩效激励机制或责任追究措施。随后，将研究成果与制度监管的评估结论相融合，制定出全面的环境管理方案。该方案需历经专家组的细致审核、相关部门的严格审验以及政府高层的最终审定后，方可正式提交。为确保方案的有效执行，需构建层级分明的责任体系，确保各项措施能够层层递进、逐一落实[1]。

建立双轨型监管体系。 首要之务在于责任体系的建立健全，需清晰界定从国家至乡镇，乃至村级层面的职责范围与行动纲领，确保各级主体明确自身角色与任务。其次，加强制度层面的监管力度，当务之急是构建完善的信用评价系统，同时融入企业责任机制，设立环境事务管理委员会，推动全民参与的环境保护行动框架。此外，制度监管的成效应体现在年度环境状况的全面审视中，通过反馈机制对年度体检报告进行适时调整，进而优化年度考核报告的内容与标准，确保监管措施的有效性与针对性。

6.3.2 生态环境分区管治责任体系

1. 领导责任体系

通过建立中央统筹、省负总责、市县抓落实的工作机制，明确党和政府在环境

---

1. 王伟，江河. 现代环境治理体系：打通制度优势向治理效能转化之路［J］. 环境保护，2020，48（9）：30-36.

治理中的责任，理顺中央政府、地方政府、市县政府的责任关系；通过明确中央和地方财政支出责任，清晰划分财权和事权，解决一些跨区域、跨流域等环境重大事务的支出责任，解决财权与事权的不匹配问题；开展目标评价考核，将环境质量改善指标纳入到各类专项规划，合理评价领导责任履行情况，将环境质量与地方政府的考核评价紧紧挂钩，对责任落实的结果做出科学、全面、精简的评价；深化生态环境保护督察，通过两级生态环境保护督察体制的实行，压实生态环境保护责任[1]。

重点是明确三大空间不同的领导责任，其中，城镇空间：实施环境街道长管理制度；农业空间：按农业用地性质网格设置环境监测员，管控农业要素；生态空间：按照生态斑块进行第三方环境评估。

2. 企业责任体系

通过排污许可证管理制度的实行，摸清家底，为环境监管提供全面、准确的依据；推进生产服务绿色化，从全过程管理入手，将污染治理前置，节约治理成本；提高治污能力和水平，加强企业环境治理责任制度建设，助推企业环境治理行为由以政府环境规制为驱动力的"他治"转变为以成本内部化为驱动力的"自治"；公开环境治理信息方面，要求企业向公众公开环境治理信息，调动社会组织和公众的共同参与作用。

3. 全民行动体系

《指导意见》首次较为系统地提出了公众参与的途径与方法，从环保举报热线、新闻媒体的曝光、生态环境公益诉讼的开展等方面强化社会监督；发挥各类社会团体的作用，充分调动群团组织、行业协会、商会等社会团体参与环境治理；提高公民环保素养，使绿色发展的理念深入人心，引导绿色消费和生活方式，进而从需求端倒逼企业环境行为的改进。在实际操作中，可建立环境业主委员会，委员由不同行政管辖范围按比例推选，进行宣传和督导，提交评估表，业主委员会接收报表并组织会议，上报主管部门，由主管部门审定后执行。生态空间和农业空间环境业主委员会由上级主管部门组织成立。也可编制《生态环境分区监管公众参与说明》，作为制度保障，参与过程强调生态环境项目、规划等措施实施落地前、实施中、收尾后的全过程参与，做到合法信息公开，听取公众意见，并适当采纳。此外，亦可纳入信用体系，结合政府信用体系、企业信用体系以及个人信用体系，对参与的方式进行结果考核。

---

1. 杜雯翠，江河. 加快构建现代环境治理体系切实提高环境治理效能[J]. 环境保护，2020，48（6）：36-41.

6.3.3 生态环境分区管治监管体系

环境监管体系重点是要建立环境评估—整改建议—实施路径—成果验收—适时监管链条，生态空间和农业空间由上级部门组织第三方评估，城镇空间由本级部门组织评估。自然资源部与生态环境部分别是自然资源资产管理者和自然生态监管者，职责各有侧重，互不冲突。

1. 许可机制

环评作为预防性制度，重在事前预防，是固定污染源的"准生证"，内涵既包括对项目实施后排污行为的环境影响预测评价、环境风险防范以及新建项目选址布局等，也包括建设期的"三同时"[1]管理，并为排污许可提供污染物排放清单。排污许可重在事中事后监管，是载明排污单位污染物排放及控制有关信息的"身份证"，是排污单位守法、执法单位执法、社会监督护法的依据之一。现阶段，二者相互补充。

坚持"划框子、定规则、查落实"三个环节："划框子"指划定生态保护红线，明确区域发展定位、生态功能定位和准入条件，优化空间布局，调控环境容量；"定规则"以"生态保护红线、环境质量底线、资源利用上线和环境准入负面清单"为手段，强化空间、总量、准入环境管理，不断改进和完善环评管理体系；"查落实"以"三线一单"为基准，严格审查空间布局的合理性、总量控制的有效性和准入环境的合规性，开展对各项环境管理措施执行情况的评估监督，确保分区管治体系精准执行，持续优化和提升分区管治体系的实际效能。

2. 环境准入机制

结合现在的"三线一单"，确定环境管控单元，确定负面清单；以环境管控单元为对象，将生态保护红线、环境质量底线、资源利用上线的管控要求转化为空间布局约束、污染物排放管控、环境风险防控、资源开发利用约束等禁止和限制的环境准入要求，统筹汇总成环境准入负面清单。

空间布局方面应从环境功能维护、生态安全保障等角度出发，优先从空间布局上禁止或限制有损该单元环境功能的开发建设活动。对于已经侵占生态空间或有损环境功能的，应建立相应的退出机制，并制定治理方案及时间表。

污染物排放管控应基于环境质量底线目标，从加强污染排放控制的角度，重点

---

1. "三同时"指建设项目安全设施必须与主体工程同时设计、同时施工、同时投入生产和使用。

从污染物种类、排放量、强度和浓度上管控开发建设活动，提出主要污染物允许排放量、新增源减量置换和存量源污染治理等方面的环境准入要求。

环境风险防控对于所有优先保护类环境管控单元和涉及人居环境安全的重点环境管控单元，提出涉及有毒有害、易燃易爆物质项目的禁止准入要求或限制性准入条件及环境风险防控措施。

自然资源重点管控单元中的资源开发利用约束针对区域内资源开发的突出问题，应加严资源开发的总量、强度和效率等管控要求，避免加剧自然资源资产数量减少、质量下降的开发建设行为。对于已损害自然资源的开发建设活动，应建立相应的退出机制，并制定治理方案及时间表。

3. 建立数据信息化监测平台

按照"山水林田湖草沙是一个生命共同体"的系统监管理念，构建"源头严防、过程严管、后果严惩"的全过程监管制度体系，依托生态环境监测网络与国土空间规划实施监测网络的建设，发挥数字化赋能监管的优势，创新监管方式，提升监管效能，推动提升生态分区管治成效。

4. 构建监测体系

国家和省级建立生态用地监督平台数据库，市县级建立生态用地管理与核查系统，分级构建监测评估体系。

对生态用地状况进行监测、评估以及管理。成果可采用生态用地监管通知单、生态用地评估报告以及生态用地专题数据产品等形式呈现。适时监管包括开展中央环保督察，重点聚焦中央高度关注、群众反映强烈、社会影响恶劣的突出环境问题及其处理；重点检查环境质量呈现恶化趋势的区域流域及其整治情况；重点督察地方党委和政府及其有关部门环保不作为、乱作为的情况；重点了解地方落实环境保护党政同责和一岗双责、严格责任追究等情况。

生态空间的主要监管内容有生态廊道、生态斑块、生态修复工程的完成情况、生态服务功能维持情况。城镇空间的主要监管内容有城镇预留区、生态格局的连续性。农业空间的主要监管内容包括耕作强度、乡村人居环境整治情况。

生态保护红线的主要监管内容涉及保护对象的分布和保护程度。城镇开发边界的主要监管内容是绿带、绿心以及建设活动的绿色化、低污染。永久基本农田控制线的主要监管内容是农田生态效益的实施情况。

6.3.4 生态环境分区管治法规体系

法律法规体系的重点内容包括建立生态分区管治法，制定三区的差异化管理的法律法规，建立环境业主委员会实施条例，构建环境监管督察制度，实行重要生态空间的管理条例，并做到重点空间重点管控。

1. 建立生态分区管治法

制定三区差异化管理"法律法规＋实施政策＋标准规范"的生态空间施政体系。在国家、跨省区域和省级层面重点健全法律法规体系，包括优化传统环保法律体系、制定生态环境分区管治法、制定地方规章；在此基础上推进专项治理，包括八类专项治理行动和制定绿色发展路径。在市县层面对国土空间提出三区实施要求，在镇村层面重点开展生态保护红线管治工作，落实精准（图6-8）[1]。

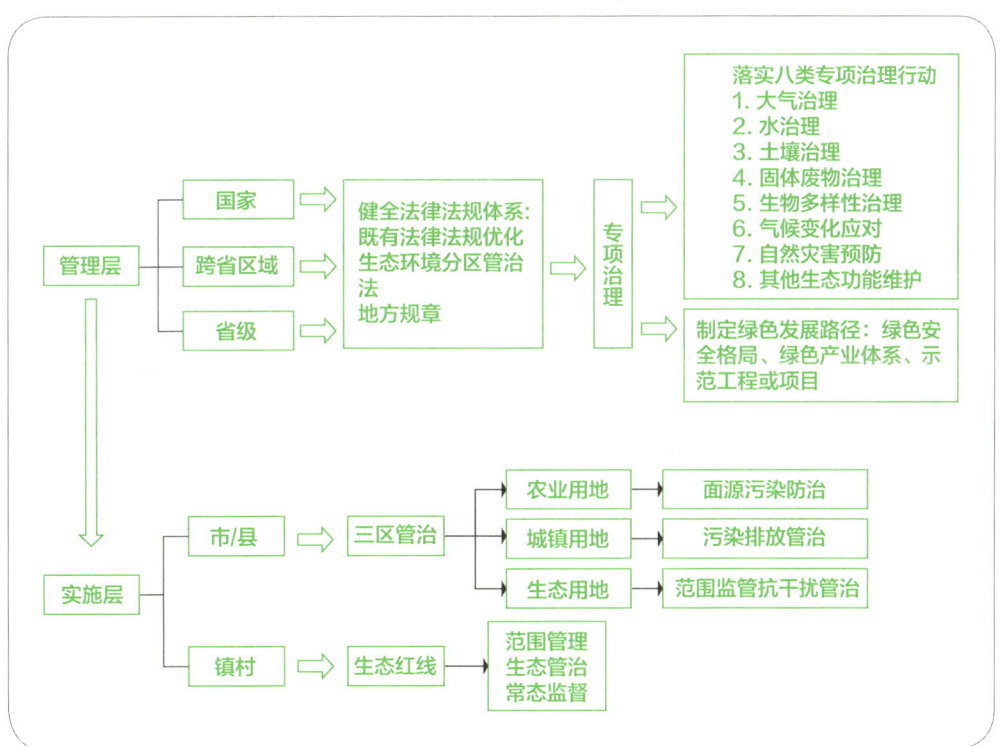

图6-8　法律法规分级实施
资料来源：作者自绘

---

1. 江河，刘贵利，陈帆，等.国土空间生态环境分区管治理论与技术方法研究［M］.北京：中国建筑工业出版社，2019.

2. 建立环境业主委员会实施条例，构建环境监管督察制度

环境业主是城市居民自治一种新的表现形式，要提高环境业主委员会的资质审核，与环境管治要求挂钩。明确环境业主委员会的法律效力和性质，环境业主委员享有法律的权利，履行法律的义务；增加环境业主委员会实施性法律条例，助益具体操作运行的法规指导及区域的管治环境内容具体化；定时督察住区环境，重点对环境实施不定时督察，配合相应奖惩。

3. 实行重要生态空间的管理条例

实行重要生态空间的管理条例，做到重点空间重点管控，并划定级别以明确保护强度。结合国家划定生态区要求，参考《生态红线划定指南》，启动基本生态空间管理优化工作，在生态空间上划定等级分区；同时，区分不同管理部门的生态空间管理范围和对象，启动管理政策的修订，配合空间分级分类，制定不同的管理要求（图 6-9）。

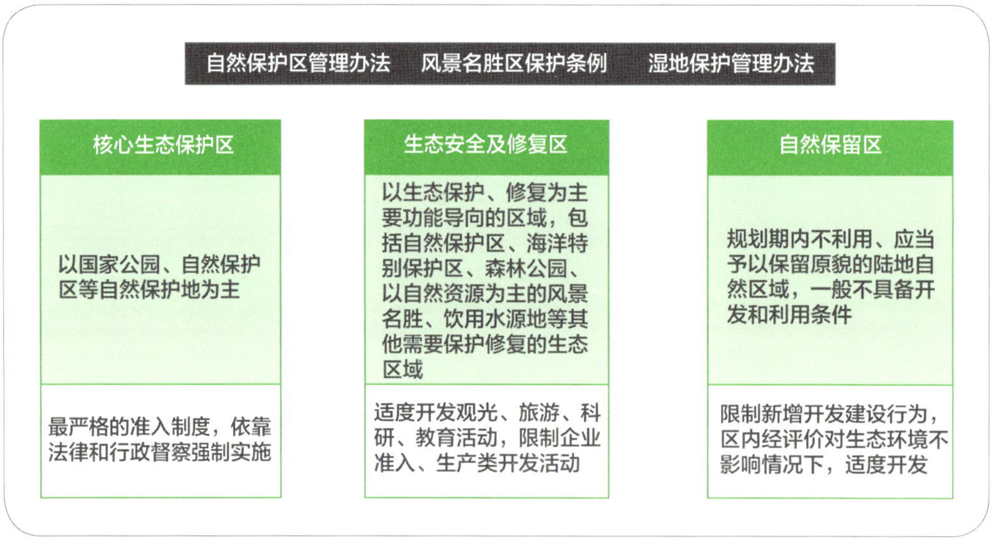

图 6-9　生态空间重点管控要求
资料来源：作者自绘

6.3.5　生态环境分区管治与国土空间规划协同

生态环境分区管治并非独成体系，而应在贯彻落实发展规划战略部署的基础上，与国土空间规划充分衔接。

1. 全面落实主体功能区战略

生态环境分区管治以主体功能区战略为重要依据，落实主体功能区战略确定的开发保护格局、经济社会发展战略，是主体功能区战略在生态环境领域里的延伸与落地，与主体功能区的开发与保护格局相匹配。例如：对某重点生态功能区进行细化，将该县生态地区中以生态保护红线为主体的区域划分为优先保护单元，以生态环境保护为主；将城镇和工业园区（集聚区），以及人口密集、资源开发强度大、污染物排放强度高的区域，划分为重点管控单元，加强环境管理。其他区域为一般管控单元，为发展留出弹性空间。

2. 充分衔接国土空间规划

1）充分衔接

全国国土空间规划纲要已经编制完成，其主要核心是"三线"的划定落实，"三线"面积占全国陆域国土面积的 45% 左右（12%+31%+2%）。"三线"划定过程中，体现耕地保护优先原则，先划耕地红线，生态保护红线与耕地红线有重叠时，调整生态保护红线，再划城镇开发边界。耕地红线管理落地，带坐标、带边界、带面积、带责任人，数一线一图一致。截至 2024 年 8 月，中共中央、国务院已批复同意北京、上海、江苏、广东等 30 个省（区、市）的省级国土空间规划。各省空间规划构建了覆盖全域的发展与保护格局，明确了"三区三线"，明确了农业发展、生态保护、城镇建设、交通、水利、能源、文旅等空间格局。

国土空间规划明确不同国土空间的土地用途，生态环境分区管治明确不同环境单元的环境行为，二者不可替代，可以充分衔接，协同发力，共同支撑形成有利于资源节约和环境保护的空间布局、产业结构、生产方式、生活方式。因此，生态环境分区管治与国土空间规划的衔接包括以下五个方面。

生态环境分区管治与国土空间规划采用同一套基础底图。按照国家基础地理信息标准数据有关规定，与国土空间规划共用基础地理信息数据，并系统整合资源环境和规划区划数据，构建了生态环境分区管治基础底图，即国家大地坐标系、GK 投影、1985 高程基准。

共守一条生态保护红线。共同严守自然资源与生态环境两部门联合划定的生态保护红线，共同制定生态保护红线管控规则。生态环境分区管治不产生新的生态保护红线方案，不增加或者减少生态保护红线管控规则，生态保护红线方案及规则发生调整时自动更新。水源保护区、自然保护地、森林公园等法定保护区采用统一的边界，遵守法定保护要求；若保护区边界范围及保护要求发生变化，则遵守变化后的边界及保护要求，自动更新。

支撑优化国土空间规划。生态环境分区管治基于土壤污染详查结果实施土壤环境分区管控，对重污染耕地和污染地块实施重点管控。在国土空间规划确定永久基本农田时，需要将重污染耕地划出。加强严格管控类耕地风险管控，鼓励采取种植结构调整、退耕还林还草、退耕还湿、轮作休耕等措施，确保严格管控类耕地全部实现安全利用。在城镇开发边界内，落实建设用地土壤污染风险管控和修复名录制度。以用途变更为住宅、公共管理与公共服务用地的污染地块为重点，强化用地准入管理和部门联动监管，有序推进风险管控和修复。

充分衔接分区成果。优先保护单元与国土空间规划采用同一套生态保护红线成果，并保持动态衔接。此外，还包括红线外法律法规明确要求保护的其他生态功能重要区域，如饮用水水源保护区、湿地保护区、环境空气质量功能区一类区等为主体的区域，具体区域遵守红线及法定保护区要求，不加严管控要求。以生态环境要素结构—过程—功能为基础，基于排放特征、质量状况和目标要求，考虑大气的区域传输反应关系以及流域水污染物产汇流和上下游、左右岸统筹治理关系等，衔接乡镇、街道、园区边界、流域边界等，划定管控单元。将其中质量改善压力大、排放高、风险高的区域确定为重点管控单元。其中既包括城镇开发边界内的区域，也包括城镇开发边界外农业面源污染突出、生态破坏突出、土壤污染重点防控等环境风险高的区域。一般管控单元则是除优先保护单元和重点管控单元以外的其他区域，包括部分基本农田和国土空间规划未明确属性的区域。

衔接国土空间分区分类用途管制制度。以国土空间规划为依据，对所有国土空间分区分类实施用途管制。因地制宜制定用途管制制度，为地方管理和创新活动留有空间[1]。生态环境准入清单充分衔接国土空间规划用途管制要求，将国土空间规划用途管制要求作为空间布局准入要求的重要依据，同时还提出基于生态环境角度的空间布局准入要求，如高排放的企业不应布局在城市上风向，排放有毒有害物质的企业不应布局在毗邻水源保护区上游的区域等[2]。

2）各有侧重

管控对象不同。国土空间规划管控的是土地单元"宗地"和地块，生态环境分

---

1. 中共中央，国务院.中共中央、国务院关于建立国土空间规划体系并监督实施的若干意见[EB/OL].（2019-05-23）[2024-05-25］. https://www.gov.cn/zhengce/2019-05/23/content_5394187.htm.
2. 国土资源部.国土资源部关于印发《自然生态空间用途管制办法（试行）》的通知[EB/OL].（2017-03-24）[2024-05-25］. https://www.mnr.gov.cn/gk/tzgg/201704/t20170424_1992172.html.

区管控的是环境单元，包括大气环境基于模拟网格的控制单元、水环境的流域控制单元、土壤环境的地块单元以及综合管控单元等。

管控要求不同。国土空间规划立足国土空间用途管制，旨在明确各地块、各宗地"干什么"。生态环境分区管治则立足生态环境质量改善，充分考虑污染排放传输扩散规律，旨在明确各流域、各区域、各单元生态环境管理要求。

管控尺度不同。国土空间规划细化到地块管理，尺度相对较小（亩、平方米）。生态环境分区管治则按照生态环境要素属性特点确定，按照流域控制单元确定，尺度相对较大（乡镇、园区、10平方公里尺度）。故若简单在地块上叠加所有的环境管控要求，会造成海量的数据冗余和巨额不必要的管理成本。

3）协同发力

按照中共中央办公厅 国务院办公厅印发的《关于加强生态环境分区管控的意见》，提出在以下三方面加强协同联动[1]。

制度衔接。深入实施主体功能区战略，全面落实《全国国土空间规划纲要（2021—2035年）》，制定以落实生态保护红线、环境质量底线、资源利用上线硬约束为重点，以生态环境管控单元为基础，以生态环境准入清单为手段，以信息平台为支撑的生态环境分区管控方案，做好顶层设计。

方案衔接。在省市方案制定和修订过程中，做好基础数据、具体方案和管控要求的衔接，加强信息共享，避免矛盾冲突。自然资源主管部门要依托国土空间规划"一张图"系统，共享生态保护红线等数据，省级、市级生态环境分区管控方案由同级政府组织编制，充分做好与国土空间规划"一张图"系统的衔接，报上一级生态环境主管部门备案后发布实施。

应用衔接。在省、城市和市县、园区等尺度做好应用场景、管理流程、公共服务平台的衔接、简化程序，畅通环节。加强生态环境分区管控与国土空间规划的动态衔接，针对不同区域开发保护建设活动的特点，聚焦生态环境质量改善，实施分单元差异化的生态环境管理，生态环境主管部门和自然资源主管部门要选择典型地区开展试点、积累经验、完善机制，形成政策合力。生态环境分区管控方案原则上保持稳定，每5年结合国民经济和社会发展规划、国土空间规划评估情况定期调整。5年内确需更新的，按照"谁发布、谁更新"的原则，在充分衔接国民经济和社会发展规划、国土空间规划的基础上，开展动态更新，同时报上一级生态环境主管部门备案。

---

1. 中共中央办公厅，国务院办公厅. 中共中央办公厅、国务院办公厅关于加强生态环境分区管控的意见［EB/OL］.（2024-03-17）［2024-05-25］. https://www.gov.cn/zhengce/202403/content_6939837.htm.

6.4 生态环境分区管治策略

6.4.1 生态环境管治分区

陆域范围划分两类管治区,一是陆域优先保护单元:以生态保护红线为基础,主要为生态功能重要、生态环境敏感脆弱的区域,面积占比为55.5%,与国家重点功能区、"三区四带"[1]生态安全格局匹配。二是陆域重点管控单元:资源能源消耗、污染物排放最为集中的区域,面积占比为14.5%,与国家经济社会发展战略格局一致。三是陆域一般管控单元:其他开发强度低、环境质量相对较好的区域,面积占比为30%(图6-10)。

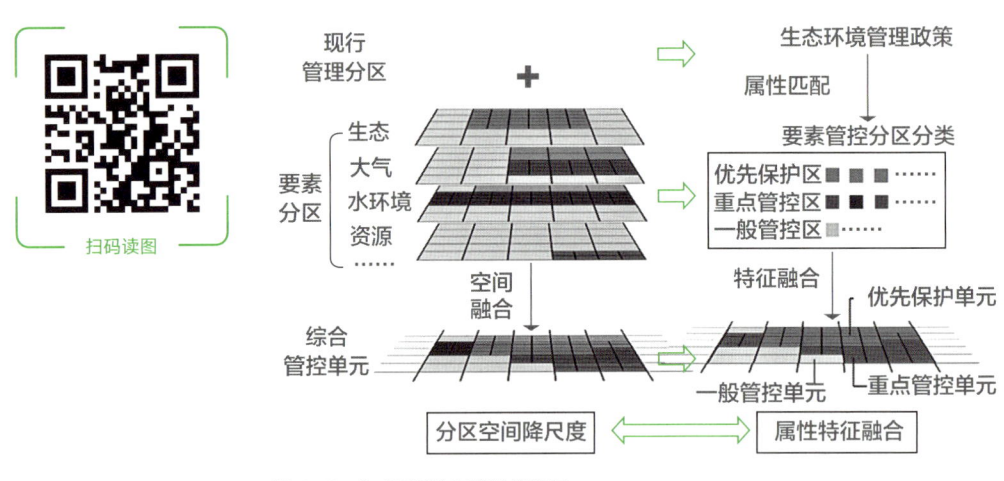

图6-10 生态环境分区管治流程图
来源:作者自绘

案例 6.1 原环境保护部以"三线一单"为核心的生态环境分区管控试点

2017年3月,原环境保护部从4个城市开始试点以"三线一单"为核心的生态环境分区管控。2018年3月,先行在长江经济带11省(市)及青海省开展,随后在全国推开。截至2021年底,全国省、市两级"三线一单"生态环境分区管控方案已全面完成并经地方党委政府审议发布实施。近两年,各省积极实践、大胆创新,加强生态环境分区管控成果在政策制定、环境准入、园区管理、执法监管4个领域方面的应用。例如,武汉市在政府规章出台后,逐步建立起一套以基本生态控制线为核心的分区管治模式,针对管治的不同层级、不

---

1. "三区四带"指青藏高原生态屏障区、黄河重点生态区(含黄土高原生态屏障)、长江重点生态区(含川滇生态屏障)、东北森林带、北方防沙带、南方丘陵山地带、海岸带。

同要素，实行刚性和弹性结合的管治模式。

(1) 分区定则，实现生态保护与城市发展的有机结合；
(2) 严格准入，实现新增建设项目的有效分区管治；
(3) 以建促保，实现生态功能的整体提升；
(4) 分类解决，实现既有建设项目的妥善处置。

资料来源：作者整理。

6.4.2 生态环境管控单元划分

2018年8月13日，生态环境部印发了《区域空间生态环境评价工作实施方案》，要求在全国省、自治区、直辖市全面开展以"三线一单"为基础的区域空间生态环境评价。生态环境管控单元是生态环境评价和编制"三线一单"（生态保护红线、环境质量底线、资源利用上线和生态环境准入清单）的重要组成部分，其中环境重点管控单元是管控的重点区域。

从评价方法上可分为包括地块法、叠置法、网格法和最小行政单元法4种方法，其中：地块法是以底图上明显的地物界线或权属界线组成的封闭单元为最小评价单元，适用于生态环境单因素评价，如固体废弃物环境管控单元；叠置法是以各个单因素评价分析图叠加后，根据权重值综合分析汇总图，适用于综合管控单元的划分；网格法是在基础底图上划分正方形（栅格）等分，正方形越小，精度越高，适用于高精度需求的评价；最小行政单元法是以地域范围内下一级行政单元为评价单元，适合于单因素评价或依最小行政单元统计汇总的区域，如省级生态环境管控单元以市县行政范围为基础单元，市县级生态环境管控以乡镇行政范围为环境单元进行管控。

基于区域生态环境特征，以环境要素分区成果为基础，衔接行政边界，充分考虑生态系统功能、污染物排放及环境容量和资源承载能力等，确定环境管控单元，按照优先、重点、一般实施分类管理（表6-4）。

表6-4 生态环境管控单元划分列表

优先保护	重点管控	一般管控
生态保护红线，一般生态空间		其他区域
水环境优先保护区	水环境工业污染重点管控区	
	水环境城镇生活污染重点管控区	
	水环境农业污染重点管控区	

续表

优先保护	重点管控	一般管控
大气环境优先保护区	大气环境高排放重点管控区	其他区域
	大气环境布局敏感重点管控区	
	大气环境弱扩散重点管控区	
	大气环境受体敏感重点管控区	
农用地优先保护区	建设用地污染风险重点防控区	
	农用地污染风险重点防控区	
	生态用水补给区	
	地下水开采重点管控区	
	土地资源重点管控区	
	高污染燃料禁燃区	
	自然资源重点管控区	

6.4.3 空间布局耦合技术与方法

1. 各类空间综合集成评价

各类空间集成评价是基于单项评价和三类空间的功能适宜性评价结果，划定城镇空间适宜区、生态空间适宜区和农业空间适宜区范围，综合反映国土空间的开发保护格局和优化调整方向。

1）集成步骤

第一步：根据空间红线和开发现状划定三类空间的Ⅰ类适宜区。基于有关部门划定的空间红线，结合城镇空间开发现状，将红线管制范围直接划定为对应空间的Ⅰ类适宜区。

第二步：根据适宜性评价高值区划定三类空间的Ⅱ类适宜区，针对第一步中未划定的区域，遴选城镇空间、农业空间和生态空间适宜性评价结果有一项或多项适宜程度为高的区域，进一步划定三类空间的Ⅱ类适宜区。

第三步：根据适宜性评价中值区和低值区划定三类空间的Ⅲ类适宜区。针对第一步、第二步中未划定的区域，进一步遴选城镇空间、农业空间和生态空间适宜性评价结果有一项或多项适宜程度为中的区域，划定三类空间的Ⅲ类适宜区。

第四步：三类空间适宜区的初步方案集成。综合三类空间适宜性评价基础上划定的结果，其中，全部城镇空间适宜区的备选区域为UⅠ∪UⅡ∪UⅢ，全部农业空间适宜区的备选区域为AⅠ∪AⅡ∪AⅢ，全部生态空间适宜区的备选区域为EⅠ∪EⅡ∪EⅢ。原则上，三类空间适宜区的初步方案在划定后应实现空间无重叠，同时，功能无交叉。

2）综合校验

与主体功能区规划衔接校验。城镇空间适宜区比重不应突破各类主体功能区内约束的开发强度。一般地，在城镇空间适宜区的所占面积比重方面，城市化地区（重点开发区域和优化开发区域）＞农产品主产区＞重点生态功能区，禁止开发区域内不应划定城镇空间适宜区。此外，在城市化地区的初步方案UⅡ、UⅢ中，属于城镇空间适宜性中值区但近期暂不优先重点开发的区域，应在本阶段根据资源环境承载潜力先预留为生态空间或农业适宜区。

与邻近区域功能衔接校验。在宏观层面，通过省际衔接避免区域性开发强度过高且无序态势；在微观层面，与周边区域之间不应发生功能冲突和干扰。

海陆统筹校验。在滨海地区空间适宜区划定时，应考虑海域开发利用潜力，结合毗邻海域适宜的功能类型、发展方向和分区管治要求，坚持海陆统筹原则并考虑海洋主体功能区规划，将陆地空间适宜区划分与海域开发利用潜力评价结果相互衔接，修正并调整陆地三类空间适宜区范围，如可在滨海地区的UⅡ和UⅢ或AⅡ和AⅢ中，将海域开发利用潜力低的海岸带预留作为生态空间适宜区，以避免功能冲突、实现有机对接。

与本省发展需要和空间战略衔接校验三类空间适宜区的划定应充分保障全省社会经济发展与国土开发的总体需求，城镇空间适宜区划定应满足健康推进城镇化的基本要求，农业空间适宜区划定应满足农产品供给安全要求，生态空间适宜区划定应满足国家生态安全屏障建设要求，要充分考虑与本省空间战略衔接，集中型、绵延式城镇空间适宜区布局应与重点开发轴（带）建设相协调，农业空间适宜区布局应与粮食生产基地建设相协调，生态空间适宜区布局应与生态网络主骨架和重点生态廊道建设相协调，促进国土整体开发和均衡布局。

3）结果修正

以初步方案为基础，经过集成校验反馈与修正，采取政府与专家主导、公众参与的方式，经过反复征求意见、修订，最终集成结果由规划决策者确定国土空间开发布局总图。

2. 生态空间与其他空间的耦合

1）生态空间与城镇空间的耦合

生态空间与城镇空间存在矛盾时，按照"优先保障生态空间，合理安排生活空间，集约利用生产空间"的原则，对规划空间布局提出优化调整意见，以保障生态空间性质不转换、面积不减少、功能不降低。在生态保护红线范围内，按照优先保证生态功能的完整性的原则，应服从生态保护红线，限时且最大限度地调出建设用地指标，向城镇空间范围内进行调整。如因重大基础设施、重大民生保障项目建设等需要调整的，由省政府组织论证，提出调整方案，按程序报批。因国家重大战略资源勘查需要，在不影响主体功能定位的前提下，经依法批准后予以安排勘查项目。如与一般生态区冲突的，在符合各类保护区域法定保护要求的前提下，以城镇用地为主进行调整。

2）生态空间与农业空间的耦合

对于生态空间与农业空间的矛盾，应以现状地表覆盖物为依据，与各相关部门进行协商。但农业空间与各类生态保护区域（如水源涵养区、水源地一/二级保护区、水土保持区、防风固沙区、生物多样性保护区、海洋重点生态功能区、水土流失敏感区、土地沙化敏感区、石漠化敏感区、海洋生态敏感区/脆弱区、自然保护区）冲突时，农业空间应该避让生态空间，缺失的基本农田从占补平衡的用地进行补充。

3）农业空间与城镇空间的耦合

对于农业空间与城镇空间的矛盾，优先保障近期重点建设项目，优先保障涉及民生的教育、文化、体育、医疗、养老等公益性公共服务设施项目，优先保障给排水、电力、电信、供热、燃气、环卫等市政基础设施项目的城镇空间。其他城镇空间与农业空间冲突的区域需根据实际情况以及部门意见提出相关处理原则。缺失的基本农田部分从占补平衡的用地进行补充。

6.4.4 分区综合管治技术与方法

空间综合管治体系设计应采用底线管治思维，在红线定界、容量定底的空间约束、环境约束管治策略下，结合区域经济社会发展趋势进行整体开发强度的空间布局安排。

1. 红线定界的底线管治

基于县市发展和保护的双重迫切需求，以底线保护思维划定严防死守的"生态保护红线、永久基本农田、城镇开发边界"思维空间底线。

2. 容量定底的管治技术

针对环境质量底线的刚性约束，提出以下容量定底的管治思路：首先以控制排放密度的思路，分区分级细化大气污染物排放总量控制；其次，以流量管理控制排放的思路，分时分段分级分区细化水污染物排放总量控制。

3. 强度定顶的管治技术

在划定红线、容量定底的管治技术基础上，进一步对区域经济社会发展进行空间布局总体约束，明确区域总体开发强度，再针对三大空间承载的不同功能制定开发强度的总体约束。以县市为单元，为了合理确定开发强度，通过构建人口城镇化、土地城镇化和经济城镇化的城镇化发展潜力分析法，在区域发展潜力识别基础上，进行人口、用地的统筹安排，最终确定开发强度指标，同时也实现对县域城乡总规、乡镇总规、土地规划之间的协调。

6.5 生态环境分区管治实施保障机制

6.5.1 生态环境准入清单制度

在生态环境准入机制的构建上，我国自2015年起便在全国范围内启动了以主体功能区为导向的生态环境准入政策制定与实施工作。而在清单编制层面，这一进程可追溯至近数年间的地方性先行探索，时至今日，以"三线一单"为核心的环境准入清单体系已日趋完善，标志着我国在环境管理精细化与规范化道路上迈出了坚实步伐（表6-5）。

表6-5 相关准入清单制度实施情况

名称	编制实施年份	实施情况
市场准入负面清单	2018	已发布《市场准入负面清单（2018年版）》，在全国应用
重点生态功能区产业准入负面清单	2015	全国逾二十个省份已发布
基于主体功能区划的环境准入	2015	已编制《环境保护部 发展改革委关于贯彻实施国家主体功能区环境政策的若干意见》（环发〔2015〕92号）、《关于落实〈水污染防治行动计划〉实施区域差别化环境准入的指导意见》
区域生态环境准入清单	2018	长江经济带11省及青海省正处于审核阶段，北京市在内的19省（区、市）以及新疆生产建设兵团处于编制过程
建设项目环境准入负面清单	2017	部分地区自行开展编制，如东莞市、荆门市、厦门市、连云港市等

1. 准入清单制度特征

生态环境准入清单作为一种清单化的环境管理手段，其核心在于促进宏观战略环评与规划环评的具体实施与落地。

1）二次准入特征

生态环境准入，实质上是市场准入之后的"二次筛选"。市场准入负面清单作为市场管理的基石，主要聚焦于投资经营活动的资格审核，而空间布局、行业标准等要素则不在其列。在此基础上，产业准入与环境准入构成了"二次准入"的框架，要求市场主体在符合市场经营条件的同时，亦需满足生态环境保护的规范性标准，从而实现了从经济到环境的双重把关。

2）动态性特征

生态环境准入清单的编制依据展现出高度的广泛性与灵活性。它不仅涵盖了法律法规等刚性要求，还吸纳了生态环境政策、规划以及经审批的环评文件等多元信息，为清单的动态调整提供了丰富的素材。特别是"三线一单"制度，其更新周期原则上设定为五年一次，但生态环境准入清单的调整需紧密围绕生态环境质量目标与生态安全保障的实际需求，展现出更强的灵活性与适应性。

3）延展性特征

生态环境准入清单的编制范围广泛且深入，已逐步延伸至省市县乃至更为精细的环境分区层面。这一延展性特征充分考虑了不同区域间生态环境资源条件的差异性与主体功能定位的多样性，使得清单编制能够精准对接行业、行政区划乃至园区、空间分区等不同尺度的管理需求。通过这种差异化的管理方式，不仅提升了生态环境管理的精细化水平，也确保了各项政策措施在不同区域间的有效落地与实施（表6-6）。

表6-6 相关准入清单制度特征对比

类别	管控对象	编制目的	编制依据	编制尺度	动态调整	区域差异化管控
市场准入负面清单	市场主体	破除市场准入隐性壁垒	法律法规、国务院规定	全国	每年至少一次	全国统一
重点生态功能区产业准入负面清单	市场主体、政府部门	统筹经济发展与环境保护关系	《全国主体功能区规划》确定的开发管制原则、《产业结构调整指导目录》、行业规范条件和产业准入条件，以及地方相关产业准入要求等确定	县级行政区	未明确规定	基于主体功能区开展差异化管控

续表

类别	管控对象	编制目的	编制依据	编制尺度	动态调整	区域差异化管控
区域生态环境准入清单	市场主体、政府部门	构建环境分区管控体系，推动战略环评落地	法律法规、政策、规划计划、战略/规划环评	省环境分区、市环境分区	原则上每五年一次，以实现生态环境质量目标和生态安全为前提	基于环境分区实现差异化管控
建设项目环境准入负面清单	市场主体	招商引资、环评审批	法律法规、政策、规划计划、战略/规划环评	市级与县级行政区划、产业园区	未明确规定	行政区划内无差异

2. 生态环境准入清单编制路径

生态环境准入清单编制路径主要包括以下内容（图6-11）：秉持问题导向原则，聚焦于宏观战略层面问题的空间单元化与准入清单编制的呼应；根据生态问题的共性与个性表现特征，制定不同尺度的总体准入清单；筛选政策工具，制定共性与差异化环境分区管控要求；强调调整清单的规范性、必要性与统一性。

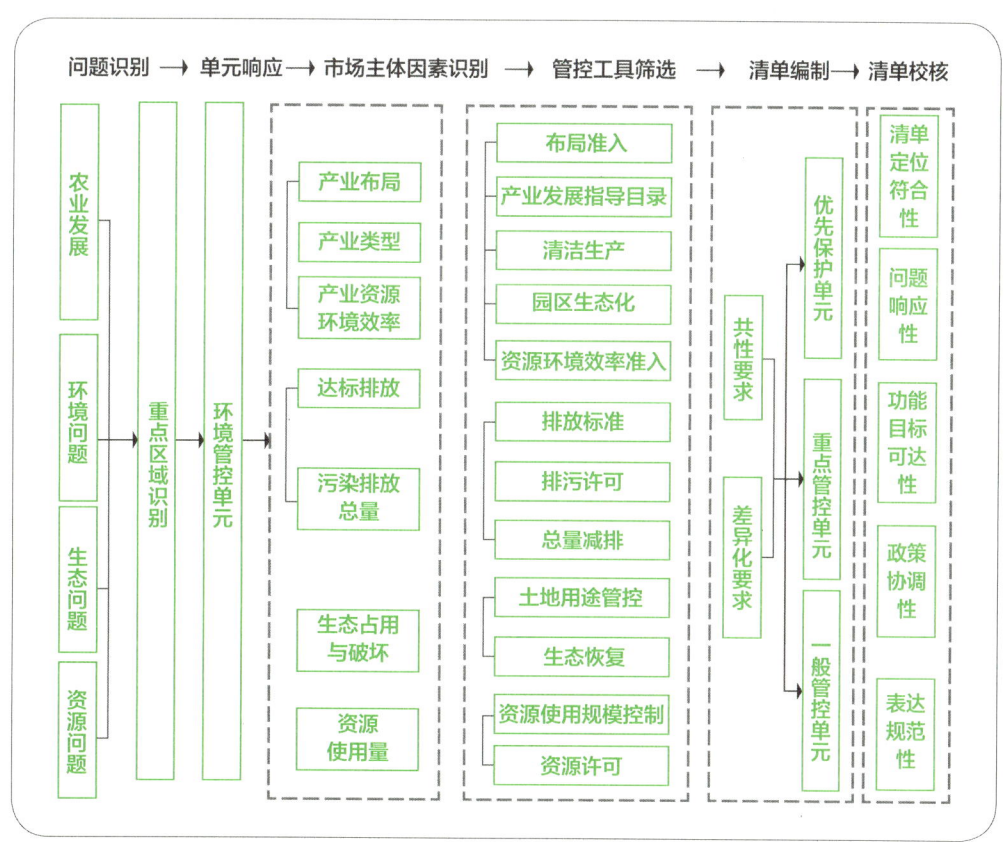

图6-11 生态环境准入清单编制路径样例图
资料来源：作者自绘

6.5.2 环境保护标准与产业政策衔接

环境保护标准既有国标,又有行标,刚性特征突出,随着城市发展规模的变化、经济发展需求的变化不断调整,环境保护标准与产业政策之间不可避免地产生不适宜性。产业政策依托城乡发展规律不断优化,呈现出类别多样性、调整速度加快、行政与市场结合的特征。随着环境保护与社会经济协调发展,生态环境保护规划从专项到总体、从理论到方法、从试点研究到实践推广不断探索,力求弥补环境标准与产业发展间的不适应性。总的来说,生态环境保护规划、环境保护标准和产业政策之间既存在突出的结构性矛盾,又存在必然联系,既相互依存,又相互制约[1]。

三者关系密切,既相互作用,又相互影响,建立合理的关系机制,可以提高相互作用的效益,实现统一的长远目标。从三者所包含的主要内容出发,建立方法体系,进行实施导引。生态环境保护规划的方法体系包括建立环境现状评价系统、过程检测警示系统、反馈修正优化系统、标准实施评估系统(图6-12)。分别运用统计学、对比分析法、计算模拟法、实验法等量化处理方式完成各个系统结果,各个系统间相互关联,相互影响,共同发挥作用。

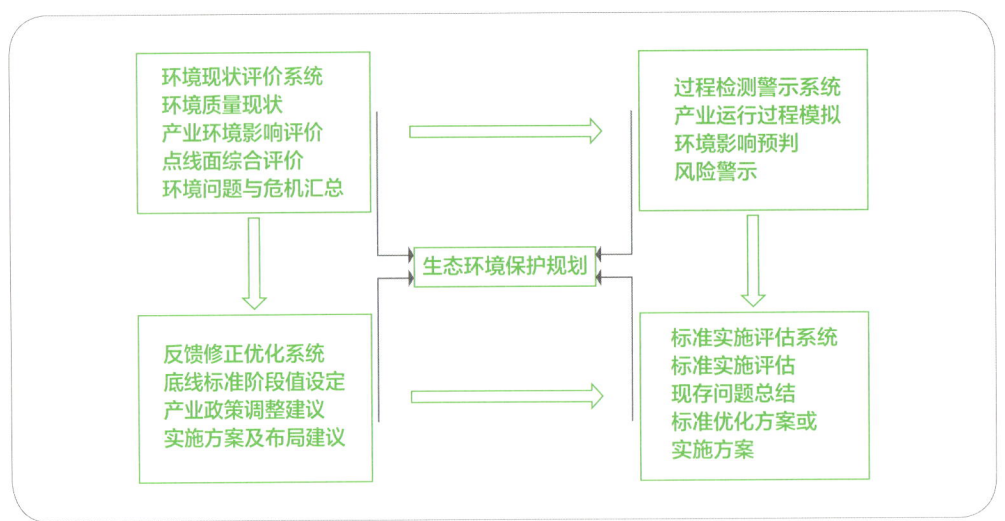

图6-12 生态环境保护规划方法体系构建
资料来源:作者自绘

环境保护工作必须通过各相关部门相互协调,通过层级分工、目标考核、保护督察和实施保障等工作,共同推进才能取得很好效果。

---

1. 王伟,芮元鹏,江河.国家治理体系现代化中生态环境保护规划的使命与定位[J].环境保护,2019,47(13):37-43.

6.5.3　国家战略区域生态环境分区管治措施

国家战略区域作为多元政策交汇的试验场，集成了经济政策、产业导向、人口管理、环境保护及区域发展规划等多重维度的政策合力。在此区域内，当各类政策协同推进时，有望激发正向的耦合效应，即各政策在独立发挥效能的基础上，相互促进，共同放大政策影响力。然而，亦需警惕潜在的冲抵效应，这源于政策目标的不尽一致与工具手段的多样性，可能导致政策实施过程中出现相互抵消现象，削弱整体政策效果。此外，地方政府在执行层面可能面临差异化的目标导向，其在多任务管理环境下倾向于选择执行难度较低、成效显现较快的任务，而非对全局具有决定性意义的战略任务，这亦可能成为影响政策效果未充分释放的重要因素，进而使得政策初衷与实际成效之间存在较大落差。

案例 6.2　国家战略区域的环境政策

国家战略区域的环境政策应充分考虑国家战略区域内的城市规模和发展模式，针对不同区域，以及同一区域内的不同空间，制定差异化的环境政策，用生态环境分区管治化解空间不平衡与分异性。

1. 京津冀地区主要环境问题识别与生态环境分区管治措施

在京津冀区域，经济、人口与污染分布展现出显著的非均衡与差异性特征，这与经济普遍分散、人口相对集中的常规模式形成鲜明对比。具体表现为：经济繁荣之城未必是污染重灾区，而经济欠发达地区亦不乏高污染现象。以邢台、邯郸、承德为例，尽管它们的经济发展水平远不及京津冀的核心城市，却面临着严峻的污染问题，特别是邢台、邯郸与石家庄，共同构成了区域内污染较为严重的地带。针对此现状，京津冀地区在未来实施生态环境分区管理时，需着重考虑以下几点策略：一是要深刻认识并妥善应对北京首都功能外迁对其他城市生态环境的潜在影响，加速环境基础设施的完善与升级，同时警惕因人口流动可能带来的生活污染加剧趋势；二是聚焦"石家庄—邢台—邯郸"及"天津—唐山—承德"两大污染密集带，采取有效措施防止污染范围的进一步扩大与渗透；三是通过人口流动与产业政策的协同作用，促进除北京、天津外其他城市的合理扩张，利用城市规模效应促进污染减排；四是强化京津冀城市群内部的协作机制，增进城市间的交流与合作，推动区域经济的均衡发展；五是科学规划工业园区、产业园区及经济开发区等空间布局，充分利用规模效应提升污染治理效率，同时加大技术研发投入，促进产业升级与绿色转型，最终实现经济与环境的和谐共生与可持续发展。

2. 长江经济带主要环境问题识别与生态环境分区管治措施

在分析水污染与大气污染的地域分布特征时，成渝平原与云南区域构成了长江经济带内的污染密集区域，相比之下，经济高度发达的长三角地区则以水污染问题为主，大气污染现象相对不显著。鉴于此，长江经济带的生态环境治理应优先聚焦于成渝平原与云南地区。为实现这一目标，可采取以下几项关键措施：一是拓宽长三角地区大气污染防治协作框架，将更多城市纳入合作范畴，以减轻大气污染在该区域的负面空间外溢效应；二是依托长江经济带的城市群结构，通过扩大核心城市的辐射力，促进城市群内部及周边地区的共同发展，实现区域协同增长；三是强化沿江生态系统的保护与修复工作，明确水资源开发利用的生态保护红线，既要发挥长江作为黄金水道的经济潜力，又要防止其沦为沿岸城市的排污渠道；四是积极引导沿江产业的合理转移与高效协作，旨在缩小长江经济带内部的发展差距，同时坚决遏制高污染产业的转移，保障绿色发展的可持续性；五是通过知识溢出、学习效应及产业转移的驱动力，实施创新驱动发展战略，优化沿江地区的产业布局，合理引导产业转型升级，以推动长江经济带实现质量效益双提升；六是清晰界定环境管理的底线与上限，实施综合环境管理方案，并引入激励机制，以激发社会各界参与环境保护的积极性；七是集中资源，加大对云南、贵州、重庆、四川等重点区域的污染治理投入，针对突出污染问题实施精准治理，以全面改善长江经济带的生态环境质量。

3. "一带一路"沿线省市主要环境问题识别与生态环境分区管治措施

"一带"所覆盖的省市区域普遍坐落于生态敏感与脆弱地带，诸如青海、西藏、宁夏等地，它们在全国生态保育体系中扮演着至关重要的角色，然而，这些地区的环境基础设施构建尚显不足。反观"一路"沿线省市，则多处于环境承载压力较大的状态，典型代表如上海、广东、浙江等地，为应对此状况，需采取一系列治理举措：首要任务是强化生态修复项目的实施力度，致力于恢复已受损及面临破坏风险的生态系统；同时，积极探索并推广新型发展模式，以减轻对环境的传统压力。在此基础上，还应鼓励环境治理领域的理论创新与实践探索，引入新思路、新方法、新技术与新策略，力求构建一套差异化、精细化、动态适应及空间导向的环境治理模式。此举不仅是对现有治理体系的革新，更旨在将"一带一路"沿线区域打造成为推动绿色发展的先锋试验场。

4. 粤港澳大湾区主要环境问题识别与生态环境分区管治措施

粤港澳大湾区的污染状况主要表现为水污染较为显著，而大气污染则相对不突出。尤为值得关注的是，水污染的空间格局与经济活动的空间分布高度契合，未显现出明显的分离趋势。在推进该区域生态环境分区治理时，应着重关注以下几点策略：首先，需实施海陆统筹保护策略，即将海洋环境保护与陆地污染源防控紧密结合，通过有效管控陆源污染，提升海洋污染防控的综合效能，进而促进流域、沿海陆域与海洋生态系统间的正向互动，确保湾区生态环境保护在政策制定、规划实施、标准设立及监测、执法、监督等环节上实现"协同统一"；其次，强化治理服务的需求导向，即在资源配置时，应优先考虑民众的实际需求，而非单纯基于财政能力来提供基础公共服务，确保服务供给与民众需求的高度匹配；最后，建立健全生态环境保护工作的创新激励机制与容错环境，为湾区内的创新者与创业者提供坚实后盾，营造一种既鼓励勇于担当又包容失败的良好氛围，激发他们积极投身于湾区生态环境保护工作的创新实践，确保他们在无后顾之忧的状态下，充分释放创新活力与潜能。

5. 雄安新区主要环境问题识别与生态环境分区管治措施

在雄安新区的生态环境分区治理中，应着重把握空间规划的核心脉络，通过科学布局人口、资源、经济与生态等关键要素，实施精准的空间管理策略，旨在最大化提升新区空间利用效能，确保每一寸土地都能发挥其最优价值。同时，坚持"生产—生活—生态"空间融合发展的原则，力求生产空间实现集约高效利用，生活空间营造宜居舒适环境，生态空间则保持蓝绿交织的自然美景，三者相辅相成，共同构建新区和谐共生的空间格局。此外，还需从"共建、共治、共管、共享"的全方位视角出发，将共建视为基石、共治作为支撑、共管作为实施路径，通过共建强化共治基础，共治推动共管深化，最终达成共享成果的目标。这一过程中，应鼓励多方参与，形成合力，共同推动雄安新区成为全国生态文明建设的典范，展现新时代生态文明建设的最新成果与最高标准。

资料来源：杜雯翠，江河. 国家战略区域主要环境问题识别与生态环境分区管治策略[J]. 中国环境管理，2019，11（3）：50-56.

6.5.4　生态环境联防联控机制

现阶段，我国大气、水体、土壤、环境"复合型"污染已经超越了局部性污染阶段，呈现跨区域扩散快速蔓延的特点，传统属地防治手段已不能对区域生态环境污染进行有效治理。针对污染传输特点，打破地区界线，突破单一的地区治理污染的模式，建立跨区域联防联控治理污染模式，是治标又治本的当务之急。

1. 联防联控工作机制

我国生态环境联防联控机制运行呈现三个特点。

在重点区域上围绕三大领域同步发力。《打赢蓝天保卫战三年行动计划》明确在京津冀及周边地区、长三角地区、汾渭平原等重点区域建立大气污染联防联控机制；《水污染防治行动计划》提出"京津冀、长三角、珠三角等区域要于2015年底前建立水污染防治联防联动协作机制"；《土壤污染防治行动计划》提出"探索建立跨行政区域土壤污染防治联动协作机制"。针对蓝天、碧水、净土三大领域的联防联控机制在京津冀、长三角、珠三角、成渝经济圈、汾渭平原等重点地区取得了实质性突破。

部门协同、部省联动、地市协作。《大气污染防治行动计划》明确"由区域内省级人民政府和国务院有关部门参加，协调解决区域突出环境问题，组织实施环评会商、联合执法、信息共享、预警应急等大气污染防治措施"。《水污染防治行动计划》要求"建立全国水污染防治工作协作机制，定期研究解决重大问题"，"健全跨部门、区域、流域、海域水环境保护议事协调机制"。污染防治不仅仅是区域内不同城市之间相互协作，不同主管部门也在加强合作，共同协商、共同落实，不仅给予了地方大力指导和政策支持，还推动了不少瓶颈问题的破解。

常设办事机构实体化运作。各区域协作机制下设办公室，负责决策落实、联络沟通、保障服务等日常工作。如京津冀及周边地区大气污染防治领导小组由国务院常务副总理担任组长，生态环境部承担领导小组日常工作，强化和稳固了区域大气污染联防联控工作机制。长三角区域大气和水污染防治协作小组办公室主任由上海市分管副市长和生态环境部分管副部长兼任，办公室日常工作由上海市生态环境局承担，从组织机制上保证了协作的积极有效开展。

2. 环境管理协同体系

各地区着力在政策创新、制度执行、规划引领、责任落实上下功夫，加强环保规划、政策、工作互通，建立排放标准衔接、监测数据共享、协同监督管理、联动执法、联合科技攻关的一系列配套政策，发挥了积极作用。京津冀实施区域统一的重污染天气应急启动标准，建立应急联防联控机制，联合开展企业环境隐患抽查和环境事件联合演练，有效提升了突发环境事件应急指挥和处置能力，生态环境联合执法打破了"层级壁垒"，实现联动层级下沉，执法联动机制不断拓展、完善和深化。长三角建立重点区域环境风险应急统一管理平台，完善跨区域生态补偿机制、污染赔偿标准和质量考核体系，新安江流域生态补偿是在全国率先实施的跨省流域水环境生态补偿试点。珠三角细化配套专项管理措施体系，先后印发机动车排气污染、工业锅炉污染等专项整治方案，出台锅炉、水泥工业大气污染物排放标准及印刷、表面涂装行业挥发性有机化合物排放标准等几十项地方标准和技术指南。成渝经济圈实现跨省市水质联合监测及监测数据共享，形成跨省市水质监测数据协商机制，签订《共同预防和处置突发环境事件框架协议》《长江三峡库区及其上游流域跨省界水质预警及应急联动川渝合作协议》等，强化区域环境风险防范，基本实现四省市危险废物转移数据互联互通。

3. 保障措施

联防联控是一项综合性、系统性工作，涉及多主体、多部门。目前，联防联控机制实施主体还是以政府为主，缺乏企业、社会公众等多方参与。

6.5.5 生态环境分区管治的政策选择

在生态环境保护与治理的广阔领域，应当构建一个由公众参与和社会治理机制协同发力的框架。环境问题的表象往往体现为技术层面的挑战，而其根源则深植于制度结构的不足。现代环境治理体系，作为新时代国家治理体系的关键构成部分，不仅在理论上占据着重要地位，更在实践中引领着国家治理体系的未来发展方向。鉴于此，生态环境分区管治策略的制定，需依据多样化的划分标准，以确保政策内容的针对性与有效性，从而精准应对不同区域、不同层面的环境挑战[1]。

1. 按地域进行划分

针对环境治理策略，可细化为目标导向治理、底线守护治理与全周期过程治

---

1. 王伟. 执行力与适应性导向下我国环境规划改革的探讨[J]. 环境保护，2015，43（Z1）：27-30.

理三大维度,超越单纯的问题应对模式,融入预防治理的前瞻性视角。在京津冀协同区、长江经济带及粤港澳大湾区等发展潜力显著的区域,应构建明确的目标治理框架,依托统一的治理架构与标准体系,推行协同性政策与制度安排,针对区域特性问题,设立综合治理机制,循序渐进地实施环境治理项目。而对于东北老工业基地及西部欠发达地区,应聚焦底线管理原则下的环境治理策略,构建科学合理的财税激励机制,旨在降低环境治理成本的同时,有效激发治理动力,推动环境治理行动的高效开展。至于中原城市群、成渝经济区等正处于快速发展中的区域,则需强化环境监管职能,建立健全的过程治理体系,着重于构建环境治理的长效机制,确保资源节约、生态保护、经济发展与社会和谐等多重目标的协同实现。在此过程中,应特别注重过程管理,以精细化的环境治理手段,促进区域全面可持续发展。

2. 按内容进行划分

在深入剖析山水林田湖草沙自然系统空间功能划分的基础上,推动实施系统性的治理工程体系。生态环境部经过精心梳理,提炼出了污染防治攻坚战的"七大战役+四项专项行动"总体战略,即聚焦于蓝天保卫战的胜利、柴油货车尾气污染治理、城市黑臭水体整治、渤海海域综合治理、长江生态环境修复与保护、饮用水水源地安全保障,以及农业农村环境污染的全面治理七大核心战役,并配套推进《强化洋垃圾入境管控与固体废物管理改革方案》的实施、严厉打击固体废物及危险废物非法跨境转移与倾倒行为、确保垃圾焚烧发电行业达到环保标准排放,以及"绿盾"自然保护区的强化监督与检查四项专项行动。这一系列举措覆盖了大气、水体、土壤及生态修复等生态环境治理的关键领域,实现了多维度的环境管理。对于江河湖海流域,我们强调上游、中游、下游区域间的协同保护,力求实现流域内生态环境的一体化治理;而在山水林田湖草沙生态系统管理中,则着重于栖息地的保护与恢复,确保生物多样性的维护与自然生态的和谐共生。

3. 按主体进行划分

在环境治理体系中,党委与政府需承担领导职责,企业作为核心责任主体,而公众及社会组织则应积极参与其中,共同构建多元共治格局。为强化自然资源合理利用与环境质量安全,需确立并严格执行责任边界制度,配套建立目标评价与考核制度体系，涵盖生态保护红线的科学划定与适时调整、绩效评价体系构建、责任追究机制的完善、生态补偿机制的实施，以及公众参与的深化等关键环节。明确生态保护红线管理的责任主体架构，需细化中央与地方政府间的权责划分，坚持"党政同责、一岗双责"原则，强化地方政府在生态保护红线管理中的主体责任落实。同时，需进一步厘清各部门间的职责界限与协作机制，构建生态保护绩效评估体系，并将其纳入政府绩效考核体系之中，以科学界定不同生态保护红线区域的补偿标准与资金运作方式。面对政府职能转变与行政方式创新的大背景，尽管行政效能有望持续提升，但环境治理领域仍面临"短板效应"挑战，根源在于社会公众认知与参与度的不足。因此，需合理界定政府、市场与社会的功能边界，激发社会公众的集体智慧与力量，共同构建高效协同的治理机制。在此过程中，应充分利用市场监督与部门监管的双重优势，发挥市场在资源配置中的决定性作用，并探索如环境业主委员会等创新模式，以激发全民参与热情，同时强化政府引导与服务功能，实现行政效能的最大化。此外，强化社会监督还将促进政策制定的协调一致与公开透明，减少政策冲突与叠加现象，优化行政执法资源配置，从而推动环境治理体系的整体优化与效能提升[1]。

4. 按机制进行划分

在环境治理体系的持续优化中，不仅要巩固并深化常规环境治理制度的完善，还需构建一套全面的应急响应体系，以分别应对日常监管与紧急状态下的"危机管理"。在日常管理层面，需明确界定责任主体，优化操作流程，确保各层级职能的有效发挥，其中，上级机构侧重于战略规划与宏观指导，而下级单位则聚焦于具体执行与即时反馈机制的建立。转向"危机管理"模式时，应秉持程序简化、方法创新、结果容错的原则，鼓励快速响应与灵活应对，同时建立上下联动的责任共担机制，以有效分散并管理风险。一旦遭遇突发事件，应立即激活"危机管理"机制，确保迅速介入与高效处置。事件平息后，需进行全面深入的总结复盘，通过细致的调查与分析，既肯定成效也正视不足，并基于实战经验对"危机管理"机制进行适时调整与优化，以不断提升其适应性与有效性[2]。

---

1. 刘贵利，秋婕. 完善生态环境分区管治制度全力构建现代环境治理体系[J]. 环境保护，2020，48（6）：45-49.
2. 陈帆，江河，刘贵利，等. 国土空间生态环境分区管治制度研究[M]. 北京：中国环境出版集团，2023.

关键术语

生态环境分区管治，生态系统理论，生态伦理价值，生态平衡，人地耦合，承载力，环境功能区划，三线一单，生态保护红线，环境治理体系，生态环境管控单元，陆域优先保护单元，陆域重点管控单元

思考题

1. 生态分区管治的内涵是什么？生态分区管治的理论依据有哪些？
2. 我国生态生态分区管治的历程有哪些特征，面临哪些问题？
3. 我国生态环境分区管治工具主要有哪些？其主要特点是什么？
4. 我国生态环境管控单元是如何划分的，有哪些方法？
5. 在空间布局耦合中，如何进行不同空间的耦合次序安排？
6. 如何将环境保护标准与产业政策进行衔接？
7. 国家战略区域生态环境分区管治的措施有哪些？

参考文献

[1] 陈帆, 江河, 刘贵利, 等. 国土空间生态环境分区管治制度研究[M]. 北京: 中国环境出版集团, 2023.
[2] 杜雯翠, 江河. 加快构建现代环境治理体系切实提高环境治理效能[J]. 环境保护, 2020, 48（6）: 36-41.
[3] 杜雯翠, 江河. 国家战略区域主要环境问题识别与生态环境分区管治策略[J]. 中国环境管理, 2019, 11（3）: 50-56.
[4] 国务院办公厅. 国务院关于印发全国主体功能区规划的通知[EB/OL].（2010-12-21）[2024-05-25]. https://www.gov.cn/zwgk/2011-06/08/content_1879180.htm.
[5] 呼延佼奇, 肖静, 于博威, 等. 我国自然保护区功能分区研究进展[J]. 生态学报, 2014（22）: 6391-6396.
[6] 陆州舜, 卢静. 试论海洋功能区划与近岸海域环境功能区划之间的关系及其实践意义[J]. 海洋开发与管理, 2008（09）: 14-18.
[7] 刘贵利, 秋婕. 完善生态环境分区管治制度全力构建现代环境治理体系[J]. 环境保护, 2020, 48（6）: 45-49.
[8] 江河, 刘贵利, 陈帆, 等. 国土空间生态环境分区管治理论与技术方法研究[M]. 北京: 中国建筑工业出版社, 2019.
[9] 沈悦, 刘天科, 周璞. 自然生态空间用途管制理论分析及管制策略研究[J]. 中国土地科学, 2017, 31（12）: 17-24.
[10] 王婷. 环境分区治理将成新常态[N]. 中国环境报, 2015-03-23（2）.
[11] 王伟, 芮元鹏, 江河. 国家治理体系现代化中生态环境保护规划的使命与定位[J]. 环境保护, 2019, 47（13）: 37-43.
[12] 王伟, 江河. 现代环境治理体系: 打通制度优势向治理效能转化之路[J]. 环境保护, 2020, 48（9）: 30-36.
[13] 王伟. 执行力与适应性导向下我国环境规划改革的探讨[J]. 环境保护, 2015, 43（Z1）: 27-30.
[14] 许开鹏, 迟妍妍, 陆军, 等. 环境功能区划进展与展望[J]. 环境保护, 2017（1）: 55-59.
[15] 杨建美, 周彦锋. 美国国家公园与我国自然保护区管理体制比较研究[J]. 中国旅游评论, 2015（2）: 8-20.
[16] 中共中央办公厅, 国务院办公厅. 中共中央办公厅、国务院办公厅印发《关于划定并严守生态保护红线的若干意见》[EB/OL].（2017-02-07）[2024-05-25]. https://www.gov.cn/zhengce/202203/content_3635259.htm.
[17] 中共中央办公厅, 国务院办公厅. 中共中央办公厅、国务院办公厅印发《关于构建现代环境治理体系的指导意见》[EB/OL].（2020-03-03）[2024-05-25]. https://www.gov.cn/gongbao/content/2020/content_5492489.htm.
[18] 中共中央, 国务院. 中共中央、国务院关于建立国土空间规划体系并监督实施的若干意见[EB/OL].（2019-05-23）[2024-05-25]. https://www.gov.cn/zhengce/2019-05/23/content_5394187.htm.
[19] 中共中央办公厅, 国务院办公厅. 中共中央办公厅、国务院办公厅关于加强生态环境分区管控的意见[EB/OL].（2024-03-17）[2024-05-25]. https://www.gov.cn/zhengce/202403/content_6939837.htm.
[20] 国土资源部. 国土资源部关于印发《自然生态空间用途管制办法（试行）》的通知[EB/OL].（2017-03-24）[2024-05-25]. https://www.mnr.gov.cn/gk/tzgg/201704/t20170424_1992172.html.
[21] 自然资源部办公厅. 自然资源部办公厅关于印发《省级国土空间规划编制指南》（试行）的通知[EB/OL].（2020-01-17）[2024-05-25]. https://gi.mnr.gov.cn/202001/t20200120_2498397.html.

案例索引

案例 2.1	上海市生态空间专项规划（2018—2035）	027
案例 2.2	川西北省级次区域的生态安全格局规划	036
案例 2.3	川西北省级次区域生态安全格局的生态战略一致性检验	038
案例 2.4	成都市市域生态空间用地布局	040
案例 2.5	成都市域生态空间功能组织	043
案例 2.6	成都中心城区生态空间保护策略	046
案例 2.7	成都中心城区生态空间分级管控	048
案例 3.1	上海市金山区廊下镇全域土地整治试点生态本底调查	067
案例 3.2	长江中游城市群基于生态系统健康的国土空间生态修复分区	079
案例 3.3	澳门特别行政区国土空间生态修复关键区域识别	081
案例 3.4	北京市国土空间生态修复分区	085
案例 3.5	上海市国土空间生态修复分区	086
案例 3.6	重庆市国土空间生态修复分区	088
案例 3.7	河池市国土空间生态修复分区	089
案例 3.8	《北京市国土空间生态修复规划（2021—2035年）》修复策略	093
案例 3.9	《上海市国土空间生态修复专项规划（2021—2035）》修复策略	094
案例 4.1	上海市生物多样性保护战略与行动计划（2024—2035年）	136
案例 4.2	德国柏林、英国伦敦生物多样性保护规划编制体系	140
案例 4.3	北京市受胁鸟类栖息地保护空缺识别	150
案例 4.4	云龙县国土空间生物多样性保护空间网络构建	152
案例 4.5	鹤壁淇河流域生态保护管控体系	156
案例 4.6	鹤壁淇河流域重要生境修复布局	159
案例 5.1	纽约清凉社区计划	202
案例 5.2	伦敦社区尺度的洪涝灾害适应性规划应对	204
案例 5.3	欧美国家应对高温热浪的绿色基础设施规划	205
案例 5.4	美国山地城市匹兹堡"绿色优先计划"	205
案例 5.5	上海市适应气候变化行动方案（2024—2035年）	210
案例 5.6	北京市韧性城市空间专项规划（2022年—2035年）	213
案例 6.1	原环境保护部以"三线一单"为核心的生态环境分区管控试点	260
案例 6.2	国家战略区域的环境政策	269